Finance
经济管理类课程教材
金融系列

信用管理概论

XINYONG GUANLI GAILUN

吴晶妹　编著

中国人民大学出版社
·北京·

出版说明

改革开放以来，中国的金融走上了高速发展的快车道，获得了前所未有的发展，有关院校都开设了金融课程，以便培养我国急需的人才。

一套高质量的教材是提高教学质量的前提之一。教材规定了教学内容，是教师授课取材之源，是学生求知和复习之本，没有优秀的教材，就无法提高教学质量。中国人民大学出版社推出“经济管理类课程教材·金融系列”，旨在推动国内金融人才培养工作的开展。

组织编写这套教材时，我们遵照以下原则：

1. 教材本土化。为了更快地与国际接轨，许多人主张采用“拿来主义”原则，直接引进国外的教材。实践证明，我国与发达国家相比，国情不同，文化背景不同，思维方式不同，语言表达方式不同，广大的专家教授一致认为：我们培养的是中国金融人才，是为中国的金融服务的，教材还是本土化为宜。应在了解我国现状之后，再学习国外的知识，把中国的背景知识与国际接轨才是我们最需要的。本套教材均为本土原创作品。

2. 精选作者，保证教材质量。金融与国家的政策联系紧密，应用性强，培养的学生既要懂理论又要会应用，既要与国际接轨，又要考虑中国的国情。本套教材的作者涵纳全国“政产学研”方面的学者、专家，从源头上保证了这套教材的质量。

3. 始终保持教材的“精”与“新”。现代金融日新月异，课程设置不断变化。本套教材根据形势的发展，不断推出新课程教材，并不断修订、完善。

4. 形式多种多样，方便教材使用者。书中每章都设有“章首导言”“关键术语”“知识结构图”“本章思考题”等栏目。此外，各书还有配套的“学习指导书”，方便读者学习和使用。

总之，本套教材紧密结合当前国内外金融研究的最新成果与金融政策发展的实际情况，全面讲述金融基本理论和基础知识。我们相信“经济管理类课程教材·金融系列”的推出，能够为读者掌握现代金融知识、社会培养金融人才起到应有的作用。

中国人民大学出版社

绪　论

从全球来看，信用管理正逐渐从银行管理、企业管理、社会行政管理等领域中独立出来，成为一个新兴行业。信用管理已经成为市场经济结构的一个重要组成部分，同时也是现代经济发展中社会分工的必然产物，是社会管理水平的新高度，是社会文明进步的标志。

信用管理专业的发展是信用经济发展和信用体系建设双重因素推动的产物。信用管理专业研究信用活动与社会信用管理制度的发展规律、信用法律规律、信用政策、信用管理技术、社会综合信用管理体系建设等，为社会新兴的信用管理需求培养管理与技术服务人才。信用管理专业的应用领域宽泛，发展前景广阔。

信用管理学科是创新性的综合学科，集中覆盖经济活动与社会秩序治理，涉及社会与经济生活的方方面面，需要具备一定的管理知识，技术应用性较强，因此，我们培养的信用管理人才应该是具有创新能力的、有技术的复合型人才，拥有扎实的经济理论基础，掌握计量经济分析和数理统计方法以及财务分析与软件运用技能，在信用分析与管理等方面具有深厚的理论基础和较强的应用能力，能够在国家政府部门、企事业单位、科研机构、信用中介机构中胜任信用管理相关职位。

党中央和我国政府高度重视社会信用体系建设，自《社会信用体系建设规划纲要（2014—2020年）》出台后，从中央到地方的各个政府部门和有关机构都着手制定和完善与当前社会经济环境相适应、与各部门具体情况相符合的信用制度与政策，并加速推进其落实与实施。目前，经过5年的发展，社会信用体系建设进入到战略攻坚期，亟待大量的信用管理创新人才投身于此。面对实践中如雨后春笋般涌现的新式信用工具、信用形态，不管是从经济发展角度还是从社会秩序与信用关系发展的角度来看，控制信用风险、建立人与人之间的信任关系都是21世纪的新挑战。信用管理能够为解决信用风险控制问题和社会信任关系重建问题提供技术应用支持，即通过制定信用风险管理流程、信用调查和征信评级，提高信用主体的诚信意识、履约能力与履约意愿，降低人们之间的信用交易风险，使社会信用关系在透明、公平的基础上重新建立起来。

信用管理学作为信用管理专业的基础理论课程，其主要内容是介绍本专业的基础知识与基础理念，主要教学任务是引导学生入门，激发学习兴趣，培养学生对专业的基本认识与热爱，开启对本专业所涉及的社会热点、难点、重点问题的思考与讨论。在课程结束时，学生们能带着一大堆问题、怀着无比的自豪与热爱、期盼着下一步的专业课程学习，这是信用管理学课程教材所期望的最好境界。

随着近年来社会信用领域的快速发展，各学者对于信用及信用管理理论研究的不断深入，之前已出版的《信用管理学》教材已经无法适应实践的变化发展，无法满足读者对信用实践的求索需求。因此，本次全新出版的《信用管理概论》将尽力反映与表达信用研究学者、信用实践相关的企业家、政府机关政策制定者等社会各界的观点及研究成果，力图为学生汇集并展现《信用管理概论》现有的基础理论和知识框架全貌；大量增加了知识科普、案例研究、社会热点追踪、文献研究四类延展阅读，以拓展思维、开阔视野并增加教材的可读性，期望给读者带来启发，打开思考空间；尝试性地回答了一些在我国社会信用体系建设与信用管理实践中经常遇到的热点、难点问题，努力与读者在字里行间进行交流。

《信用管理概论》共九章：第一章，信用与信用管理；第二章，企业信用管理；第三章，金融信用管理；第四章，消费信用管理；第五章，信用管理服务业；第六章，信用风险分析的主要内容和方法；第七章，信用主体的自我管理；第八章，政府信用监管；第九章，社会信用体系建设。

中国人民大学财政金融学院信用管理研究方向的部分硕博生胡雅君、王婧溢、李佳宝、刘雨萌、崔梦阳、王平、武芳芳、肖南、袁媛等人以及吴晶妹教授信用管理工作室的王欣妍、武剑、高茜、张京、黄诗琦等人都先后参与了本次编写工作，帮助查找资料，付出了很多精力，在此表示衷心的感谢。

在编写过程中，我专门组织了两次专家座谈会，新华社中国经济信息社副总裁匡乐成、中国市场学会信用学术委员会主任林钧跃、商务部国际贸易经济合作研究院信用研究所所长韩家平、中央党校政法部民商经济法室主任王伟、中国标准化研究院信用研究室主任周莉、北京市经济和信息化委员会社会信用体系建设处处长张宇航、北京信用协会常务理事会法律顾问王建文、北京信用协会秘书长安明、中国人民大学财政金融学院教授关伟等人对本书的章节安排与内容取舍提供了宝贵的意见和建议，在此表示衷心的感谢。

整个编写工作持续了近三年，我们查找整理了很多资料，并且一直处在选择与放弃的权衡中。目前，我们将一部分资料与研究成果直接编辑或参考借鉴编写入书，在此谨向所有被引用和被借鉴的作者们表示衷心的感谢。另外，由于篇幅所限，很多我读过的并带给我启发的文章未能一一编入；还有些文章，看过后有感觉，但因时间与记忆，无法准确述清，也无法回找，因而也未能编入，谨向这些智者和智慧的观点以及智慧的传播者们表示衷心的感谢。本书的出版得益于中国人民大学“十三五”本科规划教材立项项目的支持、中国人民大学出版社的组织与帮助、中国人民大学财政金融学院的指导、信用管理专业老师与学生们的关注与参与，衷心感谢中国人民大学对信用管理教育的支持与培育。

《信用管理概论》知识体系完整，大量汇集融合理论与实践、学术与市场、社会热点与难点的各种论述，资料多、信息量大、可读性强，适合科研院所研究人员、高校学生、政府部门信用相关工作者、协会等社会组织负责人、信用服务机构与企事业单位信用相关工作人员阅读。期望能给大家带来阅读的快乐。祝开卷有益。

吴晶妹

目　录

第一章 信用与信用管理

近年来，信用经济快速发展，信用在现代经济中的作用变得越来越重要。信用是怎么产生和发展的？信用的内涵是什么？信用属于经济范畴还是属于社会范畴？怎样对信用进行管理？信用管理与经济和社会的关系是什么？由于思考的角度不同，涉及的领域不同，不同主体对于上述问题有不同答案。

第一节 认识信用

本节通过介绍信用的产生与发展、信用的内涵与外延以及信用的分类与特征来帮助读者理解信用的本质、作用以及信用对经济社会发展的重要意义。

一、信用的产生与发展

现代社会是信用社会。信用是资本，是社会资源的一种。信用从产生到如今被广泛应用经历了漫长过程，在不同的社会形态和不同的社会发展阶段，信用表现出的特征和发挥的作用也不尽相同。信用的发展促进了社会经济交易边界的扩大，推动了经济文化进步，加速了社会发展进程。

（一）早期的信用发展

中国作为四大文明古国之一，信用的发展源远流长。西周之前，诚信作为中国历史上的一种不成文的伦理规范，从未出现在古代文献中。大约到了晚周到春秋时期，“信”作为中国历史上的一种成文的行为规范首先出现在金文之上。例如，中山王鼎上铸有“余知其忠韵（信）也”，战国中山王方壶上铸有“忠信”二字等。后来，诚实守信也一直是我国传统伦理文化的重要范畴，是构成我国古代管理思想的重要部分。[①] 但是，真正以获得金融借贷交易对手信任为目的的经济资本——“信用”最早源于夏朝时期，当时的官府可以对拖欠债务的人实施强制执行措施。“赊”和“欠”等汉字已经出现在周朝的甲骨文残片之中。《周礼》[②] 中记载：“凡民之贷者，与其有司辨而授之，以国服为之息。”在《周礼》确立的封建道德中，“信”被列入“五德”之中，借贷关系中的守信当然也包括其中。

赊销在我国春秋时期就有所记载，孔子的弟子曾以“挂账”形式取得过赊销来的粮食和生活用品。在战国时期，民间的借贷活动已经十分普遍。《管子·轻重篇》[③] 中的《管子·国蓄》说：“春赋以敛缯帛，夏贷以收秋实，是故民无废事而国无失利也”，这是说借贷能使人民的生计得以维持，使国家的利益得到保障。

在中国的封建社会，自西汉时期起，市场上的商业信用活动已经不是个别现象了。在西汉王朝的都城长安，曾形成过专事放贷借债的市场。长期以来，不仅民间借贷十分活跃，官府也在信贷市场中向治下的民众放贷取息。例如，隋朝皇帝发放“公廨钱”给官员，让官员以此为本钱发放高利贷，用所取得的利息补充财政经费。唐朝继续沿用隋朝的“公廨钱”制度，据《新唐书》[④] 记载，唐永徽年间分配给各府郡的“公廨钱”的本钱约 150 万贯，盈利水平达到了“收赢十之七”，以此取得的收入甚至占到官府财政收入的 1/3 左右。清朝的乾隆皇帝也使用过类似方法，朝廷用于放贷款项被乾隆皇帝称为“生息银两”。

在唐朝，曾产生过官府经营的“柜坊”，向商户提供存款和财物保管服务，也办理原始的汇兑业务。北宋时期，四川的商家发明名为“交子”[⑤] 的纸质信用凭证，它具有纸币或汇票的性质。明朝中期，我国出现了更多的钱庄和票号，其不仅具备吸储和信贷功能，还能开具汇票。清朝乾隆至光绪时期，是我国钱庄和票号最为发达的历史时期。[⑥]

国外的信用同国内的信用发展相同，都经历了漫长的演进过程。3000 多年前的埃及、巴比伦古代文明中就记载了与信用相关的内容。但是，此时处于原始社会时期，社会存在

---

① 吴维海，张晓丽．大国信用：全球视野的中国社会信用体系．北京：中国计划出版社，2017：11.

② 《周礼》与《仪礼》和《礼记》合称“三礼”，是三礼之首，记载先秦时期社会政治、经济、文化、风俗、礼法诸制。

③ 《管子·轻重篇》在重视农业、稳定个体农民经济基础上，主张通过商品经济来富国、强国，提出了国家通过货币、商品的“轻重”关系来调控经济的理论。

④ 《新唐书》，二十四史之一，包括本纪 10 卷，志 50 卷，表 15 卷，列传 150 卷，“公廨钱”出自《新唐书》卷五十五，志第四十五，《食货五》。

⑤ 交子，是世界上最早使用的纸币，最早出现于四川地区，发行于北宋前期（1023 年）的成都。最初的交子实际上是一种存款凭证。

⑥ 吴晶妹，林钧跃．信用经济学．北京：高等教育出版社，2015：6－7.

和发展的根基是氏族社会和熟人信用，社会交换主要以实物交换为主，强调一手交钱一手交货，信用发挥作用的空间非常小，因此，在这个阶段，信用并没有得到真正的发展。

到了中世纪的欧洲，我们才看到信用贸易开始真正发展起来。12 世纪，欧洲地区举行了很多盛大的交易会，商人们从一个交易会到另一个交易会，不断地进行买卖。一个地方的销售从另一个地方买进货物变得很普遍，并且正是在这个时候在意大利出现了贸易代理。

据文献记载，晚清时期，宁波地区钱庄曾出现类似于现代票据市场交易的"过账制"业务。"过账制"通过使用"过账簿"来代替票据，客户每年年初从钱庄领取新的"过账簿"，类似于如今的信用卡，信誉越高的客户可拥有来自不同钱庄的越多的"过账簿"，享受更多的授信服务。民国时期现代商业票据的产生及《中华民国票据法》[①] 的颁布，帮助南京国民政府逐步建立起票据承兑贴现制度，有效地解决了我国票据形式不一、种类不定等问题。商业承兑汇票给银行带来了额外的利息收益，提高了资金利用率。由于绸缎业试行了商业承兑汇票之后，成效显著，其他产业也纷纷效仿。

国外近代信用的发展源于 18、19 世纪工业革命对信用内涵与外延、信用服务形式、领域提出的前所未有的要求。工业革命使欧洲各国在短短几年内经历了从农业经济到工业经济的重大转变，商业贸易快速发展，各种各样的新产品被制造并销售到新的市场。在整个工业革命期间，贸易扩张得到了当地银行对当地企业的贷款帮助，各种产品和市场的发展使得扩大的贸易信贷成为商业融资的重要来源。除银行外，各种各样的新式信贷和融资方法被引入，尤其是通过发行股票从贪婪、易受骗和缺乏经验的公众处筹集资金。信用服务得到快速发展，信用理念得到迅速提升。

（二）现代西方的信用发展

进入现代社会以来，一方面，美国、欧洲等地信用发展和信用保护等法律制度的出台和完善扫除了信用和信贷关系发展的障碍，使得信用交易和信用经济能够更快地发展，信用规模不断扩大，信用市场边界和交易边界不断延伸。就美国而言，在其征信业发展的 100 余年历史中，先后出台了《公平信用报告法》等 19 部法律，将信用信息服务的供给方与需求方以及信用信息的生产、加工、销售、使用等全过程纳入法律监管框架下，很好地平衡了金融机构等授信机构的管理和消费者权益保护之间的关系。美国对企业信用管理没有出台专门的法律，主要由《企业破产法》等工商企业法律进行约束。在政府信息公开方面，《信息自由法》强制性规定政府信息公开。可见，美国形成了种类丰富、相对完善，能够为信用发展保驾护航的信用法律法规体系。

另一方面，信用隐私保护和信用规范等法律法规的出台，使得信用交易双方的权利和义务能够得到明确的规范，双方的沟通成本不断降低，违规违约的成本不断上升，信用交易不断成熟和规范化。例如，美国的《隐私权法》还详细规定了政府对个人信息的采集、使用、公开和保密，并规定了政府无需本人授权即可披露个人信息的 12 种情况，有效地保障征信企业及时有效并合法地获取个人信用信息。德国也非常重视对个人信用信息的保

① 《中华民国票据法》，中华民国单行商事法规，主要对通行的票据进行规定和管理。

护，相关的法律规范包括《联邦数据保护法》、《欧盟数据保护指南》和《信息和电信服务法》。其中，根据《联邦数据保护法》，德国制定了数据保护官制度，任何公共和私营监管机构都必须任命一名数据保护专员，任职期限为一年，其主要职责是对征信机构的数据处理计划进行监督和对数据处理工作人员进行培训。数据保护官经政府培训后上岗，并具有相关专业知识，消费者也可以在需要的任何时间联系到数据保护官。

在现代社会中，随着信用信息在信贷和债券风控中的作用不断加强，信用服务需求和信用交易量剧增，这促进了美国信用服务业的发展，使之形成了完善而全面的信用服务产业。美国形成了以益博睿（Experian）、艾可菲（Equifax）、环联（TransUnion）为主的主营个人征信的三大信用局，邓白氏（Dun&Bradstreet）等面向小型企业开展信用服务业务的机构，以及标准普尔（Standard & Poor's）、穆迪（Moody's）、惠誉（Fitch Rating）等面向全球资本市场开展主体信用评级、债券评级等多样化信用服务的机构。信息应用延伸到信用报告、信用评级、资信调查、商账追收等 10 余个业务分支，成为美国信用服务业的重要组成部分。[①]

（三）当代中国的信用发展

在当代，中国的信用发展主要体现为中国社会信用体系的建设。中国社会信用体系的建设受到西方学界和政界的广泛关注，各国都希望从中国的这场“实验”中得到启迪。实际上，我国第一次提出社会信用问题是在 20 世纪 90 年代初期。当时，国务院下发了《关于在全国范围内开展清理“三角债”工作的通知》，在中国第一次以国务院文件形式提出社会信用问题。1991 年国务院生产办组织清理企业“三角债”和开展“质量、品种、效益年”活动，力图解决制约企业发展的经营行为和经济秩序问题。[②]

我国社会信用体系建设起步较晚，自 20 世纪 90 年代初期至今，大致经历了 4 个阶段，即萌芽阶段、起步阶段、初步发展阶段和全面推进阶段。[③]

1. 萌芽阶段

我国社会信用体系建设的萌芽阶段大约从 20 世纪 90 年代初开始，一直持续到 20 世纪 90 年代末。我国社会信用体系建设的开始以 1990 年 3 月 26 日国务院下发的《关于在全国范围内开展清理“三角债”工作的通知》为标志，这是中国第一次在国务院文件中提出社会信用问题。在这一阶段，相关的法制得到了一定的健全和完善，在 1992 年颁布的《企业财务通则》和《企业会计准则》，1994 年实施的《公司法》，1995 年实施的《商业银行法》、《担保法》和《仲裁法》，1999 年颁布并实施的《合同法》中都对信用问题从不同侧面进行了规定。

在此期间，以信用评估为代表的信用中介机构开始出现。1988 年，上海远东资信评估有限公司成立；1992 年，中国诚信证券评估有限公司（中诚信国际信用评级有限责任公司前身）成立；1994 年，大公国际资信评估有限公司成立。企业和投资者逐渐开始具

---

① 马珍．国外信用治理模式比较及对我国的启示．现代管理科学，2019，(04)：39－40.

② 吴维海，张晓丽．大国信用：全球视野的中国社会信用体系．北京：中国计划出版社，2017：16－18.

③ 吴晶妹．三维信用论．北京：清华大学出版社，2016.

备信用意识。银行为控制企业贷款风险，引入贷款证管理，上海等地还要求对申领贷款证的企业必须进行信用评级，从而拉动了企业的信用需求。与此同时，专业担保、信用调查、讨债追债等信用中介机构也开始出现，如华夏国际信用咨询有限公司、中国经济技术投资担保公司、新华信公司等。相关政府部门开始针对国家重点大型企业、中小企业等不同对象进行企业信用和业绩评价的摸索，商业银行也积极开展以控制自身信贷风险为主要目的的贷款企业信用等级评价工作。

在萌芽阶段，我国社会信用体系建设的主要特点是自发性。在这个阶段，社会刚有信用意识，尚未普及，市场中的经营主体大多是根据自身的需求自发性地开展信用活动，信用服务机构也基本是自发成立的。

2. 起步阶段

我国社会信用体系建设的起步阶段大致从 21 世纪初开始，一直持续到 2010 年前后。这个阶段的标志性事件是 2007 年国务院社会信用体系建设部际联席会议制度的建立。国务院社会信用体系建设部际联席会议的主要职责包括：负责统筹协调社会信用体系建设工作，研究拟订重大政策措施；协调解决推进社会信用体系建设工作中的重大问题；指导、督促、检查有关政策措施的落实；完成国务院交办的其他工作。

在这一阶段，中央和地方都加快了社会信用体系建设的步伐。在中央层面，2001 年 4 月，国家十部委联合下发了《关于加强中小企业信用管理工作的若干意见》；2002 年 3 月，国务院启动企业和个人征信立法与实施方案起草工作；2002 年 4 月，财政部、国家经贸委和中国人民银行联合进行全国信用担保机构全面调查；2002 年 6 月，中国人民银行企业信贷登记咨询系统实现了全国跨省市联网；2005 年，《个人信用信息基础数据库管理暂行办法》开始实施。在地方层面，2001 年 9 月，甘肃下发了社会信用建设文件；2002 年 3 月，北京和上海开通了城市企业信用信息系统；2002 年 4 月，广东下发了社会信用建设文件，地方社会信用体系建设的试点已经积累了一些经验；上海、浙江、福建、安徽等地关于企业信用征信管理的地方性法规陆续出台，部分省市加快了地方信用体系建设的步伐，我国第一家个人信用调查机构——上海资信有限公司在上海成立。

在这一阶段，信用中介机构的种类增多、规模扩大，国外信用机构也开始进入中国市场。中国诚信、大公、远东、联合、华夏、华安、新华信以及中国信用网、中国企业信用网等社会信用中介机构积极开拓业务领域，惠誉、邓白氏、科法斯（Coface）等国外信用机构也进入并积极开拓中国市场。信用评估、信用担保、市场调查、信用保险、追账等信用中介机构也开始发展。我国的信用中介服务行业已经初具雏形。

2002 年 11 月，党的十六大提出“整顿和规范市场经济秩序，健全现代市场经济的社会信用体系”。2003 年 3 月，国务院提出，本届政府要用 5 年左右的时间初步建立起与我国经济发展相适应的社会信用体系的基本框架和运行机制。党的十六届三中全会通过的《中共中央关于完善社会主义市场经济体制若干问题的决定》进一步指出，“建立健全社会信用体系。形成以道德为支撑、产权为基础、法律为保障的社会信用制度，是建设现代市场体系的必要条件，也是规范市场经济秩序的治本之策。”2005 年，《中共中央关于制定国民经济和社会发展第十一个五年规划的建议》提出，“以完善信贷、纳税、合同履约、产品质量的信用记录为重点，加快建设社会信用体系，健全失信惩戒制度。”

十六大、十六届三中全会、国民经济“十一五”发展纲要提出了社会信用体系建设的规划，明确了方向和目标。以政府部门为主体的信用信息披露系统和以社会中介为主体的信用联合征信体系开始起步并不断推进，失信惩罚机制逐渐形成。在这一阶段，我国的社会信用体系建设全面启动，中央和地方政府都开始重视并部署信用体系建设工作。市场中的信用活动开始增多，信用行为逐渐受到约束。信用机构越来越多，规模不断扩大，业务领域也逐渐拓展。

3. 初步发展阶段

我国社会信用体系建设的初步发展阶段应该是 2011—2014 年。

2011 年，我国的社会信用体系建设进入了发展阶段，中央和地方政府都加速推进社会信用体系建设，信用领域不断拓展。

这一阶段的标志性事件是十七届六中全会提出，“把诚信建设摆在突出位置，大力推进政务诚信、商务诚信、社会诚信和司法公信建设，抓紧建立健全覆盖全社会的征信系统，加大对失信行为惩戒力度，在全社会广泛形成守信光荣、失信可耻的氛围”，对制定社会信用体系建设规划作了重点部署，指出良好的社会信用是经济社会健康发展的前提，是每个企业、事业单位和社会成员立足于社会的必要条件。会议强调，“十二五”期间要以社会成员信用信息的记录、整合和应用为重点，建立健全覆盖全社会的征信系统，全面推进社会信用体系建设。主要任务是：(1) 加快征信立法和制度建设；(2) 推进行业、部门和地方信用建设；(3) 建设覆盖全国的征信系统；(4) 加强监管，完善信用服务市场体系；(5) 加强政务诚信建设；(6) 大力培养社会诚信意识。

在这一阶段，中央和地方都对社会信用体系建设进行了大力部署。2012 年 3 月 5 日，温家宝总理在政府工作报告中提出，“深入推进社会主义核心价值体系建设。加强社会公德、职业道德、家庭美德和个人品德教育，做好青少年思想道德教育工作，努力形成知荣辱、讲正气、守诚信、作奉献、促和谐的良好风尚。”“大力推进政务诚信、商务诚信、社会诚信建设，构建覆盖全社会的征信系统。”

2012 年 3 月 9 日，国家发展和改革委员会召开社会信用体系建设规划工作会议，中国人民银行以及辽宁、安徽、浙江等省相关部门和机构参加。2012 年 3 月，四川省公布《四川省社会信用体系建设纲要（2008—2012 年）2012 年实施计划》，指出个人信用建设已进入实质性阶段，提出四川省将在 2012 年底前建成个人一般社会信用信息征信系统数据库。2012 年 6 月《山西省社会信用体系建设“十二五”规划》正式下发，全面阐述了“十二五”期间全省社会信用体系建设工作面临的形势，明确必须加强各领域的信用信息系统建设，建立健全覆盖全社会的征信系统，尽快改善各行业、各部门、各地区的信用环境，全面推进社会信用体系建设。全国各行业也开始对信用建设工作加强重视。2012 年，宁夏通过加强诚信体系建设规范建筑市场秩序，依据每个企业的信用得分确定其信用等级，等级低的企业将受到一些限制，并面临高频率的日常检查，与此同时还会被取消晋升等级资质的机会。2012 年 3 月，潍坊市住建局出台管理办法，对全市 516 家物业服务企业建立信用档案，市民可登录潍坊物业网查询。2012 年 4 月，重庆房地产信用体系管理平台开始试运行，市民只需登录重庆市房地产开发行业信用体系建设网，便能了解到企业或项目的良好行为和不良行为等相关信息，并可对企业不诚信的行为进行投诉。2012 年 4 月，全国交通运输行业信用管理与诚信建设“421”培训工作启动，此工程旨在促进交通运输行业信用管理与诚信建设，计划在交通运输行业内培训 4 000 名信用管理经理人、2 000 名信用管理师和 100 名高级信用管理师。

在这一阶段，我国社会信用体系建设开始加速发展，尤其是政府开始大力、快速推进社会信用体系建设，对社会信用体系建设进行指导和部署，各行业协会、民间组织等在政府的指导下开始进行本行业或本地区的社会信用体系建设。

4. 全面推进阶段

我国社会信用体系建设从 2014 年开始进入全面推进阶段。标志性事件是：2014 年 6 月 14 日，国务院印发《社会信用体系建设规划纲要（2014—2020 年）》。

《社会信用体系建设规划纲要（2014—2020 年）》明确部署了加快建设社会信用体系、构筑诚实守信的经济社会环境的宏伟蓝图。该文件指出，“加快社会信用体系建设是全面落实科学发展观、构建社会主义和谐社会的重要基础，是完善社会主义市场经济体制、加强和创新社会治理的重要手段，对增强社会成员诚信意识，营造优良信用环境，提升国家整体竞争力，促进社会发展和文明进步具有重要意义。”

《社会信用体系建设规划纲要（2014—2020 年）》是我国首个国家级社会信用体系建设专项规划，其发布是我国社会信用体系历程中的一个重要里程碑，对做好当前和今后一个时期内信用体系的建设工作具有重要指导意义，从此我国社会信用体系建设开始了全国统筹协调下的有规划、有步骤的实质性推进。

2014 年 7 月 4 日，国家税务总局发布《纳税信用管理办法（试行）》，旨在规范纳税信用管理，促进纳税人诚信自律，提高税法遵从度，推进社会信用体系建设。2014 年 7 月 23 日，中央精神文明建设指导委员会发布《关于推进诚信建设制度化的意见》，深入贯彻党的十八大、十八届三中全会精神和习近平总书记系列重要讲话精神，落实国务院印发的《社会信用体系建设规划纲要（2014－2020 年）》，大力培育和践行社会主义核心价值观，切实形成诚信建设的良好社会舆论环境，着力推进诚信建设规范化、长效化。2014 年 9 月 12 日，商务部印发《关于加快推进商务诚信建设工作的实施意见》，加快推进商务诚信建设工作。2014 年 10 月 8 日，海关总署发布《中华人民共和国海关企业信用管理暂行办法》，建立企业进出口信用管理制度，保障贸易安全与便利。2014 年 12 月 24 日，农业部印发《关于加快推进农产品质量安全信用体系建设的指导意见》，稳步推进农产品质量安全信用体系建设，努力提高农产品质量安全水平，保障广大人民群众的身体健康和消费安全。

2015 年 5 月 12 日，交通运输部印发《关于加强交通运输行业信用体系建设的若干意见》，切实加强交通运输行业信用体系建设，推动交通运输科学发展。2015 年 6 月 11 日，国务院发布《关于批转发展改革委等部门法人和其他组织统一社会信用代码制度建设总体方案的通知》，建立覆盖全面、稳定且唯一的以组织机构代码为基础的法人和其他组织统一社会信用代码制度。2015 年 8 月 18 日，共青团中央办公厅、国家发展和改革委员会办公厅联合发布《关于成立青年信用体系建设领导小组开展青年信用体系建设试点工作的通知》，联合推动青年信用体系建设。2015 年 9 月 24 日，共青团中央在京召开会议，启动部署青年信用体系建设试点工作，北京、江苏、浙江、福建、广东、宁夏和成都 7 个地方成为首批青年信用体系建设试点地区。

在信用信息共享方面，全国信用信息共享平台已经建成，到目前为止已经和多个部门、所有的省区市以及多家市场机构建立了互联互通关系，实现了信息披露、信息公示，以及异议处理和联合惩戒等功能。在税务、工商、法院执行、安全生产、食品药品安全等领域，建立了多个联合激励和联合惩戒机制。

另外，我国积极推进城市信用建设。城市信用建设是社会信用体系建设的重要环节，是国家政策方针的基本要求，在国家经济发展和社会治理上都发挥着重要作用。目前，我国城市信用建设开展的特色工作主要包括全国城市信用状况监测、信用示范城市创建和城市信用分推广与应用等。2018 年年初，国家发展改革委、中国人民银行公布首批 12 个社会信用体系建设示范城市名单，分别是杭州市、南京市、厦门市、成都市、苏州市、宿迁市、惠州市、温州市、威海市、潍坊市、义乌市、荣成市。

总体来说，到目前为止，我国社会信用体系建设还处于初期阶段，需要不断完善。

信用的发展经历了从早期熟人社会的赊账到大工业时代的信用赊销、融资，并衍生出服务于信用交易的征信、评级及其他信用服务，进而发展到社会信用体系建设。未来，信用的发展将会进入到以信用管理为基础的信用经济时代。

二、信用的内涵与外延

（一）信用的经济学视角

在《新帕尔格雷大经济学大辞典》中，对信用的解释是："提供信贷意味着把对某物的财产权给予让渡，以交换在将来的某一特定时刻对另外的物品的所有权。"《牛津法律大辞典》的解释是：信用（credit）指"在作为回报而得到或提供货物或服务时，并非立即进行偿付，而是允诺在将来进行偿付的做法"①。

在经济学的视角当中，信用是指获得交易对手信任的经济资本，信用风险管理、企业信用风险管理等，都是这个范畴。但是，此时的信用仍然只是一种狭义的理解，只是信用的一个维度，并不涵盖诚信度与合规度方面的信用，即不体现道德层面和社会层面的信用，只是强调信用的经济学认识。当前，在社会上，特别是西方金融与商业活动讨论的信用问题，都是从这个角度出发的。其中，西方征信国家对信用的界定，完全是经济交易层面的概念。②

（二）信用的其他视角

虽然"信用"一词在经济学中为人们所熟知，但其实，信用不仅仅是一个经济学范畴的概念，信用在社会、管理、文化等领域也是一个非常重要的概念，下面将分别从社会学

---

① 刘澄，徐明威．信用管理．北京：经济管理出版社，2010：5－7.

② 吴晶妹．三维信用论．北京：清华大学出版社，2016.

视角、心理学视角和综合视角解读信用的内涵与外延。

1. 信用的社会学视角

从社会学角度来看，任何信用的产生、存在和发展都离不开两个过程：一是立信，即试图建立信用的人向外界展示自己的某种素质，以获取信任；二是授信，即外界肯定此人的某种素质，并给予某种程度的信任。这两个过程是相互联系而又相对独立的。一方面，任何信用的建立都依赖于外界的授信，两者是不可分离的；但另一方面，一个人为建立信用所付出的种种努力并不一定能够得到外界的认可，所以两者又是相对独立的。所以，信用是一种由立信和授信两个方面契合而成的社会心理状态。任何信用事实，实际上都是同时来自立信和授信两个方面的多种因素在一定社会情境下排列组合的结果。因此，信用的形成和变化是一个非常复杂的社会心理过程。① 社会学意义上的信用是指一种价值观念。建立在这一价值观念基础上的社会关系是一种基于伦理的信任关系，具有伦理特征、文化特征和时代特征。②

2. 信用的心理学视角

从心理学的视角来看，诚信是由与诚实守信的言行相对应、相联系的多种因素组合而成的一个动态循环系统，包括诚信认知、诚信动机、诚信行为及相关的心理反馈因素。③

在诚信心理的“四因素三菱椎体模型”中，诚实、信用和信任为椎体的三个面，责任心为椎体的底面，责任感则为椎体的高度。诚实由“诚意”“直率”“实在”等本土的概念构成；信用就是讲“承诺”，讲究亲力亲为、有“信誉”；信任由“别人信任”、“信任别人”和“公共意识”组成，它反映了信任的人际互动和社会文化现象，也反映了社会规范等方面的中国文化的特征；责任心由“责任认知”、“责任感”和“责任行为”等本土概念构成。④

信用的心理结构包括 11 个维度：个人品质，信用的过程，承诺兑现，客观性和可评价性，信用的判断标准，外在表现，事情的性质，信用的弹性，经济活动，内在心理，社会、文化、环境的影响。⑤

3. 信用的综合视角

从管理学、经济学、社会学交叉的综合视角看，广义的信用涉及人们活动的各个领域，包括政治、经济、社会交往、文化交流等。从任何单一角度去认识信用可能都无法观察到信用的全貌，会忽视信用的部分特征。

从综合的视角来看，信用是信用拥有者在社会关系、经济交易等活动中以自己的意愿、能力、行为获得他人信任而实现的价值。⑥ 信用是获得信任的资本，是其拥有者社会关系与经济交易活动的价值的体现，最终通过社会关系的声誉、经济交易的信用额度、行

---

① 冯仕政．信用问题的社会学视角．世界知识，2004，(22).

② 刘澄，徐明威．信用管理．北京：经济管理出版社，2010：5-7.

③ 宋玲，吴继霞．诚信的心理机制探析．牡丹江师范学院学报（哲社版），2009，(01)：111-113.

④ 吴继霞，黄希庭．诚信结构初探．心理学报，2012，44（03).

⑤ 吴继霞，任蕴哲，查癸森．信任与信用及其关系——质性研究及他控力知觉角度的实证研究．第十七届全国心理学学术会议论文摘要集，2014.

⑥ 吴晶妹．三维信用论．北京：清华大学出版社，2016.

为记录与评价等表现出来。

吴氏三维信用理论认为，信用是获得信任的资本，是虚拟资本，是信用主体自身拥有、社会或他人赋予的人文资本。在社会活动与经济交易中，人们一般会对所交往的信用主体遵守信用的意愿、承诺践约的能力、已有的信用行为给予一种综合判断，这种判断实质是一种价值判断，以此价值判断为基础，人们决定授予该信用主体某种机会、某个商业交易、具体的融资金额等。所以信用是有价值的、虚拟的社会人文资本。信用，作为一种虚拟资本，符合一般虚拟资本的特点，也满足一般虚拟资本和实体资本的基本关系：信用虚拟资本和实体资本并行，即信用这种虚拟资本是以信用主体的实体资本为基础。这主要表现在两个方面：一方面，信用主体若没有自身实体资本的支持，就很难获得他人信任，很难拥有信用虚拟资本。从这个角度说，信用主体所拥有的实体资本的多少，将直接决定或影响其信用虚拟资本的多少。另一方面，信用虚拟资本的价值最终将通过实体资本的增长体现出来，即信用是虚拟资本，它本身不能创造实体价值，信用主体只有把自身的信用虚拟资本附加在实体资本中、体现在社会活动中、植入到实际的经济交易里，才能实现信用虚拟资本的价值。也就是说，信用主体所拥有的实体资本及其有效运用，是信用虚拟资本价值存在并实现的前提。

三、信用的分类与特征

从信用的内涵、信用主体等不同角度出发，可以将信用进行细分。由于不同种类的信用具有不同的特征和作用，对信用进行分类有助于我们更加深入地认识信用、管理信用。

（一）信用的分类

不同学者对信用的解释是不同的，因此对信用的分类也是不一样的。目前，学术界从信用的内涵范围、信用主体等不同的角度对信用进行分类，根据不同种类信用的不同特点进行信用管理，以期更有效率地分散信用风险，帮助信用在经济和社会发展中发挥更大的作用。

1. 根据信用的范围分类

（1）广义的信用。

广义的信用，即获得信任的资本，是社会与经济领域的综合范畴的概念，包括诚信资本、合规资本、践约资本三部分内容。诚信资本主要是指信用主体的诚信道德、文化理念、精神素养等基础素质；合规资本主要是指信用主体在社会活动中遵守社会行政管理规定、行业规则、民间惯例的水平与能力；践约资本主要是指信用主体在信用交易活动中的成交能力与履约能力。社会信用体系建设，对应的就是这种广义的信用，就是要进行诚信道德文化建设、社会活动管理合规建设、经济交易践约建设。这个范畴的信用，对应的是社会全面健康发展。只有加强此范畴下的信用建设，才能促进社会全面健康地发展。

每一个信用主体不一定同时、同水平具备这三种资本。例如，有的人诚信资本特别高，有的人根本就没有诚信意识，诚信资本缺失或为“零”；有的人尽管诚信素质差，但为了某种目的，也能表现得具备践约资本，可以遵守交易规定、履行合同、践约承诺；有的人在经济交易上违约，践约资本缺失，但在社会活动中，能遵守社会各方的管理规定，具有合规资本等。诚信、合规、践约三个维度之间相互支撑、相互影响，又相互转化，只有同时具备三个维度的资本，才能全面拥有信用总资本。

（2）狭义的信用。

狭义的信用，即获得交易对手信任的经济资本，主要包括在金融借贷、有价证券交易、商业贸易往来等交易活动中，以及信用主体所表现出来的成交能力与履约能力。人们常说的信用风险管理、国际上流行的信用风险管理模型与流程、银行信用风险管理、企业信用风险管理等，都是这个范畴。狭义的信用，对应的是市场，是为经济交易服务的。

更狭义的信用，即信用是获得金融借贷交易对手信任的经济资本，主要是指在银行借贷活动中，信用主体所表现出来的获得借贷的能力与按时还款、履约的能力。一般人们所说的信用都是出现在以偿还为条件的交易活动中。这是对信用的最早的、最基础的认识，对应的是借贷市场与借贷关系，是为借贷交易双方服务的。

2. 按照信用主体的不同分类

（1）公共信用。

公共信用可以分为政府信用和事业单位信用。

政府信用是指以中央政府或地方政府为授信方或受信方而产生的信用关系，具有一定的强制性，它主要通过政策的制定、权力的运作、社会责任的承担等方面来直接和间接地表现出来。政府部门的受信活动主要是中央或地方政府以债务人身份通过发债、借款等方式向社会筹集资金，用于弥补财政赤字或调节经济。政府部门的授信活动主要是中央或地方政府向社会提供有偿贷款或投资、财政周转资金等财政有偿支出。政府部门的信用活动实质上是进行社会资金的再分配，具有鲜明的政策性。[①] 政府信用对整个社会信用体系具有引导和宏观调控的功能，具体包括信用规则的制定和保证信用规则的实施。

事业单位是指由政府利用国有资产设立的，从事教育、科技、文化、卫生等活动的社会服务组织。事业单位接受政府领导，其表现形式为组织或机构的法人实体。事业单位一般是国家设置的带有一定的公益性质的机构，但不属于政府机构，其工作人员与公务员是不同的。事业单位信用主要是相关事业单位以债务人身份通过发债、借款等方式向社会筹集资金，用于完成所从事的教科文卫活动，并通过推广商业应用获取回报和还债。事业单位信用是对政府信用体系的重要补充。

（2）企业信用。

企业信用一般指企业法人之间授予信用的活动。企业信用的主要形式是生产制造企业对企业法人客户进行的赊销，即信用销售。在实践中，企业信用的授信方通常是材料供应商、产品制造商和批发商，而受信方一般是产品赊销的受益方，通常是各种各样的企业客户或代理商。

企业信用取决于企业履行自身承诺的意愿与能力。这里有两层含义，一是企业是不是有积极的履行承诺的意愿，从而使企业一直保持着良好的信用记录；二是企业是不是具备

① 吴晶妹．三维信用论．北京：清华大学出版社，2016.

保持良好信用水平的能力，对这个能力的高低的判定，是信用评级机构所做的工作。①

企业信用具有以下特点：一是企业信用有比较严格的方向性，往往是由生产生产资料的部门向需要这种生产资料的部门提供，绝不能相反，因此，商业信用范围有局限性，一般只在贸易伙伴之间建立；二是商业信用容易形成社会债务链，在经营者有方向地互相提供信用的过程中，形成了连环套的债权债务关系，如果其中一环出现问题，就会使整个链条断裂，出现类似三角债的问题；三是商业信用具有一定的分散性，且期限较短。

（3）金融信用。

金融机构信用管理是指金融机构为了实现利润最大化的目标，对自身的授信活动进行规范、调整和控制，其主要任务是防范、降低和化解信用风险，防止欺诈、降低损失。

作为经营货币的企业，在其开展活动的过程中由于获得的信息不充分、不对称，往往会产生信用风险，给经营活动带来很大的不确定性，因而为了降低信用风险、确保经营效益，金融机构需要制定信用政策、进行信用评估和信用监督等管理活动。②

金融信用分为银行信用和非银行信用。银行信用是由商业银行或其他金融机构授予企业或消费者个人的信用。银行信用是以货币形式提供的间接信用，不受方向制约，不受数量限制，范围广、规模大、期限长；信用性强，具有广泛的接受性，一般来说，银行是信誉最好的信用机构，它的很多债务凭证具有最广泛的接受性，被视为货币从而充当流通手段和支付手段；信用的发生集中统一、可控性强，社会资金以银行为中心集散，易于统计、控制和管理；以银行为中介来中断债务链，可以在促进经济活动的同时，稳定经济发展。③

非银行信用主要包括信用保险机构、信用保理机构、信托公司、财务公司、互联网金融等提供的信用管理服务和信用活动。

（4）消费者个人信用。

消费者个人信用是指消费者在消费活动中所表现出来并由授信方记录和评价的信用。商家为了推销商品，设计出许多创新推销方式，诸如分期付款、赊购证、信用卡等，而消费者以自己的承诺和信用记录为条件来获得这些商品或劳务服务。④

消费信用管理以消费者的信用信息征集为基础，通过一定的专业技术搭建个人信用评价模型，最后应用到个人信用服务获取上。其主要内容包括消费者信用调查、信用记录、信用评价、授信管理、失信行为追查和惩罚等等。

（二）信用的特征

信用的本质是一种资本。从表面上看，信用可以通过信用主体的信用记录、信用行为等综合信用信息反映，但信用并不能完全由信用主体自己控制，因为只有在与外界进行交易、交往时，信用的价值才能被体现，并且信用主体在与外界建立、发生关系时，信用与外界会相互影响。因此，信用具有归属性、标识性、传散性和社会性。

---

① 刘澄，徐明威．信用管理．北京：经济管理出版社，2010：10.

② 孙森，翟淑萍．信用管理．北京：中国金融出版社，2012：27.

③ 吴晶妹，韩家平．信用管理学．北京：高等教育出版社，2015：17.

④ 刘澄，徐明威．信用管理．北京：经济管理出版社，2010：10.

1. 信用具有归属性

信用作为资本，当然要有明确的归属，要有清晰的所有权。[①] 信用是有名有姓的。信用就像是人、企业等微观经济主体经济活动的身份证。

信用的归属性表现在两个方面：一是信用拥有明确的所有权。企业的信用所有权，就像其他资本所有权一样，是企业的财产，既是无形资产的一部分，也影响实体资产，体现在债权债务交易的记录中。二是个人的信用所有权是私有的，是神圣不可侵犯的。个人的信用所有权，既体现在自己的信誉资产中，也表现在自己的债权债务交易中。无论是企业还是个人，信用所有权应像其他资产所有权一样受到法律的保护，对其造成的任何侵害都要承担法律责任。

在现代市场经济中，信用的归属性特点表现得越来越明确，并且应用性越来越强。以此出发，我们就可以理解征信活动存在的基础，即征信活动的理论基础源于现代信用的特点，源于信用的归属性。我们为什么能够征信？因为每个人的信用不同，并且不同的信用属于不同的人，这种强烈的信用归属性，可以使我们根据信用识别每个不同的人。

信用身份证不是别人赋予的，而是我们自己在信用行为和活动中的表现不断累积、被记录、被采集而形成的，是我们为自己制作的身份证明。在市场经济比较成熟的征信国家，比如美国，企业或个人的身份识别号码不仅可以作为信用身份的象征，而且企业或个人可以借助这个号码，按照不同的权限，进入庞大的信用数据库查询信用信息。目前，我国的企业和个人信息也已经积累到一定规模，在中国人民银行的征信系统、地方政府的信用数据平台、地方高新技术园区等区域性信用信息数据库中，企业和个人也可以顺利查询信用信息、识别信用身份。这张信用身份证的功能越来越强大，越来越完备。正是这个特点，才使信用这种资源与财富被确立起来并发挥作用。这种资源与财富为政府、企业、院校、各种团体和个人等各自拥有，社会各界有必要维护自己的信用，培育与增加自己的信用资源与财富。信用的归属性是企业与个人诚实守信的利益基础，是追求信用的动力源，是形成良好的社会信用环境与信用秩序的内在力量。

2. 信用具有标识性

信用的标识性，主要是指信用主体的信用记录、信用行为等综合信用信息应该用最简单明了、最容易流传的方式和符号标识出来，以便让社会了解该信用主体的信用状况。信用主体是有差别的，每个信用主体的信用记录又是复杂多样的，因而信用信息是很庞杂、零散、无序的。要了解信用主体的信用程度与信用水平，需要一定的时间、一定的信息搜集、一定的信息整理，甚至需要专业知识与信用管理技术。这是社会化的工作，应该由社会分工解决，即由一部分人专门做这件事情，为社会提供这种信用标识性服务。信用标识分为四大类：

第一类是行业协会或自律组织，这些机构掌握着企业诚信度方面的信用信息和行为记录。为了加强行业内的诚信自律，它们对会员企业的信用信息归类整理，用明确的符号标识出每个会员的信用状况，有的可能用 A、B、C 类字母表示，有的可能用 1、2、3 等数

① 吴晶妹．三维信用论．北京：清华大学出版社，2016.

字表示。行业协会或自律组织的这种做法是科学的，其理论基础是现代信用的标识性特点，有理论根据，有社会需求，是正确的做法。

第二类是政府职能部门，它们拥有信用主体合规度方面的基础信用信息和违规记录。为了进行更好的、更有效的监管，政府职能部门以信用信息为基础、以信用分类为手段开展信用分类监管。它们整理信用信息，对自己分管的信用主体按监管要求进行分类，区分信用等级，用标识性符号记录下来，一方面用于自己分类监管，按信用程度不同，对监管对象区别对待；另一方面，将分类后的情况、合规程度信用标识结果，有选择地向社会发布，比如“黑名单”，以此为社会公众提供了解和查询的渠道和平台。这种标识不仅使政府提高了效率，也为社会公众提供了公共服务。

在信息时代，政府职能部门的信用标识活动，是政府利用信用信息发挥监管职能、提高监管效率、提供监管服务的有效手段。从信用管理理论上看，政府职能部门的信用标识活动，其理论基础是现代信用的标识性特点。从社会信用管理实践角度看，毫无疑问，政府职能部门的信用标识活动是信用监管活动的重要组成部分。政府职能部门把信用主体的具体信用标识结果提供给社会，并通过这种信用公共服务产品的推广与流行，强有力地约束社会信用主体的信用行为，培育和强化信用主体的信用理念。政府职能部门的信用标识活动既有利于信用交易活动健康有序地进行，也有利于社会信用环境的改善。

第三类是银行、担保、保险等主要授信机构，它们在与客户交易的过程中获得客户践约度方面的信用信息，而且这些机构也更关心客户的经济履约能力。它们为了达成交易，实现经济利益最大化，首先就要对客户在践约方面的信用状况进行判断，通过可识别的、有明确含义的符号标识出来，便于自己的客户管理和授信决策。

第四类是第三方的信用服务机构，它们专门从事信用主体的征信和评级工作，信息来源更为丰富，掌握的信用主体信用记录更加全面，能够标识出信用主体的综合信用状况，为社会提供该信用主体的基本信用情况和标识。信用服务机构作为独立的第三方中介机构，其信用标识活动的社会性特点非常突出。这些机构发布的信用标识结果有的服务于资本市场，有的服务于信贷市场，有的满足区域信用服务需要，有的满足一般社会公众需要，甚至有些时候，政府职能部门、行业自律组织、授信机构等主体也会参考第三方信用服务机构发布的标识结果，充分体现了这种标识活动和标识结果的社会性。

3. 信用具有传散性

信用的传散性特点，主要是指信用由信用主体拥有，信用水平的高低、信用价值的大小由信用主体自我决定，有其自身的行为表现，但信用的影响并不完全受信用主体自我控制。

信用的传散形式多种多样，渠道也千变万化，可能是政府有组织进行的，也可能是民间自发的，更可能是社会公众无序进行的。总之，信用的传散是社会各界广泛参与的，是多元化的，谁都被传散，谁都传散别人。整个社会通过信用传散形成信用主体互相约束、互相监督的制约机制。其实这种机制就是失信惩罚机制，从这个角度说，信用的传散性就是社会建立失信惩罚机制的理论基础。

信用的传散性以信用的归属性和标识性为基础，在现代社会中的作用越来越突出。在现代社会中，由于信用管理制度的确立、信用管理技术的发展，信用的归属性和标识性被人们接受并广泛应用，信用将会被社会广泛传散。理解了这一点，就可以理解和解释为什么在现代社会信用信息有价值、被重视，信用信息的结果需要社会共享。

信用的传散性是约束信用主体信用行为的一个重要社会方式，有利于社会信用环境的不断改善，有利于信用交易的顺利达成，可以降低信用交易风险，提高信用交易效率，使信用更好地发挥其资本的功能与作用，发挥应有的价值。

4. 信用具有社会性

信用的社会性，主要是指人们在建立信用关系的过程中互相影响、随波逐流，形成了群体行为。信用主体有追求自我信用社会化表现的特点。比如，即使有些信用主体自我诚信意识很强、诚信度很高，非常愿意自觉遵守社会行政信用监管和行业惯例，也愿意承诺践约、遵守交易契约，但是当他们做到这些的时候，并没有获得对手的应有认可，也没有得到社会应有的肯定和评价；相反，那些不守信用的人不遵守社会行政信用监管和行业惯例，也不愿意承诺践约、遵守交易契约，却没有受到应有的惩罚，社会也没有形成这种惩戒机制。这样，遵守信用的人不但没有得到奖励，而且可能还会因此损失一部分利益，这些人就会逐渐向不守信用的人看齐，也会借助不守信用的方式为自己牟取经济利益。于是整个社会就会形成一种效仿不守信用的集群效应，人们的道德心理追求就会倒向不诚信、不信任、不守约的一面。

信用的社会性，除了上述比较典型地表现在社会一般交往过程中外，还集中体现在经济活动、信用交易领域。比如，在银行住房按揭贷款中，有些贷款不能偿还，原因很多，有银行管理的问题、法律约束的问题、监管制约的问题等，但其实最主要的是消费者本身的问题。信用的社会性与人们的从众心理直接相关，人们作为社会群体的一部分，具有从众心理，所谓“法不责众”，是这种心理应用的一个很经典的概括。

信用的这种心理现象与心理活动直接受到社会信用意识、信用历史与文化、诚信道德观念与传统、信用行为惯例等的影响。信用的社会性具有浓重的人文色彩，体现着人文社会的一切规律与特征，而这一切将最终体现人与人之间的社会关系。这种社会关系最终构成了整个社会运行的信用环境，成为人类社会有序发展的基础。正因为信用具有这样的社会性，信用制度才会成为社会制度的重要组成部分，信用才会受到全社会的关注与重视。也正因为这一点，我们才应该深刻地认识到宣传信用、诚实守信、加强信用管理等信用问题不仅涉及经济领域，还涉及道德文化传统、法律、社会制度、经济发展、政府职能等多个领域，是一个复杂的社会性工程。

延展阅读 1－1

“信用”语义的现代转变

中国的经济发展进入新常态之后，对社会资源配置提出了更高的要求。在过去的经济发展历程中，信息不对称情况普遍存在，社会资源使用效率较低，也容易滋生欺诈等社会问题。“新常态”意味着传统的资源配置模式发生改变，各市场主体的信息日益透明，市场交易的行为规则建立在更加公平、公正、公开的基准之上。因此，信用体系建设已经不再是一个道德层面的宏观讨论，而是直接关系到市场经济在未来能否顺利推进的技术层面的微观话题。本文以中国近代以来的信用体系建设为线索，分析了“信用”从传统到现代的语义转变，考察了近代信用监管体系的正式制度和非正式制度，以期对当前的信用体系建设提供有益的借鉴。

“信用”一词古已有之，但最初的用法是作为动词，意多为“相信并任（使）用”。如《左传·宣公十二年》即有“其君能下人，必能信用其民矣”的用法。又如《史记·老庄申韩列传》“秦王悦之，未信用”，《魏书·列传第八十五》“陛下信用谗言”等。遍查古代典籍，并没有类似现代信用的含义。

1903 年，中国人有可能才第一次接触到了具有现代信用含义的“信用”。那时，罗振玉等人创办的《农学报》（第 229 期至第 234 期）连续刊载了日本人田谷九桥和高岗熊雄翻译的《农政学》，其中第十四章的标题为“农业信用论”。该章开篇论述道：“农业者不可不厚其信用。盖农民之须信用有二端为。其一，农地为贷债之切实保证……其二，偿还资金为期必远。”全章内容基本都是围绕农业借贷问题展开。此处的“信用”已经由传统的动词变为了现代意义的名词。此后出现在报端等场合的名词“信用”逐渐增多起来。

即便是广义泛指“诚信”（honesty，integrity）之意的“信用”，也是在近代中文报刊中才出现的。1910 年，一幅名为“俾斯麦少年时之信用”的画报讲述了俾斯麦“生平所最重之信用”故事，言其在十六岁时与一位信守承诺的鞋匠结为挚友，“崇拜之若师长然”。这个故事中的“信用”，既非传统“信任使用”含义的动词，也不是指狭义借贷关系的名词，完全是今天社会伦理意义上的信用概念了。

事实上，目前所能见到最早赋予“信用”以“诚信”含义的文献是 1907 年《农工商报》刊载的《论说：讲商人之信用》。作者侠庵（江侠庵）是晚清广东官派留日学生，回国后担任过陈炯明的老师，民国时期还在广州开办过工厂，后工厂因资金短缺而歇业。如上文所述，意为“借贷”的“信用”是近代中国知识分子转借日语而来，从另一个侧面也反映了日本对建立在借贷关系之上的现代信用体系的重视程度。作者留学日本期间，应该对现代信用的理论和实践有了一定的了解。因此，《论说：讲商人之信用》一文对“信用”的定义和功用做了十分详细的阐释。该文认为，“信用之在，商人不止可以称为无形之资本，且尝有比之有形资本。”所谓无形资本，指的是商人是否诚信的声誉。有形资本，则是有关银钱借贷的能力。

资料来源：张亚光．近代信用监管体系的思想制度与经验启示．中国市场监管研究，2017，(05)：30－33.

延展阅读 1－2

金融机构作为信用中介要带头讲诚信

2018 年 6 月 14 日，银保监会主席郭树清在参加“2018 陆家嘴论坛”时发表了《防范化解金融风险奋力跨越重大关口》主旨演讲，全面论述了我国防范化解金融风险的特殊性、成功经验，以及今后应当重点解决的问题。

防范风险应以事先预防为主。从理论角度讲，有商品生产和货币交换就有金融风险。但是多数国家是通过危机来强制调整，付出沉重代价后，恢复经济金融平衡。只有在我国，可以做到集中动员全社会力量，及早防范化解各类风险，防止生成系统性金融危机。我国现阶段的金融问题具有极大特殊性，表现在：我们处在社会主义初级阶段、新兴市场经济、“三期叠加”（即增长速度换档期、结构调整阵痛期和前期刺激政策消化期）的背景下，同时处于市场化、国际化不断深入，经济增长由高速度向高质量转变时期，化解风险会更为复杂。在我国预防化解金融风险，要以经常的“小震”释放压力，避免出现严重的“大震”，总体上要用事先的而不是事后的、主动的而不是被动的、整体的而不是零散的方法，去矫正各种偏离，及早恢复经济金融平衡。

从最坏处着眼做最充分准备。要有底线思维，防患于未然。要把各种困难和复杂性估计得更充分一些，把可能的风险和挑战想得更深入一些。“防范化解金融风险也需要树立预防为主的意识，做到早发现、早预警、早处置，努力把风险消灭在萌芽状态和早期阶段。”郭树清举例说，近年来，针对房地产贷款、地方政府债务和互联网金融等系统性风险隐患较大的领域，就是通过设定审慎监控指标、开展压力测试、加强清理规范、及早介入干预等措施，才有效遏制了风险累积。郭树清强调要通过标本兼治，依法防范化解金融风险，必须从根本建立起规范有序的金融市场体系，更要注重加强金融法治建设，补齐监管“短板”。

收益超过10%就可能失去本金。郭树清说，群众既是金融监管保护的对象，更是防范化解金融风险活动的重要参与者和依靠力量。在实际工作中，要注重发动群众，让群众在防范化解金融风险的过程中实现自我教育，提升自身免疫力。在打击非法集资过程中，年年打击，却仍然有人上当受骗。“要努力通过多种方式让群众认识到，高收益意味着高风险。”“收益率超过6%就要打问号，超过8%就很危险，10%以上就要准备损失全部本金。一旦发现承诺高回报的理财产品和投资公司，就要积极举报，让各种金融诈骗和不断变异的庞氏骗局无所遁形。”

误导性、欺骗性宣传已成公害。金融机构作为信用中介，要带头讲诚信，真实反映资产情况，真实披露相关信息。各地区各部门都要加强信用体系建设，依法依规增进信用信息共享。无论是金融企业还是非金融企业，都要认识到，做假账就是违法犯罪。所有投融资活动都要在阳光下进行。“误导性宣传、欺骗性投资咨询和理财顾问，已经成为影响社会稳定和谐的公害。”究其原因，说到底还是处罚太轻，不足以形成震慑，这种局面必须改变。要加大惩戒力度，对违法违规者必须严惩，让他们付出沉重代价。

资料来源：周芬棉．郭树清称经常“小震”释放风险避免“大震”——防范金融风险要解决违法成本过低问题．法制网，2018-06-14.

第二节 认识信用管理

信用的发展是根植于现代市场经济发展规律中的。实践证明，市场经济越发达，社会越进步，越要求信用及信用活动规范化发展，越要求有相应的信用管理制度安排。信用管理涵盖的领域众多，从金融授信的信用风险控制、商务贸易的客户信用风险管理到政府的日常监管；从资本市场信用评级、电商平台授信赊销到个人信用评分，几乎覆盖了市场的方方面面。

一、信用管理产生的必然性

（一）从信用到信用管理

从吴氏三维信用论的角度出发，一维诚信是社会文化问题，影响社会环境与公众信息，涉及公众的基本素质、价值取向、道德文化准则，应由政府宣传、教育、引导。二维合规是行政管理问题，影响社会秩序，涉及公众行为、社会基本关系与准则、管理制度与办法，应由政府制定行政管理规则并进行监管、奖惩。三维践约是经济问题，涉及交易双方的利益、市场的健康发展、经济增长，应由政府在宏观经济管理中特别制定信用交易宏观调控原则与办法。因此，信用资本是具有公共性的，属于公共管理的范畴，需要政府进行引导。[①]

从信用活动的性质来说，其重要属性是具有时间间隔性，即承诺在先，履约兑现在后。信用活动的发生必然伴随着信用风险的存在。[②] 授信方对信用资本进行定价并基于信用资本与受信方进行交易，会因其不确定性和出于维护自身利益的考虑而对受信方进行管理。而受信方为了使自己的信用资本最大化，也会尽量加强个体的信用管理。因此，从信用到信用管理是自然而然的。

（二）信用缺失的现象及危害

党的十八大以来，党中央、国务院高度重视社会信用体系建设，并在2014年正式出台全国性的顶层设计文件，将其提升到国家治理体系和治理能力现代化的高度。虽然我国社会信用体系建设取得了重要进展，但只是在部分领域初步形成了“不敢失信”的氛围，全国范围内的“不能失信、不愿失信”的局面还远未形成。

由于市场经济体制不完善、信用制度不健全、信用法律体系不完备、信用意识和信用道德规范尚未成熟，违背法律法规、不执行合同契约、不兑现承诺和不遵守公共道德现象突出。这些失信现象已超出经济交易范畴，涉及政务诚信、商务诚信、社会诚信和司法公

---

① 吴晶妹．三维信用论．北京：清华大学出版社，2016.

② 刘肖原．我国社会信用体系建设问题研究．北京：知识产权出版社，2016：18－19.

信等领域。[①] 以商务诚信领域的信用缺失现象为例，其包括了企业间相互拖欠、虚假广告、商标侵权、价格欺诈、假冒伪劣、恶意欠债与逃债、做假账、骗保险、骗贷款、套取社保资金等等。[②]

政府失信比其他领域的诚信缺失对社会发展有更严重的影响。政务诚信在社会民众中发挥着重要的示范和引领作用。政务失信，轻则伤害民心，降低公信力；重则导致群众和政府对立，甚至会危害国家安全和社会稳定。政务失信会降低行政效率，加大管理成本；会影响社会和谐，加大社会成本；会造成伦理失范，加大道德成本。[③]

商务诚信领域的信用缺失会导致市场交易成本上升，资源配置效率下降。信用缺失不仅造成了投资经营成本和生产成本的增加，也导致了金融风险的增加和交易方式的倒退，阻碍了生产、交换的正常进行，严重影响社会经济的正常运行，会产生极大的危害。信用缺失的直接结果是信用功能的发挥受到很大限制，交易方式向现金交易、以货易货等原始方式退化，大大提高了市场交易成本，降低了交易效率。[④]

司法要有力量就必须要有权威性，必须要有司法公信。司法领域的信用缺失将会导致司法制度的公正性、权威性受损，轻则导致法律法规无法高效执行，重则动摇整个国家的司法根基。

二、信用管理的范畴

（一）信用管理范畴的界定

信用管理可以分为宏观层次和微观层次。信用管理的宏观层次，主要是指作为征信国家，通过构建社会信用体系也即通过信用法律环境、征信体系、信用管理服务市场、政府信用监管、诚信教育与信用文化等建设，形成守信激励、失信惩戒的社会机制。信用管理的微观层次，主要是针对信用交易中的信用风险，通过识别风险、评估风险、分析风险，在此基础上有效地控制风险，并用经济、合理的方法综合性地处理风险来进行信用管理。[⑤]

1. 宏观信用管理

从宏观层次来讲，信用管理主要是通过构建整个社会信用管理体系来实现。社会信用管理体系是一种有效的社会机制，它以法律和道德为基础，以信用制度为核心，通过对失信行为的记录、揭露、传播、预警等功能，解决经济和社会生活中信用信息不对称的矛盾，加大失信成本，惩戒失信行为，褒扬诚实守信，扩大市场的信用交易规模，维护经济活动和社会生活的正常秩序，促进经济和社会的健康发展。

宏观信用管理的内容与作用主要包括：第一，加强信用管理法律制度建设，只有建立完善的信用管理法律制度体系并确保其良性运作，才能为建立完善的社会信用体系提供良

① 韩家平．我国社会信用体系建设的现状与展望．半月谈网，2018-07-18.

② 孙森，翟淑萍．信用管理．北京：中国金融出版社，2012：16-19.

③ 吴晶妹．三维信用论．北京：清华大学出版社，2016：182-183.

④ 孙森，翟淑萍．信用管理．北京：中国金融出版社，2012：16-19.

⑤ 唐明琴，林江鹏．信用管理．北京：高等教育出版社，2014：22-23.

好的法律制度环境；第二，加快覆盖全社会的征信体系建设，因为社会征信体系在维护市场秩序、有效防范信用风险、扩大信用功能、提高市场交易效率等方面具有不可替代的重要作用，是社会信用体系建设最基础的工作；第三，培育和发展信用管理服务市场，推动信用管理服务中介机构发展，扩大信用管理服务产品需求，增加信用管理服务产品供给，完善信用管理服务市场监管机制，建立和完善社会信用评级体系；第四，加强诚信教育，强化社会主体的信用理念，构建社会信用体系要坚持以人为本的思想，树立和不断强化个人的信用意识，强化企业信用理念，让企业做到自觉维护信用、牢固树立信誉就是生命的信用意识，将信用作为一种资源或资本来经营，有较长远的眼光，建立现代企业信用管理制度，加强自我信用控制能力，提升企业的信用管理水平；第五，加强信用文化建设，提升信用道德水平等。

2. 微观信用管理

微观信用管理主要指微观经济主体在信用交易活动中针对信用风险开展的信用风险管理。它们通过制定信用政策，指导和协调各机构业务活动，对从客户资信调查、付款方式的选择、信用限额的确定到款项回收等环节实行全面的监督和控制，以保障应收款项的安全及时回收。信用风险管理过程包括识别风险、评估风险、分析风险，在此基础上有效地控制风险，并用经济、合理的方法综合性地处理风险。微观信用管理类型具体包括企业信用管理、商业银行及各金融机构信用管理、消费者信用管理等。

（二）信用管理的外延应用

按照信用活动主体的不同，可以将信用管理进行内容与外延应用的划分，具体的划分如下①：

1. 企业信用管理

企业信用管理可以分为工商企业对交易对手方的信用管理和自身的信用管理。

对交易对手的信用管理包括对交易对手进行信用调查、信用记录、信用评价、应收账款管理、信用状况跟踪等。具体而言，是指企业通过制定信用管理政策，指导和协调内部各部门的业务活动，对客户信息进行收集和评估，对信用额度的授予、债权保障、应收账款收回等各交易环节进行全面监督，以保障应收账款安全和及时收回的管理。其目的是规避因赊销产生的风险，增加信用销售的利润，促进企业的发展。

企业自身信用管理包括对自身的诚信管理、合规管理和践约管理。诚信管理包括企业信用文化建设、企业家和员工诚信管理；合规管理包括企业内控制度建设和社会活动管理；践约管理包括企业负债管理和对外关系维护等。其目的是使自己的信用资本价值最大化，从而在获取贷款和投资时减少成本，赢得更多商业伙伴的认可，并且保持企业良好的信用形象，以满足企业长期可持续发展。

2. 金融信用管理

金融领域的信用管理主要包括银行信用管理、非银行金融机构信用管理和资本市场信

---

① 唐明琴，林江鹏．信用管理．北京：高等教育出版社，2014.

用管理[①]：

银行信用管理包括中央银行的信用控制和商业银行的信用管理。中央银行的信用控制属于中央银行货币政策的一部分，一般分为两种方式：(1) 信用直接控制工具，指中央银行依法对商业银行创造信用的业务进行直接干预而采取的各种措施，主要有信用分配、直接干预、流动性比率、利率限制、特种贷款；(2) 信用间接控制工具，指中央银行凭借其在金融体制中的特殊地位，通过与金融机构之间的磋商、宣传等指导其信用活动，以控制信用，其方式主要有窗口指导、道义劝告。商业银行信用管理，并不单指银行运营管理或者信用关系管理，而是一个综合和整体的系统管理，是多种关系的重合。商业银行信用管理包括四大系统管理，即资产信用管理、负债信用管理、资本信用管理和表外信用管理。

非银行金融机构业务种类繁多，其信用管理的侧重点也各不相同。金融信托机构的信用风险是指由于交易对手信用状况和履约能力的变化导致信托公司资产价值发生变动和遭受损失的风险。由于受数据积累、财务报表质量、资产回收率预测等信息不完备的制约，信托公司对交易对手信用风险的控制处在定性信用分析、信用评级与监控、风险损失准备等阶段。鉴于此，信托机构应该更谨慎地对交易对手进行信用分析，筛选出信用程度高的交易对手，降低违约的可能；并且应当对信托财产合理管理、规划和应用，并进行周密的风险评估，以分散风险、降低损失。证券机构是指专门（或主要）办理证券业务的金融机构，主要有证券交易所、证券公司、证券投资基金、证券金融公司、证券投资咨询公司等。各个机构信用风险管理各不相同。以证券公司的信用管理为例，证券公司的信用风险是指交易对手出于不能或者不愿履行合约而引起的风险，这些合约内容包括按时还本付息、外汇互换交易中的结算、约定的证券买卖和其他业务。证券公司的信用风险计量可以通过证券公司的历史违约率的统计来实现，主要是利用其历史上的违约次数与交易次数的比例和违约金额与交易金额的比例。

作为资产和货币及衍生品交易的场所，资本市场的根基与生命也是信用。许多资本市场的问题，本质上都是信用问题。上市公司的管理层或“内部人”和大众投资者或“外部人”之间存在很强的信息不对称。资本市场的信用管理首先要有一套比较完整的信用制度体系来使信息披露尽可能完整、真实，使信息评价尽可能专业、准确，以减少信息不对称，保证交易质量。

3. 消费信用管理

消费信用管理是以科学管理的专业技术，扩大信用消费、防范信用风险的技术手段。消费信用管理在企业中的职能主要有：提高信用审核的效率、降低营运成本；降低信用交易的风险，减少拖欠，及时收回欠款；为企业增加合格的用户，降低不良客户的比率；从风险控制的角度，协助企业完成产品创新。消费信用管理由客户授信、账户管理、商账催收等部分组成。消费信用管理按实施主体来分，可以分为企业对消费者的信用管理（具体

① 吴晶妹，韩家平．信用管理学．北京：高等教育出版社，2015：165－175.

内容详见第二章第二节）及金融机构对个人的信用管理（具体内容详见第三章第一节）。①

4. 政府信用管理

政府信用管理包括国家信用管理和公共事业单位的信用管理。政府信用管理从狭义上看是指对政府自身信用的管理，从广义上看是政府作为管理主体，对社会信用包括政府自身信用的管理。②

社会信用体系建设是一个庞大的社会系统工程，涉及经济社会的方方面面，涉及的主体包括政府行政部门、司法机关、各类市场主体、各类社会成员，对应于政务诚信建设、司法公信建设、商务诚信建设、社会诚信建设四大领域。社会信用体系建设既需要企业、事业单位、社会中介机构、个人的积极参与，也需要社会舆论的有效监督，还需要政府的制度约束和监督给予充分保证。在社会信用制度建设中，政府居于不可替代的地位，要引导、推动社会信用体系建设。具体而言，政府需要组织、实施信用立法与执法，并进行法律的权威解释；需要加快推动并实施征信数据的开放与共享；完善以奖惩制度为重点的社会信用体系运行机制；大力支持信用管理服务行业的发展并加强对信用管理服务行业的监督管理；支持行业协会等民间组织和机构的发展并发挥其作用；加强信用教育与信用文化建设。③

延展阅读 1-3

诚信，一个企业之殇：长生生物

长生生物简介

长生生物的前身是一家国有企业，主要从事人用疫苗研发、生产和销售。凭借强大的研发实力，长生生物逐步形成了以冻干人用狂犬病疫苗（Vero 细胞）、水痘减毒活疫苗、流感病毒裂解疫苗等为主的六大疫苗产品线，成为自研疫苗品类最丰富的民营企业之一。2015 年，长生生物借壳黄海机械在 A 股上市，成为国内最大的疫苗企业之一。事发前，长生生物股价 24.55 元/股，对应总市值为 239.04 亿元。

长生生物疫苗案事件线回顾

2018 年 7 月 11 日之前：长生生物内部生产车间老员工的实名举报信送达国家药品监督管理局。

7 月 15 日：国家药监局发布通告指出，长春长生生物科技有限责任公司（以下简称“长春长生”）在冻干人用狂犬病疫苗生产过程中存在记录造假，违反《药品生产质量管理规范》，责成吉林省食品药品监督管理局收回长春长生相关证书。通告称，所有涉事批次产品尚未出厂和上市销售。

7 月 16 日：长生生物（长春长生母公司）发布公告，表示其正对有效期内所有批次的

---

① 吴晶妹，韩家平．信用管理学．北京：高等教育出版社，2015：201-202.

② 唐明琴，林江鹏．信用管理．北京：高等教育出版社，2014.

③ 吴晶妹，韩家平．信用管理学．北京：高等教育出版社，2015：213-217.

冻干人用狂犬病疫苗全部实施召回，称近几年监测未发现因产品质量问题引起的不良反应。

7月17日：长春长生发布声明，已按要求停止狂犬疫苗的生产，并“深表歉意”。此次所有涉事疫苗尚未出厂销售，所有已经上市的人用狂犬病疫苗产品质量均符合国家注册标准。

7月19日：长春长生发布公告称，已收到《吉林省食品药品监督管理局行政处罚决定书》，决定书针对长春长生此前生产的“吸附无细胞百白破联合疫苗”违规做出处罚。

7月22日：李克强总理就疫苗事件作出批示：此次疫苗事件突破人的道德底线，必须给全国人民一个明明白白的交代。

自疫苗问题曝光后，*ST长生市值蒸发200亿元，离退市仅“一步之遥”*，百亿疫苗帝国顷刻间灰飞烟灭，引发A股医药板块大地震。

案例点评

长生生物疫苗事件发生后，引发全社会对疫苗问题的担忧、对企业诚信问题的思考及对政府公信力的质疑。此次长生疫苗事件实质上是违背企业道德和诚信的典型商业案例。在市场经济条件下，企业诚信不仅仅是社会和用户的基本要求，更是企业自身发展的首要条件。企业注重诚信，既是成熟与发展的表现，也是企业价值观的展示。如果企业失信，则很可能亏损和倒闭。更有甚者，会直接影响该行业的发展以及降低政府的公信力。

注：* 曹卫斩．疫苗造假事件曝光141天 *ST长生市值蒸发200亿元．中国经济网，2018-12-03.

资料来源：长春长生疫苗事件，百度百科．

延展阅读 1-4

国内信用领域研究情况简介

韩嵩，李晓俊（2018）基于CSSCI关于企业信用的学术成果，对国内企业信用研究的总体趋势以及具体的研究内容进行了详细的梳理与总结。该研究指出：在信用研究领域中，信用风险、评价、评估、分析、评级等词语出现频数较高，反映出信用研究中研究评价信用风险的主题较多；在信用研究内容中，企业信用是重要研究方向，其中，上市公司、中小企业、客户是信用研究的重点研究对象；在信用研究模型中，KMV、神经网络、支持向量机则是最常用的类型。

参考该研究对国内学者关注主体以及各自研究主题的统计（见表1），可以看出以政府信用为研究对象的文献较少，仅占样本总数的14%，这部分文献主要集中在政府信用建设与治理方面；关注个人信用的研究文献约占样本总数的22%，这部分文献主要集中在个人信用评估的研究方面（个人包括学生、农户、信用卡个人等）。可见，加强对于政府信用和个人信用的学术研究，任重而道远，需各界学者、学子上下求索。

表 1 信用研究关注主体及细分主题分布

关注主体	研究主题细分	文献数目
政府	政府信用评估	11
	政府信用建设与治理	39
	政府信用现状及其影响因素	31
	小计	81
个人	个人信用评价指标	24
	个人信用管理制度	37
	个人信用评价模型	62
	小计	123
金融机构	金融机构信用风险防范与管理	27
	金融机构的信用风险模型	54
	金融机构信用风险的指标及影响因素	17
	小计	98
企业	企业信用现状及其影响因素	15
	企业信用评级指标体系研究	25
	企业信用评价模型的建立	177
	企业信用控制系统和管理体系及体制	51
	小计	268
总计		570

资料来源：韩嵩，李晓俊．大数据背景下我国企业信用研究综述——基于 CSSCI 检索论文的分析．金融讲堂，2018，10：107-109.

第三节 信用管理的重要性

信用无时不在、无处不有，信用的产生和发展与社会的发展密不可分，社会制度的变迁、社会经济的前进都离不开信用的发挥。信用拓宽了人际交往的范围和边界，加强信用管理在提高社会管理效率、规范社会管理秩序、促进社会公平等方面成效显著。信用在优化市场交易环境、提高资源配置效率、促进经济结构优化升级等经济方面有重要的作用，只有正确认识信用、发展信用、不断加强信用管理，才能促进中国社会经济朝着更快、更好的方向发展。

一、信用管理与社会治理

信用是一种资本，信用资源的有效利用与合理配置需要信用监管体系与市场机制共同作用。[①] 政府通过各种举措形成一整套体系化的管理制度和机制，包括对信用资本的价值评价、对信用信息的归集和更新、信用奖惩机制的建立和运行、信用法律法规的健全和完善、信用意识的宣传和教育等一系列管理工作，并从全局出发协调各方利益，最大限度地发挥信用资本配置对社会发展的积极作用。[②]

（一）有助于打破“信息孤岛”

在现有市场经济和主要的实物资源配置制度下，商业交易双方存在严重的信息不对称、“信息孤岛”和信用闭塞的情况，信用信息分割比较严重，由此也产生了资源配置效率低下、银行坏账率较高等经济问题和政府行政监管及社会治理中管理成本较高、治理效率低下等问题。

随着信用的发展，政府不断加强社会信用体系的建设，成立了国家公共信用信息中心，成立了“信用中国”网站，并在网站上进行信用信息、信用的联合奖惩措施的公示，以及政策和制度的宣传。通过信用信息平台的建设促进各个领域和范围内信用信息收集、整理、流通、使用的规范化，提高社会管理效率。

（二）有效补充市场的缺陷

以凯恩斯为主的凯恩斯主义经济学家和新凯恩斯主义认为，市场经济有自身的缺陷和不足，当受到经济冲击时，不能恢复到一般均衡状态，需要政府通过财政政策和货币政策进行调节和引导。政府通过对市场参与者包括企业和消费者的行为进行引导，可以有效地加快经济的恢复，促进经济的快速发展。

政府出台相关的信用激励政策，对企业而言，使用信用交易可以增加企业的购买力，为企业拓展市场。如果企业愿意向客户提供赊销，就可以使更多的客户同意立即购买该企业的产品或劳务，由此实现扩大市场和吸引客户的目的。对消费者来说，信用具有提高生活水平、处理紧急事件和提供方便性的作用。同时，信用可以增强消费者的消费能力，扩大市场规模。

（三）规范社会管理秩序

在现代社会，信用是市场参与者本身的资源，可以作为一种商品，用法律规范来调整、约束人们的信用意识和行为。信用只有作为商品或服务时，才具有价值、使用价值和交换价值，可以使人对其产生质量和数量上的要求，这种要求会促使信用被综合利用、专业管理，并不断完善。信用好的市场参与者会获得更多的机会和回报；反之，则市场机会少，甚至被淘汰出局。在此状况下，市场经济的参与者为了获得最大的收益，必须规范自

① 吴晶妹. 三维信用论. 北京：清华大学出版社，2016：90-91.

② 吴晶妹，韩家平. 信用管理学. 北京：高等教育出版社，2015：67.

己的行为，注重自身形象，不断提高声誉和信用等级，这可以促进社会秩序的规范化。

政府依据对信用特性和信用作用发挥渠道的研究，可以出台相关的政策，比如商务部、教育部、交通运输部等多个部门组成联席会议，通过签署信用联合备忘录，并出台规范自身行业信用发展的政策，一方面可以推进信用信息在多个部门中使用，建设全社会的信用信息平台，另一方面可以规范社会管理秩序。

（四）提高管理效率

信用管理体系的建立与完善可以降低社会各部门管理成本，提高工作效率。各个政府职能部门如市场监管、公安、法院等掌握了大量的企业和个人信息，但是由于还未建立统一的信用服务平台，信用信息的价值还没有得到充分开发和利用。如果能将各部门的信息资源充分共享，并经过进一步的分析加工、综合利用，就可以极大地提高这些信息的使用价值，同时社会各管理机构也可以使用这些经过处理的信息，使各自的工作更加迅速、方便、高效。

通过信用社会组织和行业协会作用的发挥，可以提高社会公众、媒体的社会参与度，实现社会共治和创新社会治理，在全社会范围内形成信用的共建、共享、共治的良好氛围和局面。

（五）促进社会公平，共建社会和谐

公平一直是社会治理的重要内容，是每一个社会成员都关注的焦点。公平的程度与水平直接决定着行政管理机构是否可以长治以及社会是否可以久安。公平的话题无时不在、无处不有。从宏观到微观，从社会活动到经济活动，都涉及公平话题。社会公众在比较之后所认为的公平的程度直接或间接影响其情绪与行为，并导致其心理与行为发生变化。所以，公平直接影响和决定信用主体基本素质的诚信度、在社会活动中的合规度、在经济活动中的践约度。总而言之，公平影响信用主体的综合信用度。所以，培育和提高信用主体综合信用度的根本对策之一就是要提高社会公平程度，提升社会治理水平。

公平正义是人类社会的最高境界。改革开放以来，我国经济社会发展取得的巨大成就，为促进社会公平正义提供了坚实的物质基础和有利条件。从致力"先富"到强调"共富"，社会公平已经成为一个影响经济社会发展全局的重大问题，不仅会影响人民群众对改革开放的信心，而且会影响社会和谐稳定，是经济社会持续健康发展的基础。

信用是获得信任的资本，是信用主体自身拥有、社会或他人赋予的人文资本。在信用经济条件下，即使缺乏土地、房屋等实物资本，信用主体凭借自身积累的信用资本，同样可以参与经济交易活动和社会资源配置。经济运行和社会管理都以信用为标准，构建一个信用环境下的社会秩序、社会信用环境体系和经济交流体系。社会信用体系建设就是要建立一套新的制度和办法，让每一个人都能积累和提升自己的信用资本，并以此公开、公平地参与社会人文资源与自然资源的分配。

以信用资本配置资源的方式是一种制度创新，可以有效解决以实物资本配置资源的传统机制导致的资源分配不公、贫富两极分化等问题，促进社会公平。信用资本是社会资源配置的新依据，改变了传统经济运行中以实物资本为配置资源的唯一依据，给不拥有实物资本但拥有信用的人或企业以公平发展的机会与可能。

二、信用管理与经济发展

从经济学的角度出发，大多数学者都认为信用是借贷活动的总称，是以偿还为条件的价值运动的特殊形式。从“理性人”在经济活动中逐利的内在动机方面来看，贷出者由于持有闲置或富裕的资源（商品或货币）必须付出相应的机会成本，因此情愿为获得利息收入或尽快销售产品或服务而将资产转换为债权；而对于借入方来说，资产的即期效用一定要大于远期效用，从而使其愿意承担债务乃至为此支付一定比率的利息。

信用的出现使得闲置资源得以被充分利用，交易双方各得其利，有效地提升了经济社会的运行效率，增加了社会福利。信用市场、信用工具、信用中介高速发展，助推经济社会中信用活动的范围、领域和规模空前放大。但是，如果进行信用交易时一方不守信用，交换关系和市场秩序就会遭到破坏，不仅会导致信用交易无法实现，实物交易和货币交易也会被波及，经济活动就难以得到发展。因此，加强信用管理是促进信用经济健康发展的立足之本，具体可体现为：

（一）有利于防范和化解信用风险

信用是一种高风险资本。信用的风险性特点，主要源于信用的实质，即信用是一种资本，更是一种虚拟资本。人们在社会交往、信用交易中建立起了信用，并使其发挥着信用资本的作用，实现其信用价值。在这个过程中，交往的双方要不断确认对方是否有信用资本；信用资本的价值有多大；应该与他交往到什么程度。对这些问题的回答与事实有差别，就会产生风险。比如，有时因信息不对称、信用主体掩盖不利的信用信息，我们的判断会受到影响，风险就会出现，损失的可能就会出现。从另一个角度看，在一个完整的经济活动下的信用行为包括两个重要的环节，即承诺与兑现。承诺在先，履约兑现在后。只有全部的交易活动完成以后，并经过一定的时间间隔，才能履约兑现，使得信用活动天然具有风险性。正是因为这样，加强信用管理有助于规范各主体在信用交易中的行为，防范和化解信用风险。[①]

（二）有助于优化市场经济交易环境

由于市场经济的逐利性，市场经济存在缺陷，市场规则的运行可能会导致周期性的经济危机和经济失衡的发生。各种领域、各个主体的失信行为发生的频率越来越高，生产和销售领域的失信行为造成的经济和社会损失越来越严重。

信用管理的推行、社会信用体系的建设及社会信用管理可以根治社会信用缺失，通过守信激励、失信惩戒机制作用的发挥，可以为市场构建新的游戏规则，优化市场环境，促进市场经济健康有序运行。

（三）有助于提升社会资源配置效率

信用是促进资金再分配的最灵活的方式。借助信用可以把闲置的资金和分散的货币集中起来，转化为借贷资本，并在市场规律的作用下，使资金得到充分利用。在信用活动

① 吴晶妹．三维信用论．北京：清华大学出版社，2016：19－20.

中，价值规律的作用能得到充分发挥，那些具有发展和增长潜力的产业往往容易获得信用的支持。通过竞争机制，信用会使资金从利润率较低的部门向利润率较高的部门转移，在促使各部门实现利润平均化的过程中，提高了整个国民经济的资金效率。

信用是促进其他资源配置的关键因素。社会经济主体自身所产生的资源，只要参与社会经济活动，就会产生信用信息和信用记录，通过对信用信息进行收集、整理，运用一定的技术就可以对信用水平进行等级的评定和划分。通过信用水平的高低进行资源配置，可以提高资源配置的效率。

同时，信用管理行业及其机构的社会化信用服务活动，政府的许多行政部门推出的信用便民化的措施，通过出台行政管理制度和政策，缩短行政流程，加快行政效率，进一步保障了各种经济活动与交易的健康有序进行，促进市场经济运行效率的提升。

（四）有助于节约流通环节交易费用

在信用交易普及和大发展之前的现金交易和实物交易，需要一定数量的现金保管、现金出纳、现金管理以及与银行等金融机构交流沟通的费用，债权债务关系双方的结算费用，买卖费用，簿记费用和维持货币流通的费用等。随着现代信用的发展、信用交易的普及，利用各种信用形式能节约大量的流通费用，尤其是大量的纯粹性流通费用，从而可以增加企业原定的生产资金投入。

利用信用工具代替现金，节省了与现金流通有关的费用。在发达的信用制度下，资金集中于银行和其他金融机构，可以减少整个社会的现金保管、现金出纳以及簿记登录等流通费用；信用能加速商品价值的实现，减少商品储存和保管费用的支出。各种债权债务关系可以利用非现金结算方式来处理，这样节约了流通费用，缩短了流通时间，增加了资金在生产领域发挥作用的时间，有利于扩大生产和增加利润。

（五）有利于经济结构的优化升级

信用调节经济的功能主要表现为国家利用货币和信用制度制定各项金融政策和金融法规，利用各种信用杠杆改变信用的规模及其运动趋势。金融机构通过各种金融业务有效地集中和输出货币资金，形成了一个信用良性循环的过程，能够为社会生产力的发展提供巨大的推动力。国家借助信用的调节功能既能抑制通货膨胀，也能防止经济衰退和通货紧缩，刺激有效需求，促进资本市场平稳发展。

国家利用信用杠杆可以扶持、鼓励、支持第二产业、第三产业，尤其是第三产业，包括银行业、服务业、咨询业、公共管理等行业着重发展。另外，国家可以利用信用政策或措施引导资金的流向，通过资金流向的变化来实现经济结构的调整，使国民经济结构更合理，经济发展更具持续性。

（六）有利于提升国际竞争优势

我国政府一直在推动国际交流与合作。我国加入世界贸易组织，提出“一带一路”倡议，加强与非洲、欧洲等国家的合作与共同发展，目的是利用世界的资源，吸收世界各国的优势，推动我国的进步。

随着经济全球化进程的推进，国际经济日益朝着一体化趋势发展，一国不可能脱离国际经济实现自己的单独发展。一国经济在国际经济分工中占据什么位置，拥有多少市场份额，如何更有利地参与国际竞争，与该国的社会信用体系有直接的关系。

优良的信用环境、有效的信用管理，必将造就良好的市场经济环境和有序运行的市场经济秩序，培育出拥有良好信用行为和素质的信用市场主体。其在国际竞争中，必将处于优势地位。否则，不良的信用环境、失信的信用主体会导致社会信用秩序混乱，可能会造成失信行为的频发，一定会损害该国在国际经济活动中的信誉，进而影响经济发展和社会进步。

延展阅读 1－5

发改委财政金融和信用建设司

2019 年 3 月，据国家发改委网站消息，国家发改委党组成员、副主任连维良的分管司局出现了“财政金融和信用建设司”。这是财政金融和信用建设司首次在官方公开信息中露面。

近年来，随着信用经济的快速发展，中国社会信用体系建设也相应驶入快车道。根据公开信息，目前已有多个省区市设立了与信用管理相关的部门，具体包括：北京市经信局社会信用体系建设处、上海市发改委社会信用推进处、天津市发改委信用管理处、重庆市发改委财政金融处、山东省发改委信用管理处、江苏省发改委信用办、安徽省发改委财政金融和信用建设处、广东省发改委信用建设协调处、河北省政务服务管理办公室社会信用体系建设管理处、山西省发改委财政金融处、辽宁省发改委财政金融信用处、吉林省发改委信用体系建设处、黑龙江省营商环境监督局社会信用处、浙江省发改委信用建设处、福建省发改委信用办、江西省发改委财政金融处、河南省发改委财政金融处、湖北省发改委财金贸易处（挂牌信用信息管理处）、湖南省发改委财政金融处、四川省发改委社会信用体系建设省级联席会议办公室综合处、甘肃省发改委财政金融处（公共信用信息处）、海南省发改委财政金融和信用建设处、青海省发改委财经贸易处、贵州省发改委财政金融处、云南省发改委财政金融和信用建设处、陕西省发改委财政金融处、内蒙古自治区发改委社会信用管理中心（挂信用征信中心牌子）、宁夏回族自治区发改委经济贸易与财政金融处（社会信用建设管理处）、广西壮族自治区发改委财政金融处。

资料来源：国家发改委财政金融和信用建设司亮点．源点 credit 微信公众号，2019－03－19.

延展阅读 1－6

信用让品质生活更普惠

2019 年 3 月 1 日，京东数字科技发布小白信用租赁平台“京小租”，首创信用租赁“全链条服务”，逐步让租赁商户实现“拎包入驻”。

发布会上，京东小白信用与新华信用签订了战略合作协议，共同拓展守信激励场景，推进社会信用建设落地。中国经济信息社董事、副总裁匡乐成指出，将京小租纳入“信易＋”框架之下，可以把守信的理念用最接地气的形式传递给广大用户，这是一件有长期意义的事，有助于国家社会信用体系建设。他表示："我们希望京东数字科技能够在未来推出更多信用产品，让信用惠民全面开花结果。"

同日，京小租联合中国移动、海信、霍尼韦尔等13个知名品牌、渠道、商家代表，共同发起成立了"小白信用租赁联盟"，旨在树立行业规范，推动行业绿色发展。

京东数字科技副总裁区力表示，"共建共生"与"能力开放"，是京东数字科技长期的坚持。京东数字科技愿意全面开放自身能力，与合作伙伴达成互惠共赢，一起实现信用租赁市场的规范化、标准化。

面向商户，京小租作为业内首创全链条商户服务平台，整合了京东生态全链条资源，将逐步实现商户"拎包入驻"：包括融资租赁、场景运营、风控决策引擎、区块链存证、物流、维修、供货、保险保障服务、仓储、智能客服系统、回收残值处理等十一项服务。

基于海量可靠数据及多达百人的数据科学家团队，京小租能够为商户量身定制风控策略，最大化实现用户的商业信用价值。同时，京小租能够帮助商户极大地丰富用户人群与获客场景，并带来直接的效益提升。这基于京东数字科技的场景运营能力，以及京东生态内线上线下零售、运营商、社群营销渠道等各种资源。

"品类有限""押金贵""商品品质没保障"等一直都是租赁用户绕不开的问题。针对这些痛点，京小租提供"全品类租赁、信用免押、标准化服务"三大特色服务，从常见的手机、无人机、照相机等3C数码产品，到住房、汽车、家居家电、珠宝箱包，不论"大众""小众"，都可以在京小租上找到。

"信用免押"服务进一步提升了用户使用体验，若用户选择信用租赁且商业信用良好，就有机会实现不同比例的免押额度，甚至全额免押，有效降低资金压力。

京东数字科技消费金融部信用管理部负责人乔杨介绍说，为了让每一位用户租得更安心，京小租贯彻执行严格的"标准化服务"措施，例如：租期结束后，用户押金3个工作日之内退还到账；每一家入驻商户必须做到信息公开、透明；如有入驻商户存在不实宣传，一经发现立即关店等。

值得一提的是，京小租是业内首家使用区块链技术解决消费租赁市场纠纷取证难问题的信用租赁平台。联合京东智臻链，京小租已与鉴定中心、互联网法院等形成去中心化存证联盟，用户与商家之间的租赁协议、订单数据、租赁流程数据都将实现"上链"。

随着我国社会信用体系日趋完善，社会信用建设已经进入全面发力的新阶段，信用成为推动经济社会持续良性发展的驱动力之一。

京东数字科技副总裁区力表示，信用服务拥有着"普惠"的价值内核，理所应当为更多人，特别是普通用户带去更多便捷服务的机会。"通过信用租赁，如果我们能够让每个用户都意识到商业信用的价值，协助社会信用体系变得更加完善、健全、健康，形成'信用扶持经济发展，经济发展反哺信用体系'的正向激励，那么我们干的就是一件有深远社会意义的大事。"

资料来源：信用让品质生活更普惠 京东个人信用租赁平台"京小租"发布．新华网，2019-03-03.

延展阅读 1-7

构建良性信用联动网络生态圈

现代市场经济是信用经济。信用关系的发展，拓展了交易活动的时空限制，为企业扩大销售额提供了可能，而交易的各关联方依托彼此间信用关系，共同构成了信用经济社会的代表性产物——信用链。然而，信用关系的不断发展、扩大给交易双方带来了极大的不确定性，信用链潜藏的风险信号逐渐显现，直接影响着市场主体的经济行为，甚至影响着一个国家的宏观决策和经济发展。

信用链风险传染理论通过风险传染这一动态过程，将信用链这一抽象概念具象化、生动化，借鉴传染过程的影响要素及特征，映射出信用链风险传染过程的重要分析点，指导信用链风险传染问题的研究框架构建；厘清分析的逻辑脉络，为信用链风险传染防御机制的研究奠定理论基础。

一、信用链风险传染过程主要影响要素

（一）信用风险传染渠道

1. 纵向传染——供应链。信用风险会通过供应链渠道，形成纵向传染态势。供应链信用风险一直都是供应链风险控制的重点。供应链上存在的供应关系产生了实际业务中的企业间商业信用，同时也暴露出这一商业信用背后的风险及其传染性，一旦供应链中某个企业成为风险源，很有可能通过生产资源的纵向流动，传染至供应链网络中其他企业，影响整个供应链网络的稳定，从而演化成整个供应链的系统风险。

2. 横向传染——担保链。担保链是指多个企业在向金融机构融资时，通过互相担保、连环担保、联合担保等担保关系链条形成的特殊利益共同体。从公开资料来看，我国目前已经形成众多企业担保链，且担保链中企业普遍存在超出自身实力的对外融资和担保现象。因连带担保责任导致个别企业的信贷风险通过担保链条迅速传导和放大，担保链上多个企业债务风险传染加剧，扩大了银行信贷风险，甚至成为行业间、区域性金融风险的诱因。

（二）信用风险传染方式

1. 资产负债表关联传染。从资产负债表上看，信用是一种短期债权融资的行为，信用关系双方构成应收应付的债务关系。一旦信用关系破裂，必将导致信用关系双方资产负债表要素的波动。

2. 违约相依传染，又称违约相关传染，“是指由于债务违约事件的彼此作用而发生共同违约的可能，主要是由企业间的资产关联所引起。”经验表明，一般单个企业的违约并不仅仅由企业内部消化，而是会通过各种经济联系对其他企业造成或多或少的影响。一个企业违约也会造成与之相关的企业相继违约；或者说使得这些相关企业遭受损失，从而增大违约的概率。

二、联动网络视角下信用链风险传染防御对策

国家发改委主任连维良在2017年信用合作联动会议报告中指出，建立信用联动机制，是社会信用体系建设的重要举措。将通过信用信息共享交换和整合应用，有效打破“信息孤岛”，产生叠加效应，既做联合监管的“加法”，又做优化服务的“乘法”，进一步推进放管服改革和社会信用体系建设。基于信用联动网络的风险防御对策主要有：

1. 政府机构方面的风险防御对策。建立综合协调解决机制，积极应对企业担保链风险，采取特殊政策支持，防范担保链风险引发企业倒闭潮，加强信用信息体系建设，夯实金融机构风险审查基础。

2. 金融机构方面的风险防御对策。“互保”问题出现之后，应当尽可能保持各大金融机构高管稳定，防止频繁更迭，金融机构应当尽早摆脱典当文化，着重关注企业真实经营状况，金融机构应开展抵押担保方式创新活动，解决中小微企业的融资难问题。

3. 企业方面的风险防御对策。企业应当加快树立诚信意识，不做“逃废债”者，企业应当加快健全内控管理机制，建立现代企业制度，防范非理性担保。

资料来源：防御信用链风险传染 构建良性信用联动网络生态圈．信用中国网，2018－06－26.

【思考题】

1. 请谈谈你对信用内涵的理解。
2. 你认为信用的主体有哪些？
3. 信用的分类标准有哪些？
4. 信用有哪些特征？试举例说明。
5. 请介绍并说明信用管理的范畴及应用领域。
6. 加强信用管理有哪些作用？请你从不同维度谈谈自己的理解。
7. 加强信用管理对于社会治理有哪些作用？

【参考文献】

［1］吴维海，张晓丽．大国信用：全球视野的中国社会信用体系．北京：中国计划出版社，2017.

［2］马珍．国外信用治理模式比较及对我国的启示．现代管理科学，2019，(04)：39－40.

［3］吴晶妹．三维信用论．北京：清华大学出版社，2016.

［4］刘澄，徐明威．信用管理．北京：经济管理出版社，2010.

[5] 宋玲，吴继霞．诚信的心理机制探析．牡丹江师范学院学报（哲社版），2009，(01).

[6] 吴继霞，黄希庭．诚信结构初探．心理学报，2012，44 (03).

[7] 吴继霞，任蕴哲，查癸森．信任与信用及其关系——质性研究及他控力知觉角度的实证研究．第十七届全国心理学学术会议论文摘要集，2014.

[8] 孙森，翟淑萍．信用管理．北京：中国金融出版社，2012.

[9] 吴晶妹，韩家平．信用管理学．北京：高等教育出版社，2015.

[10] 张亚光．近代信用监管体系的思想制度与经验启示．中国市场监管研究，2017，(05)：30－33.

[11] 周芬棉．郭树清称经常“小震”释放风险避免“大震”——防范金融风险要解决违法成本过低问题．法制网，2018－06－14.

[12] 刘肖原．我国社会信用体系建设问题研究．北京：知识产权出版社，2016：18－19.

[13] 唐明琴，林江鹏．信用管理．北京：高等教育出版社，2014.

[14] 韩嵩．李晓俊，大数据背景下我国企业信用研究综述——基于 CSSCI 检索论文的分析．金融讲堂，2018，(10).

[15] 国家发改委财政金融和信用建设司亮点．源点 credit 微信公众号，2019－03－19.

[16] 信用让品质生活更普惠 京东个人信用租赁平台“京小租”发布．新华网，2019－03－03.

[17] 防御信用链风险传染 构建良好信用联动网络生态圈．信用中国网，2018－06－26.

[18] 冯仕政．信用问题的社会学视角．世界知识，2004，(22).

第二章 企业信用管理

我国市场经济发展迅速，企业贸易的交易方式由实物交易、现金交易转变为以信用交易为主，交易的范围和金额都显著增加。但是，信用交易也带来了赊销账款不能如期足额收回的信用风险，交易对手的信用风险直接影响卖方的盈利能力，因此，企业信用管理应运而生。卖方需要通过制定信用管理政策，对信用交易的各个环节进行全面监督和跟踪管理，在实现销售最大化的同时，尽可能规避信用风险、降低经营风险、提高经营效率，将信用风险损失降到最低，从而使利润和价值得到最大限度的提高。

本章将主要介绍企业信用管理的范围与功能以及企业信用管理的内容，并对企业信用管理流程、企业信用管理岗位设置与考核、电子商务和供应链的信用管理等方面进行系统阐述。

第一节　企业信用管理的范畴与功能

一、企业信用管理的必要性

在竞争日益白热化的买方市场经济下，企业始终面临着这样的两难困境：一方面，必须不断扩张信用以扩大市场份额，另一方面，又必须最大限度地减少坏账损失以降低成本，提高盈利。[1]

（一）防止客户拖欠，降低发生损失的可能性

现代信用风险不仅来自交易对象的还款能力，还来源于交易对象的还款意愿。就企业而言，信用风险是指由于市场交易对方违约而导致损失的可能性。[2] 常见的企业信用风险表现主要是客户拖欠风险。为了防止客户拖欠，降低发生损失的可能性，有必要开展企业信用管理。

只要赊销，就会出现客户拖欠货款，这种情况几乎不可避免。当客户企业在经营中发生短期资金紧张或其他意外情况时，就有可能不能如期或足额履行赊销合同。对于赊销或授信企业，客户就有可能短期拖欠应付货款，在账面上产生逾期应收账款。

客户拖欠货款是企业赊销面临的最大风险，拖欠货款对赊销企业造成的损失远比坏账造成的损失大。客户拖欠货款的损失不出现在会计账上，是隐形的，体现为机会成本的增加，因此经常被忽视。当客户拖欠发生后，企业信用管理部门要尽快查清楚客户是否为恶意拖欠，即查清楚客户拖欠货款的真正原因，然后配合企业销售部门采取相应措施。

不同于临时遇到困难和濒临破产的客户企业，恶意拖欠的客户通常是有能力还款的，但是拒绝还款，还找出种种托词和借口，能拖则拖，尽可能长时间占用赊销企业的资金。客户恶意拖欠主要发生在品德不良的客户身上，是一种十分恶劣的欺骗行为。客户恶意拖欠是产生赊销坏账的主要原因之一，为了防止坏账发生，授信企业要事前防范，筛选客户，尽量避免与品质恶劣的恶意拖欠客户进行信用交易。

（二）控制由于内外因并存所导致的信用风险

产生信用风险的原因多种多样，可以概括为三个基本因素，即市场环境因素、企业信用管理因素和客户自身因素。其中，企业信用管理因素是内因，其他两个因素是外因。由此可见，产生信用风险的内因是企业没有信用管理功能，或者信用管理水平低下。产生信用风险的重大外因是市场环境的问题，包括经济秩序不良、社会信用体系不健全、市场上的失信惩戒机制运转不畅、失信成本很低、企业道德水平低等。结合我国情况，具体表现为：

1. 外部原因

第一，缺乏良好的社会诚信环境。随着经济的发展，社会氛围和社会环境发生了较大的改变，在利益的驱动下，一些人和企业有悖于诚信经营的传统，制假售假、合同违约、恶意拖欠等不诚信的事件屡见不鲜。拜金主义、利益至上的观念大行其道，诚实守信的社会观念比较缺乏。

第二，信用法律法规不完善。现行的相关法规对信用交易中债务人履行契约清偿债务的约束性规定缺乏足够的力度，对故意甚至恶意拖欠货款缺乏严惩的规定，对信息披露的范围和隐私的保护缺乏明确的界定。

第三，社会信用体系不健全。社会信用体系尚不完备，缺乏了解信用交易各方信用状况的平台，缺乏相应的惩戒机制，于是形成了一个授信方不了解情况、不敢授信，受信方缺乏监督、违约成本低而不重视维护信用的怪圈。

---

① 吴晶妹．信用管理学．北京：高等教育出版社，2015.

② 牛红红．企业信用风险管理研究．太原：中北大学，2008.

2. 内部原因

第一，企业信用意识缺乏。企业的信用意识是维持良好的社会信用关系和信用秩序的基础。在我国，企业之间的信用关系严重扭曲：一些企业对拖欠其他企业货款习以为常，甚至认为拖欠有理，即使有钱也要拖欠。

第二，企业经营理念落后。主要表现为企业激励机制不合理，重销量，不重收账成果，盲目利用赊销扩大市场份额，为风险的产生和积累埋下隐患。

第三，企业信用管理能力弱。目前，我国大部分企业都没有建立专门进行信用风险控制的信用管理部门。企业信用管理缺乏系统性和科学性，信用政策不科学，应收账款的日常管理与监督未形成制度，对客户信用管理薄弱。

为了控制信用风险、提高赊销的成功率，企业必须掌握风险控制和风险转移的方法。信用风险分为可控风险和不可控风险。可控风险是指企业通过信用管理水平的提高和借助征信服务就可以规避、控制、降低、转移的风险。应对这种风险，企业的风险控制策略是将建立完善的信用管理功能摆在头等重要的位置，采取的措施是完善其信用管理部门的功能。所谓不可控的信用风险，是指那些因不可抗力引起的风险。应对不可控风险，企业信用管理部门的工作重点应放在识别风险上，采取的风险规避策略是转移风险。企业信用风险控制是系统化的工作。企业可以通过各种信用工具和管理手段，识别出风险所在，筛选出合格的信用交易客户，使用各种控制和转移风险的企业化征信服务，将赊销或其他授信风险降低到可以接受的水平。

(1) 信用风险的识别与评估。

风险识别是信用风险控制的第一步，风险评估则是风险控制的依据（见图 2-1）。风险识别是对各类潜在的风险因素进行全面的辨别和系统性归类，是一个信息收集和信息归类的过程。这项工作以对客户进行资信调查和对客户的财务状况进行分析为主，辅以对客户所在行业和客户所在国别的政治形势方面的调查。风险评估是对于特定类别的风险发生可能性和对应的损失程度进行估计，准确地估计各类风险及其破坏性，是风险控制的依据。只有准确估计风险，才能选择合适的风险控制手段或采取适当的措施。

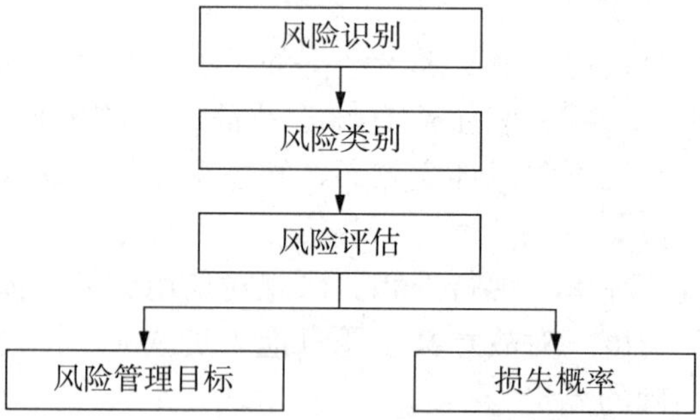

图 2-1　企业信用风险识别和评估程序图

(2) 信用风险控制机制。

信用风险控制是分为事前防范、事中管理、事后处理的全程信用控制。事前防范用于筛选合格的信用交易对象，事中管理用于避免客户纠纷、客户预警和转移风险，事后处理用于追回货款、处置失信客户。全程信用控制通过将信用风险进行程序化的分析和控制，形成一种风险控制的制度化安排。

采取何种手段去规避风险，要依据对风险的评估来采取相应的风险管理工具。风险管理工具包括风险防范类工具和财务类风险管理工具两种。风险防范类工具强调在损失发生之前消除风险因素；财务类风险管理工具强调在损失发生后进行经济补偿和财务处理。对于风险管理工具的选择，原则是安全可靠和经济合理。对于特殊的客户和交易，可以使用具有特殊针对性的信用管理工具，加大风险控制的保险系数。

二、企业信用管理范畴

（一）广义的企业信用管理

什么是广义的企业信用管理？从企业的管理职能上讲，企业信用管理是指，通过制定信用管理政策，指导和协调内部各部门的业务活动，对客户信息收集和评估、信用额度的授予、债权保障、应收账款回收等各交易环节进行全面监督，以保障应收账款安全和及时回收的管理。从企业的管理目的上讲，企业信用管理就是对各种规模的企业，力求达到企业销售最大化的同时，将信用风险（坏账）降至最低和应收账款快速回收的管理措施。①

现代社会对于企业信用管理的定义是对企业信用加以管理的技术，包括守信和授信在内，而企业信用管理的方法则是由信用的本质决定的。企业信用管理的目标是将信用风险降到最低，进而实现企业利润的最大化。企业信用管理在本质上就是对企业信用风险的管理。企业在信用管理的过程中需要对信用数据加以收集和整理，在这之后加以整合形成征信产品，再促成企业的信用交易。②

（二）狭义的企业信用管理

狭义的企业信用管理一般是指企业信用销售，大致可以分成两大类型：一是企业法人之间的信用销售（B2B），即赊销企业对客户企业的信用销售；二是企业对消费者的信用销售（B2C），即企业法人对自然人的信用销售。企业信用销售是一种企业对企业、商场对消费者、生产厂家对消费者的先提货后付款的销售方式。

企业采用信用销售方法的目的是盈利。企业经营以利润最大化为目标，而利润需要通过扩大销售来实现。采用信用销售方法，企业能够提高市场竞争力，改善客户关系，有助于打击竞争对手，抢占更大的市场份额，从而扩大销售额。如果市场大环境好，社会信用体系能够有效运转，相较于其他传统的销售形式，信用销售应该是成本最低廉的价值交换形式。③

三、企业信用管理的目标与功能

（一）企业信用管理的目标

通过蒲小雷和韩家平在《企业信用管理典范》中的“商业企业经营成果”图（见图

---

① 蒲小雷，韩家平．企业信用管理典范．北京：中国对外经济贸易出版社，2001.

② 史宁，李美丹，吕琳．我国企业信用管理存在的问题分析．北方经贸，2018，(05)：136－137.

③ 唐明琴，林江鹏．信用管理．北京：高等教育出版社，2014：220.

2-2）的介绍与分析，我们可以很清晰地了解企业信用管理的目的和职能。①

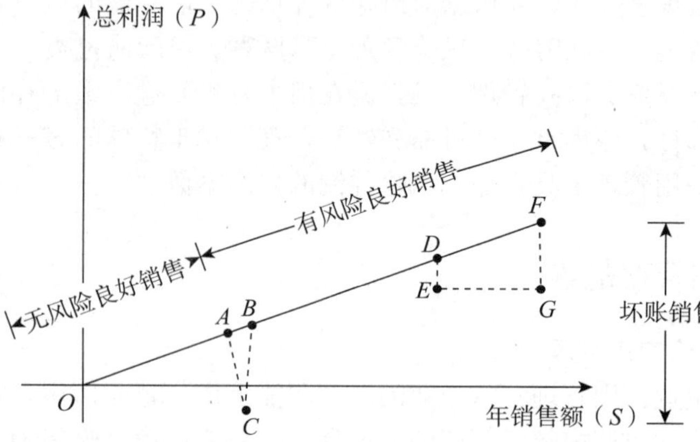

图 2-2　商业企业经营成果图

在图 2-2 中，横坐标代表企业某年的总销售额。规模大的企业总销售额相对较大，规模小的企业总销售额相对较小。纵坐标代表企业的利润。从狭义经济学角度看，创造利润是企业经营唯一且直接的目的。斜线代表利润率。不同行业、不同企业，其利润率也不尽相同。利润率大的企业斜率就大，利润率小的企业斜率就小。F 点是规模一定的企业年度利润最大化的理想值。由于规模一定，任何企业都存在一个最大利润值，即图 2-2 中的 F 点。A 点为无风险良好销售，表示这部分销售额没有任何风险，销售后可确保资金回收。这种销售包括现金销售、易货销售、担保销售或与合作多年的合作伙伴之间的销售等。A 点至 F 点为有风险良好销售，表示销售存在一定的风险系数，但销售后仍能按时回收资金的销售。这部分销售主要存在于各种经过审核的赊销业务中，比如外贸业务中的 D/P、D/A、O/A 等业务。虚线代表坏账销售，表示销售后最终无法收回账款的销售。坏账销售主要是盲目的赊销业务造成的，但也有一部分源于商业欺诈或货物纠纷。

对图 2-2 进行如下说明：

（1）企业未实施信用管理时的状况。当企业没有实施信用管理时，企业的利润坐标值徘徊于坐标中的 O、A、B、C 四点形成的面积之间。

（2）企业实施信用管理时的状况。当企业实施有效的信用管理后，企业的利润坐标值在 E、D、F、G 四点形成的面积之间。

信用管理的目的有两个：一是力求达到企业销售最大化，但不论是大企业还是小企业，销售最大化的目标都很难完成。环顾世界经济，商业活动已经从卖方市场转变为买方市场，任何行业、任何产品的竞争都异常激烈。如果企业要接近和达到销售最大化，那么在进行 O 点至 A 点“无风险良好销售”的同时，也必须尽量多地进行 A 点至 F 点的“有风险良好销售”。

在对西方国家的调查中发现，欧洲企业和美国企业的赊销比例占销售总额的 90%以上，这说明在现代企业中，创造企业利润的销售主要集中在“有风险良好销售”中，保守

① 蒲小雷，韩家平．企业信用管理典范．北京：中国对外经济贸易出版社，2001.

型销售只能使企业竞争能力越来越弱，最终走向衰亡。

信用管理的第二个目的是将信用风险（坏账）降至最低。赊销是商业竞争的重要武器，在产品质量和价格接近的情况下，赊销成为争取订单、扩大销售的决定因素。然而，赊销的负面效果也很明显，那就是信用风险巨大。

人们常说，一笔坏账的损失可能需要几十笔成功销售才能弥补。难道赊销比例大、信用风险大的企业坏账率一定高吗？答案是否定的，只有盲目型销售的企业才会产生这种结果。实施信用管理的西方企业虽然大量采用赊账销售，但其坏账率平均为0.25%～0.5%；反观我国企业，虽然现销现购仍是主要结算方式，但坏账率平均在5%以上。也就是说，我国企业的坏账率是西方国家的10倍甚至20倍。

反映在图2-2中，我们可以看到，企业在实施信用管理后，销售额大幅提高，在D点至F点之间波动，销售额远远高于未实施信用管理时的保守型销售；同时企业的坏账额在D点至E点、F点至G点之间波动，坏账额也大大低于盲目型销售的坏账额。从总体上看，实施信用管理的企业比未实施信用管理的企业在获取利润的能力方面优势明显。

20世纪初的四川长虹事件[①]就是一个典型的盲目型销售案例。当时，我国最大的彩电厂家四川长虹与美国代理商APEX发生了决裂，开始追收40亿元人民币应收账款。40亿元，相当于长虹对APEX全部销售收入的40%。然而，长虹事件并不是一个被海外代理商欺诈的简单个案。实际上，常有中国企业为了在海外拓展市场而进行低价销售或者甘冒赊账风险，导致了严重的不良后果。

长虹事件所暴露的问题从表面看是财务管理问题，而究其根源是企业的信用管理问题。从长虹事件可以看出，我国企业在走向世界的过程中由于过于心急而忽略了风险控制，导致应收账款大幅上升，产生坏账的风险或事实。企业信用管理制度在我国还是一个新生事物，许多企业的内部信用管理架构并不完善。企业信用管理是一个动态过程，贯穿于原材料的采购、信用额度的设定、应收账款的管理等生产经营全过程。而且它也与营销、财务管理相联系，甚至在一定程度上存在矛盾。因此，企业的信用管理部门应该摆脱销售压力的干扰，对企业生产经营全过程进行监控，科学地评价销售风险，以达到收益与风险的最佳配置。

（二）企业信用管理的功能

在买方市场条件下，企业要想获得市场竞争力，提供信用销售服务是必不可少的途径之一。但是，信用销售作为一种信用活动，必然存在信用风险。如果企业能够建立完善的信用管理制度，就可以有效地控制信用风险，保障自身权益，提高信用活动的效率，保障信用交易的顺畅进行。在企业决定是否对客户授信之前，首先，要对客户信息进行收集和分析，解读征信机构的客户信用报告，利用信用分析模型对客户的信用级别进行科学判断。这些信用管理活动能够大大降低信息不对称的程度，使企业对授信对象有一个比较全面和准确的判断，筛除评级差的对象，使信用风险在信用活动的最初阶段就得到根本性的控制。其次，通过应收账款的监控、信用风险转嫁、拖欠账款追收等信用管理活动，就能够大大地降低信用交易损失，提升企业管理水平，使企业敢于授信，有能力管控好风险，

① 从“长虹事件”看我国企业的信用管理，百度文库.

在市场竞争中占据有利地位。

根据信用管理理论，企业信用管理的基本功能包括：客户风险（信用档案）管理、客户授信、应收账款管理、商账追收和利用征信数据库开拓市场。

第一，客户信用档案管理功能。该项功能的指导思想是以事前防范为主，其内容包括在与客户签订赊销合同以前，对客户进行资信调查、统一管理客户和客户信用档案的本企业内部服务等。

第二，客户授信功能。主要内容包括接受客户信用申请、客户信用分析、信用额度确定、给客户复信、受理客户投诉，客户授信工作的技术性和政策性非常强。

第三，应收账款管理功能。工作的重点在于：控制应收账款发生的总体和个体规模，抓住资信品质优良的客户，对合同期内的应收账款做技术处理，防范逾期应收账款的发生，转让债权。

第四，商账追收功能。主要任务包括：执行催账程序，国内外商账追收，将失信客户诉诸法律，逾期应收账款的转让，申报注销坏账。

第五，利用征信数据库开拓市场功能。这项功能是指信用管理人员利用征信机构的企业征信数据库资源，向本企业的销售和供应部门提供开拓市场的咨询服务，特别是帮助销售部门开拓国际市场的服务。使用这种方法，可以帮助企业快速全面地掌握目标市场的潜在客户信息，找到一定比例的潜在代理商，大幅度节约开拓市场的成本。同时，还可以配合本企业的客户信用档案来挖掘老客户的潜力。

延展阅读 2-1

“僵尸企业”及去产能企业债务处置

2018年12月4日，国家发改委网站发布《关于进一步做好“僵尸企业”及去产能企业债务处置工作的通知》（发改财金〔2018〕1756号），其中提及：

> 完善重整企业信用修复机制。重整计划执行过程中，企业可申请在全国信用信息共享平台、国家企业信用信息公示系统和金融信用信息基础数据库的大事记信息中添加相关信息，以及时反映企业最近生产经营状况。重整计划执行完毕后，企业可申请增设重组完成相关信息，以提示企业的重组情况。
>
> 加强社会信用约束。对“僵尸企业”及去产能企业债务处置过程中恶意逃废债、国有资产流失等违法违规行为责任人建立信用记录，纳入全国信用信息共享平台、国家企业信用信息公示系统和金融信用信息基础数据库。构建失信行为联合惩戒机制，依据相关法律法规严格追究恶意逃废债和国有资产流失等违法违规单位及相关人员责任。

资料来源：关于进一步做好“僵尸企业”及去产能企业债务处置工作的通知（发改财金〔2018〕1756号）.

第二节 企业信用管理的主要内容

信用管理政策的制定是企业进行信用管理的基础，只有在了解国家的宏观经济形势和相关政策的基础上，根据企业自身的运营、现金流等情况制定正确的、适合企业发展的信用政策，才能规范公司的信用管理各环节的工作，从而提高效率，降低经营、交易风险。另外，信用管理政策是动态的，是不断发展的，需要根据宏观经济的条件以及企业自身的情况不断进行调整。本节将主要介绍企业信用管理政策、客户管理、赊账管理、应收账款回收管理等内容。

一、企业信用管理政策

（一）企业信用管理政策的界定

信用管理政策是企业在一定时期内整体发展战略方针的具体体现，它反映了企业在交易风险控制方面的偏好，是企业决策层根据本企业实际情况和发展目标，针对特定经济环境条件所做出的信用控制方向的选择。一个公司的信用管理政策，主观上是决策者意愿和风格的体现，客观上是企业如何应对客户及环境的集中反映。

信用管理政策是公司政策的重要组成部分，是指导企业经营管理尤其是信用管理的依据。信用管理政策的制定是信用管理工作得以顺利实施的首要任务，它是制定其他所有信用管理制度的基础。其他信用管理制度的制定是以信用管理政策为指导的，同时信用管理政策体现于每一项信用管理制度中。

企业制定信用政策的目的，首先是给企业确定一个承担风险的范围，通过合理的信用销售支持企业的销售目标。其次，通过相应的指标来具体描述风控目标，以具体的数字来衡量和考核信用管理绩效，也可使企业在授信活动中有符合企业信用价值观的执行准则，有符合企业现金流和收益率目标的统一的信用决策执行标准，保证将企业的应收账款持有规模和产生坏账的风险控制在企业愿意承受的水平，保持回款速度和低坏账率，使企业的风险控制目标得到有效的贯彻执行。

（二）企业信用管理政策的类型

由于不同企业的经营者对于风险的承受意愿和承受能力有所不同，同时，企业的财务状况、资金状况、市场商品流转情况等也不同，因而需要不同类型的信用政策。信用政策类型主要有：

1. 根据对于信用风险的认识和控制程度划分，分为保守型信用政策、稳健型信用政策和激进型信用政策

（1）保守型信用政策，又称财务型或紧缩型信用政策。采用这一信用政策的企业通常都具有坚实的财务基础，不愿意承担风险，只向财务状况很好且付款及时的客户赊销，几乎不存在逾期账款风险。在该模式下，企业的坏账少，但是在市场竞争中处于不利地位，在市场竞争加剧且越来越向买方倾斜的情况下，存在着失去重要客户的可能，因此使得企业的发展受到制约，会导致企业销售额减少，利润减少，达到一定程度也会造成企业资金

周转困难，在长期过程中会被竞争对手所击败。采用保守型信用政策的公司多为以下情况：公司产品利润率较低；公司产品的生产能力有限；公司平均风险水平高于竞争对手；公司所处的经济环境不佳，处于衰退状态；公司处于高风险行业；公司生产销售面较窄的专用产品、大型产品等。

（2）稳健型信用政策，又称均衡型信用政策。采用这一政策的企业通常存在一定的逾期账款和应收账款坏账损失，而且一般情况下允许存在一定数量的购买商延期付款。采用稳健型信用政策的企业的现金流量主要靠银行贷款和企业每月收回的应收账款，它们的信用风险高于采用保守型信用政策的企业，低于采用激进型信用政策的企业。它们愿意承担一定程度的风险，可以接受虽然经常拖欠但是最终会付款的客户进行赊销，存在一定的逾期账款和坏账风险。此类型政策是一种处于中间状态的信用政策，希望在风险控制和企业发展之间找到某种平衡。

（3）激进型信用政策，又称销售型或宽松型信用政策，是风险最大的信用政策。采取这种信用政策的公司往往把销售额放在首位，应收账款质量放在次位，尽量给客户以优惠的结算条件，基本上向所有的客户提供信用销售，包括那些付款不及时的客户，这是一种快速占领市场的企业最可能采取的信用政策。采用激进型信用政策的公司多为以下情况：公司产品利润率高；公司产品的生产规模大；公司处于竞争激烈的行业；公司库存商品积压严重、持有现金量少；公司急于售出新产品或处理旧产品等。采取这种信用政策的公司将面对较高的信用风险，会造成很多销售付款不及时，甚至发生很多坏账，达到一定程度时，会造成企业现金匮乏，影响到企业的资金周转，严重时会导致企业破产倒闭，例如20世纪90年代，香港百富勤公司的倒闭。因此，一味追求企业发展而采取激进的信用政策，忽视对于坏账风险的控制而导致出现大额账款逾期或者大面积坏账等极端问题，可能给企业带来灾难性后果。

总之，企业为增加销售额，扩大市场份额，往往采用宽松的信用政策；企业为了采用现金销售，避免出现坏账，采取的则是保守的信用政策。当企业的外部环境发生变化时，如宏观经济发生变化、行业周期变化、国际市场环境变化等，不同的信用政策对于企业会产生不同的影响，如果采取了不恰当的信用政策，会对企业造成十分严重的后果。企业应该制定合适的信用政策，力保信用销售的货款及时足额地收回，在实现高销售额的同时，尽量减少坏账，在信用风险可控的情况下，为企业创造尽可能多的真实利润。

2. 根据客户类型划分，分为对老客户的信用政策、对新客户的信用政策、对重要客户的信用政策

因为不同类型的客户对企业的价值不同，风险程度不同，所以须采取不同的信用政策。

（1）对老客户的信用政策。除非是重要客户，否则所有拖欠货款超过信用期限一定天数的客户都将自动被停止供货，只有当拖欠的货款付清之后，才可以继续供货；超过信用额度的发货必须征得信用经理的审核批准，如果将长期超过信用额度，需要客户办理担保等债权保障措施。

（2）对新客户的信用政策。在获得足够信息做出信用评价并确定其信用额度之前，不予采用赊销方式；若要求立即供货，则采用现金付款，或者提供足额担保；在成为正式

客户前必须提交信用额度申请表，信用部门根据对该客户的期望销售额和实力确定信用额度。

（3）对重要客户的信用政策。对重要客户进行信用状况跟踪调查，并关注其异常变化和经营趋势；对于潜在的大客户，在正式信用额度评定之前，可以给予小额的信用额度，全面的信用额度评定必须在下次发货前完成；在允许的范围内，给予优惠的信用政策和简化的审批程序。

3. 根据客户的信用风险级别划分，分为低风险客户、一般风险客户和高风险客户

企业对于不同风险级别的客户，采取不同的信用政策。低风险客户是指客户信誉和前景良好，经营状况和财务状况良好，无拖欠记录；一般风险客户是指客户经营状况和财务状况运行平稳，无拖欠记录；高风险客户是指客户经营状况和财务状况不佳，在付款时经常发生拖欠。

对于三种不同风险级别的客户，信用政策的差异见表 2 - 1：

表 2 - 1　不同信用风险级别客户的销售方式和信用政策

客户类别	销售方式	信用政策
低风险客户	尽可能提供信用额度，满足客户需求； 不采用标准收账政策，优先解决争议，给予最大支持	宽松的信用政策
一般风险客户	给予客户标准信用额度和期限，采用标准收账政策，逾期一定天数就停止供货	适度的信用政策
高风险客户	严格控制客户信用额度和期限，发生拖欠立即停止供货，并列入“黑名单”，采用担保、保险、保理等保障措施	严格的信用政策

以上信用政策的类型，是从不同角度进行的分类，不同的分类突出了不同的特点和侧重面，其中不乏交叉之处，企业可按照行业特征和本企业的实际情况及一贯做法选择使用。

企业对信用政策的执行，表现为确定信用额度、信用期限和对现金折扣的使用。

（三）企业信用管理政策的要素

企业信用管理政策是企业信用管理的重要组成部分。企业信用管理政策对于企业信用活动的规模、信用风险和应收账款管理的效果起着决定性的作用。[①] 企业信用管理政策的要素主要包括信用额度、信用标准、信用条件、收账政策、客户信息管理规定与附加政策等。

1. 信用额度

信用额度又称授信额度，是企业在进行信用销售时，授予客户的赊销限额，它可以分为企业总的信用额度和对每个客户授予的信用额度。信用额度的大小在一定程度上代表了企业的实力，反映了企业资金实力和对客户所承担的机会成本及坏账风险的承受能力。原

① 魏文静．企业信用管理．北京：高等教育出版社，2015：60 - 70.

则上，赊销客户的应收账款余额不得超过企业给予客户的信用额度，客户信用额度的总和不得超过企业总的信用额度。根据不同的信用条件，企业需制定不同的信用额度政策（见表2-2）。

表2-2 信用额度政策

企业的信用额度政策	信用条件或情况
企业整体信用额度	依据企业自身资金实力、产品特点和行业状况确定作为年度或季度的赊销目标，本项额度可拆分成各大区或销售分公司的额度，以便作为内部授信尺度
客户的常规信用额度	提供给分销商或大客户，每半年或一年核准一次
促销信用额度	在促销期间临时增加给分销商的信用额度，过了促销期此额度自动取消
重大、特大项目信用额度	特别为重大、特大项目增加的额度，单独审批

2. 信用标准

信用标准是指企业同意向顾客提供企业信用的最低条件，通常以预期的坏账损失率表示。客户只有达到了信用标准，信用管理人员才能判断是否给予客户信用和给予多大程度的信用。如果客户达不到信用标准，则不能享受企业给予的信用或只能享受较低的信用优惠。如果企业的信用标准过严，则会减少企业的坏账损失，但同样可能减少企业的销售量；如果企业信用标准较为宽松，销售量固然会有所增加，但同时也会增加企业的坏账损失和应收账款的机会成本。因此，企业要根据自身的资金情况和当时的市场竞争情况，确定适宜的信用标准。

企业在制定信用标准时，至少要考虑以下三个因素：第一，竞争对手的信用标准。企业要考虑如何在竞争中处于有利地位，保持并不断扩大市场占有率。如果竞争对手实力较强，则企业应该采取相对于竞争对手较低的信用标准；反之，则可以采取严格一些的信用标准。第二，企业承受风险的能力。当企业具有较强的违约风险承担能力时，就可以以较低的信用标准提高竞争力，争取客户，扩大销售量；否则，应注意控制风险。第三，客户的资信状况。企业在制定信用标准时，必须在对客户的资信状况进行充分调查分析的基础上，做出评级并据此决定给予其何种信用标准。此外，信用标准评价比较流行的方法是“5C模型”，即考虑客户的品质（character）、偿付能力（capacity）、资本（capital）、资产抵押（collateral）与经济环境（conditions）。

3. 信用条件

信用条件是指企业给予客户信用时延期付款的若干具体条件，主要包括信用期限和现金折扣。其中，信用期限是企业为顾客规定的最长付款时间，现金折扣是指顾客提前付款时给予的优惠。如“2/10，N/30”就是一项信用条件，表示在发票开出后10天内付款，可享受2%的折扣；若超过30天付款，则不能享受付款折扣。在这里，30天为信用期限，10天为折扣期限，2%为现金折扣。提供优惠的信用条件，自然会增加销售量，但也会增加应收账款机会成本、坏账成本、管理成本、现金折扣成本等。

信用期限与销售收入、应收账款、坏账损失都密切相关。企业的客户当然希望信用期限越长越好，信用期限越长，表明企业给予客户的信用条件越优越。但信用期限也关系着赊销企业资金流的顺畅与否，对其市场竞争力有一定影响。信用期限既是信用促销的手段，也是加强货款回收管理的重要内容。信用期限越长，资金占用成本就越高，追账难度和坏账损失也会增加；如果企业整体的信用期限较短，将不利于其销售量的扩大和市场份额的增加。

信用期限决策的关键，是标准信用期限的确定和信用期限的调整。标准信用期限，又称目标信用期限，是企业信用管理部门确定客户信用期限的指导性指标。制定标准信用期限时，要考虑客户企业产品的生产周期、行业因素、市场销售状况、本企业的现金流状况以及对未来的预测等，一般会以本地区本行业的平均信用期限为参考，再根据企业自身的信用政策、资金流情况、市场状况等多种因素确定。制定标准信用期限一般要先根据国家或地区的行业信用期限统计数等权威统计数据，按照行业惯例初步确定一个基本天数，再根据企业自身销售经验和信用政策，采用边际分析法或净现值法来调整天数，最后根据应收账款统计报告、应收账款周转天数（DSO）报告进行信用期限修正，确定不同企业的实际信用期限。区分客户的信用期限，需要在标准信用期限的基础上，根据客户群体的不同类别、重要性程度、信用记录情况等，制定出不同的信用期限。

现金折扣是指为促使客户尽早付款，规定在既定的信用期限内提前付款所能享受的价格优惠政策，目的在于吸引客户为享受优惠而提前付款，缩短企业的平均收款周期。现金折扣是企业为了提前收回货款所付出的代价，相当于为加速获取资金而向客户支付的利息。企业在给予客户现金折扣时，如果折扣率过低，则起不到激励客户提早付款的效果；如果折扣率过高，又将提高企业的成本。企业能否提供现金折扣，主要取决于提供现金折扣减少应收账款投资所带来的收益是否大于提供现金折扣所付出的代价。

以 2017 年的格力与美的财报数据为例，格力无论是总资产还是销售额均小于美的，但货币资金却高于美的，其原因就是两家公司信用政策差异所带来的应收账款周转率差异。平均来说，格力公司将产品销售出去以后，基本上两周以内就可以把钱收回来，而美的需要多花一倍的时间。因此，格力的现金流要远远好于美的。换句话说，美的为了把销售额做高，其信用期限长于格力，放宽了应收账款期限，手头的资金回流也就慢了下来，因此，二者经营数据的差异也就不足为奇了。[①]

4. 收账政策

收账政策是指当信用条件被违背时，信用管理部门收账时遵循的原则与采取的策略的总称。当客户拖欠或拒付账款时，企业首先要分析现有的信用标准及信用制度是否存在疏漏，其次重新调查和评价违约客户的资信状况。企业对于信用质量不同的客户要采取不同的收账政策，企业对各种不同逾期账款的催收方式，其收账政策也是不同的。对逾期较短的客户，不会过多地打扰，以免将来失去这一客户；对逾期较长的客户，可频繁地信件催款并电话催询；对逾期很长的客户，可在催款时措辞严厉，必要时提请有关部门仲裁或提请诉讼等等。对于信用品质恶劣的客户，应当将其从信用名单中排除。

从追账方式来看，对于受信方所拖欠的款项可先通过信函、电话或者派员前往等方式

---

① 2017 年格力年报；2017 年美的年报.

进行催收，尽可能维持较好的客户关系。但是，当这些措施无效时，则可以诉诸法律。为了提升诉讼效果，可以与其他经常被客户拖欠或拒付账款的企业联合向法院起诉，以增强该客户信用品质不佳的证据力。除上述收账对策外，国外一些国家还兴起一种新的收款代理业务，即企业可以委托收账代理机构催收账款。但由于委托手续费较高，许多企业，尤其是资产较少、经济收益差的企业很难采用这种方法。[①]

5. 客户信息管理与附加政策

客户信息管理政策定义了信用管理部门的信息服务工作，规范了信用管理部门向企业内部相关部门提供客户信息服务的内容和范围。[②]而附加政策的主要作用是明确了在企业内部采集信用信息、记录保留组织构架、客户来往和回访、与其他部门的沟通、国际信用状况等内容。对于大多数企业来说，这些条款同样重要，所以应该在管理手册中明确规定。

在附加政策内容中，经过企业经理办公程序批准的标准表格汇编包括客户信用申请表、客户调查表、回复客户的标准信函、赊销合同等等。以客户调查表为例，一般包含以下要素：基础资料，包括客户名称、地址、电话、股东、法人代表、企业组织形式等；客户特征，包括企业规模、经营政策、经营特点、销售能力、发展潜力等；业务状况，包括客户业绩、业务人员素质、竞争对手关系、合作历史等；交易状况，包括客户企业形象、声誉、信用状况、优劣势、历史问题与对策等。

二、客户管理

企业进行信用管理主要是对赊销客户进行管理，所以第一步就是对客户进行建档立卡管理，再根据客户各方面的信息进行授信，从源头管控信用风险。

（一）档案管理

信用管理人员必须对信用信息进行加工，目的是将信用信息加工制作成客户信用档案的征信数据。作为日常工作的一部分，信用管理人员要对散乱无序的原始客户信息进行筛选、分类、比较、核实、计算、判断、分析、编撰等加工处理。[③]

筛选是将信用信息从其他客户信息中选出来，并且要拣选出新信息。分类是将选出来的信用信息分成纯文字描述信息和量化信息，包括需要量化的文字描述信息。核实是对形成客户信用价值评价指标的重要信用记录进行核实，既要保证信息的真实性，也要决定是否保存原始记录作为证据。计算就是算出客户的资信级别和风险指数。判断是就现行的客户授信和信用政策的正确性和松紧程度进行判断。分析是对客户信用档案中选出的重要记录和评分结果进行分析，按照服务企业内部其他部门的要求，提纲挈领地作出客户描述，提出建议。编撰就是按照模版要求，对客户信用档案的对应部分进行更新，使档案的数据结构对应于所采用的信用管理软件的要求。

信用档案的模板多种多样，有的是在国际流行的企业资信调查报告版式基础上设计出来的，有的是某种信用管理软件提供的，有的是自主创新的。在这方面应该区域化、标准

① 收账政策的制定，MBA 智库.

②③ 林钧跃．企业与消费者信用管理．上海：上海财经大学出版社，2004.

化、国际化。

维护客户信用档案库是信用管理部门的日常工作，应保证信用档案中的信用信息日益完整，应定期更新、长期积累、动态管理。最重要的是，客户信用档案中的一些信用信息应及时提供给本企业的相关经理和业务人员，如此才能真正发挥客户信用档案管理的作用。

（二）授信管理

授信管理的核心是对客户进行信用分析和信用等级评定。通过对客户所有相关财务及非财务信息进行整理、分析，得出客户的偿债能力评估结果。它需要运用专门的信用分析技术和模型，并结合专业评估人员的经验来完成。企业可以从以下几个方面着手①：

首先，建立客户信用风险分析模型。实践证明，客户的信用风险是可以预测、度量的，关键在于能否掌握一套科学的、专业化的评估方法。因此，在大量采用信用方式交易的情况下，企业亟须建立一个规范化的客户信用风险预测管理系统。

其次，实行明确的客户信用评级制度。在对客户进行科学、全面的信用风险分析基础上，企业应当通过对客户评级，全面、客观、定量地预测每个客户的信用风险程度。在此基础上，根据客户的信用等级进行交易和授信决策。客户评级管理主要是搜集储存客户信息。因为客户既是企业最大的财富来源，也是风险的主要来源。对客户信息的管理是了解客户评级状况和信用风险控制的基础。一方面，我国应当大力发展能为企业提供各种信用管理服务的专业中介机构；另一方面，企业自身也应当加强对客户的信息管理，对往来客户逐一建立档案，包括建立基本资料和往来资料两部分。基本资料反映客户的整体实力，包括经营状况及财务状况等；往来资料则反映与客户的交易记录及内部评价，包括与客户的交易时间、金额、付款情况等。为保证客户信用信息的统一性、完整性和连续性，企业有必要建立较为完善的客户数据库，实现信息化管理。

最后，确定信用额度。企业应根据客户的信用状况和信用等级，给予不同的信用额度。在商业实践中，科学合理的企业授信管理能够让企业之间的商业往来变得便利。比如，客户和供应商之间约定在一定的额度下月结 60 天，上下游三方在这一约定下运作得平稳又顺畅。不同类型的企业也有着自己的合作规则，例如稍微强势的企业，对于客户信用额度和周期会适当压缩，要求供方在额度上适当放宽，甚至约定月结 60 天后，给 30 天的期票，也是某些行内的“潜规则”。

近年来，实体企业跑路或宣布破产的情况频繁发生，导致企业实际回款率越来越低，资金周转越来越困难，有些企业直接粗暴地采取“收紧信用额度”的做法，最终造成资金链恶化的恶性循环。从这个角度来看，企业和机构的授信管理仍需进一步完善，除劣存优，形成良性循环，才是长远发展之道。②

三、赊销管理

（一）赊销管理的内涵

赊销是指因对外销售产品、材料，供应劳务，应向购货单位或接受劳务的单位及其他

① 胡建飞．从金融危机看企业信用管理制度．现代经济信息，2009，(11).

② 周家兵．企业间信用额度收紧意味着什么．证券时报，2016-10-24.

单位收取的款项，包括应收销售款、其他应收款、应收票据等。实践中，由于竞争的加剧，除了依靠产品质量、价格、售后服务、广告等外，赊销已成为企业扩大销售的重要手段之一。据不完全统计，在我国，赊销已经迅速占据了企业间交易方式的主导地位，大多数行业的赊销率在60%以上，有些行业，如医药、保健品业已占到90%以上。①

赊销是有成本的。卖方要在买方付清款项之前提前投入资金。这种资金可能是自有资金，也可能是银行借款。银行借款有利息，自有资金有机会成本，包括利息、管理费用等，总称为赊销成本。在实践中，计算赊销成本时，往往采用最简单的办法，就是按照银行借款利率来考虑企业投入到信用中的成本。例如，一个公司向某客户提供一个月的赊销期，当期银行借款利率假定为6%，那么在只考虑借款利息的简单计算方法下，月赊销成本就是月赊销金额的0.5%，即如果客户的赊销金额是1 000万元，那么该企业的月赊销成本就是5万元。

（二）赊销风险管理

进行赊销管理，首先要把握好赊销行为给企业带来的风险，以及导致不同风险产生的原因，进而企业才能以风险管理为目的，确定出具体的赊销管理的内容。

1. 赊销风险及其产生的原因

在全球贸易一体化和以买方市场特征为主的市场竞争环境下，赊销已成为企业扩大市场份额的一项不可缺少的手段。目前，国际上80%的商品交易是在信用方式下进行的。在我国，赊销也逐渐成为绝大多数企业普遍采用的销售方式。赊销已经不是一种选择，而是一种趋势。

赊销是符合现代经济发展需要的。在现代经济中，生产技术的标准化使企业在产品价格和质量上的竞争空间越来越小，改进经营方式就成为卖方提高竞争力、扩大销售的主要方式。同时，赊销可以让买方企业先提货后付款，其购买活动在时间和空间上的限制都大大减少。更重要的是，从企业微观角度上看，赊销可以增加销售和减少存货。

赊销风险是指企业在信用销售活动中，由于客户未能或不及时付款而使企业遭受经济损失的可能。客户不能付款或不能按时付款的原因是多样的，但不论哪种原因，都会给赊销企业造成显性或隐性的经济损失。②

由于我国一些企业存在信用意识淡薄、不重视信用管理等问题，企业间相互拖欠货款的现象非常严重，致使赊销企业坏账率很高，是发达国家的10～20倍。并且，企业应收账款的结构极其不合理，逾期应收账款占应收账款总额的70%，且账龄已达3年以上，事实上已无法收回的应收账款已占应收账款总额的近1/4。

导致赊销风险的原因有很多，主要包括赊销决策失误、对货款监控力度不够、选择客户不慎、客户信用档案管理缺失、信用管理部门与业务部门沟通不畅等。一般实践经验表明，80%的赊销风险来自企业自身的信用管理流程与管理水平及效率不尽如人意。

2. 赊销管理内容

赊销是在销售产品和提供劳务的过程中，以客户的既往信用为基础，通过协议的形式由卖方向买方提供一定期限内延期付款的销售方式。在这样的销售方式下，卖方企业承担

①② 魏文静．企业信用管理．北京：高等教育出版社，2015.

了钱货两空的风险。为了控制信用风险，企业必须建立一个规范化、制度化的赊销程序，加强对应收账款的管理，在扩大销售与控制风险之间求得最佳平衡并实现盈利最大化。

企业的赊销管理工作主要围绕控制客户的信用风险展开，具体包括：客户信用信息系统管理、信用政策的制定、对应收账款进行管理和进行坏账处理。

第一，建立客户信用信息系统。企业信用管理的基础，是对客户信用信息的管理。首先，企业对客户信息要实行统一管理，把各方面收集的客户信用信息集中起来，进行分类整理；其次，建立健全信用标准、对客户信息进行分析评估，形成统一、客观、公正的评价；最后，建立客户信用数据库，为企业的所有客户建立一个完整的数据库，是客户信用管理的基础。该数据库汇集容纳公司各部门、各级管理和业务人员所接触了解到的所有信息资料，作为对客户查询和信用分析的主要信息来源。

第二，制定信用政策。客户信息管理的最终目标是服务于企业的信用决策，包括选择信用良好的客户，选择合适的结算方式，授予其多大的信用额度和信用期限，出现账款逾期时应采取怎样的措施等企业信用决策必须有统一的标准，所以制定信用政策成为企业信用管理工作和信用决策的根本依据。企业信用政策的内容包括信用管理部门的目标、信用标准（对客户授信的最低标准）、信用条件（信用额度、信用期限及现金折扣授予的原则）、授信的权限划分、收账政策（企业向客户催收应收账款的程序、方式，包括准备为此付出的代价）、信用部门业绩评价标准等。

第三，进行应收账款管理。包括对信用期限内应收账款的管理和对逾期应收账款回收的管理两部分内容。

第四，进行坏账处理。包括建立坏账准备和利用债务重组及破产清算处理无法收回的债权。

（三）赊销风险控制的主要措施

赊销管理的核心问题是对客户信用风险的控制，是对信用风险成本和赊销收益之间进行权衡。①

1. 建立完整的信用管理与控制体系

企业对信用风险的管理必须依靠完善的制度体系。包括信用管理机构和岗位的设置、信用管理的制度和政策、客户信息系统的建设与使用、对客户的分类与评级、信用授权流程、赊销管理、应收账款管理以及坏账处理等，都必须有明确的规章制度。只有这样，企业的信用风险控制才有一定的制度、人员、职能保证。

由信用管理部门对客户的信息进行收集和评价，对国家的相关政策进行明确分析，对货款的回收进行动态监督，才能强化信用管理，降低赊销风险带来的经济损失。②

2. 准确而细致的客户信息管理

企业的信用风险源自客户，所以在赊销前，必须掌握客户的资金信用情况，准确细致的客户信息管理是信用风险防范的首要工作。③

完善的客户信息资源系统主要包含：客户档案建立、客户信用信息收集、客户信用状

---

① 魏文静．企业信用管理．北京：高等教育出版社，2015.

② 王红．加强信用管理减少赊销风险．财经界（学术版），2015，(20)：108+113.

③ 魏文静．企业信用管理．北京：高等教育出版社，2015.

况评估。客户的信息档案建立需要如实反映客户的基本资料、合同或协议履行情况，并根据客户的实际情况进行及时的更新和维护。客户信用信息的收集主要关注企业的经营状况、管理水平、财务状况（特别是负债情况）、担保状况、政府部门及有关企业对客户的反映和评价等。客户评价体系针对客户的信用情况进行分析，做出客户的信用状况评估，为企业赊销提供相关基础。最后，要观察客户在合作中是秉守信用、精诚合作，还是不守信用、难以合作；客户的违约是因为特殊情况偶尔为之，还是属于习惯行为乃至恶意欺诈，如此等等：对这些应当作出客观的分析和正确的判断。

3. 信用控制把好三关

其一，把好信用政策关。企业信用管理部门要根据客户的信用状况、经营状况、财务状况、拖欠记录，把客户分为不同类别，分别适用不同的信用政策。例如分别采用“宽松”“较宽松”“严格”“取保赊销或现金交易”，在信用政策适用上，严格把关。

其二，把好信用条件审批关。在信用管理部门按照岗位级别的不同，设置不同的信用条件审批权；按照赊销金额及对应的审批权限进行审批；按照规定的程序办理赊销手续，严禁违规办理赊销业务，严禁擅自赊销商品。

其三，把好授信关。在分析和考察客户信用基础上，按照企业的信用标准，决定授予客户的信用金额和期限。对信用等级不达标的客户，必须与其签订《担保合同》或要求缴纳保证金。

4. 严格应收账款监控分析

企业信用管理部门要对应收账款余额实施监控，按赊销的权限、金额、期限，对每个客户的应收账款进行日常监控，编制部门客户应收账款余额表和违规赊销客户情况表，发送企业相关部门，以便采取一致对策，加强回收力度和抑制风险损失的扩大。一般的应收账款监控方法包括：周转天数、账龄分析表、应收账款账户余额模式、RPM 监控法、内部催收应收账款会议、ABC 分析法等。①

另外，应收账款的追收坚持谁赊账谁要账的原则，落实和确定应收账款的责任人。直接责任人为赊销业务的经办人员，负责审批的人员和经理分别承担相应的责任。对于长期未能收回的款项，应停止该责任人对该项应收账款的回收工作。要制定鼓励政策，鼓励其他人员收回。由其他人员收回的，可以给予一定比例的提成奖励，调动收款人员的积极性。

四、应收账款回收管理

应收账款管理是一项系统的管理活动，它从选择客户时就已开始，直至货款收回或坏账清算为止。所以，应收账款管理贯穿于信用销售活动的全过程。本节所涉及的只是这个系统过程的最后一个环节，即应收账款回收管理。②

（一）应收账款回收管理的内涵

随着现代社会市场经济不断深入发展，市场竞争也越来越激烈，在企业进一步扩大销

① 牛彦秀，张平培 . Sino 公司应收账款的全程监控 . 财务与会计，2008，(03)：43 - 45.

② 魏文静 . 企业信用管理 . 北京：高等教育出版社，2015.

售及快速占领市场方面，信用政策已经成为一种十分重要的手段，而应收账款就是在企业实行信用政策基础上产生的，其所指的就是在购买方收到产品之后，企业允许其在一定期间内将货款支付即可。由于资金具备一定的时间价值，企业在允许购货方延迟付款的情况下，也就表示给予购货方一定的信用资金。①

从企业自身发展角度而言，应收账款就等同于企业所借出的款项，因而也就会有坏账风险的可能。就目前坏账风险程度而言，其主要表现为以下几种情况：其一，购货方可能会存在延迟支付行为，从而导致企业资金无法及时收回，进而加大企业在资金管理方面的风险；其二，有些购货方由于经营不良、投资失败等因素影响，会减少原本应支付金额，从而导致企业产生一定资金损失；其三，购货方出现破产情况，企业无法将应收账款收回，导致资金损失严重。由此可见，应收账款虽然能够使企业利润得到一定程度提升，但是这种利润也伴随一定风险，如果应收款项不能及时收回，就势必要影响到企业的资金周转，正常的营运活动就可能受阻；如果应收款变为呆账，企业就将出现资金周转阻滞，严重时将导致财务危机，甚至会酿成企业的经营危机。因而企业需要加强应收账款管理，使企业坏账率及信用成本降低，从而减少企业损失，提升企业效益。应收账款回收管理就是企业为保持资金的良性循环、降低持有应收账款的成本和保证其安全回收而进行的科学、系统的管理和控制的过程。

（二）应收账款回收管理的步骤

第一步，建立应收账款档案。这需要财务部门与信用管理部门的密切合作与配合，财务部门负责统计一定期间的赊销客户的销售、赊销、收账、账龄等数据并编制统计表，信用管理部门负责将其分类归档并由专人分类分户负责。②

第二步，建立应收账款回款监控制度，进行风险预警。信用部门要定人、定户对已发生的赊销账款的订单、信用额度和资金回流情况进行全程监控；对重要客户的信用状况，要运用比率、比较、趋势、结构等分析方法，测度应收账款的持有成本和潜在风险，控制好信用规模和信用期限，做好早期风险预警，以便及时采取措施规避风险。

第三步，分析逾期原因，调整信用政策并对逾期账款进行催收。各类客户都有可能发生逾期拖欠账款的情况，但导致欠款不能按时归还的原因却可能各不相同。在发生账款拖欠时，信用部门要及时掌握客户各方面的信息，分析判断客户拖欠的真实原因，并针对其实际情况调整信用政策，防止风险扩散。同时，及时采取措施，积极催收逾期账款。

第四步，对坏账进行处理。再完善的应收账款监控管理体系，也不能保证不发生坏账。因为监控体系的有效性及其执行情况是影响应收账款回收的一个因素；同时，在市场经济中，瞬息万变的供求状况随时可能使债务人财务状况恶化而无力偿还债务。当发生坏账以后，企业既可以利用坏账准备进行损失冲销，也可以采取其他措施盘活资产，最大程度减少损失。

以红岭创投为例，2014 年 3 月，红岭创投开始发放大额贷款，随后两年产生大量不良资产，资产不良率大幅攀升。2015 年，红岭创投的不良率还在 3%，2016 年其不良率已攀升至 5%，不过新增存量资产不良率已经控制在 5%以下。截至 2016 年 12 月 31 日，红岭

---

① 毛玉涛．应收账款管理浅析．中国市场，2019，(12)：111-113.

② 魏文静．企业信用管理．北京：高等教育出版社，2015.

创投对公项目逾期贷款余额较上年增长了12.19%。为此，红岭创投成立了专门的清收部门，投入了大量的人力物力，加强风控和清收力度且效果明显。截至2016年12月31日，公司已收回和盘活不良资产近25亿元，其中，现金回收8.08亿元；通过重组方式已经盘活和预计一年内可盘活不良资产8个，总金额15亿元；通过以物抵债方式回收1.3亿元。①

（三）应收账款的追收原则

从企业信用管理实践经验看，应收账款追收一般会遵循以下三条原则。②

第一，尽量维护与客户的良好关系。与客户的良好关系是企业维持市场份额的关键。因此，在货款追收过程中，除对不良客户应采取一切合法手段之外，对于资信良好的客户和非恶意的客户，应继续保持业务往来，力争以最低的成本完整收回欠款，并在获得客户违约金或其他补偿的同时维持与客户的良好关系。

第二，选择最恰当的追收方式。对于企业的收款方式并无明确标准，企业信用管理部门应根据具体情况灵活机动和恰当地运用各种手段来追收账款，既要维护企业利益，减少企业损失，又要尽可能地维持与客户的关系。只有讲究追收货款的方式，才能达到收回货款的目的。

第三，最大限度降低收账成本。收回欠款是为了减少损失、增加收益。所以，在收款过程中，必须从效益的角度出发，控制收账成本，做到以尽可能低的收账成本追收欠款。

第三节　企业信用管理流程

企业信用管理是一个动态的过程，具备明确的流程目标、完善的规章制度和相应的组织机构。③ 工作的起点是对客户的授信决策及前期的准备，终点是货款收回或形成坏账，以及后期客户信用额度的调整和客户关系维护，体现全程信用管理的基本概念。④

刘宏程（2003）⑤ 提出了“双链条全过程控制方案”，即既控制客户风险，又控制内部管理风险，而且对客户风险的控制往往是通过完善内部管理实现的。该方案的核心思想是，把信用风险分为签约前风险、签约风险和履约风险，事前预防阶段侧重于客户选择，事中监控阶段侧重于科学决策，事后处理阶段侧重于加强监控力度。

蒲小雷、韩家平（2004）提出“三机制一部门”的信用管理模式，三机制是指交易前期的资信调查评估机制、交易中期的债权保障机制和交易后期的应收账款管理和追收机制，一部门是指在企业内部建立专门的信用管理部门。

陈晓红、文亚青（2004）⑥ 提出了包含授信管理和受信管理的企业信用管理的全过程

---

① 肖君秀．最牛“坏账”：红岭创投盘活地产项目 利息照收再分近2亿．华夏时报，2017-03-28.

② 魏文静．企业信用管理．高等教育出版社，2015.

③ 朱毅峰，吴晶妹．信用管理学．北京：中国人民大学出版社，2005.

④ 唐明琴，林江鹏．信用管理．北京：高等教育出版社，2014：220.

⑤ 刘宏程视频课程：双链条全过程控制方案。

⑥ 陈晓红，文亚青．企业全面信用管理的背景与体系特征．求索，2004，(08).

控制法。陈晓红等（2003）[①] 提出了“三位一体”的企业全面信用管理模式，强调对“信用”的伦理道德、契约经济和法制规章三内涵的统一管理，强调对生产过程信用和经营过程信用的全面管理，将企业信用文化、员工忠诚管理、顾客忠诚管理、企业受信管理与授信管理以及信用制度建设融为一体。

苗润生、吕斌（2006）[②] 提出了海外应收账款管理的立体模型，强调企业在追收账款时除了依靠自身力量外，还要借助相关的外界机构，同时端正管理者的认识，使海外应收账款管理形成一个立体模式。

谢旭（2007）[③] 提出了针对企业信用销售和回款业务流程的全程信用管理模式。其基本理念是将企业信用风险管理重点前移，在企业内部建立事前、事中、事后全面的信用管理制度，通过实施有效的风险控制措施、采用过程控制的方式，对客户开发、订单受理、发货管理、货款回收、售后服务和债权管理这六个关键环节进行重新整合和改进，系统地解决企业的信用营销和风险控制矛盾。[④]

企业信用管理流程是企业信用管理工作标准化的体现。企业信用管理工作流程一般主要包括以下几个环节：

第一，收集客户信用资料。业务部门接触客户并达成销售意向之后，将赊销业务转给企业信用管理部门处理，信用管理部门对客户开展资信调查。

第二，对客户进行信用评价。信用管理部门负责对企业信用进行评价，内容包括公司基本情况、公司信用状况、盈利能力、资产运营能力和偿债能力等，并根据企业信用评定结果，授予企业相应的信用级别。

第三，对客户授信。信用管理部门根据客户的信用级别确定信用条款，内容包括信用额度、优惠折扣百分比、优惠时间期限和信用期限等。

第四，签订合同。完成信用条款确定环节后，双方签订购销合同。

第五，应收账款管理。对应收账款进行动态监控和管理，促使应收账款按期足额回收。

第六，商账追收。如果客户没有按时足额付款，信用管理部门将利用各种可能的手段对逾期账款进行催收，包括内部催收和委托专业机构追讨。

第七，定期审查客户。通过定期审查客户，调整对客户的信用额度。

在企业信用管理工作流程中，客户授信决策是技术性最强的部分，它集中体现了信用管理的核心理念和技术水平。

企业信用管理的主要流程是在事前、事中、事后三个阶段对企业信用活动进行监督管理。其中，事前管理侧重于对客户信息的管理，事中管理是为了确定企业授信的对象以及具体的信用额度，事后管理则是对由企业的授信行为形成的应收账款的管理。这三个阶段的信用管理构成了企业信用全程管理，企业也由此实现信用管理的目标。

全面的信用管理需要兼顾全面性、系统性与科学性。[⑤] 企业要从根本上改变信用管理

---

① 陈晓红，等．中小企业融资创新与信用担保．北京：中国人民大学出版社，2003：262.

② 苗润生，吕斌．由海外应收账款危机提出的优化我国信用管理模式的立体模型．中央财经大学学报，2006，(03).

③ 谢旭．全程信用管理实务与案例：销售与回款业务流程整体解决方案．北京：中国发展出版社，2007.

④ 王地宁．企业信用管理制度缺失问题研究．长沙：中南大学，2009.

⑤ 李吉海．企业信用管理体系的构建与应用研究．长春：吉林大学，2008.

落后的状况，就必须进行全面信用管理，在如下四个方面进行改革：建立健全合理的企业信用管理体制；完善一套严格的内部信用风险管理制度；改进销售/回款业务流程；掌握科学的信用管理技术方法。

企业信用全程管理的具体内容如图 2-1 所示：

- 客户信息管理（事前管理）
  - 收集客户信息
  - 进行信用分析
- 授信管理（事中管理）
  - 制订授信计划
  - 信用政策
  - 客户选择
  - 确定授信额度
  - 授信收回
- 应收账款管理（事后管理）

图 2-1　企业信用全程管理示意图

未来，企业信用管理会朝着设立专门的信用管理部门、实施全面信用管理、行业迅速发展、广泛运用现代科技新成果、量化管理这几个方向发展。[①]

一、事前管理——客户信息管理

事前管理即客户信息管理。获取客户信息是企业信用管理的第一项工作，它不仅仅是企业信用管理的要求，更是业务人员进一步做好销售工作的基本要求。要做好这项工作，一方面需要业务人员掌握一定的沟通技巧，并尽职尽责，另一方面需要企业在管理制度上有一些相关规定。

一般情况下，客户信息管理制度主要包括以下几个方面：

（一）收集信息

按业务流程，搜集可能得到的客户有关信息并以填写相应的客户信息表格的形式记录下来。例如，与客户初步接触时要填写《客户概要信息记录表》，电话联系时要做好电话记录，客户的传真件和信函要统一建档，实地走访后要及时写备忘录，与客户随后的多次接触要有目的地了解缺少的信息，并填写《内部评价表》。当发现客户有交易意向时，要撰写《销售报告》，详细记录客户的各方面信息，并提出对该笔交易的意见。与客户正式签约后，除做好履约的各项工作外，还要填写《客户情况变动表》，随时监控客户的变化情况。

（二）整理信息

整理企业收集到的各种信息，建立客户档案。要对信用管理人员与客户交往的一切文件归档，并按照企业统一规定的标准进行整理以形成客户档案。需要注意的是，客户的信息可能分散在信用管理部门以外的其他部门，因此，需要将这些信息汇总至信用管理部

① 徐华成．企业全面信用管理体系探究．苏州：苏州大学，2008.

门。如财务部门可能拥有客户的单据处理、付款记录、账龄记录和拖欠记录等信用信息，销售部门也拥有一些客户的信用信息，这些部门应当配合信用管理部门的工作，将其搜集到的信息以规定的形式，及时、准确、全面地向信用管理部门通报，以利于信用管理部门开展日常工作。

（三）日常管理

最后，企业信用管理部门还要对最终形成的包括所有客户全部信息的档案进行日常管理，做到随时更新、没有错误和遗漏。随着信息技术的发展，越来越多的企业开始将电子计算机引入信用管理工作中，以代替传统的手工管理，利用计算机数据库进行管理的企业在操作和管理上无疑会方便许多。无论采取何种管理形式，都必须遵循企业制定的信息搜集、整理制度以及统一的客户信息管理办法。

获取客户信息、建立客户档案的目的是为了对客户进行信用分析，以明确企业可能遇到的信用风险，为企业最终确定对某一客户的信用额度提供帮助。企业对客户的信用分析工作应当由专业的信用分析人员来完成，没有信用管理部门的企业，可以由有经验的业务人员代替信用分析人员从事信用分析工作。

信用分析人员对客户进行信用分析时依据的评分标准是信用管理制度的重要内容，该标准由各方面专家、专业咨询机构和决策层主要领导共同制定。它一方面是信用分析人员进行信用分析的依据，另一方面是信用分析结果公正有效地实施的保证。与金融机构相似，企业在对自己的客户进行信用分析时，也要遵循一些基本原则，具体包括：客观、公正的原则；维护本企业利益的原则；评分方法的科学性原则；评估结果的含义准确界定的原则；评估结果与信用决策一致的原则。此外，企业在制定评分标准时，还要充分考虑到本行业因素、客户特点及其所在行业因素、本企业情况及信用政策等因素。

企业并不是在所有情况下都能获得客户的充足信息用于信用分析，所以在某些情况下要取得专业资信调查机构的帮助。对于需要资信调查机构做调查和评估的客户类型和具体条件，企业应该有相对明确的规定。一般来说，对企业靠自己的力量无法得到信息的客户、风险客户和重要客户（这里指交易额较大的客户）等，一般需要做资信调查，这类客户约占企业所有客户的15%。较为成熟的做法是，企业拨专款对重要客户进行定期调查，周期为一年或半年；对特殊客户的调查，一般由业务人员提出，信用管理部门批准，或者直接由信用管理部门提出。

二、事中管理——授信管理

授信管理是企业信用管理的重中之重，授信活动对企业的经营状况和盈利水平有重大的影响，一笔成功的授信可能会为企业赢得优良客户，提高企业的利润水平，相反，一笔不良的授信也可能将企业引入破产深渊。为了防范和降低信用风险，企业的授信活动一定要按固定的、规范化的程序进行管理，以减少主观因素的影响，最终达到在降低信用风险的同时扩大销售的目的。

（一）制订授信计划

授信计划是企业对一定时期内（通常是一年内）可能发生的授信活动的预算，其主要内容包括：信用额度总量、现金回收目标以及现金回收预测。对企业而言，信用额度总量是根据企业的实际情况确定的可使企业正常运转的一个限额，如果企业对客户无限制地赊销，则会导致流动资金紧张，引发企业经营困难。同时，对于任何一个企业而言，其资金实力都是有限的，不可能支持无限制的信用销售和贷款发放，因此，信用额度的收回是至关重要的，企业需要制定现金回收目标。现金回收目标是企业预计在一定时期内可能收回的信用额度，需要注意的是，企业所收回的信用额度可能并非来自本期的赊销金额或本期发放的信用额度。现金回收目标过低可能会导致企业的流动资金紧张，引发流动性风险；现金回收目标过高，可能会影响企业与客户的关系，甚至出现信用额度无法收回的情况。

（二）明确企业的信用政策

信用政策主要是指企业针对授信活动（主要是赊销行为）制定的一系列业务管理原则、标准和风险控制方法。企业的信用政策主要由信用标准、信用条件、收账政策等要素构成。信用标准指客户获得企业信用所应具备的最低条件，通常以预期的坏账损失率表示，如果企业制定的信用标准过高，将使许多客户因信用品质达不到标准而被拒之门外，其结果尽管有利于降低应收账款机会成本、管理成本及坏账成本，但也会影响企业市场竞争能力的提高和销售收入的扩大。相反，如果企业采取较低的信用标准，虽然有利于企业扩大销售，提高市场竞争力和占有率，同时也会导致应收账款机会成本、管理成本及坏账成本的增加。无疑，信用标准的制定会对企业的授信活动产生重大的影响。一般而言，制定信用标准应重点考虑：

第一，竞争对手的情况。首先是竞争对手的实力，如果竞争对手实力很强，则企业应采取较低的信用标准，以增强竞争力。其次是企业承受风险的能力，如果企业具有较强的承担违约风险的能力，则信用标准可以较低，以争取客户，扩大销售。最后是用户的资信状况，包括品质、偿付能力、资本、资产抵押和经济环境（也就是“5C”标准）。

第二，信用条件。信用条件是指企业接受客户信用时所提出的付款要求，主要包括信用期限、折扣期限及现金折扣等。信用期限是指企业为客户规定的最长付款时间。一般而言，延长信用期限可以在一定程度上扩大销售，从而增加毛利。但不适当地延长信用期限，也会给企业带来不良后果：一是使平均收账期延长，占用在应收账款上的资金相应增加，从而导致机会成本增加；二是导致管理成本及坏账成本增加。因此，企业是否应给客户延长信用期限，应视延长信用期限增加的边际收入是否大于增加的边际成本而定。由于延长信用期限会增加应收账款占用的时间和金额，所以许多企业为了加速资金周转，及时收回货款，减少坏账损失，往往在延长信用期限的同时，采用一定的优惠措施，即在规定的时间内提前偿付货款的客户可按销售收入的一定比率享受折扣。所谓现金折扣就是指在顾客提前付款时所给予的价格优惠，而所谓折扣期限是指为顾客规定的可享受现金折扣的付款时间。现金折扣实际上是产品售价的扣减，企业决定是否提供以及提供多大程度的现金折扣，应着重考虑提供折扣后所得的收益是否大于现金折扣的成本。

第三，收账政策。收账政策是指当客户违反信用条件，拖欠甚至拒付账款时，企业所采取的收账策略与措施。企业向客户提供企业信用时，必须考虑三个问题：第一，客户是否会拖欠或拒付账款，程度如何；第二，怎样最大限度地防止客户拖欠账款；第三，一旦发生账款拖欠甚至拒付，企业应采取怎样的对策，前两个问题的解决主要靠信用调查和严格信用审批制度。第三个问题则必须通过制定完善的收账政策，采取有效的收账措施予以解决。

（三）客户选择

所谓客户选择，是指企业对客户信用申请的审核与批复。对企业而言，需要根据特征分析技术，对客户的特征进行分析，以决定是否接受客户的信用申请。分析的主要内容包括客户的合法性、客户的基本情况、客户的产品情况、市场对客户产品的需求状况、客户产品所处的生命周期、客户所处的竞争环境、客户的市场地位、客户产品的最终用户。另外，企业还需要审查客户的付款记录，调查企业是否存在与其他企业的纠纷。对于新客户，企业信用管理部门还应取得第三方出具的资信证明书，如银行证明书和企业证明书。客户的经营情况、资金实力、资产负债情况、资本与利润的增长情况也是企业信用管理部门审核的重点。

企业具体授信活动的审批主要由信用管理部门负责，销售部门也起到一定作用。在信用额度审批上，信用管理部门和销售部门有时可能会出现矛盾，例如销售部门新争取到的一笔金额较大的订单需要企业给予数额较大的信用额度但信用管理部门经过分析后发现，这笔交易仍存在许多不确定因素，因而拒绝给予信用额度。此时，信用管理部门应说服销售部门同意本部门的意见，以保护企业的资产不受损失。

（四）确定具体信用额度

这也是授信管理的重心所在，因为授信管理最终的落脚点就是某一具体的信用额度。信用额度包括企业授给客户群的总体信用额度和授给具体客户的信用额度，确定企业的总体信用额度是授信计划要解决的问题，这里所讲的是授给具体客户的信用额度。这种信用额度的计算是一个精确而又复杂的过程，主要是利用一整套全面、系统的模型进行实际操作，最终确定信用额度。在确定信用额度时，可以参考其他债权人给予客户的信用额度，也可以利用调查机构的评级结果对信用额度进行调整。设定信用额度主要根据以下两个方面：付款风险的高低与客户信用需求量的大小。通常情况下，信用额度与付款风险成反比关系，与客户的信用需求量成正比关系，在不存在付款风险的情况下，信用额度的限额便是客户的信用需求量。但是不存在付款风险只是一种理想状态，在社会经济生活中很少出现，因此，在实际工作中，必须充分考虑到客户的信用需求量和付款风险，并利用科学的方法测算客户的信用额度。

在具体工作中，确定新、老客户信用额度的方法存在一定的差别。对于企业的新客户，可以利用以下方法确定信用额度：

第一，同业比较法。与新客户初次往来时，可以比较同行业内其他企业所授予该客户的信用限额，直接设定同样的信用限额。

第二，初次限额法。与新客户交易时，在经过简单调查后，如果认为其信用情况尚可，那么可以暂时定出“初次限额”，经过一段时间的进一步接触后，再重新修订信用限额。

第三，销售预测法。依据全年对每一客户的销售目标及货款回收期而设定的信用限额，可利用以下公式：

$$\text{信用限额}=\text{全年销售目标}\times\frac{\text{货款回收期（月）}}{12\text{（月）}}$$

对于老客户，可以利用营运资金模型确定企业的信用额度。营运资金模型是企业信用分析和管理工作的一个重要模型，在计算客户的信用限额方面具有非常实用的价值。我国企业一般很少核定客户的信用限额，应用此模型可以弥补这方面的不足，使信用管理和销售业务更加规范化和科学化。此模型分成营运资产计算和资产负债比率计算两个阶段。

（1）营运资产计算。营运资产是衡量客户规模的尺度，这一指标与销售营业额无关，只同客户的净流动资产和账面价值有关。

$$\text{营运资产}=\frac{\text{营运资本}+\text{净资产}}{2}$$

公式中，营运资本＝流动资产－流动负债；净资产为企业自身资本或股东权益。

（2）资产负债比率计算。在营运资产计算的基础上，该模型应用 4 个常用的财务比率进行计算，得出评估值。这一评估值是衡量客户资信状况的另一个重要指标，使用的 4 个比率分别是：

$$\text{流动比率}=\frac{\text{流动资产}}{\text{流动负债}}$$

$$\text{速动比率}=\frac{\text{流动资产}-\text{流动负债}}{\text{流动负债}}$$

$$\text{短期债务净资产比率}=\frac{\text{流动负债}}{\text{净资产}}$$

$$\text{债务净资产比率}=\frac{\text{债务总额}}{\text{净资产}}$$

对上面的营运资产和评估值加以综合考虑，即可计算出信用限额。具体方法是每一个评估值都对应一个百分比，以该百分比乘以营运资产即得出信用限额。问题的关键是营运资产百分比的确定，这是一个经验数据。评估值代表了评估的信用等级，在不同的等级上，可给予的营运资产百分比是不同的，这是专业分析人员在大量经验基础上获得的重要数据。对不同的行业，百分比也有所不同，需要专业研究人员认真总结加以确定。

上述评估值仅仅是根据对客户的综合分析来确定的，以评估值表示的客户信用等级标准与营运资产百分比的对应关系也可根据企业的经营状况及信用政策进行调整。例如，在形势较好的时候，可以给予较高的百分比，在形势较差的时候，给予较低的百分比，上下浮动不超过 5%。信用额度并不是固定不变的，当客户的经营状况、风险水平及其所处的经济环境发生变化时，企业可以根据实际情况，随时调整信用额度，必要时甚至可以取消信用额度。例如，当客户发生重大经营困难和风险、市场发生重大变动、客户机制发生重大变化（包括分立、合并、终止等）、客户资信状况下降、授信企业风险增加时，就应当修改或中止对该客户的信用额度。

（五）信用额度的收回

这是授信业务循环的终点。事实上，签订合同、办理转账并不是授信业务的结束，资金转账后，企业还要对客户信用额度的使用情况及客户的资信状况进行跟踪和调查，以保证信用额度的最终收回。

通常情况下，授信到期后，客户应当主动归还所欠本息，具体方式可以是客户开出结算凭证，企业通过金融机构从客户的账户中扣收本息。授信到期时，如果客户无法归还所使用的信用额度，企业可以根据实际情况确定是否给予客户延期。如果延期后仍然无法归还，可根据不良授信的不同性质与不同质量等级，采用监控、重组、挽救、追偿、诉讼、冲销等具体手段处理不良授信，保全企业的债权。有担保人的，可以要求担保人承担担保责任，代为偿还；有抵押品的，可以按照抵押合同的规定，处置抵押品，确保企业的债权。

三、事后管理——应收账款管理

授信管理并不是企业信用管理的终点，完整的企业信用管理还应当包括应收账款管理，应收账款管理是企业信用管理制度的一个重要组成部分。众所周知，企业的经营活动是以创造利润为唯一目标。也就是说，只有资金的回笼，才能表明企业一个销售周期的结束。在信用销售环境下，企业必然会在某一时间段内产生一定数量的应收账款。这些应收账款在尚未收回之前，处于一种不稳定的状态，如果没有完善和系统的管理措施，就有可能出现无法按时收回这些应收账款的风险，从而阻碍资金在企业内部的正常流动，直接影响企业销售利润。在企业赊销行为日益盛行的今天，应收账款管理对企业信用销售的重要性自不待言，因而应收账款管理也就成为企业内部信用管理制度的重要环节之一。

需要指出的是，应收账款管理包括广义和狭义两种。其中，广义的应收账款管理包括两个阶段：第一阶段是从债权成立开始到应收账款到期日这段时间的管理，即合同期内的应收账款管理；第二阶段是应收账款到期日后的账款管理，即逾期应收账款的管理。狭义的应收账款管理则仅仅包括第一阶段的应收账款管理，而把第二阶段的应收账款管理视为商账追收。这里介绍的主要是狭义的应收账款管理。

（一）应收账款管理的重点是合理控制应收账款的持有水平

应收账款是被客户占用的企业资金，在当前竞争激烈的市场环境下，由于企业不可能完全用现金销售的方式交易，因而必然存在一定比例的信用销售。但是，企业也不可能持有超出自身实力的应收账款，因此，企业必须确定应收账款的合理水平并对其加以科学的控制。

所谓合理控制企业应收账款的持有水平，实际上就是要求企业的信用管理部门根据企业的实际情况，确定信用销售的最佳额度。众所周知，推行信用销售一方面有利于企业扩大销售规模，从而提高利润水平，另一方面又有可能增加企业成本，甚至给企业带来坏账损失。因此，企业的信用管理部门必须对企业持有应收账款可能带来的收益及潜在的风险进行权衡，做出最佳选择。从数学角度来看，应收账款的合理持有水平是这样一种概念，即在风险既定的情况下能给企业带来最大收益的应收账款规模，或者是在收益既定的情况下使企业面临的风险最小的应收账款规模。

实际工作中，通常采用信用额度的最小成本法来推算企业应收账款的合理持有水平。从理论上讲，企业持有应收账款就必然会发生管理成本、机会成本和坏账损失。管理成本是指从应收账款发生到收回期间，所有与应收账款管理系统运行有关的费用总和。当应收账款规模维持在一定限额以内时，管理成本是一个相对固定的值。同时，企业持有应收账款就意味着企业的一笔资金被客户占用，从而丧失了将这笔资金投资于其他项目获得更高利润的机会，这就是应收账款的机会成本。机会成本的高低与企业持有的应收账款水平密切相关，应收账款规模越大，机会成本也就越高。企业持有应收账款还会发生因欠款无法收回而引起的坏账损失。尽管有效的信用管理可以降低发生坏账损失的可能性，但无论一个企业如何努力提高应收账款管理水平，使用多么科学的方法，坏账损失都是不可避免的，而且企业持有应收账款规模越大，坏账损失额也就可能越大。同时，企业持有的应收账款规模越大，发生坏账损失的成本也就越高。相反，企业持有的应收账款规模越小，发生坏账损失的成本也就越低。

（二）应收账款的规模与赊销收入成正比关系

当企业抛弃信用销售方式，或者是在比较严格的信用政策条件下进行信用交易时，企业持有的应收账款水平较低，但同时赊销收入也较低，这将导致营业收入的减少，从而引起销售收入净值的减少，即产生损失，这种损失可以被视为企业持有应收账款水平过低造成的短缺成本。可见，企业持有应收账款水平越高，短缺成本就越低。这一点与管理成本、坏账损失、机会成本正好相反。

如果将与企业持有应收账款相关的四种成本，即管理成本、机会成本、坏账成本和短缺成本用图表示出来，那么由于前三种成本曲线与第四种成本曲线成反比关系，所以这四种成本曲线的叠加曲线所反映的应收账款相关总成本曲线呈抛物线形状。企业持有应收账款相关总成本曲线上存在一个底点，这一点对应的应收账款额度就是企业持有应收账款的最佳额度。在这一点，企业会取得持有应收账款的最佳效益。这一点所对应的应收账款规模可以利用求极值的数学方法得出。

在企业信用管理实务中，市场经济发达国家对应收账款已经形成了一套成熟的科学管理模式和体系。其中，最为核心的部分就是账龄分析。所谓账龄分析就是将应收账款的收回时间加以分类，统计各时间段内支付或拖欠的应收账款情况，从而监督每个客户的应收账款支付进度，对不同时间段内的逾期账款采取不同的对策，衡量企业应收账款的管理水平。严格地说，一个企业发生的每笔应收账款的账龄都是不相同的，持有一笔应收账款的时间越长，表明客户占用销货企业资金的时间就越长。而且当一笔应收账款变成逾期应收账款时，客户拖欠时间越长，该笔应收账款变成坏账损失的可能性也就越大。从企业信用管理部门的管理角度看，账龄分析还可以用来考核商账追收部门的工作效果。

账龄分析是应收账款管理的一种重要手段，信用管理部门可以通过对应收账款的账龄分析，发现企业在信用管理特别是应收账款管理中的问题之所在。如果某一企业的逾期应收账款额超过半数，那么无论行业平均数如何，都表明企业信用管理部门对客户的筛选工作做得不好。根据分析结果，信用管理部门应尽快采取措施，扭转不利局面。常见的做法包括以下几种：收紧信用政策，并控制应收账款的发生总额；加强对应收账款的催收工作。

第四节 企业信用管理岗位设置与考核

企业信用管理体系的建立不仅包括企业的信用政策、信用管理制度的制定，还有信用管理专业岗位的设置和考核。企业应设置信用管理部门，负责信用额度的审批、信用政策的制定和调整等，我国许多大型企业如华为等都设置了信用管理部门和信用管理专门岗位，负责企业信用全流程管理工作，通过信用交易的增加和信用管理水平的提高促进企业营业收入的增加和营业利润的增长。

一、企业信用管理部门与岗位设置

（一）企业信用管理的必要性

信用对于商品销售十分重要，但我国有许多企业片面追求市场占有率，不顾自身实力和信用风险控制能力，随意向客户放款，这种状况使它们过早地尝到了信用交易方式下缺乏风险管理的恶果：大量账款不能及时收回。[①]

其实，在销售商品提供信用时，优秀的企业都不把信用提供作为一种偶然的、随心所欲的行为。对谁提供信用、提供多少信用和多长时间的信用，企业都必须认真考虑，做出合理安排。信用的产生催生了信用管理的需要。简而言之，信用管理就是制定企业的信用政策以及实施信用政策，其根本目标是增加企业的盈利。

客户是企业的最大资产，是企业的“上帝”，但同时，不履约、欠账不还等企业经营中的风险也都来自客户。为了不使“上帝”变成欠账不还的“魔鬼”，企业必须进行信用管理。

西方调查机构曾做过调查，在企业十几项管理中，赊销与信用管理被排在第一位，其次才是战略管理、生产管理、财务管理、人力资源管理等，可见信用管理在西方企业的受重视程度。然而，长期以来，我国的企业对信用管理不甚重视。对信用管理的忽视，正是形成我国企业信用问题的重要原因之一。具备企业管理经验的人都知道，拖欠的背后是信用风险问题，它源于外部环境和内部管理两个方面，其中内部管理（水平低下）是起决定性作用的原因。企业应收账款居高不下，与其自身落后的管理水平和薄弱的信用风险防御能力有直接关系。根据对数千例企业拖欠和亏损案例的分析，发现由于政策性原因导致的企业间拖欠（所谓的三角债）仅占不到16%，而超过60%的拖欠源于被拖欠企业自身的管理问题。这说明我国企业在内部管理机制上普遍存在严重缺陷。

信用管理事关企业的生死存亡，不重视信用管理或信用管理策略上的失误，都会给企业造成重大损失。信用管理的目标就是提高企业信用资产的质量。信用管理的好坏不仅关

---

① 吴晶妹．信用管理学．上海：上海财经大学出版社，2011.

系到企业坏账的多少，而且关系到企业利息成本的高低。现实经济活动中，后者往往比前者更加重要，但并不引人注目。客户破产会产生很多传闻和消息，容易对企业造成一时的冲击，而因为付款拖延给企业带来的损失却极少引人注目，企业很少对此进行单独计算，而是把它与付给银行的费用混在一起。有关研究表明，如果真要单独计算，付款拖延给企业造成的损失可能要超过呆、坏账的 10 倍。付款拖延会侵蚀企业的利润，甚至使企业走向破产。

同时，信用管理也是一项复杂的工作。因为企业中的信用管理人员必须处理与客户、与内部其他部门和企业中高层管理人员的关系。他们要和销售部门、银行等建立关系；和企业财务人员、客户的理财顾问共同工作；了解法律和各种组织制度，及时对顾客提出的问题作出反馈。企业中没有任何一项工作像信用管理那样，需要和本企业的竞争者面对面地讨论客户和经济环境，并利用这种信息促进企业的发展。

企业内部设立独立而超然的信用管理部门，是企业加强信用管理的基础和机构保障。信用管理部门主要负责制定企业内部的信用管理政策，组织信用管理人员开展日常的信用管理工作，防范企业信用风险的发生，并在风险发生之后尽快采取措施避免更大的损失。在建立信用管理部门时，需要坚持独立和超然的原则，赋予信用管理部门独立的信用审批和授信权利，保证信用管理部门顺利地展开工作。

（二）企业信用管理部门设置

设立信用管理部门、聘任高水平的信用管理经理已经成为在近 20 年来欧美发达国家企业中普遍流行的趋势。在企业经营管理体系中，信用风险属于一种交叉性和综合性的管理领域，涉及企业的计划、采购、生产、营销、销售、财务等各个环节。以前由销售部门或者财务部门承担的信用管理职能已经远远不能满足企业信用活动的发展要求，而且两者在信用管理方面存在严重缺陷。一般而言，销售部门看重销售额的扩大，在高报酬的销售激励机制带动下，业务人员往往滥用其信用管理权力，不顾客户的评级水平，盲目扩大信用规模，提高销售量，给企业造成巨大的信用风险。实践证明，仅靠财务部门也不能有效地控制信用风险，这是因为财务部门并不了解客户背景和交易状况，无法对信用风险作出准确的判断，也无力承担收账工作。一般财务人员常以会计核算为主，在信用管理和风险控制上同样缺乏专业知识和经验。因此，企业信用管理制度的建立、流程的完善，都将最终落实到既有效率又讲效果的信用管理机构上来，即需要一个完善的信用管理组织体系。

1. 一般企业内部设立

一般来说，一个完善的企业信用管理组织体系包括信用管理决策机构、信用管理部门、信用管理委员会，规模达到一定程度的一般企业都会在内部完整设立。[①]

信用管理决策机构也是企业经营管理的决策机构，其主要职责是审查批准企业的信用政策和风险管理策略、审批高风险的大额交易事项以及审批处理重要信用风险事项的处理方案等。信用管理部门是企业中专门负责企业信用管理的中级管理部门，主要负责客户资信的调查、分析、评估，建立和管理客户信用档案；负责建立、管理企业的信用管理信息

---

① 唐明琴，林江鹏．信用管理．北京：高等教育出版社，2014.

系统；制定企业的信用管理政策；审查业务部门与客户签订的合约；监督业务部门的操作流程；对应收账款进行跟踪监控和追收等。信用管理委员会一般由企业决策层、财务总监和销售总监三方组成，信用管理委员会在某种意义上是将协调从核准后挪到了核准前，这对提高效率大有裨益。在条件不具备的情况下，也可以由负责财务或者销售工作的副总经理代管信用管理委员会的工作。

2. 小企业外包服务

一般来说，对于小企业而言，由于人手不足、组织结构简单，很难在内部设立完善的企业信用管理组织体系。但是，信用管理工作是必不可少的，小企业可以雇用专业的信用管理服务机构，由该机构承担企业的信用管理工作。在没有购买企业信用管理外包服务的情况下，小企业可以聘用一位经验丰富的信用管理专业人员，并在会计部门设立信用管理岗位，负责信用管理工作。需要指出的是，即使雇用了专业的信用管理服务机构，在企业内部设置信用管理岗位也有助于企业实现信用管理的目标。

3. 企业信用管理部门设置中应注意的问题

在实践中，企业信用管理部门设置一定要注意处理好信用管理部门与企业的其他业务部门的关系，充分发挥部门间的协作力量，例如企业的营销部门在制定营销策略时可以利用信用管理部门完善的客户信息资料，而信用部门的信用分析结果对营销部门在客户和市场选择方面也会施加一定的影响。当其他部门的工作目标与信用管理部门出现冲突时，如信用管理部门与销售部门之间由于信用销售政策出现矛盾时，企业最高决策层需要综合分析企业的经营状况、预期目标、战略部署，做出决策。

一个良好的企业信用管理组织，一般会符合四个标准：信用管理人员在技术上能提供专业的观点；在利益上能独立于销售业绩奖惩而提供中立的观点；在权责上能在大多数情况下与销售部门协调关于风险的观念冲突；在操作中能被企业的大多数部门接纳。无论大小企业均应该按此标准自查。[①]

二、企业信用管理部门的职责与考核指标

（一）信用管理部门的功能

信用管理就是追账，这是认识上的误区。[②] 其实，追账只是应收账款管理和回收机制中的一部分。当货物销售出去后，应该对销售的货物和客户进行实时监控，保证货物和销售程序的安全，保证客户得到满意的服务并有适当的付款压力。在账款逾期后，要根据程序不断向客户施加压力，争取早日回收账款。

信用管理部门的意义不仅仅是收账。今天，信用管理部门已经成为企业最有价值的部分，它促进了企业的管理和运营水平提升，有助于营销团队的销售增长。信用管理要达到的目的有两个：一是最大限度地扩大销售，达到销售最优化；二是最大限度地控制风险，将坏账和逾期账款控制在企业可接受的范围内。信用管理部门可以为企业提供的价值体现

① 张勇．我国企业信用管理现状及对策研究．镇江：江苏大学，2007.

② 吴晶妹．信用管理学．上海：上海财经大学出版社，2011.

在以下几个方面：

第一，使企业做出最明智的债务投资。信用管理人员了解客户，知道客户是否能给本企业带来利益。信用管理人员能全面地看待客户，如客户的销售量是否在增加，给他们提供信用账户是开辟了高质量的客户，还是增加了企业呆坏账的可能？信用管理人员通过多年积累起来的经验，能够为企业做出最佳债务投资决策，他们是企业的无价之宝。

第二，管理企业最大的财产——应收账款。应收账款作为企业最大的资产，对企业的发展十分重要。对于任何业务，即使是风险比较小的业务，也不能忽视对应收账款的管理。信用管理部门为企业建立科学系统的应收账款管理制度，通过有效的管理降低应收账款逾期率和坏账比例。

第三，把债权及时转为现金。现在的企业十分强调现金管理，相关人员执行现金管理的职能需要多年的训练和经验积累。信用管理部门控制着现金流的循环，信用管理部门同财务部门的合作是企业成功的最基本的保证。

第四，把呆账控制在可接受的水平。账款最忌讳不及时追讨。据美国收账者协会统计，超过半年的账款回收成功率为57.8%，超过1年的账款回收成功率为26.6%，超过2年的账款只有13.6%可以收回。因此，一旦出现欠款，应该马上追讨。一旦账款逾期，信用管理部门应马上根据程序进行催收，不断向客户施加压力，争取早日回收账款，将呆账控制在最低水平。

第五，通过降低风险，提高销售安全，从而促进销售。信用管理是一项立竿见影的管理活动。实施信用管理后，在赊销额增长、市场占有率提高的同时，坏账水平下降，经营风险得到有效控制，企业的管理费用、财务费用和销售费用占销售收入的比重也有所降低。更重要的是，通过系统的信用管理工作，企业建立起完整的客户信用数据资源，提高了客户服务质量，使企业的综合竞争力显著提高。

（二）信用管理部门的职责

为了发挥好信用管理部门的作用，需要明确信用管理部门的职责，这也是信用管理部门的重点工作内容，具体来看，信用管理部门需要承担以下五个方面的职责：

1. 制定信用政策

无论是建立专门的信用管理部门还是仅仅把这个责任交由指定的个人处理，管理者首先必须制定信用政策，这是信用管理的前提。① 信用政策必须包括向各种客户提供信用的条件。也就是说，企业必须考虑企业能够承担的各种应收账款的水平、信用风险和职员情况。对于企业来说，其目标就是要最大化其利润，降低未来现金流的不确定性。所以，对中小企业而言，理想的目标是净信用天数为10天或其他的一些短期信用形式，大型企业一般为30天。但遗憾的是，企业在提供信用时，不完全取决于企业自身，企业在激烈的市场竞争中，必须紧跟竞争对手的条件，否则将失去客户。

信用政策还包括规定各种满足迅速付款条件的折扣。有时这种工具很有效，能有效地促进客户较早付款。

---

① 吴晶妹．信用管理学．上海：上海财经大学出版社，2011.

制定信用政策当然不仅仅是信用管理部门的事情，它需要整个企业的参与，但信用管理部门在其中起核心作用。

2. 处理信用申请与进行信用审批

信用政策建立后，管理者必须决定如何提供信用。企业可以要求潜在的客户进行信用申请。信用申请时，企业必须获得申请者的充分信息，以便对潜在客户的信用进行评估。申请者的信息应包括企业的名称、地址、电话、企业的法律形式、信用状况、银行和交易对手提供的有关证明文件和最基本的财务报告。

企业也可以向信用咨询机构有偿地索取有关信息。企业通过电话或传真向信用咨询机构索要，咨询机构都能够迅速及时地提供这方面的信息。

申请者完成申请后，企业必须进行信用评估。各种信用评估机构和中介机构提供各种有关客户的信用信息，企业只要花一定费用就能轻易地拿到这些资料。在信用评估机构看来，企业或个人过去的信用记录是企业或个人在将来是否会履行付款义务的最好记录。要理解一个客户是否讲信用，一方面要看该客户是否有良好的信用记录，另一方面还要看交易对手提供的证明信对其评价如何。

企业必须以高度的职业精神和保密精神处理所有相关信息，不然可能会使其他企业不愿分享信息，还可能带来严重的法律纠纷。索要证明信可以以口头或书面的形式进行。证明信提供的是客户在信用申请中没有提供的信息。

为了获得其他供应商的支持，信用管理部门通常也为其他企业或部门提供客户的推荐信。信用管理部门在提供信用推荐信时，必须谨慎。推荐信很有价值，收到方必须保证对这些信息保密，不能在信用控制之外使用。

出具信用推荐信时，必须问以下几个问题：

第一，要求推荐信者需提供名称、电话、企业名称。这些信息必须记录在案。它有利于企业打电话以确认要求者的权威性。

第二，询问对方是否愿意为它们的客户提供推荐信。有很多企业索要推荐信，但它们并不同等地向其他企业提供推荐信作为回报。

第三，确认信息是保密的，不会产生法律纠纷。

解决了上述问题后，信用管理部门就可以出具信用推荐信了，推荐信必须包括下述内容：信用账户开设日期；信用限额；现在的账务平衡；现在借欠款的期限和它们是如何付款的、正常的信用期限有多长。

除上述内容，信用推荐信中没有必要包括其他内容。

3. 应收账款的催收与管理

对大多数企业来说，应收账款是企业财产中最重要的部分。所以，有效地管理应收账款至关重要。如果应收账款管理不当，就会使企业的现金流发生中断，企业的运营出现困难。

信用管理部门会采取各种措施以防止出现呆、坏账，但由于各种原因，仍会出现客户不按约定条件付款的情形。不能按约定条件付款后，信用管理部门将负责与这类客户联系，看是否产品或账单发生了问题，提醒客户它们正在违反双方之间约定的条件，分析延期付款对企业现金流的影响等。

收回逾期款项的办法包括电话联系、传真、电报、标准信函、挂号信和个人拜访等。究竟选择哪种方式，取决于逾期款项的规模。如果规模较小，最经常采用的就是电话方式。但必须注意的是，收款时对客户必须尊敬，要以职业化的方式处理与客户的关系。好事不出门，坏事传千里，一旦给客户造成不好的印象，会像瘟疫一样在客户的朋友中和企业圈内传播开来，给企业的声誉带来不好的影响。

4. 信息管理

信息管理是信用管理部门成功的基础。信用管理部门不可能在真空中运作，信用管理部门不仅要向其他部门提供信息，同时还会收到这些部门的各种各样的信息，如管理人员、销售人员、操作人员和信用管理部门内部成员提供的信息。

如果决定拒绝信用申请，就必须把相关记录保存下来。信息的存储有利于日后信息的获取。对于特定的信息必须采取保密措施。随着计算机技术的发展，越来越多的信息采取电子文件的形式，保存在电脑的数据文件中。

客户的发票是应收账款管理中最重要的文件之一。一些客户可能会以此为借口延期付款。到目前为止，延期付款最大的争议是关于账户和账单的准确性。建立准确和及时的单证系统是保证货款能够得到及时支付的最重要手段。很多中小企业由于价格、质量、账务登记不全、发票丢失、订单遗失，以及其他的大量登记上的偏差，使企业和客户之间争议重重，浪费了宝贵的时间。保证货款及时得到偿付的基本条件是必须准确及时地将有关信息通知到客户，并能有效地管理这些信息，以应付争议。

5. 企业现金流的预测

准确预测从应收账款中产生的现金流量是信用管理部门必须完成的任务之一。如果企业能够准确预测企业一个星期、两个星期、三个星期或更长时间从应收账款中产生的现金流量，那么企业的现金要求就变得可以管理了。如果企业在一定时间内对现金的要求一定，信用管理部门又能比较准确地预测到从应收账款中产生的现金流，那么财务部门就能比较容易地确定向银行贷款的具体数额。

（三）对信用管理部门的考核

企业信用管理部门的工作成效可以从很多方面反映出来。一般也会用一些量化指标进行考核，常用的主要有以下四个：

1. 坏账率

坏账率是企业信用风险最直接的体现。坏账率在不同的行业、不同的企业、不同的季节和不同的交易条件下，表现均不相同。企业需要根据自己的实际情况在行业内进行横向比较，同时也要在企业内部进行纵向比较分析。如果企业的坏账率超过了行业标准或者出现持续上升的趋势，企业的信用政策就可能过于膨胀，这时就需要及时调整，防止过分的信用风险暴露，从而给企业带来无法挽回的损失；但如果坏账率过低，企业则需要重新审视自己的信用政策是否过于保守。

2. 销售未清账期

销售未清账期（DSO）是企业最为常见的评价信用部门业绩的指标之一。其公式为：

$$\text{DSO}=\frac{\text{期末应收账款余额}}{\text{本期信用销售总额}}\times\text{销售天数}$$

若其他因素不变，在此后的信用管理中，DSO 天数上升，表明信用管理效率下降，应收账款回收速度减缓；反之，则回收加快。但是由于 DSO 受季节和产品质量等因素的影响较大，笼统的 DSO 分析并不能完全反映出信用管理效率，如果在一个适当的参照标准下，DSO 天数明显上升或下降，就意味着信用政策需要做调整了。

3. 逾期账款率

逾期账款率则表明某一时期期末逾期账款占总应收账款的比率，它表示了贷款正常回收的程度。其公式为：

$$\text{逾期账款率}=\frac{\text{期末逾期账款余额}}{\text{总应收账款余额}}\times100\%$$

逾期账款率是通过对连续的几个时期内的逾期账款率变动的趋势分析，来考察企业有问题应收账款的趋势，所以，这个数据需要连续记录几个时期才具有比较和判断的作用。

4. 回收成功率

回收成功率计算公式为：

$$\text{回收成功率}=\frac{\text{已回收的逾期应收账款总额}}{\text{收回之前逾期应收账款总额}}\times100\%$$

当回收成功率的指标下降时，表明企业的坏账增加或者回收效果出现了问题，企业的信用政策不够健全，企业的信用销售和付款期限太过宽松，给客户的信用产生偏差，回收措施不足等。

延展阅读 2-2

信用管理师是上市公司及大中型企业的必设岗位

2015 年 7 月 29 日，国家职业分类大典修订工作委员会召开全体会议，审议、表决通过并颁布了新修订的 2015 年版《中华人民共和国职业分类大典》。2015 年版的《中华人民共和国职业分类大典》（以下简称《大典》）由人力资源和社会保障部、国家质检总局、国家统计局牵头组织，经 74 个国务院部门和行业机构，近万名专家、学者、一线从业者、有关工作人员，历时五年，七易其稿才最终完成。其中，《大典》对信用管理师职业进行了修订。

信用管理师这一国家职业，是由中国市场学会信用工作委员会于 2004 年向劳动和社会保障部申报，2005 年 3 月 31 日经国务院批准设置的一个新职业。中国市场学会信用工作委员会作为信用管理师国家职业的申报者和受人社部委托的技术支持单位，组织参与了《信用管理师国家职业标准》的制定、信用管理师培训大纲和全套培训教材的编制，以及信用管理师国家题库和卷库的建设。“国家职业技能鉴定专家委员会信用管理师专业委员会”的办公室也常设在中国市场学会，与信用工作委员会合署办公。鉴于信用管理师职业在社会信用体系建设工作中的重要性，信用国标中的《中华人民共和国国家标准信用基本术语》将“信用管理师”列入。

在《大典》修订期间，中国市场学会信用工作委员会在国家职业分类大典修订工作委员会领导下组织专家深入调研，发放调查问卷数千份，多次召开专家座谈会，听取各方意见，数易其稿，最终形成报送稿，并于2013年12月在第三次评审会上通过答辩。2016年7月，由国家职业分类大典修订工作委员会正式发布，所做的调整为“由原来的第二大类职业调整到第四大类职业之中”，新的职业编码为：4-05-06-02。

据国家职业技能鉴定专家委员会信用管理师专业委员会主任、中国市场学会信用学术委员会主任林钧跃介绍，信用管理师是为适应我国信用经济发展而诞生的新兴职业，不仅被列入信用国标，而且列入《社会信用体系建设规划纲要（2014—2020年）》，在我国推进“一带一路”倡议之时，愈加显示出这一职业的重要性。广大企业更需要信用管理手段，信用管理师是企业信用制度建设的领头人，而企业信用制度是抵御国际信用风险和经济下行所产生的信用风险的强有力盾牌。随着我国社会信用体系建设工作的推进，信用管理师职业经过近十年的发展，已经成为我国社会信用体系建设、高素质企业经理人队伍建设、促进大征信服务行业发展的重要生力军。纵观国内外，在过去的十年中，信用管理技术不断进步，第三代企业信用管理理论呼之欲出。另外，提供外部技术支持的大征信各行各业也取得了长足发展，准大数据环境下的互联网征信服务也破土而出，本次《大典》修订工作考虑了信用管理师职业的与时俱进问题，在职业定义上赋予了一些新内容，为未来植入新技术和新方法留下了余地。《大典》的颁布和印发只是新时期信用管理师职业建设工作的第一步，《信用管理师国家职业标准》的修订工作和第二版《国家职业资格培训教程：信用管理师》的编纂等工作必将接踵而来。

资料来源：信用管理师纳入《中华人民共和国职业分类大典》. 信用中国（湖北）网，2016-10-12.

延展阅读 2-3

信用管理师职业再次扬帆启航

2020年7月15日，中国就业培训技术指导中心及人力资源及社会保障部职业技能鉴定中心联合印发了《国家职业技能标准制定工作计划（2020—2022年）》。这是自2014年国家建立和施行国家职业目录清单制以来，最新推出的一批国家职业，其中包括新设立的国家职业和重新恢复的已有国家职业。信用管理师职业赫然列于文件中，组别分类为“社会需要职业”。

信用管理师职业是由劳动和社会保障部于2005年3月发布的一种国家职业，所定义的劳动者群体是“在企业中从事信用风险管理和征信技术工作的专业人员”。2006年，信用管理师职业被列入《中华人民共和国职业分类大典》，其职业编码为2-07-03-06，属于国家职业第二大类，即专业技术人员大类。

2006年初，劳动和社会保障部开始实施《国家职业标准信用管理师》。该标准对信用管理师职业做出了详尽的职业道德要求、职业等级划分、职业能力特征描述、培训要求、鉴定要求等。2006 年 11 月，《国家职业标准信用管理师》由中国劳动和社会保障出版社公开印刷发行。

2015 年 7 月，在人力资源和社会保障部主持编纂的《中华人民共和国职业分类大典（2015 年版）》中，信用管理师的类别被重新划分，职业编码被改设为 4－05－06－02。

自 2005 年设立信用管理师国家职业以来，迄今为止它仍是信用领域唯一的国家职业。从《社会信用体系建设规划纲要（2014—2020 年）》规定的任务看，信用管理师国家职业和信用管理专业大学教育这两大支柱共同构建起社会信用体系建设人才保障系统。

在广义的信用领域，信用管理师国家职业是有很大影响力的，一是定义了“中国水平”的企业信用管理岗位的职责，并界定了行业。二是提高了信用管理专业人才队伍的整体业务素质，把握了信用经理人职业的发展方向。三是撑起了我国人力资源市场上信用人才供给的半边天，为社会信用体系建设（特别是在某些省份）提供了专业人才。

在疫后的严峻经济形势下，信用管理师职业人才必能对我国的经济发展质量提升做出特殊贡献，使资本的市场配置更为合理，还会对改善营商环境发挥作用。作为拥有信控特殊技能的人才群体，信用管理师职业人群能够为“一带一路”企业出海安全保驾护航。另外，企业设立信用管理岗位，能更好地理解和配合政府的市场监管和金融监管工作，完成信用经济条件下的市场规范建立和商业伦理重塑。

资料来源：中国信用管理师网.

第五节 电子商务和供应链金融的信用管理

随着信用经济的到来，新兴计算机科技的蓬勃发展，线上交易和电子商务增长势头迅猛，淘宝、京东、苏宁等电商平台交易额不断刷新纪录。线上交易和电子商务的交易方式以及面临的信用风险与线下现金交易有着很大的差别。

供应链金融是指位于上下游的中小型企业得益于核心企业的隐性风险背书，能够通过其获得外部金融机构提供的融资。供应链金融能够有效解决中小企业融资难、融资贵的问题，所以供应链金融的模式、面临的信用风险和信用管理方法值得探讨。本节主要介绍电子商务的信用管理现状，并对供应链金融可能面临的信用风险进行探讨。

一、电子商务信用管理

所谓电子商务的信用，是指在电子商务活动中各市场主体遵守虚拟市场合约的程度。电子商务信用要受多种因素影响，如交易者的信用理念、信用意向、信用能力等；同时，电子商务信用风险也是多维度的，包括可获得性、信任、可靠性和安全性等。①

信用是互联网及电子商务发展的重要基础。随着科技的发展，互联网及电子商务在促进传统产业转型升级、带动经济增长方面的作用日渐凸显。与此同时，由于诚信缺失而产生的“网络水军”“黑公关”“假冒伪劣”等一系列不诚信问题严重制约了相关行业的健康发展。为促进市场主体依法诚信经营，维护市场正常秩序，营造诚信社会环境，国家和地方高度重视互联网及电子商务领域诚信建设，颁布了《关于大力发展电子商务加快培育经济新动力的意见》《关于全面加强电子商务领域诚信建设的指导意见》等多部推进电子商务健康发展的文件，提出要健全法规标准体系、健全电子商务信用信息管理制度、提高电子商务平台的信用管理水平和完善网络交易信用评价体系。2018 年，《电子商务第三方平台企业信用评价规范》和《电子商务企业信用档案信息规范》两项国家标准的发布和实施，更是有效支撑了国家及地方相关政策文件的落实，促进了电子商务领域诚信体系建设，形成了良好的电子商务交易环境。可见，国家一直致力于出台政策文件，引导电子商务领域的信用建设。②

目前，对于我国电子商务领域的信用管理研究，主要集中在 O2O 和 B2C 领域。接下来本书将对 O2O 领域和 B2C 领域信用管理的主要模式和存在问题进行探讨。

（一）我国 O2O 电子商务信用管理

目前，我国 O2O 电子商务领域主要有三种信用管理模式，每一种模式都是对 O2O 领域信用管理的积极尝试，起到了很好的实践指引、示范作用。但是，由于网络虚拟、法律法规不完善、服务不到位等原因，该领域的信用管理也存在着一些困难和问题。

1. 主要模式

从 1998 年 3 月我国第一笔网上交易成功，到 2003 年阿里巴巴的线上电子支付工具支付宝在淘宝网平台使用，以及迎头赶上的微信支付，为我国电子商务发展打下了坚实的基础。其中，O2O 商业模式规模巨大且增长速度迅猛，现已涉及各个生活服务领域，包括餐饮、旅行、保健、电影、美容等。O2O 商业模式采用线上支付和线下体验分离，网络环境的虚拟性和开放性造成了 O2O 商业模式的信用隐患，商家发布虚假信息、电子支付陷阱、强制附加消费等失信现象并不鲜见。目前，O2O 领域的信用评价模式主要包括③：

一是基于第三方支付平台的监管。第三方主要由大型电子商务企业平台、商业银行或其他第三方企业组成。这种方式的运行流程为买卖双方在线上达成交易意向后，买家通过支付工具将消费资金转到第三方，第三方平台收到资金后卖家发货，买家在收到货后告知第三方付款平台确认收货，由第三方支付平台向卖家转账资金。因此，这种基于第三方支付平台的支付方法在一定程度上降低了电子商务交易过程中的财务风险，解决了买卖双方在“钱货分离”下的信用问题。

二是交易评估。买卖双方在交易结束后，买方针对服务、产品进行评估，卖方针对顾客的行为（包括恶意退货、恶意换货、恶意差评等）进行评价，平台积累双方的评论，供

① 唐小华．电子商务信用评价体系建构研究．北京：首都经济贸易大学，2016.

② 电子商务第三方平台企业信用评价规范．信用中国，2019－03－06.

③ 王季勋，谭文英，霍甜．O2O 电子商务信用管理机制研究．金融经济，2017，(22).

其他交易者参考。这种通过建立网站自己的信用评估体系来限制买卖双方的信用行为，在信用管理机制中的初始阶段是非常实用和有效的。目前阿里巴巴、淘宝、京东等平台均建立了电子商务交易的评估模型。

三是对电子商务企业的认证评估。这种模式主要是电子商务平台对企业真实性给出的信用认证和服务评估。电子商务认证帮助用户识别企业的信誉，增强潜在合作伙伴的信心，增加合作机会。电子商务信用评级是对电子商务参与者履行业务合同和社会责任的能力和意愿的综合评估。相关案例如，外卖平台的“优选商家”、淘宝的“认证商家”等，有些平台不仅给出信用认证，还会列出相应的评分。

2. 存在的主要问题

第一是虚假信息问题。在电子商务环境中，比较突出的信用问题是信息的真实性问题。有些 O2O 平台在强大的平台扩张的情况下，企业进入不严格，审查服务质量的过程有隐患，缺乏对平台进入业务的认证和管理，容易存在企业信息不真实问题。如果企业提供的信息不完整或存在虚假信息，这样的交易将严重影响消费者的消费体验，会影响整个模式发展。以淘宝网为例，开店成本极低、客户和商家之间不用直接接触的特性为贩卖假冒伪劣产品的商家提供了极为广阔的空间，以“淘宝＋假货”在百度进行搜索，可检索出 37 800 000 个结果。连号称“永不售假”的京东平台也曾发生过多起假货风波，可见电子商务环境下虚假信息问题较为严重，屡禁不绝。①

第二是电商平台间存在信用信息壁垒。不同的平台对基于客户消费所积累的信用信息拥有所有权，并不会随意与其他电商平台共享客户信息。这就导致一些信用状况不良的消费者在一个电商平台留下不良信用记录后，仍然能够在另外的电商平台作为“信用良好者”重新开始消费购物，不受限制。

第三是电商平台间缺乏统一的消费者信用评级标准。因为不同的电商平台对消费者信用信息的搜集、评价维度不相同，信用评价结果不具有行业普遍参考价值。这同样助长了信用不良者借助此漏洞继续在不同的电商平台做出各种失信行为，如恶意刷单、恶意差评等。

第四是消费者投诉困难。对于 O2O 电子商务模式下的商户服务质量和商品质量的监管问题是在进行电子商务信用管理机制研究时面临的首要问题，但是，由于线下实体店商户利用电子商务模式与消费者在线上进行交易，当出现商品质量问题和服务问题时，消费者的投诉比较麻烦。例如，在消费者、监管部门、法院向经营者或第三方交易平台进行证据索取或者调查时，不少经营者和第三方交易平台对相关诉求置之不理、不予配合甚至篡改证据，法院根据已有证据很难认定经营者的违法行为。电子商务投诉涉及的金额普遍偏小，维权的收益与消费者维权须承担的调查取证费、案件受理费、律师费相比，悬殊较大。②

(二) 我国 B2C 电子商务信用管理

我国 B2C 电子商务发展速度很快，随着 B2C 电子商务的壮大，信用管理也逐渐得到重视，开始发挥作用。但总体来看，该领域的信用管理仍处于初期发展阶段，存在很多问题。受网络的虚拟性与开放性以及在资金流、信息流、物流和服务流等方面分离的影响，

①② 王季勋，谭文英，霍甜. O2O 电子商务信用管理机制研究. 金融经济，2017，(22).

虚假交易、假冒行为、合同诈骗、侵犯消费者合法权益等违法违规现象屡屡发生，诚信缺失成为B2C电子商务持续发展的障碍。①

1. *主要模式与内容*

电子商务信用管理一般有网络身份证、信用评级、网络信用担保、第三方担保等形式。第三方担保是我国电子商务企业采用最多的一种形式。一些著名的电子商务网站纷纷建立了第三方担保制度，如易趣的“安付通”、天猫网的“支付宝”、e拍网的“一拍通”等。第三方担保制度的基本原理是：由网站本身和商业银行或企业组成独立的第三方，参加交易的买卖双方通过第三方完成交易；同时，对于严格按流程操作后由于其他各种原因造成经济损失的，各电子商务企业推出相应的赔偿制度，如易趣网的“安付通保障基金”、天猫网的“全额赔付制度”等，以配合其信用制度。

电子商务一般都有信用评级，电子商务网站的信用评级体系比较一致。一般参加评级的主体是交易双方，其根据交易情况对本次交易方选择好、中、差评，该评价将永久记入对方的信用记录里面。如天猫网的会员等级可由15个级别构成。同时，针对一些特殊情况，各网站相应地制定了其他规则予以补充。此外，各网站还推出了论坛以供大家参与讨论、交流经验，从而杜绝欺诈。

此外，电子商务信用管理还包括电子商务企业内部的调解机制和企业诚信联盟。各大电子商务交易网站都有类似于仲裁机构的协调机制，企业内部也设置了法律部门，交易双方发生纠纷后首先进行协调，协调不成再诉诸法律。

企业诚信联盟是由中国电子商务协会创立的，其宗旨在于通过建立权威、公正的第三方资信评估平台，加强我国电子商务信用体系建设。其发起单位有易趣、一拍、盛大、新浪、卓越、上海浦东发展银行、《电子商务世界》等21家电子商务企业、杂志和银行。其主要职责是借助行业协会的权威性，建立并实施电子商务信用监督、失信惩戒制度；制定电子商务行业诚信评价标准体系，建立对企业电子商务评级制度；制定电子商务行业规范，监督电子商务诚信经营。

2. *存在的主要问题*

一是法律法规不健全，监督和惩罚体系需要进一步完善。② 我国国家质检总局在2014年12月发布的《电子商务产品质量提升行动工作方案》中表示努力提升电子商务的抽查合格率。但在现实中，抽查的方式不能从根本上解决电子商务的信用问题。另外，在我国电子商务市场上始终没有明确规定出现信用问题时的责权处理办法，遇事无法裁定、监管部门相互推脱，导致不诚信的商家及行为有存在的机会和土壤。

对于跨境电子商务市场而言，跨境交易的地区差异使得虚拟性和不确定性更加突出，信用问题出现的概率也会随着增加。此外，跨境电子商务涉及多个国家和许多相关的服务，如跨境物流、海关商检、支付结算等，不同国家对这些环节的监管力度和监管政策的不同也加剧了监管的难度。

---

① 方菊香．B2C电子商务信用体系建设探讨．甘肃金融，2013，(06)：53－55.

② 季莹．我国B2C电子商务信用管理研究．唐山：华北理工大学，2016.

二是平台信用管理不到位。目前，对于我国一些传统企业，从传统的经营方式向电子商务方向的发展需要更多时间的探索，而选择一个平台成为很多传统企业进入B2C电子商务领域发展的选择。因为一方面可以借助平台的知名度吸引消费者，另一方面可以学习其运营模式。而对于大多数小企业而言，资金和技术的局限性也使得它们更加依赖平台的发展。

然而从目前的发展状况来看，平台对企业的审查和信用管理力度不够，问题很多。很多平台都出现有售卖假货、发布虚假广告，甚至欺诈消费者的情况，“双十一”期间引发的信用问题更多，其中刷单造假、虚假降价的问题最为明显，假冒伪劣产品也成为消费者重点关心的问题。这些暴露了平台在信用管理方面存在着严重的缺陷。

三是卖家信用问题层出不穷，缺乏信用管理约束。一方面，不诚信商家以假乱真的情况一直存在，很多商家把真假商品混在一起销售，一些消费者在短时间内分辨不出真伪，这严重损害了消费者的合法权益。另一方面，不诚信商家的经营影响着诚信商家的发展。因为不诚信商家的生产成本往往低于诚信经营的商家，因此，在大多数情况下，销售假冒伪劣商品的卖家往往价格低于销售真商品的卖家，这就在很大程度上威胁到诚信商家的利益，使得诚信商家既要维持自身成本，又要与卖假货的商家竞争。

跨境电子商务还面临着更多的问题，如空间问题、售后问题、物流问题。很多进行跨境电子商务交易的消费者都曾遇到过一些信用管理问题，例如漂洋过海的货物存在质量问题或消费者受到诈骗，但往往会因为时间、地点而选择忍耐。不诚信的商家没有受到应有的信用管理约束。

四是买方容易被价格迷惑。我国B2C电子商务市场上以次充好的不诚信行为使得不诚信商家在价格上占据有利地位，而对于消费者而言，价格始终是影响其消费决策的重要因素之一。因此，很多消费者会受到低价格商品的吸引，为了节省花销而选择低价产品，这往往会成为商家不诚信行为产生的原因。

实际上，消费者对于新兴的电子商务模式的信用问题是存在观望和怀疑态度的，因此，大多消费者不愿意购买贵重的商品。而在购买不贵重商品的同时，商品的价格则成为更为主要的购买因素，他们存在认为即使受骗也损失不多的实验心理，而这一心理助长了商家的不诚信行为。

此外，B2C卖家企业电子商务存在或面临的信用问题还包括：欺诈交易问题、商品质量问题、支付问题、物流配送问题、隐私安全问题、售后保障问题、企业资质问题和服务体验问题。[①]

二、供应链金融信用管理

（一）供应链金融内涵

供应链金融作为在贸易融资基础上发展起来的融资形式，其定义与贸易融资有相似之处。因此，它被广泛地定义为，以真实发生的贸易为基础，从供应链上的核心企业开始，

---

① 王璜．B2C卖家企业电子商务信用评价研究．南京：东南大学，2017．

由银行通过各种管控手段的运用，对供应链上的资金流进行合理调配、对物流进行监管、对信息流进行筛选和共享，来为核心企业和上下游企业提供融资服务的模式。[①] 如果说供应链管理是核心企业对其产品走向进行合理配置的话，那么与此相对应，供应链金融就是银行对供应链条上的核心企业和配套企业提供金融服务来实现各方效率提升的过程。

首先，供应链金融服务体系能够帮助链条上的核心企业和配套企业理顺资金流、物流、信息流，改变供应链上资金失衡的现状和解决配套企业一直以来面临的融资难的问题；其次，银行对供应链上可控的、稳定的现金、应收账款、应付账款及存货进行整合并加入了银行信用之后，使得上下游企业的企业信用得到了增强，能够帮助核心企业和上游供应商以及下游经销商加强协作，有利于供应链的稳定和竞争力的提升；最后，银行在供应链一体化的高度上，向供应链上的企业提供一揽子的解决方案，使得所有企业都能各取所需，建立起真正的高效率的供应链网络，以此来提高供应链整体的核心竞争力。

供应链金融主要强调的是供应链当中所产生的商业交易价值，以此来为供应商提供流动资本和现金流；在整个供应链金融实施过程当中，其主要强调的是将信用或资金囊括在供应链当中，从而实现高效运转，将企业的核心竞争力提升到一个崭新的层面上来。[②]

（二）供应链金融信用风险

按照运营模式的不同，供应链金融可以分为基于存货的供应链金融、基于预付账款的供应链金融和基于应收账款的供应链金融。[③] 在不同的分类模式下，供应链金融的风险不太一致，但是从总体上看，主要是系统性风险和非系统性风险。系统性风险包括宏观经济政策风险、利率风险等；非系统性风险主要来自对手交易方的风险。

1. 客户资信水平风险

这里的客户既包含作为第一还款来源的核心企业，也包含待授信的配套企业。核心企业的资金流运转好坏代表了其还款能力的高低，而其过往的信贷记录则反映了其还款意愿的强弱，因此，对于核心企业资信水平的考察对于银行来说非常重要。发展前景好、市场占有率高、利润可观，同时合同守信程度高、还贷及时的核心企业更容易为银行所青睐。对于待授信的配套企业来说，虽然它的企业规模和实力相对于核心企业有巨大差距，但也应该从这几方面来对其进行详细考察，防止可能出现的资信水平风险。

例如：德国有一家成立于1992年的机械制造厂，在5年时间中，这家工厂就从小作坊式的企业发展成年出口额20亿美元的大公司。该德国制造厂的产品原料部分从中国进口，由于数量很大，中国共有7家机械公司向其供货。开始时，每家公司的年出口额在100万美元左右，到1996年，已经达到七八百万美元的规模，而所有供货都是采用90～120天承兑交单。这几家公司的老总虽对赊销如此大的货物心存疑虑，但考虑到该公司的规模和效益，也就未加干涉。直到1997年4月，7家机械公司突然接到从德国法院发来的关于这家德国制造厂的破产通知书。这时，几家公司合计有3 000多万美元的应收账款还未收回。

---

① 范堃．供应链金融风险控制研究．青岛：中国海洋大学，2013.

② 卢省翰．供应链金融模式之下的企业信用风险评估．纳税，2019，(07)．

③ 范堃．供应链金融风险控制研究．青岛：中国海洋大学，2013.

后来从该企业的财务报表可以看到，该企业虽然利润很大，但企业的资产多为固定资产和应收账款，银行存款等流动资产很少。而其负债金额非常庞大，而且多为必须马上偿付的短期借款。因此，该企业很容易在某一个时间出现不能偿付的状况。如果我们的企业事先得到它的财务报表并认真分析了它的财务状况，就应该对这种状况有所警觉，或者降低信用额度，或者采用其他付款方式，从而降低和排除这样的损失。

无论对于什么样的客户，我们都应该在交易前事先了解它的资信状况，做到知己知彼。对于新客户，必须事先得到它的资信报告；对于老客户，一般是3个月到半年得到一份新的资信报告。最好通过专业的调查机构获得报告，因为这样取得的信息才更加客观公正。①

2. 账款转移风险

配套企业在与核心企业的合作中通常处于弱势地位，导致其无法按银行要求提供核心企业的付款承诺等类似材料，那么银行就没有核心企业的还款保证，无法确保质押的应收账款可以汇入相应的账户，如果配套企业将收到的已经质押给银行的应收账款汇至本企业的其他账户后自行使用，将会给银行带来损失。在具体的操作实践中，银行可以要求配套企业出具《应收账款质押账户收款承诺书》，保证将收到的应收账款足额及时地汇入银行的相应账户。同时，应在签订的《应收账款质押合同》中明确指出，银行随时有权查阅配套企业应收账款的相关原始凭证及账目，以便银行确认其提供的应收账款的真实性和有效性。

3. 欺诈风险

由于在财务报表中虚构应收账款很容易，且这种虚构很难被别人察觉，因此，应收账款融资业务中的欺诈风险很容易造成银行的损失。如果银行内部操作人员与授信企业人员勾结，则这种风险造成银行损失的概率更高。该风险在应收账款融资过程的贷前审查、贷中控制及贷后收款各个环节都有可能发生。此类风险的防范关键还是在于银行内部管理机制的建设，除了要规范管理制度和检查制度外，还要运用有效的监管手段，使业务操作更加透明，流程更加清晰，减少人为因素对银行的影响。

例如：2013年11月，绿源公司虚构、伪造工程劳务合同，骗取银行授信金额2 000万元。尝到“甜头”后，该公司故技重施，2014年再次骗取银行4 000万元授信，而在此次向银行提交的七份工程承包合同中，四份均是虚构、伪造的，另外三份则虚报工程款和应收工程款。同时，绿源公司向湖北银行大悟支行提交的资产负债表和会计报表显示公司应收账款24 708余万元，而公司实际应收账款为12 000余万元，应收账款虚增金额高达1.27亿元。

2016年8月23日，为绿源公司授信提供担保的中祥公司忽然报案。中祥公司法定代表人熊金堂称，绿源公司法定代表人熊太原要求其为湖北银行大悟支行4 000万元信用额度提供担保。作为条件，熊太原承诺取得贷款后将贷款的一半即2 000万元优先提供给中祥公司有偿使用。但熊太原在湖北银行大悟支行取得4 000万元贷款后，并没有依照约定将资金汇入熊金堂指定的账户。熊金堂知此情况后，即向熊太原提出履行双方协议要求，但熊太原未履行该协议。于是大悟县公安局于2016年10月18日决定对绿源公司骗取贷

① 中国经济管理大学《企业信用管理学》案例。

款案立案侦查。[①]

4. 坏账风险

由于经济形势不断变化，核心企业的情况也不尽相同，其应收账款也存在很大的不确定性，随时面临坏账风险，如核心企业由于经营不善导致资金短缺，甚至资金链断裂，应收账款无法按时收回，使得银行贷款的安全性受到威胁。因此，在实际的业务实践中，三方协议中必须明确如果核心企业遇到特殊问题，使得应收账款的收回可能不及时，或者应收账款的坏账发生，授信企业如何利用其他手段来偿付银行贷款。

（三）供应链金融信用风险评估

信用风险评估对于防范或降低授信风险是非常重要的。[②] 所以，授信机构在授信前需对核心企业和配套企业进行评估。评估是降低供应链金融信用风险的最有效环节。

1. 核心企业评估

核心企业，指的是供应链中的领导者，它首先具有很强的市场竞争能力，而且它的上下游供应链成员围绕它形成一个相对稳定的供需网络，并在一定程度上能够对配套企业有支配能力。供应链核心企业是整条供应链上资金流、物流以及信息流的聚集地和中转站。

是否核心企业，一般会从四个方面进行判断：首先，看它是否该供应链上其他企业的领导者和资源的支配者，是否对其他企业具有相应的支配能力；其次，由该企业和配套企业所形成的供需网络是否具有持续性，是否足够稳定；再次，该企业的财务情况是否符合银行对于核心企业的各项要求；最后，银行应根据自身已经投入的行业情况分散风险，在相对广泛的领域中进行供应链金融业务的操作，选择与自身风险偏好相符合的核心企业。

对核心企业评估的主要内容包括：第一，可以在对企业的内部制度建设水平和外部运营环境状况进行评估的基础上，利用该企业过往的财务报告、产品市场占有率、资本利润率以及行业地位等相关信息做出评价，以便做出对企业未来发展形势的合理展望。第二，可以根据企业订单变动率、采购完成率、应收账款周转率、提供信息变化率等指标来判断核心企业与上游中小企业之间的合作关系，以及它们之间的依存度关系。第三，根据企业市场覆盖率、准时交货率、市场占有率、订单完成率等指标来评估核心企业对下游销售商的支配关系。

对核心企业的评估有时是授信机构自己完成的，例如银行会在内部由自己的管理部门对核心企业进行评估，有时会委托外部机构，借助第三方咨询公司，例如咨询公司、评级公司、征信公司等，对核心企业进行评估。

2. 配套企业评估

对于供应链上的配套企业，授信机构在提供相应的融资服务之前通常也会对配套企业进行真实有效的事前评估，以此降低授信可能面临的各种风险。

对供应链配套企业的评估一般会包括如下内容：第一，要根据日常的企业授信规则和

---

① 湖北银行股份有限公司大悟支行与湖北绿源建筑劳务有限公司、熊太原金融借款合同纠纷一审民事判决书．法海风控网，2018-12-27.

② 范堃．供应链金融风险控制研究．青岛：中国海洋大学，2013.

模式，对配套企业的过往信用记录和现实信用能力进行评估，并对其资质进行认定。第二，要根据配套企业过往年份的财务报表和经营信息以及当前的政策信息以及市场信息，对企业的经营能力、获利能力、未来发展前景做出明确的分析和鉴定。第三，要根据配套企业同核心企业的贸易往来情况，对该配套企业与核心企业的依存度进行评估，优先考虑与核心企业合作关系较为紧密的配套企业。第四，有所侧重地从不同的方面和角度分类评估。对于上游中小企业的评估主要包含从组织角度和产品角度进行评估，具体来说，组织角度主要包括技术状况和财务状况，产品角度主要包括产品价格、产品质量；对于下游中小企业的评估主要包含服务评估和企业内部评估，具体来说，服务评估包括服务质量、市场能力和企业信誉等，企业内部评估则主要包括企业发展稳定性、生产柔性、财务状况等。

供应链金融信用风险评估除了按照上述的核心企业、配套企业这种分类进行评估以外，还可以从主体风险、债项风险、供应链关系风险这三个层面进行评估与分析，其中主体风险指标包括融资企业风险指标、经营环境风险指标；债项风险指标包括核心企业风险指标、质押物风险指标。①

（四）供应链金融信用风险管理

供应链金融信用风险管理主要包括授信前全面风险管理、授信中动态风险监控、授信后风险预警。②

1. 授信前全面风险管理

很多风险因素都会影响供应链金融业务的正常开展。主要风险包括以下三个方面：

第一，信用风险。在我国目前的信贷实践操作中，中小企业的信用缺失成为各大银行融资业务中的重大难题之一。中小企业由于技术力量相对薄弱、内部管理不够规范、资产规模较小，同时缺乏对自身资信水平的管理机制和意识，因此信用问题的发生频率相对较高，这也是各大银行对于中小企业信贷市场并不看好的原因之一。

第二，市场风险。一般来说，所谓的市场风险主要指的是市场行情发生了没有预料到的波动，从而带来违约与损失的现象。

第三，操作风险。操作风险的发生大多由人为因素造成，无论是银行业务员、授信企业相关负责人，还是协作监管方的管理者，在三方协议框架下进行供应链金融业务操作的过程中都有可能会出现因大意或者疏忽导致的操作风险。

在市场风险方面，伟创力与华为的纠纷就是一个例子。伟创力总部位于美国和新加坡，是全球最大的电子产品制造商之一，为华为产品提供制造服务，富士康是其竞争对手。在美国 2019 年 5 月中旬将华为列入黑名单后，伟创力在其珠海工厂扣留了价值约 7 亿元人民币（合 1 亿美元）供给华为的设备和物料。随后，华为将伟创力剔除出供应链体系，不再与其合作。市场形势正在影响其在中国的部分工作岗位。根据媒体报道，由于与华为发生纠纷，伟创力在长沙和珠海的两家主要工厂停产，预计在中国将裁减约 1 万个弹

① 康翠玉．线上供应链金融的信用风险管理．科教文汇（中旬刊），2019，(03)：188－189.

② 范堃．供应链金融风险控制研究．青岛：中国海洋大学，2013.

性工作岗位，两家公司都将因此受到不同程度的影响。①

2. 授信中动态风险监控

在多数情况下，授信机构只有在与企业发生融资业务往来后，才能更全面和深入地了解企业的实际情况，然而，这时授信机构的资金已经发放给客户，授信机构失去了对于融资资金的主动控制权，因而在该项融资业务过程中陷入相对被动的地位；同时，受信企业和授信机构之间对于供应链上信息的掌握是不同步和不对称的，这些都加大了授信机构贷后管理的难度。特别是，授信业务开始后直至所有款项回收之前存在一段时间，这期间可能会发生风险，因此，如不能及时地发现和处理早期出现的风险信号，将会对授信机构的资金安全回流产生影响。

因此，在一般情况下，授信机构的贷后管理部门会有更多的管理和监督权限。如果授信机构对信贷风险的信用管理力度大并且管理到位，即便企业前期欺骗了授信机构，在授信中动态风险监控下，授信机构业务员也能够通过对企业的经营状况和现金流情况的动态跟踪，发现问题，从而尽早地采取相关措施，保证授信机构资产的安全。

3. 授信后风险预警

风险预警机制的建立和应急预案的设置对于供应链金融业务风险控制非常重要，它通过对风险预警信号分门别类，并有的放矢地从供应链的各个角度对其进行监督和检测，极大地加强了风险分析的技术含量，提高了风险搜索的针对性和有效性，增强了企业银行风险管控的水平。授信后风险预警关注的主要方向一般是财务问题与产品问题。

（1）财务问题。由于目前我国的中小企业大多不够规范，因此大范围地存在财务信息不透明、财务报告掺假、财务数据真实性低的问题，这大大增加了企业银行对企业实际情况进行监控的难度。只有切实规范中小企业财务行为，提高中小企业财务报表的真实性，才能更好地在预警机制中看到真实的需要监督和管控的风险信号，为企业银行对供应链金融业务的风险管控提供依据。

（2）产品问题。供应链金融的产品相对于传统授信业务更加多样化和个性化，因此，银行方与受信企业之间存在对于产品品质、产品市场历史价格波动、季节性因素等方面的信息不对称，这些信息上的缺失可能会导致银行对于将要发生的危险没有足够的警惕。所以银行可以通过咨询相关企业咨询公司、第三方监管公司的方式，加深对于质押物特点的了解，有针对性地把与产品相关的预警信息建设得更加完善。

延展阅读 2-4

电子商务在线信用管理系统对比分析

随着世界经济一体化、全球化的快速发展，互联网迅速发展，我国电子商务行业也随之步入一个重要的发展期。中国互联网信息中心第 39 次中国互联网络发展状况统计报告显示，截至 2016 年 12 月，我国网民规模达到 7.31 亿，其中新增网民为 4 299 万人；互联

① Emma Chou. 被华为剔除供应链后，伟创力在中国裁员上万人. 前瞻网，2019-08-07.

网的普及率为53.2%，比2015年提高了2.9个百分点。电子商务高速发展的同时，也显现出一些问题，其中信用问题是最受消费者关注的。虽然电子商务网站都有自己的信用管理系统（见表1），但普遍都存在一些不足。Gianluca对电子商务的声誉模型进行了研究，提出了反馈式的电子商务信誉评价方法，在一定程度上解决了电子商务交易中的欺诈问题。Gordy对各种信用风险模型进行比较分析，总结影响信用风险的重要因素，并在此基础上建立了新的信用风险模型。Kuwabara等对电子商务环境下的信用体系进行系统研究。宋光兴等人对电子商务在线信用分的集结方法和个性化推荐进行了研究，并对原有模型进行了改进。文章对比淘宝、京东、ebay、亚马逊等主流电商网站的在线信用管理系统，总结其优缺点，最后提出改进的方法（见表2）。

表1　几种电子商务在线信用管理系统比较

网站名称	淘宝	京东		亚马逊	ebay
总体评价	综合评价（好、中、差）	商品满意度（1～5分）	售后服务满意度（平台监控指标）	综合评价（好、中、差）	综合评价（好、中、差）
评价指标	宝贝与描述相符 卖家的服务态度 物流服务的质量	商品描述相符 卖家服务态度 物流发货速度 配送人员态度	交易纠纷率 退换货返修率 售后处理时长		产品是否与描述相符 与卖家沟通的满意度 发货速度满意度 运输费用合理程度

表2　完善后的信用评价指标体系

目标层	一级指标层	二级指标层
卖家信用分	商品性质	商品实物与网站描述相符程度
		商品质量
		价格合理程度
	卖家服务	售前服务态度
		售后服务态度
	物流服务	货物包装
		发货速度
		配送人员态度

资料来源：方瑞翔，宋光兴．干货：电子商务在线信用管理系统对比分析——以淘宝、京东、亚马逊和ebay为例．源点credit微信公众号，2019-01-09.

延展阅读 2-5

大公供应链金融信用管理流程

供应链金融信用管理系统管理流程是大公数据风险管理的标准化体现，是对供应链风险管理过程中各阶段活动中不同岗位角色的活动内容、方式、责任的安排与界定。管理流程主要分为以下几个方面：

（一）供应链信用信息采集流程

供应链信用信息采集流程主要描述在供应链信用信息采集过程中相关受评主体、人员的工作内容以及信息传递的过程，其中包括各受控主体供应链信用信息采集专员对供应链信用信息的收集、各受控主体负责人对供应链信用信息内容的审核、风险预警管理处风险预警管理专员对各单位上报的供应链信用信息进行检查及录入数据库。

（二）供应链信用信息交互流程

供应链信用信息的交互流程主要描述系统与各供应链业务主体之间信息交互过程中相关部门、人员的工作内容以及信息传递过程，其中包括各受评主体之间同层级业务流转及信息交互，同时包含大公对各受评主体及供应链金融项目中全部流程环节的监督管理。

（三）供应链信用风险监测预警流程

信用风险监测预警流程主要描述在信用风险监测预警过程中风险预警管理机构、风险预警管理专员以及各部门决策者的工作内容及风险信息传递过程，其中包括信用管理专员对异常信息的分析、整合，以及对预警处理信息的收集整理，同时包括各部门决策者对已预警的风险进行应对、处理。

资料来源：孙妍．供应链金融信用管理系统开创行业服务新模式．和讯网，2018－07－10.

【思考题】

1．企业信用管理的主要内容包括哪些？

2．企业信用管理如何影响我们的商业环境？

3．尝试举一个采用保守型（或激进型）信用政策公司的例子，给出理由并进行简单的分析。

4．你觉得企业信用管理政策的几大要素中哪个最重要？为什么？

5．应收账款管理能力强的公司一般具备怎样的特性？

6．请谈谈互联网时代应该如何优化企业信用管理流程？

7．考核信用管理部门常用的指标有哪些？写出其公式。

8．试述O2O与B2C电子商务信用管理的主要区别。

【参考文献】

[1] 吴晶妹．信用管理学．北京：高等教育出版社，2015.

[2] 牛红红．企业信用风险管理研究．太原：中北大学，2008.

[3] 蒲小雷，韩家平．企业信用管理典范．北京：中国对外经济贸易出版社，2001.

[4] 史宁，李美丹，吕琳．我国企业信用管理存在的问题分析．北方经贸，2018，(05).

［5］唐明琴，林江鹏．信用管理．北京：高等教育出版社，2014.

［6］从“长虹事件”看我国企业的信用管理，百度文库．

［7］关于进一步做好“僵尸企业”及去产能企业债务处置工作的通知（发改财金〔2018〕1756号）.

［8］魏文静．企业信用管理．北京：高等教育出版社，2015.

［9］2017年格力年报；2017年美的年报.

［10］收账政策的制定，MBA智库．

［11］林钧跃．企业与消费者信用管理．上海：上海财经大学出版社，2004.

［12］胡建飞．从金融危机看企业信用管理制度．现代经济信息，2009，(11).

［13］周家兵．企业间信用额度收紧意味着什么．证券时报，2016-10-24.

［14］王红．加强信用管理减少赊销风险．财经界（学术版），2015，(20).

［15］牛彦秀，张平培．Sino公司应收账款的全程监控．财务与会计，2008，(03).

［16］肖君秀．最牛“坏账”：红岭创投盘活地产项目. 华夏时报，2017-03-28.

［17］朱毅峰，吴晶妹．信用管理学．北京：中国人民大学出版社，2005.

［18］王地宁．企业信用管理制度缺失问题研究．长沙：中南大学，2009.

［19］李吉海．企业信用管理体系的构建与应用研究．长春：吉林大学，2008.

［20］徐华成．企业全面信用管理体系探究．苏州：苏州大学，2008.

［21］张勇．我国企业信用管理现状及对策研究．镇江：江苏大学，2007.

［22］信用管理师纳入《中华人民共和国职业分类大典》. 信用中国（湖北）网，2016-10-12.

［23］唐小华．电子商务信用评价体系建构研究．北京：首都经济贸易大学，2016.

［24］王季勋，谭文英，霍甜．O2O电子商务信用管理机制研究．金融经济，2017，(22).

［25］方菊香．B2C电子商务信用体系建设探讨．甘肃金融，2013，(06)：53-55.

［26］季莹．我国B2C电子商务信用管理研究．唐山：华北理工大学，2016.

［27］王璜．B2C卖家企业电子商务信用评价研究．南京：东南大学，2017.

［28］范堃．供应链金融风险控制研究．青岛：中国海洋大学，2013.

［29］卢省翰．供应链金融模式之下的企业信用风险评估．纳税，2019，(07).

［30］中国经济管理大学《企业信用管理学》案例．

［31］湖北银行股份有限公司大悟支行与湖北绿源建筑劳务有限公司、熊太原金融借款合同纠纷一审民事判决书. 法海风控网，2018-12-27.

［32］康翠玉．线上供应链金融的信用风险管理．科教文汇，2019，(03)：188-189.

［33］Emma Chou. 被华为剔除供应链后，伟创力在中国裁员上万人．前瞻网，2019-08-07.

［34］方瑞翔，宋光兴．干货：电子商务在线信用管理系统对比分析——以淘宝、京东、亚马逊和ebay为例．源点credit微信公众号，2019-01-09.

［35］孙妍．供应链金融信用管理系统开创行业服务新模式．和讯网，2018-07-10.

第三章 金融信用管理

金融机构作为经营风险的专业机构，在经济活动和信用管理中具有重要地位。信用管理是金融机构最早出现和最核心的业务。近年来，随着我国信用经济的发展，信用交易的规模与范围不断扩大，银行、非银行金融机构以及各类新兴金融机构作为市场上重要的信用中介机构，面临的信用风险也在逐渐加大。

我国目前的信用交易和信用管理缺乏制度、法律等方面的保障，一旦受信方出现失信情况，交易对手和金融机构都会受到严重影响，如果整个市场中失信现象泛滥，那么我国的金融安全及稳定将岌岌可危。以史为鉴，历次金融危机都是由于金融机构忽视信用风险管理造成的，所以金融机构必须加强信用风险管理，全面提高自身抵御风险的能力，维护国家金融安全和稳定，守住不发生系统性金融风险的底线。

本章将主要从银行信用风险管理、互联网金融信用风险管理、其他金融机构信用风险管理、资本市场与证券交易信用风险管理几个方面进行系统阐述。

第一节　银行的信用管理

银行目前仍是我国企业和居民融资的最重要渠道，在我国金融体系中占据十分重要的地位，关系着国家的金融安全和经济发展。银行的业务模式决定了银行聚集了大量的信用风险，良好的信用管理是银行盈利的重要保障。

一、银行信用管理的必要性

银行作为经营货币业务的中介机构，本身属于高风险行业。银行在经营中面临各种类型的风险，包括市场风险、信用风险、操作风险、国家风险、利率风险、流动性风险、法律风险等。

在上述风险中，信用风险占有特殊的地位，信用风险一直是金融市场上最为基本、最为古老，也是危害最大的一类风险。世界银行对全球银行业危机的研究表明，导致银行破产的最常见原因就是信用风险。[①]

商业银行最传统的信用经营活动主要是授信业务，即发放贷款。在吸收存款、发放贷款的日常运作中，商业银行积累了大量的信用风险。为了保障稳定的资金来源，必须有效控制资金运用中所隐藏的信用风险，因而商业银行一向具有评价借款人信用状况、根据信用等级制定信用额度及价格的传统。[②] 银行信用管理的对象主要有企业客户与个人客户。

（一）企业客户信用风险及其管理

影响企业债务人还款的主要因素是企业债务人自身的还款能力和还款意愿。由于违约风险取决于债务人的个体特征，商业银行必须及时、深入地了解受信企业的信用状况。[③]商业银行对受信者信用状况及其变化的了解主要有三条渠道。

第一条渠道是分析企业提供的各种信息，主要包括财务报表、拟建项目的可行性研究报告以及近期重大经营活动。信息的及时性和真实性在很大程度上取决于提供信息的企业的诚信度。

第二条渠道是外部信用评级机构公布的评级信息。评级信息的获得性及有效性取决于信用评级的覆盖范围和评级水平。

第三条渠道是商业银行从债券和股票市场获得的企业信息。由于债券和股票的价格受到非信用因素的影响，特别是在金融市场不发达的发展中国家，市场能够提供的有效信息是很有限的。

相对来说，商业银行对企业借款人自身情况、项目风险、信贷用途掌握信息较少，了解得不够全面，而企业借款人本身则持有较多的信息资源，这就造成了银行与企业借款人之间的信息不对称。这种现象在信贷市场上通常表现为银行发放贷款后，很难对企业借款人的借款后行为进行监管。因而企业可能从事较高风险的投资行为，将银行置于承受高信用风险的境地，这就是所谓的道德风险问题，它对信用风险的形成有着重要作用。

---

① 刘澄，徐明威．信用管理．北京：经济管理出版社，2010：228－229.

② 吴晶妹．信用管理学．上海：上海财经大学出版社，2011：109－111.

③ 刘澄，徐明威．信用管理．北京：经济管理出版社，2010：228－229.

（二）个人客户信用风险及其管理

个人信贷产品可以基本划分为个人住房贷款、个人消费贷款、个人循环零售贷款三大类。[①] 其中，个人住房贷款面临经销商和开发商风险、房产价值下跌风险，以及借款人的经济财务状况变动风险。

个人消费贷款的风险包括：借款人的真实收入状况不稳定；商品质量有问题或价格下跌导致消费者不愿履约；宏观经济波动导致资产发生不可预期的减值；抵押权益实现困难；多头借贷下对借款人的借款信息了解不足等。[②]

这些风险最终都可能导致贷款无法正常收回，造成银行坏账。因此，银行必须做好个人客户的风险管理，在办理个人消费贷款时高度重视第一还款来源，办理个人循环零售贷款时高度重视借款人的自身状况及其变化趋势。

二、银行信用管理的范畴与分类

（一）银行信用管理的范畴

银行信用管理包括中央银行的信用控制和商业银行的信用管理。[③]

中央银行的信用控制属于中央银行货币政策的一部分，简单来说分为两种情况：（1）信用直接控制工具，指中央银行依法对商业银行创造信用的业务进行直接干预而采取的各种措施，主要有信用分配、直接干预、流动性比率、利率限制、特种贷款；（2）信用间接控制工具，指中央银行凭借其在金融体制中的特殊地位，通过与金融机构之间的磋商、宣传等，指导其信用活动，以控制信用，其方式主要有窗口指导、道义劝告。

商业银行信用管理，并不单指银行运营管理或者信用关系管理，而是一个综合和整体的系统管理，包括商业银行内部各部门间、银行与员工之间、员工职业操守等的信用管理，商业银行外部的信用管理，同时包括企业的信用评级、借贷关系管理，以及银行在国际和国内的信用形象等，是多种关系的重合。商业银行信用管理包括四大系统管理：资产信用管理、负债信用管理、资本信用管理和表外信用管理。下面重点讨论商业银行的信用管理。

（1）资产信用管理是商业银行最为人熟知的，分为个人贷款信用管理和公司贷款信用管理。因其风险较高，对银行资产影响最大，当今商业银行均建立较科学完善的风险防范机制，控制及规避风险。

（2）负债信用管理是商业银行最重要的业务之一，主要包括客户存款、同业拆借、央行存款等。负债信用管理是保证银行资金来源充足、稳定的重要业务，是维护良好公众形象的重要业务。

（3）资本信用管理是银行流动性的补充剂，也是银行创收的主要来源。如公众熟知的

---

① 唐明琴，林江鹏．信用管理．北京：高等教育出版社，2014.

② 张孟琪．我国消费信用现状及存在问题研究．商业经济，2014，(05)：23－25.

③ 吴晶妹．信用管理学．北京：高等教育出版社，2015.

中间业务收入，就是近年来银行除利差收入外的另一收入来源，可以维持盈利，预防非预期损失。

(4) 表外信用管理是银行创新的主要体现，来源于国外的投行业务，结合了券商、保险公司、基金公司等金融伙伴，实现利益分成、风险共担。

资产信用管理、负债信用管理、资本信用管理和表外信用管理这四个相互独立的体系，是组建商业银行信用管理的重要部分，而且它们各司其职，是商业银行正常运营的保护神。同时，它们也有千丝万缕的关系。负债系统是血液供给，保持流动性，提供资金供给；资产系统是神经枢纽，维持各功能的正常。从近几年银行的产品创新来看，表内业务已不足为奇，而在表外业务中，由于国家的金融管制及金融衍生产品较国外发达的金融市场要弱小很多，短期内不存在某个银行拥有的、独特的金融产品。

（二）银行信用管理的分类

以银行服务的客户进行分类，银行信用管理主要可以分为企业客户信用管理和个人客户信用管理。

银行向企业客户所提供的信用服务，又可以根据客户规模分为面向大型企业、集团以及机构的机构业务和面向小微企业的零售业务。我国商业银行企业贷款以面向大型企业的机构业务为主，小微企业由于存在较大的信息不对称，对银行信用风险管理提出了更高的要求。

银行向个人客户提供的信用服务，主要包括消费信贷和信用卡。作为个人金融服务形式的消费信贷，是金融机构对消费者个人或家庭发放的用于购买耐用消费品或支付劳务费用的贷款，是市场经济条件下货币信用关系发展到较高水平的产物，是解决有效需求不足，以及生产与消费之间矛盾的重要手段，是商业银行的“零售业务”。① 商业银行几乎经营所有的消费信贷业务，包括汽车贷款、循环信用、住房贷款等。商业银行通常要求个人客户对所贷款项提供担保品，担保品可以是贷款所资助购买的商品（如汽车和家具），也可以是储蓄票簿、不动产等。②

信用卡业务是另外一项重要的个人客户信用业务，它是申请人在通过银行核准后，可以持卡在银行指定商户通过专用分期 POS 机具、网络等支付款项，相应交易金额被平均分成若干期，由持卡人在约定期限内按月还款，支付一定手续费的业务。信用卡业务的本质是信贷业务，其信用风险是指信用卡持卡人在借款到期时，无法偿还或不肯偿还刷卡消费的金额，导致商业银行借出的资金无法即时收回，从而给以后造成风险的可能性。③

---

① 孙森，翟淑萍．信用管理．北京：中国金融出版社，2010：221－222.
② 刘澄，徐明威．信用管理．北京：经济管理出版社，2010：206.
③ 徐志宏．商业银行信用卡业务．北京：中国金融出版社，2007.

三、银行信用管理的主要内容

（一）企业客户信用管理

企业客户信用管理包括企业客户的基本信息分析、财务状况分析、非财务因素分析、担保分析和企业客户信用评价方法。[①]

1. 基本信息分析

商业银行在对企业客户进行信用风险识别和分析时，必须对客户的基本情况以及与商业银行业务相关的信息进行全面了解，为此，商业银行应要求客户提供工商执照，说明业务范围和企业性质，并对其业务状况、财务状况、抵押贷款情况等资料进行搜集、登记、核实。

2. 财务状况分析

对企业的财务因素进行分析时，主要可以使用基于财务报表的静态分析、趋势分析以及同业分析。[②]

（1）静态分析。静态分析是指对授信对象一定时期或时点的财务数据和财务指标进行分析。包括：①财务数据的静态分析，包括资产负债表、利润表、现金流量表等主要报告项目的静态分析；②财务指标的静态分析，包括计算各种财务比率，熟悉报告项目的相互联系；③静态的结构分析，包括进行资产、负债、所有者权益的结构分析，利润表的结构分析，及现金流量表的流入、流出结构分析等。

（2）趋势分析。趋势分析是将分析期与前期或连续数期项目金额进行对比，这种财务报表项目纵向比较分析的方法，是一种动态的分析。采用这种方法分析财务报表的具体做法是：①对前后期各项目的绝对金额进行比较，求出增减的差额；②将增或减的差额作为分子，将前期的绝对金额作为分母，求出增或减差额的变化程度（百分比）；③根据连续数期变化的统计数字，可以绘出一个统计图表，更形象地显示变化趋势。

如果某一分析对象的经营活动处于持续健康稳定发展的趋势，那么其主要财务数据或财务指标应该呈现出持续稳定发展的趋势。若其主要财务数据或财务指标出现异常变动，突然大幅度上下波动，或者主要财务数据及财务指标之间出现背离，或者主要财务数据及财务指标出现恶化的趋势，意味着公司的某些方面发生了重大变化，这些都是授信过程中判断企业真实财务状况、现金流量及经营成果的重要线索。

（3）同业分析。同业分析是指将授信对象一定时期或时点的财务数据和财务指标放在其行业背景下进行分析。所有企业的发展状况必然受到行业发展状况和宏观经济运行状况的影响。闭关自守显然是行不通的，只有将相关的财务数据及财务指标放在其行业背景下，与行业平均数进行比较，才可以如实评价企业的财务状况、现金流量及经营成果。具体操作时，首先应细分分析对象所处行业，特别是综合类公司，我们要注意细分行业进行比较，分行业计算平均数；其次，找出严重偏离同业平均水平的财务数据和财务指标；最

① 孙森，翟淑萍．信用管理．北京：中国金融出版社，2012：264-269.

② 李媛．浅析商业银行信贷工作中财务报表分析的运用．商情报，2014，(45).

后，重点分析严重偏离同业平均水平的财务数据和财务指标。

3. 非财务因素分析

非财务因素分析是信用风险分析过程中的一个重要组成部分，与财务分析相互印证、互为补充。主要包括：管理层风险分析、行业风险分析、生产与经营风险分析、宏观经济及自然环境分析等。[①]

4. 担保分析

担保方式主要有保证、抵押、质押、留置和定金。

保证指债务人以外的第三人为债务人履行债务而向债权人所提供的一种担保。当借款人违约或者无力归还贷款时，保证人按约定履行债务或承担责任。抵押是债务人或第三人在不转移对法定财产（抵押财产）占有的情况下，对债权人以抵押财产作为清偿债务担保的法律行为。当债务人不履行债务时，债权人有权依照法律规定以抵押财产拍卖或变卖的价款优先受偿。质押也称质权，就是债务人或第三人将其动产或权利移交债权人占有，将该动产或权利作为债权的担保。当债务人不履行债务时，债权人有权依法就该动产或权利卖得价款优先受偿。留置，是指因保管合同、运输合同、加工承揽合同发生的债权。债权人按照合同约定占有债务人的动产，债务人不按照合同约定的期限履行债务的，债权人有权依照法律规定留置该财产，以该财产折价或者以拍卖、变卖该财产的价款优先受偿。定金是以担保主合同的履行为目的，由交易双方约定，一方预先交付对方一定数额的现金。债务人履行债务后，定金应当抵作价款或者收回。给付定金的一方不履行约定的债务的，无权要求返还定金；收受定金的一方不履行约定的债务的，应当双倍返还定金。

在开展保证、抵押、质押时应注意一些与信用管理相关的问题。对于保证的信用管理，应考察保证人的资格、财务实力、保证意愿、履约的经济动机及其与借款人之间的关系，明确保证的法律责任。对抵押的信用管理应注意，可以作为抵押品的财产的范围及种类，抵押合同的基本内容，抵押物的所有权转移，抵押物登记，抵押权的实现。对动产质押应注意：出质人和质权人应当以书面形式订立质押合同，明确质押合同时效，以及质押合同应当包括的内容（质物的所有权转移，质押担保的范围，质权人对质物承担的权利、义务和责任，债务履行期届满时质物的处理）；权利质押的范围；权利质押物的权利行使日期与债务履行日期不一致时的处理；权利质押的生效及转让。

5. 企业客户信用评价方法

商业银行通常会建立一系列指标体系来对客户信用进行评价，常用的方法有信用评分法。在信用评分法中，最为传统并被广泛应用的就是专家打分法，也可称为要素分析法，主要依据的评分原则有 5C、5P、5W、4F、CAMPARI、LAPP 等要素原则（见表 3－1），这些评分原则在银行贷款管理中被广泛运用。

---

① 孙森，翟淑萍．信用管理．北京：中国金融出版社，2012：264－269.

表 3-1　企业信用分析评分原则[①]

5C	品质（character）	偿付能力（capacity）	资本（capital）	资产抵押（collateral）	经济环境（conditions）		
5P	个人特征（personal）	借款目的（purpose）	偿还情况（payment）	保障（protection）	前景（perspective）		
5W	借款者（who）	借款用途（why）	还款期限（when）	担保物（what）	如何还款（how）		
4F	组织要素（organization factor）	经济要素（economic factor）	财务要素（financial factor）	管理要素（management factor）			
CAMPARI法	品德（character）	偿债能力（ability）	获利能力（margin）	借款目的（purpose）	借款金额（amount）	偿还能力（repayment）	安全性（insurance）
LAPP法	流动性（liquidity）	活动性（activity）	盈利性（profitability）	潜力（potential）			

以CAMPARI要素打分法为例，品德（character）是指借款人是否具有和银行订立借款合约的资格。例如，一笔对未成年人的银行贷款就不具备法律效力。同样，签约的董事必须是在《公司章程》授权的范围内行事，否则其行为无效。

偿债能力（ability）指借款人在技术、管理、财务方面的实力；也可以指一个企业是否能够监控其营运风险、提高其资产流动性，以创造足够的现金流偿还债务。

获利能力（margin）是指银行向借款人发放贷款，是考虑能否从借款人那得到利息利益，如果借款人（个人或企业）没有获利能力，也就是说以后将很难归还贷款以及利息，银行将不会贷款给借款人。

借款目的（purpose）是指借款人向银行贷款的用途应该是明确的、可接受的。如果一笔贷款是企业用于偿还供应商的现有债务，则该企业的流动性可能存在严重问题。若企业申请贷款是为了支撑业务按预期发展，这应被认为是发放贷款的一个可接受的理由。因为这样的企业不仅利用了供应商提供的正常赊销付款，而且有更多的信用需求。但贷款不能用于满足企业业务的过度扩张。如果说申请贷款是为了争取一张新订单是合情合理的，那么当同样的企业一下子握有五个新订单时，贷款人应引起警觉：它能应付得了它的业务快速发展吗？

贷款金额（amount）是指贷款规模必须和资金用途相一致，贷款金额也必须能满足企业使用。借用资金的费用应和净资产收益相匹配。

偿还能力（repayment）是指企业的后期资金来源。偿还能力是至关重要的，贷款人应通过分析投资后的现金流，而不是未来的盈利能力考查其偿还能力。对于借款企业来说，偿还贷款的最主要资金来源应是贷款的投资项目。偿还期限也应在合约中加以明确：是一次还本，还是分期摊还？

安全性（insurance）是指抵押担保，当贷款不能偿还时，银行仍能保证其资产安全。考虑一笔借贷请求时，其抵押担保物当然不是首先被考虑的；但如考虑抵押担保物，它的价

① 吴晶妹信用管理工作室整理资料。

额应相当于在贷款金额的基础上加上充裕的差额，而且抵押担保物要易于估价、易于变现、易于取得。

在放贷之后，为了进行贷款信用管理，银行也会使用信用评级法对贷款实施分级。贷款五级分类最初是由美国货币监理署开发的，用于评估贷款损失准备金的充分性，我国从1998年开始也对贷款实施五级分类，表3-2为贷款分类的方法和相对应的损失准备金的提取比例。贷款五级分类法主要根据借款人的偿债能力以及违约后的回收类别进行分类，贷款分级越低，违约的可能性越大，银行需要提取更多的准备金来覆盖损失。

表3-2 贷款级别评价

贷款级别	内容	损失准备金（%）
正常	借款人能够履行合同，有充分的把握按时足额偿还本息	0
关注	借款人目前有能力偿还本息，但是存在一些可能对偿还产生不利影响的因素	5～20
次级	借款人还款能力出现明显问题，依靠其正常经营收入无法保证足额偿还	30～50
可疑	借款人无法足额偿还本息，即使执行担保或抵押，也会造成一部分损失	50～75
损失	在采取所有可能的措施和一切必要的法律程序之后，本息仍然无法收回或只能收回极少部分	75～100

银行贷款可被分为正常、关注、次级、可疑、损失五类，其中，次级、可疑和损失三类贷款被归为不良贷款。贷款五级分类法是建立在动态监测的基础上，银行通过对借款人现金流量、财务实力、抵押品价值等因素的连续监测和分析，判断贷款的实际损失程度。对于银行来说，贷款五级分类法能够帮助银行识别贷款的违约风险，还有助于发现银行内部在信贷管理、内部控制和信用文化中存在的问题，从而有利于银行改善信贷管理水平，实现稳健经营。

（二）个人客户信用管理

个人客户信用管理涉及个人客户的基本信息分析、个人信贷产品分类及风险分析和个人信用评价及授信管理三部分内容。

1. 基本信息分析

个人客户数量巨大，信息分类非常重要。在实践中，商业银行一般会要求个人提供各种能够证明个人年龄、职业、收入、财产、信用记录、教育背景等的相关资料。同时，从多种渠道调查、识别个人客户潜在的信用风险。

商业银行了解个人客户信息非常重要，信息来源渠道主要包括利用内外部征信系统进行调查；对可能影响借款人第一还款来源的因素进行重点调查；借款人的资产与负债情况调查；贷款用途及还款来源的调查；对担保方式的调查等。①

2. 个人信贷产品分类及风险分析

个人信贷产品可以基本划分为个人住房贷款、个人消费贷款、个人循环零售贷款三大类。

---

① 唐明琴，林江鹏. 信用管理. 北京：高等教育出版社，2014.

（1）个人住房贷款是指贷款人向借款人发放的，用于购买房地产开发企业依法建造、销（预）售住房的贷款。在我国商业银行业务实践中，个人住房贷款额度最高可达到所购住房市场价值的70%。贷款期限最长30年，借款人年龄与贷款期限之和不超过70年。两个（含）以上共同借款人借款的，可按照满足贷款条件中年龄较小的确定贷款期限。

个人住房贷款的风险包括：第一，经销商风险，包括经销商违法、违约或卷款外逃的风险；第二，“假按揭”风险，“假按揭”的主要特征是开发商利用积压房产套取银行信贷资金；第三，由于房产价值下跌而导致超额抵押的风险；第四，借款人的经济财务状况变动风险。

（2）个人消费贷款包括个人家居消费贷款、个人自用车贷款等，目前在银行业务实践中还有个人文化消费贷款、个人助学贷款等。如中国工商银行个人自用车贷款是向申请购买自用汽车的客户发放的人民币担保贷款，贷款金额最高可达购车价格的80%，贷款期限最长5年。

个人消费贷款的风险包括：借款人的真实收入状况难以掌握；借款人的偿债能力有可能不稳定；贷款购买的商品质量有问题或价格下跌导致消费者不愿履约；抵押权益实现困难等。应当注意要求学校、家长或有担保能力的第三方参与对助学、留学贷款的担保；对用于购买商品（如汽车）的贷款，商业银行应对经销商的信誉、实力、资格进行分析考察。由于个人贷款的抵押权实现困难，所以应当高度重视第一还款来源。

（3）个人循环零售贷款一般用于个人经营贷款，以工行经营贷款为例，贷款额度最高可达300万元，贷款期限最长可达3年；一次申请，循环使用，随借随还，可通过商户POS机和网上银行等渠道实现贷款的自助发放。

对于个人循环贷款，商业银行应高度重视借款人的自身状况及其变化趋势。其风险主要是借款人不能按时偿还贷款。

3. 个人信用评价及授信管理

针对个人客户贷前信用评价，银行通常会建立内部个人评价体系。在申请环节，银行会要求申请人提供贷款审批表并提交身份证件、经济收入或偿债能力证明、抵押物或质物估价证明等，借助资料进行个人信用评价。信用评价体系可采用积分制，具体分成四个部分：一是基本情况评分，针对个人工作经历、工作单位、家庭情况等不同情况设定不同的积分。二是业务状况评分，即在信用记录号下，每发生一笔业务，均相应积分。三是设立特殊业务奖罚分，如个人信用记录号下屡次发生信用卡透支，并在规定期限内偿还透支额的，即可获得额外奖分；个人贷款按期还本付息、情况良好的，可以获得奖分；发生恶意透支并不按时归还本息的，即实行额外罚分，情节严重的列入黑名单。四是根据上述累积得分评定个人信用等级。①

在授信管理环节，银行会在对消费者资信调查、评价基础上，根据消费者资信情况授予其信用额度。该信用额度的确定遵循在权衡风险和收益的基础上满足在风险可控条件下实现收益最大化的原则。在对消费者发放信用时，银行首先会要求消费者提出书面信用申

① 唐明琴，林江鹏．信用管理．北京：高等教育出版社，2014.

请。该书面申请不仅能够起到收集客户信息的作用，还可以在未来可能发生的委托追账或者向征信局的供应商网提供客户失信记录时，作为重要证据使用；另外，还可以起到加强消费者对所申请的信用工具印象的作用。在确定信用额度时，信用管理人员更倾向于使用层次增加法。其操作思路是，先授予消费者比较小的信用额度，每过半年或者一年，就给消费者增加一些额度。这样做可以有时间观察消费者的付款行为，即使产生授信失误，损失也不会太大。这种方法特别适合诸如信用卡的信用管理。①

个人征信体系是另一重要的个人客户信用管理手段。个人征信体系可以将各商业银行储蓄账户数据，公、检、法涉及个人不良记录数据，税务局、水务局、供电局等涉及个人日常缴费情况数据纳入信息采集系统，当居民出现信用污点时，在银行的监控机制上会对其做出反映，这种负面评价对个人进行信用消费会产生不利影响。②

四、银行信用管理的流程

(一) 企业客户信用管理流程

企业需要贷款，应当向主办银行或者其他银行的经办机构直接申请。借款人应当填写包括借款金额、借款用途、偿还能力及还款方式等主要内容的《借款申请书》并提供资料。③

银行对客户情况进行核实，对照银行贷款条件，判别其是否具备建立信贷关系的条件。根据借款人的领导者素质、经济实力、资金结构、履约情况、经营效益和发展前景等因素，评定借款人的信用等级。对借款人的信用等级以及借款的合法性、安全性、盈利性等情况进行调查，核实抵押物、质物、保证人情况，测定贷款的风险程度。

如果银行对借款申请审查后认为借款人符合贷款条件，同意贷款的，与借款人签订《借款合同》。借款合同应当约定借款种类、用途、金额、利率、期限、还款方式，借贷双方的权利、义务，违约责任和双方认为需要约定的其他事项。

贷款人要按借款合同规定按期发放贷款。贷款人不按合同约定按期发放贷款的，应偿付违约金。借款人不按合同约定用款的，应偿付违约金。

贷款发放后，贷款人对借款人执行借款合同情况及借款人的经营情况进行追踪调查和检查。借款人按照借款合同规定按时足额归还贷款本息，按规定办理撤押手续。

(二) 个人客户信用管理流程

从流程上看，个人客户信用管理主要包括贷前调查、贷中审查和贷后管理三个主要环节。

1. 贷前调查

贷前调查又称贷前尽职调查，是银行信贷决策的主要依据，是风险控制的起点，是商

---

① 孙森，翟淑萍．信用管理．北京：中国金融出版社，2012：225－228.

② 唐明琴，林江鹏．信用管理．北京：高等教育出版社，2014.

③ 中国人民银行．贷款通则．1996.

业银行信贷文化建设的基础。①

贷前调查的主要内容一般包括：借款人住址、生活区域，工作环境、收入状况，经营户经营状况、市场环境，担保物的位置、市场价值等；借款人及其所属行业等综合信息，如通过走访借款人周边客户、上下游客户、市场管委会、房地产部门等，全面了解借款人综合信息；对借款人还款意愿、还款能力做出综合评价，包括做出风险提示和评价。

贷前调查的一般原则主要包括：必要调查原则，对于一定金额贷款必须坚持双人原则，共同鉴证相关资料；实地调查原则，确保眼见为实；回避原则；限时原则，对于受理调查的贷款，必须在规定时间调查，做出结论，提高效率。

贷前调查的一般程序为：按照明确贷款调查人员，制定调查方案，实施调查行为，进行分析论证，撰写调查报告，交送审查、审批人的程序进行调查，规范操作，严格执行制度规定。

2. 贷中审查

贷中审查环节是贷款上账前的把关环节，是贷款决策环节。贷中审查的一般内容包括：严格进行审查、审批与决策，审查人员要按照信贷政策要求严格进行审查，从借款人主体资格、资料完整程度、信贷政策、信贷风险等方面细致、认真审查，审批、决策人员要仔细分析论证该笔贷款的风险点，进行科学、客观决策；在贷款上账前进行必要核准，主要包括担保是否落实、抵押物抵押手续是否办妥、信贷文本使用是否正确、合同文本填写是否完整正确、重要权利凭证是否按规定交接入库等。

3. 贷后管理

贷后管理是指贷款从发放直到本息收回的全过程信贷管理行为的总和，包括账户监管、贷后检查、风险预警、到期处理、风险分类、不良贷款管理、信贷档案管理等工作。要按照标准化、流程化、格式化、强制性的制度安排做好贷后管理工作。

（1）贷后管理的一般原则与制度。按照职责明确、人员落实、标准统一、检查到位、预警及时、处理快速、奖罚分明的原则，实施贷后管理；要明确制定管户主责任人制度，派驻风险经理制度，落实条线分层监管制度，明确风险预警信号，落实风险预警制度，落实责任追究制度，强化责任意识。

（2）贷后管理的一般内容。实施不定期在线监测，密切关注贷款分类以及账户还款情况；做好定期检查工作，按照一定频率进行定期检查，密切关注资金走向与还款来源；做好风险预警及处理，密切关注风险预警信号，及时向前后台部门反映，并实行预期检查制度，按照制度进行电话催收、上门催收、信函催收、公告催收等方式，前后台部门相互配合，有效处理和化解信贷风险；进行担保有效性检查，确保担保物足值、有效，不发生债权纠纷；做好信贷档案管理和贷后管理记录工作。将纸质档案和电子档案分类保管，特别是纸质档案要由专人集中保管，同时在电子系统中做好数据录入工作，将自律监管资料留存，建立问题库台账，及时反馈贷后管理信息。

---

① 中国人民银行．贷款通则．1996.

延展阅读 3-1

小微企业信用评估方法

小微企业的经营特征决定了它无法提供充分的正规资料，所以流水和征信是大部分小微企业的必备资料，能够反映很多经营信息。

一是流水分析。众所周知，狭义的流水主要是指银行流水，包括对私和对公流水，两者的基本要素没有太大差异，主要内容包括账号、户名、交易日期、借方金额（支出）、贷方金额（收入）、交易摘要、交易对象等内容。分析流水的时候要重点关注流水真伪、交易频率、交易金额、交易对象、总交易量、日均余额等。

主要风险点包括：(1) 隐性负债。通过对流水中交易金额和交易对象进行分析，我们可能会发现客户存在一些未反映在征信中的负债，比如消费金融、小贷公司、P2P 机构或民间机构等借款，这样可以更进一步了解客户的诚信度、真实负债水平和还款压力。(2) 交易量与销售额匹配度。通过对客户流水交易量的筛选分析，将月度和年度数据与客户月度和年度销售额进行对比，一般而言，两者匹配度在 50%～100%为正常，如果低于 50%，可能原因有流水不是客户主账流水、客户的结算方式不是转账（如现金或承兑）、销售款回笼周期过长（期间内资金回笼少）；如果过高，比如达到 200%，可能原因有筛选不准确、低估销售额、存在其他生意和虚增交易流水。(3) 日均余额与月还款额匹配度。通过对流水的日均余额分析，可将其与月还款额（等额还款）进行对比，一般而言，该比例大于 1 较好，在低于 1 的情况下，该值越小说明客户还款压力越大，比如某客户日均余额 1 万，每月还款 5 万，在无其他还款来源补充情况下，一般而言，其还款压力较大。

二是征信分析，企业信用报告包括六项主要内容：企业基本信息、股东信息、关联企业信息、未结清贷款汇总信息、贷款历史汇总信息和单位缴存信息。

征信分析的内容包括：(1) 关联企业分析。现在大多数企业征信报告中都反映了很多关联企业信息，但又有很多信息不准确，可以通过市场监管部门查询每个企业，看是否存在股东或高管关联，如有，就可以确认为关联企业。(2) 未结清贷款信息。企业征信报告对于贷款信息披露的不如个人征信报告那么充分，只能关注客户现有总负债、贷款产品、发放日、到期日、五级分类情况，至于其贷款机构、还款方式、担保方式、利率等信息只能通过与客户询问获取，结合常识进行确认。(3) 贷款历史信息。企业征信报告中按季度披露了客户贷款金额的变化，从中我们可以发现客户贷款金额的变化，对于增加或减少的原因和资金的来龙去脉需要和客户进行询问核实。

主要风险点包括：高风险关联企业；信用记录逾期较多；近期大额贷款到期；历史贷款机构变迁；贷款需求比较紧迫；联保贷款比例过高；近三年贷款大幅变化。

资料来源：小象．万象知识堂｜小微企业信用评估必备资料．中诚信征信微信公众号，2019-04-17.

延展阅读 3-2

商业银行授信评审与内部评级的分工与协同

在商业银行风险管理的诸多环节中，授信评审与内部评级是贯穿全风险管理流程中最不可或缺的两种工具，评审与评级分别从定性与定量两个角度评判客户或债项信用程度，前者的可靠性决定了商业银行业务拓展的灵活性与稳健性，后者的准确性决定了商业银行从贷款定价到拨备计提、绩效考核的合理性与科学性。

从本质上讲，专家经验评判与风险量化都是金融风险评价工具，二者互为抵补。但从部分商业银行实践看，二者的协同性还有待加强。一是侧重专家定性评价还是模型定量评价的迷雾尚待消散；二是对同一标的风险评价结果可能会迥异。从风险管理的发展趋势看，二者应相互取长补短、逐步融合，共同为商业银行的稳健发展保驾护航。

在现阶段，结合国内信用环境状况和风险管理现状，建议从三个方面完善授信评审与内部评级工作。一是加大对风险量化资源投入。随着国内信用环境的改善与数据可获得渠道的扩大，内部评级与风险量化将在全面风险管理中发挥越来越大的作用。但与评审团队相比，国内商业银行的风险量化人员数量及质量还有待提高，相关工作的深度和精细化程度尚待提高。二是强化评级与评审沟通交流。考虑到授信评审和内部评级在大多数商业银行分属不同部门，建议建立定期或不定期沟通机制。三是确保应用政策一致性。在基本准入、贷款定价、风险限额等方面，授信评审政策与评级应用政策应保持协同，确保对同一客户或债项风险约束的一致性，最大程度地避免经营机构或业务人员以评审结果来博弈评级结果，或者以评级结果挑战评审结论。

资料来源：刘吕科．新形势下商业银行授信评审与内部评级的分工与协同．银行家，2019，(02).

第二节　互联网金融信用管理

一、互联网金融的风险与特征

(一) 产生发展与界定

互联网金融又称网络金融、电子金融（electronic finance，简称 E-finance），是指基于金融电子化建设成果在国际互联网（internet）上实现的金融活动，包括网络金融机构、网络金融交易、网络金融市场和网络金融监管等方面，是适应电子商务发展需要而产生的网络时代的金融运行模式[①]，是网络信息技术与现代金融相结合的产物，通常是由金融服务商通过互联网平台提供的，最典型的代表就是网络银行和网络证券。

① 狄卫平，梁洪泽．网络金融研究．金融研究，2000，(11)：27-33.

互联网金融服务即电子金融在国外以不同的方式被定义，其中一个被普遍接受的定义来自 Banks（2001）：电子金融是指在互联网或其他公共电子媒介上被提供的金融服务，包括货币、银行、支付、交易、经纪（broking）、保险等，通常也被称为数字金融（digital finance）。[①] 在发达国家的金融业务中，E-finance 通常可与 online finance，internet finance，virtual finance 以及 cyber finance 互换使用。事实上，网络金融或电子金融的概念在其兴起时，更多指的是传统的金融机构或传统的金融服务向互联网的延伸，其主要功能是在互联网的平台上降低了金融交易的成本，增进了金融服务的可得性。

目前，国际上对互联网与金融业务的结合有多种提法，主要包括：世界银行的电子金融（electronic finance 或者 E-finance）、在线银行（online bank）、电子支付（electronic payment）；美国的电子银行服务（electronic banking service）；英国的电子支付（electronic means of payment）；德国的网络银行（direct banking，又称直销银行）、直接销售保险商（direct selling insurers）；美英及欧盟的电子货币（electronic money）等。

21 世纪以来，随着互联网技术的发展与应用，互联网经济也迅速发展，互联网使用群体的扩张催生了人们对金融服务的大量新需求，云计算、社交网络、移动支付等新技术取得突破性进展，大数据成为新发明、新服务和新价值的源泉，互联网和移动通信网络的融合进程加速。这些信息技术的新变革从供给面引领金融服务模式的变迁，并开始对既有金融模式产生巨大冲击。在需求与供给两端力量的共同推动下，以互联网技术为支撑平台的各类非传统金融机构大量涌现。最先对传统机构形成冲击的是属于金融基础设施领域的第三方支付，随后，互联网对金融体系的影响力旋即从支付清算领域扩展到金融资源配置、风险管理等金融体系的核心功能领域。

2012 年 8 月 24 日，中国平安董事长马明哲在中期业绩发布会上证实正在与阿里巴巴、腾讯筹划成立互联网金融公司，从此正式掀起了互联网金融概念的狂潮。2012 年以来，持续升温的互联网金融热浪引起了国内学界的广泛关注，“互联网金融”作为一种学术概念开始频繁出现在各种研究文献当中。

2013 年，中国人民银行在其发布的《中国货币政策执行报告》中首次在官方文献中使用了“互联网金融”一词，随后，该名词也被写入了 2014 年国务院政府工作报告，标志着互联网金融的概念正式得到官方的认可。根据该报告的相关表述和部分学者的分析，可以将“互联网金融”大致理解为，在新的技术条件下，各类传统金融机构、新型金融机构和电商企业依托于其海量的数据积累以及强大的数据处理能力，通过互联网渠道和技术所提供的信贷、融资、理财、支付等一系列金融中介服务。若要简单概括互联网金融的本质特征，就可称其为基于大数据的、以互联网平台为载体的金融服务。[②]

中国互联网金融发展历程要远短于美欧等发达经济体。截至目前，中国互联网金融大致可以分为三个发展阶段：第一个阶段是 1990—2005 年的传统金融行业互联网化阶段；第二个阶段是 2005—2011 年的第三方支付蓬勃发展阶段；而第三个阶段是 2011 年以来至

---

① Banks E. *E-Finance: The Electronic Revolution in Financial Services*. Hoboken: John Wiley&Sons, 2001.

② 董昀，李鑫．互联网金融的发展：基于文献的探究．金融评论，2014，(05).

今的互联网实质性金融业务发展阶段。在互联网金融发展的过程中，国内互联网金融呈现出多种多样的业务模式和运行机制。[①]

（二）主要风险

互联网金融交易中最主要的风险是信用风险，交易主体间的信息不对称是信用风险的成因之一。作为高新技术的互联网金融行业，其优化了传统金融市场的风险分散、资金融通等功能，降低了投资者与融资者的准入门槛，例如融资者在P2P平台进行股权众筹或资产证券化交易等金融交易时，一般情况下都要对其所持有的金融资产进行小额化拆分，并将拆分后的小额化金融资产配售给投资者；但是，由于小额化金融资产的涉众性、不稳定性，因而它极易受到金融交易过程中信息不对称的负面影响。[②]

互联网金融产品也面临流动性风险，将间接加大信用风险。为了吸引更多的投资者，互联网金融机构纷纷推出高收益、高流动性的产品，看似诱人的回报背后实际隐藏着时间错配问题，从而导致流动性风险。行业的一些特征也是互联网金融行业流动性风险较高的原因，首先因为互联网技术的操作便捷性使得同步集中变现现象增多；其次由于很多互联网平台市场信誉度不佳，投资者对其信心不足，“挤兑”现象更容易出现；最后，投融资者数量庞大，且其中大部分人金融专业知识不足、风险承受能力较差，也容易给互联网金融机构带来流动性风险。

除此之外，互联网金融也存在法律合规风险、操作风险、技术风险等。互联网金融起步时间较短，相关法律还在完善过程中，目前的法律并没有对互联网金融所有模式的准入门槛和经营准则进行明确规定。不够完善的法律一方面没有有效遏制所有的风险，另一方面也使得互联网金融机构的创新行为不得不时常在法律的边界游走，产生法律合规风险。操作风险的产生原因主要有：系统设计缺陷，应用于互联网金融行业的一些新设备、新技术很多都不完善，存在设计缺陷，容易导致工作人员和消费者的误操作；工作人员操作知识的缺乏，不遵守相关操作规定导致的操作失误也是操作风险里的一大祸因；互联网的实时性特点缩短了失误挽回的时间。在互联网金融业务运行的实际过程中，互联网金融在金融业务办理过程中完全通过网络来传输交易信息，由于技术的缺陷，有可能导致用户的信息被泄露，密码被盗取、篡改，资金被截取或被盗走等风险，也有可能产生互联网金融中的钓鱼网站、支付安全性隐患、黑客入侵等互联网金融的安全隐患，而且这类安全隐患在我们的日常生活中经常出现，可以说这种技术上的风险也是引发互联网金融风险的另一大成因。[③]

（三）业务运行的主要特征和模式

互联网金融业务运行的主要特征是：（1）低成本，其产品的发行、交易以及货币的支付可以直接在网上进行，交易双方在资金期限匹配、风险分担上的成本非常低，同时，互联网平台省去了传统的庞大实体营业网点费用和雇用众多员工的人力资源费用，大大降低了投资成本、营业费用和管理成本；（2）高效率，依靠强大的信用数据积累与挖掘优势，

---

① 郑联盛．中国互联网金融：模式、影响、本质与风险．国际经济评论，2014，(05)：103－118＋6.

② 潘一豪．互联网金融的信用风险及规制．北方金融，2017，(04)：53－56.

③ 陈瑞基．互联网金融的风险防范．中国集体经济，2019，(08)：84－85.

以及互联网、移动支付、搜索引擎、大数据、社交网络和云计算等先进技术手段，互联网金融模式可以突破时空限制，减少中间环节，便捷支付方式，更直接、更有效，透明度更高；(3) 三是注重客户体验，互动、沟通较好，通过实时交互、大规模协作实现组织扁平化、去中心化，客户群信息平台化、网络化，并可以通过数据挖掘和分析，提前发现潜在客户和潜在需求，为客户提供优质高效的产品和服务体验；(4) 风险多而复杂，除具有传统金融业经营过程中存在的流动性风险、市场风险和利率风险外，互联网金融还存在技术风险、系统安全风险、虚拟金融服务的业务风险，且风险扩散传播速度更快、风险诱因更复杂。①

互联网金融业务运行的主要模式是：(1) 传统金融业务互联网化，也被称为金融互联网，主要包括三个方面：一是互联网技术与传统金融业务的融合，是对原有金融业务的信息化升级，比如网络银行、ATM 业务、金融 IC 卡等；二是传统金融业务借助互联网技术实现金融业务的创新化发展，比如互联网货币基金（余额宝）等；三是出现为传统金融服务和新兴互联网金融业务提供服务的机构或平台，比如基金网、供应链金融等。(2) 基于互联网的支付清算体系，是以第三方支付、移动支付为基础的新型支付体系在移动终端智能化的支持下迅猛发展起来的，主要包括网关支付、账户支付、电话支付、移动支付等模式，已成为金融体系基础设施的重要组成部分。(3) 互联网信用业务，主要包括网络贷款、众筹等新兴互联网信用业务，大致分为网络债权融资和网络股权融资两个领域。网络债权融资的典型代表是 P2P（peer to peer，person to person），即点对点信贷。网络股权融资的典型代表是众筹平台，众筹是指发挥团购预购的方式，以资金以外的实物、作品或股权等作为回报，通过网络平台向社会公众或者特定的人群募集项目启动资金的新型融资方式，例如众筹网站 Kickstarter。(4) 互联网虚拟货币。美国易贝 (eBay)、脸书（Facebook)、谷歌（Google）等都在提供虚拟货币，而且网络虚拟货币存在与真实货币的转换可能性。②

二、互联网金融信用管理主要内容

（一）P2P 借贷的监管与信用管理

2016 年 8 月，按照党中央、国务院工作部署和中国人民银行等十部委《关于促进互联网金融健康发展的指导意见》有关职责分工，中国银监会会同其他相关部门起草并发布了《网络借贷信息中介机构业务活动管理暂行办法》（下称《办法》），在前期征求意见的基础上正式出台规范 P2P 网贷平台业务活动的管理文件。

《办法》确定了 P2P 网贷行业监管总体原则：一是强调机构本质属性。网贷业务是金融信息中介业务，涉及资金融通及相关风险管理，网贷业务监管的重点在于业务基本规则的制定完善，而非机构和业务的准入审批，应着力加强事中事后行为监管。二是坚持底线

① 陶娅娜．互联网金融发展研究．金融发展评论，2013，(11).

② 柴晶霞．互联网金融发展的路径探析．中国商论，2019，(04)：46－47.

监管思维。通过负面清单界定网贷业务的边界，明确网贷机构不能从事的十三项禁止性行为，加强信息披露，完善风险监测，守住不发生区域性系统性风险的底线。三是创新行业监管方式，要充分发挥网贷业务国家相关管理部门、地方人民政府的作用，发挥各方优势，实行分工协同监管，形成有效的监管合力。其中十三项禁止性行为主要包括不得吸收公众存款、不得设立资金池、不得提供担保或承诺保本保息、不得发售金融理财产品、不得开展类资产证券化等。

《办法》规定，允许网贷机构引入第三方机构进行担保或者与保险公司开展相关业务合作，对客户资金和网贷机构自身资金实行分账管理，由金融机构对客户资金实行第三方存管；为更好地保护出借人权益和降低网贷机构道德风险，并与非法吸收公众存款有关司法解释及立案标准相衔接，《办法》规定网贷具体金额应当以小额为主。这些规定对于P2P借贷的信用管理具有指引作用。①

2018年底，银保监会把网贷行业纳入统一监督管理，自此P2P形成了银保监会、地方金融局及互联网金融协会自律这样的监管格局。银保监会掌控监管的大方向，负责制定网络借贷信息中介机构业务活动的监管制度。地方金融局负责具体执行工作，执行国家有关地方金融监督的政策和法律法规，负责所属地类金融机构的监管，拥有对类金融机构的监管和风险处置职责。互联网金融协会又包括中国互联网金融协会及地方互联网金融协会，具有制定行业标准、开展互联网金融领域综合统计监测和风险预警、制定互联网金融领域业务和技术标准规范、职业道德规范和消费者保护标准，并监督实施，建立行业消费者投诉处理机制等职责。

在国外，对P2P的监管，有些行业组织会发挥一定的作用，它们一般会承担一些监管任务。全球首家P2P小额贷款行业协会便是在英国成立的，目前已发展成为较为完善的行业自律组织，形成了自己的协会章程、管理规范及各类标准，对整个P2P小额贷款行业的良性发展起着促进作用。②

2018年8月13日，P2P网络借贷风险专项整治工作领导小组办公室发布《关于开展P2P网络借贷机构合规检查工作的通知》，并发布《网络借贷信息中介机构合规检查问题清单》（简称《清单》）。本次合规检查定于2018年12月底前完成。《清单》一共分为六大类108条细则，包括违反禁止性规定（共31条），违反法定义务及风险管理要求（共21条），未履行对出借人与借款人的保护义务（共16条），违反信息披露相关要求（共18条），违反重点领域相关监管要求（共20条），违反有关法律法规、监管规定的情形（共2条）。

2019年1月，互联网金融风险专项整治工作领导小组办公室、P2P网贷风险专项整治工作领导小组办公室联合发布了《关于做好网贷机构分类处置和风险防范工作的意见》（简称175号文），分为总体工作要求、有效分类、分类处置指引、有关要求四部分。175号文称，将坚持以机构退出为主要工作方向，除部分严格合规的在营机构外，其余机构能

① 《网络借贷信息中介机构业务活动管理暂行办法》答记者问．中国银行业监督管理委员会网站，2016-08-24.
② 潘一豪．互联网金融的信用风险及规制．北方金融，2017，(04).

退尽退，应关尽关，加大整治工作的力度和速度。

2019 年 11 月，互联网金融风险专项整治工作领导小组办公室、网络借贷风险专项整治领导小组办公室联合印发了《关于网络借贷信息中介机构转型为小额贷款公司试点的指导意见》（简称 83 号文）。意见要求，引导部分符合条件的网贷机构转型为小贷公司，主动处置和化解存量业务风险，最大限度减少出借人损失，维护社会稳定，促进普惠金融规范有序发展。

2020 年 7 月，银保监会正式发布《商业银行互联网贷款管理暂行办法》，一方面给助贷业务规范操作“正名”，另一方面也大幅抬高了助贷业务的准入门槛。助贷平台只能向银行提供数据信息服务，收取信息服务费，不能提供资金服务、分取利息。

2020 年 11 月 27 日，中国银保监会首席律师刘福寿对外表示，防范化解重大风险攻坚战取得实质性进展，“互联网金融风险大幅压降，全国实际运营的 P2P 网贷机构由高峰时期的约 5 000 家，我们逐渐压降，到今年 11 月中旬完全归零”。

（二）第三方支付的信用管理

我国第三方支付企业产生于 20 世纪末 21 世纪初。2004 年，支付宝成立，第三方支付机构开始逐渐被大众了解并关注。随着国家政策的积极引导和鼓励，电子商务行业的兴起，以及互联网金融的到来，第三方支付行业迅速发展。

2010 年，中国人民银行先后出台《非金融机构支付服务管理办法》《非金融机构支付服务管理办法实施细则》，对第三方支付机构进行管理，对机构从业人员、许可证申请、客户保护，尤其是备付金等方面做出了详细规定。其中规定，支付机构调整不同备付金专用存款账户头寸的，由备付金存管银行的法人机构对支付机构拟调整的备付金专用存款账户的余额情况进行复核，并将复核意见告知支付机构及有关备付金存管银行。支付机构的实缴货币资本与客户备付金日均余额的比例，不得低于 10%。[①] 尽可能严格防范机构信用风险。

由于第三方支付的迅猛发展，从 2015 年开始，央行对第三方支付出台了相关政策进行进一步规范。2015 年 12 月，我国出台了《非银行支付机构网络支付业务管理办法》，明确了第三方支付行业只能是中国支付体系的补充，作为非银行支付机构，小额、便捷是其本质，需要做好客户信息安全、资金安全保障，以及风险防范。

2016 年 4 月，央行出台了《非银行支付机构分类评级管理办法》，完善第三方支付机构分类评价指标及方法，明确支付机构分类评级指标包括监管指标和自律管理指标。其中，监管指标包括客户备付金管理、合规与风险防控、客户权益保护、系统安全性、反洗钱措施、持续发展能力 6 项。央行根据支付机构分类评级结果，对支付机构相应政策支持或实施监管奖惩。

2016 年 4 月，国务院办公厅发布《关于印发互联网金融风险专项整治工作实施方案的通知》，明确规定了在第三方支付业务方面，非银行支付机构不得挪用、占用客户备付金，客户备付金账户应开立在中国人民银行或符合要求的商业银行。中国人民银行或商业银行

---

① 非金融机构支付服务管理办法（中国人民银行令〔2010〕第 2 号）.

不向非银行支付机构备付金账户计付利息，防止支付机构以“吃利差”为主要盈利模式，理顺支付机构业务发展激励机制，引导非银行支付机构回归提供小额、快捷、便民小微支付服务的宗旨。

2017年12月央行发布的《条码支付业务规范（试行）》（下称《规范》），做出了针对二维码支付可能引发的风险隐患的规定，填补制度空白。在重申第三方支付机构必须持牌经营、切断与银行多头直连、遵守跨行清算系统规定、不得采用不正当竞争手段的情况下，《规范》将二维码支付分为静态条码和动态条码，并采取了交易限额管理，要求发行二维码的银行、支付机构应根据风险防范能力等级，在确保风险可控和尽量满足用户需求的前提下，科学合理设置相匹配的日累计交易限额等规定。

央行提出自2018年7月9日起，按月逐步提高支付机构客户备付金集中变存比例，到2019年1月14日实现100%集中交存。①

在美国，针对第三方支付，相继出台了《爱国者法案》《电子资金转移法》《诚实借贷法》等法案。第三方支付平台被定性为货币服务企业，必须在财政部进行网络注册，通过及时准确地汇报交易信息，保存交易记录，与政府机构在金融犯罪上形成联动机制。②

2019年1月22日，中国支付清算协会发布《条码支付受理终端检测规范》和《条码支付移动客户端软件检测规范》③，以落实中国人民银行和中国国家认证认可监督管理委员会关于支付技术产品认证工作的要求，加强支付技术产品检测认证工作的自律管理。

2016年9月30日，中国人民银行发布《关于加强支付结算管理防范电信网络新型违法犯罪有关事项的通知》（银发〔2016〕261号）（简称261号文），从加强账户实名制管理、加强转账管理、加强银行卡业务管理、强化可疑交易监测、健全紧急止付和快速冻结机制、加大对无证机构的打击力度、建立责任追究机制等方面进行了规定。2019年3月28日，中国人民银行发布《关于进一步加强支付结算管理防范电信网络新型违法犯罪有关事项的通知》（银发〔2019〕85号）（简称85号文）。85号文作为261号文的“进一步”政策文件，在加强账户实名制管理、健全紧急止付和快速冻结机制、加强转账管理等方面进行了延续与拓展。其中以下两方面的加强尤为明显：（1）在加强账户实名制管理方面，85号文要求支付机构为单位开立支付账户时应当严格审核单位开户证明文件的真实性、完整性和合规性，如存在异常开户情形的，支付机构应当按照反洗钱等规定采取延长开户审核期限、强化客户尽职调查等措施，必要时应当拒绝开户。将支付机构对开户的实名制审查向实质性审查拓展。（2）在强化特约商户与受理终端管理方面，要求支付机构自2019年6月1日起，收单机构拓展特约商户时，应当通过中国支付清算协会或银行卡清算机构的特约商户信息管理系统查询其签约、更换收单机构情况和黑名单信息；同时要求收单机构在2019年6月30日前完成对移动受理终端（包括银行卡和条码支付移动受理终端）的改造，要求对移动受理终端所处的位置持续开展实时监测，并逐笔记录交易位置信息，对于无法监测位置或与商户经营地址不符的交易，暂停办理资金结算并立即核实；逾期未完

① 中国人民银行办公厅关于支付机构客户备付金全部集中交存有关事宜的通知（银办发〔2018〕114号）.

② 潘一豪．互联网金融的信用风险及规制．北方金融，2017，(04).

③ 支付清算协会发布条码支付受理终端和客户端检测规范，2月1日正式实施！．移动支付网，2019-01-30.

成改造的，暂停该业务功能。

2019年4月29日，国家外汇管理局发布《支付机构外汇业务管理办法》（汇发〔2019〕13号）（简称《外汇业务管理办法》）。《外汇业务管理办法》生效后，对支付机构开展跨境外汇支付业务的监管变更为名录登记管理。支付机构办理贸易外汇收支企业名录登记后，方可在登记的业务范围内开展外汇业务，名录登记的有效期为5年，期满可申请延续登记。支付机构外汇业务的单笔交易金额原则上不得超过等值5万美元。对于有真实、合法超限额需求的，支付机构应向注册地分局提出登记变更申请。同时，《外汇业务管理办法》强调对交易真实性的审核，要求支付机构制定交易信息采集制度，按照真实、可跟踪稽核、不可篡改原则采集交易信息，确保交易信息来源客观、可信、合法。交易信息原则上应包括商品或服务名称及种类、数量、交易币种、金额、交易双方及国别、订单时间等必要信息。

2019年7月23日，中国人民银行办公厅发布《关于进一步规范非银行支付机构变更事项监督管理的通知》（银办发〔2019〕143号）①，进一步规范了对非银行支付机构变更事项的监督管理，包括变更事项审批范围和申请材料要求、变更事项审批程序、变更事项备案程序、换发《支付业务许可证》程序等方面。明确增加以下事前审批事项：（1）变更实际控制人、受益人、非主要出资人；（2）变更支付业务类型、缩减业务类型；（3）扩大或减少支付业务地域覆盖范围；（4）变更董事、监事和高级管理人员。同时，明确以下事项履行变更事项报备程序：（1）变更法定代表人、注册地址（同省、自治区、直辖市、计划单列市）、公司章程；（2）支付机构境内外首次公开发行股票后，因上市交易或再融资行为导致其股权结构变化仅涉及非主要出资人的，不再进行事前审批，应于每季度初10个工作日内上报股权结构情况。

2020年6月，中国人民银行发布《关于修订〈非金融机构支付服务管理办法实施细则〉等5件规范性文件的公告》（中国人民银行公告〔2020〕第3号），对《非金融机构支付服务管理办法实施细则》的相关条款进行了修订。一是将《非金融机构支付服务管理办法实施细则》第十六条修改为"《办法》第十一条第九项所称履历材料，包括高级管理人员的履历以及学历、技术职称复印件"，将第二十九条第二款修改为"涉及其他支付机构的，还应当提交与所涉支付机构签订的支付业务信息移交协议"。二是将《支付机构客户备付金存管办法》（中国人民银行公告〔2013〕第6号公布）第三十三条第二款修改为"备付金银行应当对支付指令审核无误后，办理资金划转，必要时可以要求支付机构提交确能表明交易真实性的文件材料"。

2020年10月26日，中国人民银行发布《关于规范代收业务的通知》（银发〔2020〕248号），对代收业务定义、付款人授权与付款人开户机构管理、收款人与代收机构管理、代收业务适用场景、清算机构业务规范、监督管理等方面提出了规范性要求。

① 1.16亿元！第三方支付机构首现过亿罚单 高压监管成常态 行业或将加速洗牌．中国报告网，2020-05-13.

延展阅读 3-3

P2P爆雷潮

从2013年下半年开始，互联网P2P问题平台数量的增长速度逐渐加快，截至目前共出现三次“爆雷潮”。2013年，宏观经济下行，信用风险提升，行业违规乱象丛生，部分平台爆雷，行业迎来第一次清理。2014—2016年，前期股票牛市导致P2P平台流动性抽离，后期监管陆续落地，行业经历“由乱而治”的过程，平台风险先后暴露，卷款跑路频发，网贷平台迎来第二次清理。2017年底至今，金融去杠杆带来流动性退潮，平台偿付压力提升；备案整顿期内，合规成本提升，资金链压力挤出高度依赖资金池的平台；风险溢出后显著影响投资者信心，形成恶性循环。历次爆雷潮的深层次问题相同——P2P在我国长期游离于监管之外，发展异化，偏离本质。

P2P在我国发展异化的症结是监管缺位、风控能力差、刚性兑付与业务模式骗局。正规的P2P平台定位于信息中介角色，利用自身的大数据风控能力筛选借款人，并在平台发布借款信息，由投资人自主选择投资标的。当投资者退出时，需在平台上将债权转让给下一个投资人方可退出，如果短期无法转让债权，则继续持有，平台作为交易撮合者不存在资金链压力及挤兑风险。然而我国P2P合规发展面临三大阻碍，一是长期处于监管真空，准入门槛较低，违法违规模式繁多且违法成本低；二是资产端征信体制不发达，难以支撑平台大数据风控能力；三是投资端刚性兑付是我国金融市场长期通病，且投资者偏好短期限投资，平台为吸引客户、增加流量，承诺刚性兑付，并通过期限拆标实现以短贷长。

目前我国P2P行业仍面临五大矛盾。一是征信系统VS风控能力，征信体系仍未打通，难以有效提高风控能力。二是担保体系VS风控能力，在风控能力短期难以显著提高的背景下，没有合适的第三方担保机构协助提高风险管理水平。三是银行存管能力VS行业透明度，P2P存管对银行资质要求较高，部分银行难以满足，从而出现“存而不管”“部分存管”等问题，存管效果大打折扣。四是资金池清理VS存量债权处理方式有限，一方面监管禁止资金池业务，另一方面存量业务清理机制不明确，平台短期难以摆脱资金池模式。五是监管要求VS监管落实，P2P无统一机构管理，部分地区监管力度偏松偏软、区域差异较大。

资料来源：任泽平，方思元．宏观研究专题报告：P2P爆雷与监管．恒大研究院，2018-09-02.

第三节 其他金融机构信用管理

一、投资银行的信用管理

投资银行是与商业银行相对应的一类金融机构，其业务主要有证券发行、承销、交易、企业重组、兼并与收购、投资分析、风险投资、项目融资、资产管理等，是资本市场上的主要金融中介。投资银行是美国和欧洲大陆的称谓，在我国主要指各类证券公司，也包括一些能够开展投资银行业务的其他金融机构。投资银行的业务与商业银行信贷不同，但也面临着信用风险，需要对交易方、合作方进行信用管理。

（一）投资银行信用管理的意义与必要性

证券公司信用管理不仅是公司生存的基石，更是完善证券市场功能的需要，是证券市场良性运行的有力保障。

证券公司加强信用管理，有利于公司减少风险损失，提高经营绩效；有利于为公司提供各种安全保障措施，消除公司及职工后顾之忧；有利于减少和消除经营决策失误等，促进证券公司决策的科学化、合理化，同时促使证券公司健康发展。①

证券公司加强信用管理，有利于完善证券市场功能。一个良好的证券市场具有筹资功能、资金导向和资源配置功能以及宏观调控等重要的国民经济服务功能。如果证券市场主力——证券公司加强风险管理，规范其自身的行为，就能极大地减少或消除证券市场的投机行为，使股市更加稳定，并能促进证券市场发展与国民经济运行相协调局面的产生，从而有利于发挥证券市场的集资、融资功能，合理配置社会资源。证券公司加强信用管理，有利于保障证券市场良性运行，如证监会《证券期货市场诚信监督管理办法》中所述，加强证券市场诚信建设，有利于保护投资者合法权益，维护证券期货市场秩序，促进证券期货市场健康稳定发展。

（二）投资银行的主要信用活动

投资银行的业务较多，其中，信用风险是主要风险的业务有信用交易和信用融资与过桥贷款。

1. 信用交易

信用交易是指客户以证券为担保物从投资银行融资进行证券交易。② 它是证券交易的一种特殊形式，是证券市场发展到一定阶段的必然产物，对提高证券的市场流通性具有积极意义。

但是，信用交易具有较大的风险。一方面，信用交易创造了虚拟的证券供需，并通过银行信贷融资，扩大了全社会的信用规模。这可能导致股价成倍上涨，形成资产价值远远脱离实际经济状况的虚假繁荣现象，这种“泡沫经济”远离“实体经济”的状况，无论是骤然崩溃还是逐渐萎缩，都将导致经济形势的急转和萧条。例如，20 世纪 80 年代中期，日本股价空前成倍增长，日经指数 1989 年比 1985 年增长两倍多，形成虚假繁荣，“泡沫”崩溃后日本经济形势急转直下，地价和股价大幅度下跌，股票交易只有“泡沫经济”时期的 20%，证券业务空前萧条，形成银行不良资产，经济发展受到巨大影响。另一方面，信用交易增强了投机者的交易能力，尤其增强了一些大户操纵市场的能力，有的大户甚至和证券商联手操纵，引起股市大幅度震荡，不仅损害了中小投资者的利益，也不利于证券市场的长期稳定和发展。尽管西方的证券市场较为成熟，但其仍

① 唐明琴，林江鹏．信用管理．北京：高等教育出版社，2014：321-323.

② 吴晶妹．信用管理学．上海：上海财经大学出版社，2011.

然谨慎防范信用交易的消极影响，以避免出现过度投机。提高信用交易保证金比率是一个有效办法，在特殊时期，甚至可以采用强硬方式，将保证金比率提高到100%，从而停止信用交易活动。一些国家（如日本）经历了从禁止到解禁的变化过程。问题的关键在于，如何既发挥信用交易的积极作用，又把其危害限制在最小限度，这需要从立法和监管两个方面着手。

2. 信用融资与过桥贷款

与商业银行类似，投资银行也开展授信业务。一般有两类：一类是信用融资，在信用额度内发放贷款，由于信用融资的风险很大，所以投资银行一般对企业有严格的要求。另一类是过桥贷款（bridge loan），又称搭桥贷款，它是一种过渡性的贷款，通常发生在企业安排中长期融资前，是为其正常运营提供所需资金的短期融资。在我国，过桥贷款多应用于券商担保项下的预上市公司或上市公司流动资金贷款，以及企业兼并、重组中的短期贷款等。例如，将要上市的企业在上市前一般都有融资需求，券商为此向其提供贷款，企业上市成功后，再归还券商。其中的风险在于，如果企业无法上市，那么券商提供的过桥贷款往往就成了不良资产。

（三）投资银行的信用管理机制

投资银行的信用风险是指证券发行者或有关业务伙伴不能或不愿履行承诺，如不能或不愿按期支付本息、掉期与外汇交易的结算、回购协议、证券买卖及其他合同业务等，而使投资银行遭受损失的可能性。信用风险一般产生于下列因素：市场、交割和本金支付。当某一业务伙伴对企业的债务超过企业对它的债务时，市场风险的各个组成部分，如绝对和相对价格的变动、收益曲线的变化、币值波动、市场流动性的变化都将引起信用风险。若在未收到证券、现金之前必须将它们交付出去，这时将产生交割风险。本金风险是指不能支付某种证券本息的风险。

信用风险的管理是投资银行整体风险管理构架中不可分割的组成部分，投资银行内部应当建立信用风险控制机制，实行稳健经营。这项工作一般由风险管理委员会下设的信用风险管理部全面负责。信用风险管理部直接向全球风险经理负责，全球风险经理再依次向执行总裁报告。信用风险管理部通过专业化的评估、限额审批、监督等在全球范围内实施信用调节和管理。在考察信用风险时，信用风险管理部要对风险和收益间的关系进行平衡，对信用风险进行预测。

为了在全球范围内对信贷风险进行优化管理，信用风险管理部建立各种信用风险管理政策和控制程序，这些政策和程序包括：对最主要的潜在信用风险建立内部指引，由信用风险管理部总经理监督；实行初始信用审批制，不合规定的交易要由信用风险管理部指定成员审批才能执行；实行信用限额制，对各种交易活动进行实时监控，以免超过限额；针对抵押、交叉违约、抵消权、担保、突发事件风险合同等订立特定的协议条款；为融资活动和担保合同承诺建立抵押标准；对潜在风险（尤其是衍生产品交易）进行定期分析；对各种信用组合进行场景分析以评估市场变量的灵敏性；通过经济、政治发展的有关分析对主权风险进行定期评估；和全球风险经理一起对储存时间较长、规模庞大的库存余额进行专门评估和监督。

（四）投资银行信用管理的流程与主要内容

投资银行完整的信用管理流程包括确认风险来源、衡量风险、监控与管理风险、报告与揭露风险 4 个步骤，如表 3－3 所示。

表 3－3　投资银行信用管理流程图

步骤	工作职责	工作内容	目标要求
第一步	确认风险来源	辨识和确认所有业务风险的来源	分为公司运营风险、证券经纪业务风险、证券自营风险、发行与承销风险、委托理财风险、并购风险等
第二步	衡量风险	根据风险的来源不同，衡量方法和监控机制也应不同	根据不同部门产生的不同风险，选取适合的衡量方法
第三步	监控与管理风险	当公司面临的各类风险已经被识别和界定后，需要以客观量化的模型或方法来衡量风险。在董事会决定公司整体的风险政策及风险限额后，再将风险限额分配给各业务部门及交易员，风险管理部门应每天监控与管理所有业务的风险值，一旦业务风险暴险程度超出限额时，应发出警示通知，并采用相关超限处理措施。除监控风险外，积极的风险管理包括对各业务单位进行风险调整后的绩效评估，以作为公司资产配置与风险额度分配的依据	按照 Z 分值模型或在险价值模型单位来衡量风险；根据各业务的风险特性和对公司的贡献度分配风险额度，有效控制可能产生的风险
第四步	报告与揭露风险	风险管理的报表与风险咨询的定期揭露，以及风险管理执行结果报告，除了可协助高级主管制定决策外，也可达到及时风险管理的目的	提前控制或减少风险发生，力争规避风险，减少风险损失

二、信托公司的信用管理

（一）信托公司的信用活动及其特征

信托业在金融市场中独特的功能定位是由其不同于其他金融机构的本质特点所决定的。① 信托机构所从事的信托活动不论是贷款、直接融资或购买有价证券，还是租赁，都具有直接、长期信用的特征。其中，信托的资金融通功能与其他金融机构的区别体现在其具有局部信用特征和表外特征。

首先从信用保证来看，信托融资可以像其他金融机构的融资一样，用资金需求单位的整体信用作为保证进行融资，如委托贷款融资，尽管有抵押担保安排，其偿付保证主要是借款企业的整体信用。但同时，信托有其他金融机构所不具有的优势，即可以通过信托的隔离功能把用于偿付的未来现金流进行隔离，形成脱离融资企业整体信用的局部信用保

① 吴晶妹．信用管理学．上海：上海财经大学出版社，2011.

证。局部信用是由融资企业的资产、项目或其他权益作为偿付来源。无论是银行的信贷，还是投资银行的市场发行，融资方所提供的保证一般都是企业的整体信用，投资者看重的是企业的整体实力，而局部信用则仅仅是企业能产生未来现金流的资产、项目或权益。

其次是表外特征，主要涉及信托公司和融资企业的会计表外处理，关系到融资行为对融资企业和信托公司的风险水平的影响。表外融资不改变信托公司和融资企业的资产负债状况，从某种角度上说，还可能改善融资企业的财务状况。根据信托法和资金信托管理办法，不允许信托公司通过发行债券、受益凭证等办理负债业务，因此，对信托公司来说，信托融资是一种收费的表外业务，不影响信托公司的资本结构。如果信托公司在管理受托资产时遵循了诚实、信用、勤勉、尽责的准则，即使信托计划出现问题，信托公司也无须承担投资损失或其他风险。

信托在资本市场上的融资功能正在逐渐体现。但是由于我国信托融资刚刚起步，在融通方式和信用方式方面都存在需要进一步完善的地方。首先，以资产信用为特征的结构融资特征还不够明显，结构化和资产信用的优势有待体现。已经出现的信托融资品种没有把表外处理收益作为融资目标。其次，融资方式还比较单一，主要以信托贷款为主，信托更多地被局限在被动管理方面，信托的主动性管理功能还没有体现。再次，信托的期限比较短，严重阻碍了信托融资提供中长期资本的能力。最后，受制于信托法律的规定，信托的融资规模还比较小。但从另一个方面说，这些局限性也为今后信托融资的发展提供了广阔的空间。

（二）独特的资产信用融资

资产信用融资往往是经过信托隔离、量身定做、多方参与的结构安排过程，因而又被称为结构融资。因此，以资产信用为信用核心的结构融资的功能定位，是由信托的本质所决定的，也是信托不同于其他金融机构的优势所在。这样，除了利用整体信用进行融资以外，应充分利用信托的资产信用优势，发挥结构融资功能，更好地为资本市场服务。

尽管传统的整体信用模式被人们广泛认同，但在一定条件下，资产信用融资具有传统信用无法获得的优势，主要体现在以下四个方面：

第一，为拥有整体信用能力的融资主体提供可供选择的融资方式，拓宽了融资渠道，降低了融资风险的集中度。

第二，帮助无法进入资本市场，或已经失去资本市场融资能力（增发、配股、可转债等），但拥有可以提供资产评级的企业进入资本市场，获得所需资金。

第三，信托拥有风险隔离功能，使得资产可以脱离原有企业的整体评级和破产风险而独立存在，融资风险具有较强的可控性，信息不对称程度大大下降，融资成本相应降低。

第四，以资产信用为基础的信托结构融资具有表外优势，有助于改善企业的资产负债结构。

（三）信托公司信用管理的内容

信托公司面临的信用风险是指贷款本息不能按期收回或根本不能收回所产生的风险，也称违约风险。在信托业的诸多风险中，信用风险是主要风险，这主要是源于信托机构注册资本较低和资本充足率较低、授信授权额度较高。因此，加强信用风险的管理对信托公司具有十分重要的意义。

1. 建立健全内部控制制度

信托公司必须充分发挥计划、财务、审计、项目评审、法律等部门的职能，完善监督和约束机制，加强对日常经营活动的信用风险控制及管理。行为监督是加强内部控制机制的核心，对从业人员执行金融法规、规章制度和操作规程的情况，要建立有效的监督检查制度。对重要岗位要实行定期轮换和定期审计制度，做到决策、经营、监督相互分离、相互制约，明确各自的职责权限，建立议事规则和决策程序，防止独断专行和决策失误给企业带来损失。

2. 建立科学、严密的决策机制

防范信用风险要把工作重点放在对风险的研究、分析和控制上，要重视事前防范工作，必须按照决策、经营、监督三权分立的原则，理顺决策程序、限定操作权限、加强监督力度。为保证科学决策，必须成立专门的决策评审委员会，对固定资产贷款、大额流动资金贷款及大额投资项目进行集体评审。

3. 完善风险预警制度

建立风险预警制度是防范风险的重要手段，为此，必须首先确立风险指标体系，对风险程度进行定量分析。指标体系一般分为两类：一类是由公司的监管部门重点掌握的综合指标，包括资产规模、资本充足率、委托与自营存贷比例、担保限额比例、资产流动比率、资产变现率等。另一类是由业务部门控制的单项指标，包括投资项目进展情况、信贷业务中的逾期贷款比例、催收贷款比例等，通过日包、旬包制度，进行经常性的监控预警。

4. 规范业务操作流程

业务操作流程虽然只是程序问题，但它是信托业信用风险控制的关键环节。信托公司必须采用规章制度的形式使其明确化、制度化，以减少因操作失误带来的风险。通过不同岗位、不同人员共同参与业务操作，将业务置于双线核算、双重控制、交叉核对、相互制约的状态，以达到风险防范的目的。同时，在相关环节之间形成合理的监督制约关系，这对控制风险尤为重要。

三、保险公司信用管理

（一）保险公司的信用活动及其作用

西方保险学认为，保险是信用的基础，这个作用在信用发达的西方国家表现得最为明显。① 由于保险公司担保了抵押品的价值，从而降低了借款人的信用风险。例如，当消费者购买住宅时，信贷机构通常要求购房者在抵押贷款发放之前购买家财保险；又如，如果受押人意外死亡，丧失还款能力，信用人寿保险的保险人会偿还贷款；再如，企业购买存货保险也是获得贷款的一项条件。

---

① 吴晶妹．信用管理学．上海：上海财经大学出版社，2011.

保险的信用基础职能在我国尚未引起应有的重视。长期以来，我国银行重视贷款的传统“物资原则”，而忽视“信用保证”，很少采用保险方式来保障信贷资金的安全。作为信用风险转嫁的重要手段，保险的作用表现在以下几个方面：

首先，保险公司可以提供保证业务。保险人以保证人的身份为被保证人（贷款客户）向权利人（银行）提供信用担保，承担贷款客户因道德风险或投机风险给贷款银行造成的损失的赔偿责任。贷款客户通过保险公司提供的保证，提高自己在社会经济生活中的可信度，从而能从贷款银行取得贷款。

其次，保险公司可以为抵押品的价值提供担保，从而在更大程度上降低了借款人的信用风险。抵押贷款并不能完全消除贷款银行的信用风险，因为抵押品本身面临自然灾害、意外事故等风险，有可能丧失价值，使贷款银行难以收回贷款本息。

最后，贷款银行可以通过信用保险来要求保险公司担保贷款客户的信用，将消费信贷的信用风险转嫁给保险公司。如果由于贷款客户违约，不能按期偿还贷款本息，导致银行遭受经济损失，则保险公司按照保险合同的规定赔偿贷款银行的损失，然后获得向贷款客户代为追偿的权利。

（二）保险公司信用管理的必要性

保险公司的介入降低了企业及银行的信用风险，促进了市场效率的提高，但也使保险公司变成了风险承担的主体。为此，保险公司必须进行有效的信用管理，才能保证自身的稳健发展。

建立健全保险公司的内部信用管理体制，是提高我国保险市场交易信用程度的前提和基础。加强保险公司信用管理，不仅可以大幅度减少因授信不当导致合约不能履行以及受信企业对履约计划缺乏管理而导致的违约现象的发生，而且可以形成对失信企业和机构的市场约束机制，使保险信用记录不良的企业在各保险公司的客户管理中被筛选掉，使其没有市场活动的机会和空间。此外，保险公司内部信用管理制度的规范化，还会进一步加大对保险信用调查咨询和评估产品的需求，促进保险信用中介服务行业的发展。

对于保险公司来说，个人和企业的历史信用记录、财务状况、个人的家庭状况、身体健康情况和就医记录是保险公司判断投保人投保动机、研究理赔的重要依据。目前，这些相关信息大多掌握在公安、市场监管、人事、税务、统计、医疗、防疫等部门，或分散在各个保险公司的档案中，一般没有对外开放或者开放程度不够。对于这些数据的开放与使用也没有相关的法律规定。对于什么信息可以开放，什么信息不能开放，通过何种渠道实现共享，都没有明确的规定。上述情况的存在增加了保险公司获取信息的难度，使得我国的保险公司无法建立自己的资料信息库，或者规模很小、信用信息不健全。因此，无法降低保险市场信息的不对称性，无法帮助保险公司对投保人做出公正、客观、真实的信用评估。这给保险公司的核保、核赔增加了难度，从而提高了经营成本，增加了保险市场的金融风险。由此可见，保险公司信用管理水平的提高，需要以社会信用体系的重建为依托。

第四节　资本市场与证券交易信用管理

一、资本市场信用管理

作为资产和货币及其衍生品交易的场所，资本市场的本质根基与生命也是信用。许多资本市场的问题，本质上都是信用问题。[①]

一个比较发达、完善的证券市场会有一套比较完整的信用制度体系来使信息披露尽可能完整、真实，使信息评价尽可能专业、准确，并使这两个环节得到监督管理，以减少信息不对称，保证交易质量。

（一）我国上市公司信息披露制度

上市公司的信息披露制度，也称公示制度、公开披露制度、信息公开制度，是上市公司为保障投资者利益、接受社会公众的监督而依照法律规定将其自身的财务变化、经营状况等信息和资料向证券管理部门和证券交易所报告，并向社会公开或公告，以便使投资者充分了解情况的制度。

自20世纪90年代初以来，我国证券市场对信息披露的要求逐渐完善，目前，我国已形成了包括基本法律、行政法规、部门规章和自律性规范在内四个层次的信息披露制度的法规体系和包括中国证监会、证监会派出机构、证券交易所三者各司其职、合理分工、协调监管的信息披露制度监管体系。四大层次按照制约力度从强到弱，分别是：基本法律层次、行政法规层次、部委规章层次和自律性规范层次（见表3-4）。[②]

表3-4　上市公司信息披露相关法律法规

	性质	
基本法律	立法机关制定的有关证券的基本法律，对证券市场信息披露行为的总体要求	《中华人民共和国证券法》《中华人民共和国公司法》
行政法规	政府制定的有关证券市场的行政法规	《深圳证券交易所上市公司社会责任指引》《股票发行与交易管理暂行条例》《深圳证券交易所中小企业板上市公司公平信息披露指引》等
部委规章	中国证监会制定的指导上市公司信息披露的规章	《上市公司信息披露管理办法》《公开发行股票公司信息披露实施细则》《深圳证券交易所股票上市公告书内容与格式指引》《上海证券交易所股票上市公告书内容与格式指引》等
自律性规范	证券交易所制定的市场规则、有关自律组织制定的行业守则	《上海证券交易所上市公司信息披露工作核查办法》《深圳证券交易所上市公司信息披露工作考核办法》等

① 吴晶妹．信用管理学．上海：上海财经大学出版社，2011.

② 胡静波．我国上市公司信息披露制度及其有效性研究．长春：吉林大学，2009.

其中，《上市公司信息披露管理办法》[①] 是证监会以主席令形式发布的部门规章，是对上市公司及其他信息披露义务人的所有信息披露行为的总括性规范，涵盖公司发行、上市后持续信息披露的各项要求。根据制度规定，信息披露义务人应当真实、准确、完整、及时地披露信息，不得有虚假记载、误导性陈述或者重大遗漏。信息披露义务人需要同时向所有投资者公开披露信息，保证披露信息的真实、准确、完整、及时、公平，禁止内幕交易。信息披露文件主要包括招股说明书、募集说明书、上市公告书、定期报告和临时报告等。

在招股、募集说明书方面，办法要求"凡是对投资者作出投资决策有重大影响的信息，均应当在招股说明书中披露"。定期报告包括年度报告、中期报告和季度报告，三大报告的内容要求也不尽相同，年度报告中的财务会计报告需要经具有证券、期货相关业务资格的会计师事务所审计。临时报告则要求上市公司一旦发生可能对上市公司证券及其衍生品种交易价格产生较大影响的重大事件，应当立即披露，说明事件的起因、目前的状态和可能产生的影响，以保障投资者权益。

（二）企业主体及债项信用评级制度

为进一步推动债券市场互联互通，促进信用评级行业规范发展，中国人民银行和中国证券监督管理委员会就信用评级机构在银行间债券市场和交易所债券市场开展债券评级业务有以下要求，包括：推动银行间债券市场和交易所债券市场评级业务资质的逐步统一；鼓励同一实际控制人下不同的信用评级机构法人，通过兼并、重组等市场化方式进行整合，更好地聚集人才和技术资源，促进信用评级机构做大做强；加强对信用评级机构的监督管理和信用评级行业监管信息共享；信用评级机构应当建立完善公司治理机制、内部控制和业务制度，防范利益冲突，恪守职业操守，按照独立、客观、公正的原则，充分揭示受评对象的信用风险，采取一切必要的措施保证评级质量。在银行间债券市场和交易所债券市场同时开展业务的信用评级机构应当统一评级标准，并保持评级结果的一致性和可比性。[②]

《信贷市场和银行间债券市场信用评级规范》要求信用评级机构应当建立完善的评级业务质量控制制度，保证评级质量。评级业务质量控制制度包括：评级报告质量控制制度、实地调查制度、评审委员会制度、评级结果公布制度和跟踪评级制度等。内部管理制度主要包括：回避制度、档案管理制度、数据库管理制度、评级信息管理制度。

信用评级机构在收集评级信息时要评估评级信息的相关性、及时性和可靠性。信用评级所需要的信息包括评级对象（发行人）的内部信息和外部信息两大类。内部信息主要包括财务及非财务信息、评级对象（发行人）的未来发展信息、评级对象（发行人）管理部门和股东的信息等。外部信息主要指包括宏观经济环境、产业（或行业）发展趋势、技术环境、政策和监管措施等来自评级对象（发行人）外部、由评级机构独立收集的信息。评级信息来源包括评级对象（发行人），以及与评级对象（发行人）存在业务、管理、监督

---

① 证监会第 40 号令《上市公司信息披露管理办法》.

② 中国人民银行 中国证券监督管理委员会公告〔2018〕第 14 号（信用评级机构债券评级业务）.

等关系的相关部门。这些相关部门包括银行类金融机构、非银行类金融机构、政府部门、司法部门、国际合作组织、其他社会征信机构等。

信用评级的程序包括评级准备、实地调查、初评阶段、评定等级、结果反馈与复评、发布信用评级结果、文件存档、跟踪评级。

(三) 证券从业人员规范和上市公司高管规范

根据《证券业从业人员执业行为准则》，证券从业人员应当自觉遵守法律、行政法规、相关规章制度以及职业道德和行为准则。在执业过程中应当维护客户和其他相关方的合法利益。应依照相应的业务规范和执业标准为客户提供专业服务，了解客户需求、财务状况及风险承受能力，为客户推荐合适的产品或服务，充分揭示其推荐产品或服务涉及的责任、义务及相关风险。应具备从事相关业务活动所需的专业知识和技能，取得相应的从业资格。应保守国家秘密、所在机构的商业秘密、客户的商业秘密及个人隐私。遇到自身利益或相关方利益与客户的利益发生冲突或可能发生冲突时，应及时向所在机构报告；当无法避免时，应确保客户的利益得到公平的对待。

从业人员不得从事以下活动：从事内幕交易或利用未公开信息交易活动，泄露利用工作便利获取的内幕信息或其他未公开信息，或明示、暗示他人从事内幕交易活动；利用资金优势、持股优势和信息优势，单独或者合谋串通，影响证券交易价格或交易量，误导和干扰市场；编造、传播虚假信息或做出虚假陈述或信息误导，扰乱证券市场；损害社会公共利益、所在机构或者他人的合法权益；从事与其履行职责有利益冲突的业务；接受利益相关方的贿赂或对其进行贿赂，如接受或赠送礼物、回扣、补偿或报酬等，或从事可能导致与投资者或所在机构之间产生利益冲突的活动；买卖法律明文禁止买卖的证券；利用工作之便向任何机构和个人输送利益，损害客户和所在机构利益；违规向客户做出投资不受损失或保证最低收益的承诺；隐匿、伪造、篡改或者毁损交易记录；中国证监会、协会禁止的其他行为。

根据《上市公司董事、监事和高级管理人员所持本公司股份及其变动管理规则》，上市公司董事、监事、高级管理人员所持本公司股份在下列情形下不得转让：本公司股票上市交易之日起 1 年内；董事、监事和高级管理人员离职后半年内；董事、监事和高级管理人员承诺一定期限内不转让并在该期限内的；法律、法规、中国证监会和证券交易所规定的其他情形。上市公司董事、监事和高级管理人员所持股份不超过 1 000 股的，可一次全部转让，不受前款转让比例的限制。上市公司董事、监事和高级管理人员在下列期间不得买卖本公司股票：上市公司定期报告公告前 30 日内；上市公司业绩预告、业绩快报公告前 10 日内；自可能对本公司股票交易价格产生重大影响的重大事项发生之日或在决策过程中，至依法披露后 2 个交易日内；证券交易所规定的其他期间。

根据《关于规范上市公司信息披露及相关各方行为的通知》，上市公司及其董事、监事、高级管理人员对于正在筹划中的可能影响公司股价的重大事项，在相关事项依法披露前负有保密义务。在上市公司股价敏感重大信息依法披露前，任何内幕信息知情人不得公开或者泄露该信息，不得利用该信息进行内幕交易。

二、证券信用交易管理

广义的证券信用交易指的是买卖双方在交易过程中相互给予的信用，而从狭义的角度来看，证券信用交易则指的是在证券市场上进行交易的贷款或贷券业务。[①]

（一）我国证券信用交易模式

在证券信用交易中，包括证券公司向客户的融资、融券和证券公司为获得资金或证券的转融通两个环节。这种转融通的授信有集中和分散之分，在集中授信模式下，由专门的机构如证券金融公司提供；在分散授信模式下，这种转融通由金融市场中有资金或证券的任何主体提供。根据转融通授信模式的不同，证券信用交易分为分散信用和集中信用两种模式。

一是分散信用模式。这种模式以美国为代表，香港市场也采用类似的模式。在这种交易模式中，监管当局在活跃市场的同时，从有效地防范风险的目标出发，制定了一系列完善的交易规则和条例。在制度所限定的范围内，证券信用交易完全由市场的参与者自发完成。在证券信用交易的资格上，几乎没有特别的限定，只要是资金的富裕者，就可以参与融资，只要是证券的拥有者，就可以参与融券。在这种证券信用交易的模式下，无论是投资者与证券公司的融资融券，还是证券公司与其他金融机构的转融通都是由各市场主体通过市场化的自发方式进行的，不需要设立专门从事信用交易融资的机构，该模式建立的前提是必须拥有一个高度发达的金融市场。

二是集中信用模式。这种模式以日本、韩国为代表，在证券公司对投资者提供融资融券的同时，设立半官方性质的、带有一定垄断性质的证券金融公司为证券公司提供资金和证券的转融通，以此来调控流入和流出证券市场的信用资金和证券量，对证券市场信用交易活动进行灵活机动的管理。这种证券信用交易制度最大的特点就是证券抵押和融券的转融通完全由专业化的证券金融公司来完成。在这种模式中，证券公司与银行在证券抵押融资上被分隔开，由证券金融公司充当中介，证券金融公司居于排他的垄断地位，严格地控制着资金和证券通过信用交易的倍增效应。[②]

我国证券市场运行机制尚不健全，法律监管体系还不完善，各市场参与主体尚未成熟，风险控制能力还比较低，证券市场存在较大的系统性风险，信用机制也还没有真正建立。[③] 目前，我们应选择集中信用模式作为我国证券信用交易的过渡模式，并在适当的成熟阶段适时转轨为高度市场化分散信用模式。

（二）证券信用交易制度

证券信用交易管理的基础是证券信用交易制度。我国已相继推出《证券公司融资融券业务试点管理办法》《证券公司融资融券业务试点内部控制指引》《融资融券交易（试点）实施细则》《中国证券登记结算有限责任公司融资融券登记结算业务实施细则》，用以规范

① 邢真．证券信用交易制度与风险控制．现代商业，2018，(15)：89－90.

② 李昆鹏，董本军．融资融券：发展我国资本市场的适时之举．国际金融，2006，(06).

③ 陈建瑜．我国证券融资融券的实现路径．中国金融，2006，(08)：30－32.

证券的信用交易。[①]

证券公司信用交易业务的管理制度，应制定包含信用交易业务所涉及的每个环节的关键点及相应措施的业务操作制度和业务流程。一般包括：

（1）信用交易业务资格管理制度。

（2）信用账户管理制度。信用账户管理制度是针对客户信用交易证券账户、客户信用交易资金账户、证券公司信用交易证券账户、证券公司客户信用交易资金银行总账户、证券公司信用交易备付金账户等信用账户的开立、注销、查询、资料变更、账户功能、账户操作权限等方面进行管理的办法。

（3）信用交易资金管理制度。明确客户信用证券账户的资产所有权属性、客户信用证券账户中的证券转移约定，客户信用资金账户中的资金划拨约定等。

（4）信用交易业务的防火墙隔离及风险控制制度。包括监管部门对信用交易专用账户制度，专用席位制度，客户资金第三方存管制度，总部集中授信、监控管理制度，信用交易券种的范围、信用交易抵押融资比率管理制度等。

（5）信用交易业务风险预警制度。证券公司通过技术手段对信用交易业务进行集中监控，自律监控自身信用交易业务的规模、信用交易买入证券的集中度等。[②]

延展阅读 3-4

保险领域违法失信联合惩戒

2017 年 8 月 30 日，国家发改委、央行、保监会等 31 个部门集体签署《关于对保险领域违法失信相关责任主体实施联合惩戒的合作备忘录》（以下简称《备忘录》），保险机构和从业人员等将“一处失信、处处受限”。

《备忘录》涵盖保险领域失信联合惩戒对象、惩戒措施、惩戒方式、信息共享、信息管理等 5 个方面，核心是 6 大类 28 项联合惩戒措施：

第一，限制联合惩戒对象市场准入。包括限制设立证券、保险、商业银行等机构，限制参加政府采购活动等。

第二，限制联合惩戒对象任职资格。包括限制担任金融保险机构董事、监事和高级管理人员，限制担任国有企业法定代表人、董事、监事，限制登记为事业单位法定代表人等。

第三，对联合惩戒对象加强监管。包括对当事人加强日常监管检查，将其违法失信行为作为股票发行审核、金融机构融资授信参考等。

第四，限制联合惩戒对象部分消费行为。包括对人民法院纳入失信被执行人名单的，依法限制其房产、交通工具等方面的消费等。

第五，限制联合惩戒对象享受优惠政策。包括限制其申请政府补贴性资金和社会保障

① 陈红．我国证券信用交易的模式选择与制度规范．管理世界，2007，(04).

② 海通证券．以证券公司为主体的融资融券业务的模式研究．中国证券，2006，(03).

资金支持，把失信信息作为其享受优惠性政策的参考等。

第六，限制联合惩戒对象评优表彰。包括限制其参与评先、评优或取得各类荣誉称号，对已获得相关荣誉称号予以撤销等。

资料来源：发展改革委等31个部门联合发布《关于对保险领域违法失信相关责任主体实施联合惩戒的合作备忘录》. 中国政府网，2017-08-31.

延展阅读 3-5

资本市场信用监管相关政策

证监会于2012年颁布了《证券期货市场诚信监督管理暂行办法》（以下简称《暂行办法》）（证监会令80号），《暂行办法》作为我国资本市场首部专门的诚信监管法规，自2012年颁布实施、2014年修订以来，通过诚信信息的界定与归集，诚信信息的公开与查询，失信约束和守信激励等一系列制度机制，强化了对市场主体及其行为的诚信约束，提升了全市场、全行业的诚信意识，为推进资本市场诚信建设发挥了重要作用，也为证监会推动社会和市场信用体系建设做了有效探索。

相比于早期的《暂行办法》，《证券期货市场诚信监督管理办法》：（1）扩充了诚信信息覆盖的主体范围和信息内容范围，实现资本市场参与主体、市场交易活动和监管执法的全覆盖；（2）建立了重大违法失信信息公示的“黑名单”制度；（3）在简政放权的背景下建立了市场准入环节的诚信承诺制度，严把市场准入关；（4）建立了主要市场主体诚信积分管理制度，对主要市场主体实施诚信分类监管；（5）建立了行政许可“绿色通道”制度，激励守信，对诚信状况良好的行政许可事项申请人实行优先审查制度；（6）建立健全市场主体之间的诚信状况查询制度，强化市场交易活动中的自我诚信约束；（7）强化了事后监管环节的诚信约束要求，更有力地惩处违法失信行为，加大违法失信成本。

2018年11月5日，上交所正式设立科创板并在该板块内进行注册制试点。证监会主席易会满表示，作为新股发行上市制度的改革试验田，科创板相比主板市场，必将进一步加强信息披露监管，严厉打击各类信息披露违规、欺诈发行等违法行为。

2019年7月9日，中国证监会、国家发展改革委、中国人民银行、国务院国有资产监督管理委员会、国家市场监管总局、中国银保监会、中国民用航空局、中国国家铁路集团有限公司八家中央单位联合发布《关于在科创板注册制试点中对相关市场主体加强监管信息共享完善失信联合惩戒机制的意见》（以下简称《意见》），对科创板及注册制推进过程中的信息共享和失信的惩戒措施予以明确。

《意见》从社会信用体系建设顶层设计着手，主要从加强部际信息共享和失信联合惩戒两方面着手，明确了四项工作机制：一是加强科创板发行上市审核、发行注册所需的部际监管信息查询；二是加强失信信息推送；三是证监会、上交所在科创板审核注册过程中，将发行人、上市公司及相关人员在其他领域、其他部门的违法失信记录作为重要参考；四是发改委、中国人民银行、市场监管总局、国资委、银保监会、民航局、国铁集团等单位，依法依规对科创板注册制试点中存在骗取发行注册、信息披露违法、违反保荐或证券服务相关规定的相关责任人员，实施十一项失信联合惩戒措施。

资料来源：1. 中国证券监督管理委员会．关于《证券期货市场诚信监督管理办法》的起草证明．中国证券监督管理委员会网站，2018－03－28.

2. 李维．八部委联手发文：科创板信息共享及失信惩戒意见落地．21世纪经济报道，2019－07－09.

【思考题】

1. 银行的个人信贷产品面临着哪些信用风险？
2. 银行对企业客户进行信用管理时应当注意什么？
3. 互联网金融的风险是如何产生的？应该如何管理？
4. 投资银行的信用风险是如何产生的？
5. 证券公司的信用管理有哪些重要的意义？
6. 我国资本市场信用管理包括哪些制度？
7. 分散信用和集中信用哪一种更适合我国证券市场？为什么？

【参考文献】

[1] 刘澄，徐明威．信用管理．北京：经济管理出版社，2010.

[2] 吴晶妹．信用管理学．上海：上海财经大学出版社，2011.

[3] 唐明琴，林江鹏．信用管理．北京：高等教育出版社，2014.

[4] 张孟琪．我国消费信用现状及存在问题研究．商业经济，2014，(05).

[5] 孙森，翟淑萍．信用管理．北京：中国金融出版社，2010.

[6] 徐志宏．商业银行信用卡业务．北京：中国金融出版社，2007.

[7] 吴晶妹信用管理工作室整理资料.

[8] 李媛．浅析商业银行信贷工作中财务报表分析的运用．商情报，2014，(45).

[9] 中国人民银行．贷款通则．1996.

[10] 小象．万象知识堂｜小微企业信用评估必备资料．中诚信征信微信公众号，2019－04－01.

[11] 刘吕科．新形势下商业银行授信评审与内部评级的分工与协同．银行家，2019，(02).

[12] 狄卫平，梁洪泽．网络金融研究．金融研究，2000，(11)：27－33.

[13] Banks E. *E-Finance: The Electronic Revolution in Financial Services*. Hoboken: John Wiley&Sons，2001.

[14] 董昀，李鑫．互联网金融的发展：基于文献的探究．金融评论，2014，(05).

[15] 郑联盛．中国互联网金融：模式、影响、本质与风险．国际经济评论，2014，

(05)：103－118＋6.

［16］发展改革委等31个部门联合发布《关于对保险领域违法失信相关责任主体实施联合惩戒的合作备忘录》. 中国政府网，2017－08－31.

［17］陈瑞基．互联网金融的风险防范．中国集体经济，2019，(08)：84－85.

［18］陶娅娜．互联网金融发展研究．金融发展评论，2013，(11).

［19］柴晶霞．互联网金融发展的路径探析．中国商论，2019，(04)：46－47.

［20］《网络借贷信息中介机构业务活动管理暂行办法》答记者问．中国银行业监督管理委员会网站，2016－08－24.

［21］潘一豪．互联网金融的信用风险及规制．北方金融，2017，(04).

［22］非金融机构支付服务管理办法（中国人民银行令〔2018〕第2号).

［23］中国人民银行办公厅关于支付机构客户备付金全部集中交存有关事宜的通知（银办发〔2018〕114号).

［24］任泽平，方思元．宏观研究专题报告：P2P爆雷与监管．恒大研究院，2018－09－02.

［25］胡静波．我国上市公司信息披露制度及其有效性研究．长春：吉林大学，2009.

［26］证监会第40号令《上市公司信息披露管理办法》.

［27］中国人民银行 中国证券监督管理委员会公告〔2018〕第14号．

［28］邢真．证券信用交易制度与风险控制．现代商业，2018，(15)：89－90.

［29］李昆鹏，董本军．融资融券：发展我国资本市场的适时之举．国际金融，2006，(06).

［30］陈建瑜．我国证券融资融券的实现路径．中国金融，2006，(08)：30－32.

［31］陈红．我国证券信用交易的模式选择与制度规范．管理世界，2007，(04).

［32］海通证券．以证券公司为主体的融资融券业务的模式研究．中国证券，2006，(03).

［33］中国证券监督管理委员会．关于《证券期货市场诚信监督管理办法》的起草说明．中国证券监督管理委员会网站，2018－03－08.

［34］李雅．八部委联手发文：科创板信息共享及失信惩戒意见落地．21世纪经济报道，2019－07－09.

第四章
消费信用管理

在信用经济当中，为了进一步扩大信用消费、防范信用风险，必须对消费者的信用进行管理。消费信用涵盖从借款到实际发生消费活动的各个环节，在不同形式的消费信用中，风险要素有所不同。为了尽可能降低消费风险，需要遵守客户授信、账户管理、商账处理的流程对消费者信用进行管理，具体的内容涵盖信用调查、信用记录、信用评价、授信管理和失信处罚等。目前，随着共享经济的快速发展，对消费者的信用管理提出了更高的要求，需要多方面征信消费者在各消费场景的信用信息以精准刻画消费者的信用状况。但是，目前在信用信息和其他个人信息之间的边界还不够明确，消费者隐私被侵犯的情况依然存在，亟须加强对消费者隐私的立法保护，促进在合理、合法的情况下加强消费信用管理，使广大消费者共享信用经济的发展成果。

第一节　消费信用管理的范畴与功能

一、消费信用的内涵与发展历程

（一）消费信用的内涵

消费信用就是由企业、银行或其他消费信用机构向消费者个人提供的信用，其信用主要用于家庭生活目的。消费信用根据提供商的不同可以分为企业提供的消费信用和银行提供的消费信用，前者称为零售信用，后者叫作现金信用。其中，零售信用主要有零售挂账、零售分期付款、赊购卡等形式。现金信用主要有消费信贷等。根据所提供的产品和服务性质的不同，如果信用不是用于赊购商品，而是购买服务，那么就是服务信用，服务信用本质上还是属于零售信用。

在消费信用中，消费者以未来收入为还款保证，承诺在未来按约定偿付价款，授信机构则以消费者的收入、负债以及他（她）过去在信用活动中所显示出来的偿付意愿决定是否授信以及授信的多少。给消费者提供消费信用的机构主要包括商业银行、信用卡公司、信用合作社等金融机构；还有规模比较大且资金较为雄厚的商业企业、大件耐用消费品生产厂家和房地产开发商，比如宝马、奔驰等集团下的消费金融公司主要为消费者提供汽车金融贷款服务；以及各类大型消费品销售平台，比如实体百货公司、各大电商平台等。消费信用的主要形式包括耐用消费品分期付款贷款、信用卡以及信用卡功能类互联网金融产品（比如京东白条和蚂蚁花呗等）、汽车贷款、个人住房抵押贷款、助学贷款等。

从工商企业和银行的角度来说，消费者通过赊购、分期付款或信用贷款等方式进行消费，工商企业和银行为消费者提供了消费信用或消费信贷；从消费者角度来说，通过使用信用资本进行交易，是进行信用消费。因此，消费信用、消费信贷和信用消费，实际上是对同一个问题从不同角度的不同称谓。

具体来看，消费信用能够发挥以下几个方面的作用：

首先，对于消费者来说，消费信用能够帮助消费者提高生活水平。一方面，消费信用能够缓解消费者有限的购买力难以覆盖现实需求的尴尬，尤其是在进行汽车等耐用品消费和购买房产时，消费信用帮助消费者架起明天的收入与今天的消费欲望之间的桥梁，让消费者当下就能实现美好的生活愿望。同时，消费信用的使用帮助消费者实现了消费平滑，使得人们的生活水平不会随收入的波动而波动。另一方面，随着当前消费信用与其他金融理财产品的兴起，很多人使用消费信用进行消费并不是因为没钱，而是因为消费信用能够提供一段免息期，人们在这段时期将这些钱投资到其他理财产品中去，能够赚取收益，消费信用与人们的日常财富规划联系紧密，从这个角度看，消费信用也帮助人们提升了生活水平。

其次，对于工商企业来说，向消费者提供消费信用是一种有利的促销手段，可促进商品生产和流通，开拓销售市场。在企业信用管理一章中，我们提到了工商企业的赊销管理和客户管理，在那一章中主要针对的是企业客户，在本章中，企业的客户变成消费者，就是企业向个人客户提供赊销信用服务。赊销是一种非常有效的促销手段，消费者因为能够进行信用消费而提升了购买力，消费信用还能帮助消费者解决暂时资金短缺的尴尬，消费信用的免息期等优惠也能够吸引消费者消费。工商企业通过提供消费信用能够拓展销售市场，抢占市场份额，增强企业产品竞争力。

再次，对于银行来说，消费信贷是银行的重要资产，是银行盈利的重要源泉之一。相比于企业贷款，消费信贷具有小额、分散、频率高、与消费场景结合紧密等特点，可以与企业贷款形成互补，帮助银行分散风险、提高收益。同时，银行大力发展消费信贷能够发掘个人客户在其他方面的金融服务需求，从而拓展个人金融服务范围，提升个人金融服务质量。

最后，对于社会经济发展来说，消费信用能够有效提振消费，扩大整个市场的需求，从需求端刺激经济发展。同时，我们也要看到消费信用的过快膨胀也会给经济发展埋下隐患，增加金融危机爆发的风险，威胁经济平稳运行，2008 年的次贷危机就是最好例证。

（二）消费信用的发展历程

消费信用的发展经历了三个阶段：第一个阶段是企业与消费者之间的消费信用；第二个阶段是企业与消费者之间由银行作为媒介的消费信用；第三个阶段是企业、银行与消费者之间更为广泛的以消费为目的的信用交易。

消费信用最初产生于商品经济时期，信用提供者是企业，表现形式为商品赊销，它是由“企业—企业”到“企业—消费者”的一种商业信用的发展和延伸。消费信用的早期形式是分期付款购买消费品。早在 17 世纪，分期付款方式就已经存在。1807 年，商人与消费者之间偶然的赊销形式的信用消费首先在美国被用于家具等耐用消费品的购买；1907 年，分期付款方式开始用于汽车销售；1919 年，65％的福特汽车是以分期付款方式销售出去的；20 世纪 30 年代经济大萧条过后，在有效需求不足的大背景下，信用消费达到了第一个高峰。

到货币经济阶段，以商业银行为主的金融机构开始逐步介入消费信用的供给，并很快成为消费信用领域的主导者，此时才出现了消费信贷的信用方式，消费信贷实质上就是消费信用发展的产物。商人和消费者之间由银行作为媒介提供消费信贷，则是在 20 世纪 50 年代以后才出现，并伴随着第二次世界大战后经济的巨大增长而快速发展。如今，消费信贷已成为西方发达国家经济生活的重要组成部分。在美国，每年有 6 000 万个家庭使用信用卡进行分期付款等信用消费，累计债务额高达 4 000 亿美元，即使是中产阶级家庭，存款也常常不足 3 000 美元，消费信贷占银行贷款比重的 20％；在法国，1/2 的家庭有债务，1/4 的家庭靠银行贷款买房；在德国，1/2 的家庭有债务；加拿大的消费信贷则占银行信贷比重的 1/3。[①]

发展到今天，“企业—消费者”的消费信用模式再次迎来蓬勃发展，市场对消费信用的重视与日俱增。当前，无论是企业对消费者提供的直接消费信用，还是银行以及其他金融机构为消费者提供的间接消费信贷，都在不断增长。随着共享经济等新型经济发展模式的兴起，消费信用的形式和功能也不断得到拓展，渗透进个人生活的方方面面，切实提高了人们的生活水平，便利了人们的生活。

二、消费信用管理的必要性

（一）消费信用风险的危害

虽然消费信用能够显著提高消费者生活水平，促进商品生产和流通，帮助企业开拓销

---

① 唐明琴，林江鹏．信用管理．北京：高等教育出版社，2014：251.

售市场，分散银行面临的风险，为银行带来可观收益，扩大市场需求，刺激经济发展。但消费信用是一把双刃剑，只有做好消费信用管理，控制好消费信用风险，才能实现这些目的。

如果工商企业、银行等金融机构只顾扩大消费信用，而没有做好消费信用管理，则会纳入过多信用水平低下的消费者，增大消费信用带来的信用风险，给消费者、企业和银行本身以及整个宏观经济带去“灭顶之灾”。信用水平不足的消费者最终会因为过度消费而无力偿债，消费信用架起的今明桥梁轰然倒塌，消费者在不久之后就会倾家荡产。为消费者提供消费信用的工商企业、银行等金融机构会因大规模违约而亏损甚至破产，进而整个市场需求大幅收缩，市场风险偏好和资金急速收紧，资金链条纷纷断裂，宏观信用环境大幅收缩，经济下滑，难以恢复和提振。

要进行消费信用管理，首先要对消费信用风险的表现形式有具体的认识，包括探讨消费信用风险的各种表现形式和产生来源。

（二）消费信用风险产生的原因

从实践经验看，目前，消费信用风险往往是由于信息不对称、消费者收入波动、市场各类资产价格变动以及法律法规不够完善导致的。[①]

1. 信息不对称

信用不对称性是指交易双方在经济活动中所处的地位不可能完全一样，双方所掌握的信息是不一样的。在消费信贷市场中，消费者对自己的经济状况、未来预期及自身努力程度比授信方更清楚，处于信息优势，授信方处于信息劣势。

我国目前尚未建立起一套完备的个人信用制度，银行缺乏征询和调查借款人资信的有效手段，难以对借款人的财产，个人收入的完整性、稳定性和还款意愿等资信状况作出正确判断。在消费信贷过程中，各种恶意欺诈行为时有发生，银行采用当面对证或上门查看等原始征询方式已经不能保证信用信息的时效性和可靠性。

2. 消费者收入波动风险

消费者收入波动导致消费贷款难以偿还是消费信用风险的另一个来源。由于消费者消费和偿还贷款的时间不一致，消费者在进行大额消费后（如住房消费），如果在偿还贷款过程中收入下降，就很容易导致其无力偿还贷款。

3. 市场风险

如果市场的产品价格变动、产品更新等原因导致抵押物贬值，固定利率上升导致利率倒挂，银行便暴露于市场风险之下。住房、汽车等抵押物都有可能面临价格下跌的风险，一旦抵押物价值下降至低于其贷款额，消费者很容易放弃还贷，从而导致信用风险。

（三）消费信用发展面临的障碍

虽然消费信用并不是一个新兴概念或新兴业务，但由于人们的消费观念较为保守、银行等授信机构的征信和信用评估技术较为落后、法律法规较为滞后等原因，消费信用的发展还处于初级阶段，存在很多需要突破的障碍。

---

① 孙森，翟淑萍．信用管理．北京：中国金融出版社，2012：225.

1. 消费者方面的障碍

随着消费形式的改变，人们的消费观念也在逐步变化。部分中老年人对于“贷款消费”“负债消费”等消费观念还不能认同。①

信用承受能力主要取决于经济承受能力。一般而言，居民的家庭收入水平越高，其经济承受能力越强，相应地，信用承受能力也越大。如果居民家庭的经济承受能力较弱，则消费信贷的作用很小。虽然我国的国民收入水平不断上升，但是我国的贫富差距也在逐年增大，信用承受能力强的人只是少数，绝大多数人的信用承受能力较弱，而处于贫困状态需要救助和扶持的贫困人口几乎没有信用承受能力。

2. 工商企业、银行等金融机构方面的障碍

工商企业、银行等金融机构在对借款人进行信用评估时，由于消费者收入的不透明性可能造成还款来源的不稳定，消费者的消费信用风险较大。而有些消费者凭借各个商业银行、企业之间信贷信息不流通带来的缺口，进行多头贷款，造成了重复抵押贷款或者逃债现象时有发生，大幅度增加了信用风险。在贷款担保方面，抵押贷款中抵押物的价值评估和对抵押物的处理存在风险，信用风险的分散转移难以实现。

消费信贷的利率尚未市场化，为了达到贷款收益的最大化，银行针对不同的客户群体进行了不同的利率定价。而国家为了刺激消费信贷的增长，严格限定了消费信贷的利率，使得银行在消费信贷上的收益颇低。银行本身的消费信贷业务只是银行的零售业务，消费信贷的规模远远达不到银行得到有效效益的规模。近几年来利率的调整更是严重影响了银行的收益。

目前我国消费信用评估体系和技术的发展还不够成熟，不同消费信用提供机构之间信息无法共享，加大了对个人信用评估的难度，影响了评判个人信用的公平公正，使得个人信用难以得到科学的评估确定。

3. 社会环境方面的障碍

我国消费信用发展历史短暂，针对消费信用的法律体系尚未建立起来，我国在消费信用方面的立法几乎一片空白。法律法规的不健全容易导致信用消费使用人的权益受到伤害，甚至可能会导致消费信用市场经济秩序紊乱。当消费信用权利者受到侵害时，对其权益的保护没有做到位，经常会有权益受到侵害但没有得到补偿的现象发生。

目前，我国社会信用体系建设尚处于初级阶段，信用信息的归集、共享和应用还未达到理想状态，信用信息的互联互通也尚未实现，这些现实情况也在一定程度上影响了对消费者信用风险的准确评估，进而加剧了消费信用风险。

另外，社会保障体系的不健全、居民对未来收入的不乐观态度，加大了消费信用风险，严重影响了个人消费信用的发展。

---

① 张孟琪．我国消费信用现状及存在问题研究．商业经济，2014，(05)：23-25.

三、消费信用管理的目标与功能

（一）消费信用管理的目标

消费信用管理的主要目标是管控消费者的信用风险。从准确识别评估消费者的信用水平开始，严格做好消费信用准入管理。为不同信用水平的消费者提供消费信用时，设置不同的消费信用期限、额度、利率、担保标准等。时刻关注消费者信用水平的变化，及时做好风险预警。在消费者发生违约时，尽可能提高回收率，降低损失，并将失信消费者记入黑名单，做好信用信息的记录、公示和互联互通工作，让失信者受到惩戒。

（二）消费信用管理的功能

做好消费信用管理能够带来诸多好处，消费信用管理的功能具体如下：

对于消费者来说，严格的消费信用管理能够使工商企业、银行等金融机构从众多消费者中区分出信用水平不足的消费者，未能获得消费信用的消费者会因此而控制消费欲望，并不断提升自己的信用水平；获得消费信用的消费者能够承担消费信用的未来还款义务，并享受消费信用带来的便利。

对于工商企业和银行来说，严格有效的消费信用管理能够帮助它们降低面临的消费信用风险，更加精准地进行客户营销，拓展高质量市场，提高盈利能力和盈利水平。

对于整个宏观经济运行来说，工商企业和银行从一开始就实行严格的消费信用管理，有利于扩大真正高质量的消费需求，降低金融风险，维护经济运行平稳，降低整个社会面临的信用风险，营造诚信至上的良好商业环境。

延展阅读 4-1

超前消费无法偿还致信用受损案例

如今，超前消费现象在年轻群体中越来越普遍。这一方式在满足生活需求的同时，也暗藏风险。近日，河南省开封市的梁某就因为借款购买手机且拒不偿还，而被纳入失信被执行人名单。

2016年，梁某为购买河南省开封市龙亭区某通讯器材店内的一部手机而寻求借款，为此他与深圳某公司签订了个人借款申请表等相关借款协议，通过该公司寻找借款人，并授权该公司以本人的名义代为签署借款协议，该公司向梁某收取客户服务费等费用。签约当日，梁某、该通讯器材店、深圳某公司三方共同签署了一份《商品交付确认书》，随后，梁某如愿领取该型号手机一部，深圳某公司遂将梁某作为借款人推荐至某网贷平台。随后，梁某、某网贷平台、深圳某公司、龙亭区某通讯器材店、北京某金融信息服务公司共同签署了网络借款协议。借款合同签订后，梁某未按约定履行还款义务。2019年2月，深圳某公司遂向龙亭区人民法院提起诉讼。判决生效后，梁某依然没有履行还款义务。深圳某公司随即向法院申请强制执行。

案件进入执行阶段后，执行法官依法向被执行人梁某送达了执行通知书、报告财产令等相关法律文书后，多次对梁某进行耐心细致的释法明理。但是梁某态度恶劣，拒不配合法院工作。执行法官依法将梁某纳入失信被执行人名单及采取限制高消费等强制措施。

被列入失信被执行人名单后，梁某生活当中处处受限，主动联系执行法官，表示已经深刻认识到自己的错误，积极争取申请执行人的谅解，主动履行还款义务，希望法院能够解除对其采取的失信、限制高消费措施。近日，在双方当事人签订执行和解协议后，执行法官依法解除梁某失信、限制高消费措施。

资料来源：高向南．超前消费一时爽　纳入失信悔断肠．开封市龙亭区人民法院网站，2019－07－29.

第二节　消费信用管理的流程与内容

消费信用管理是为防范消费者信用风险而采取的管理制度。消费信用管理由客户授信、账户管理、商账处理等部分组成。消费信用管理的目标群体是消费者个人。个人信用消费的特点是单笔交易的金额小，交易数量庞大。

一、消费信用管理简易流程

（一）客户授信

当消费者提出信用申请后，企业的信用管理部门首先要对其进行信用审核，并依据企业的信用标准，最终决定是否授予信用、额度多少。信用标准是企业的内部文件，它统一规定了在各种情况下授信的标准和条件。企业的信用管理部门要依据这一标准，对消费者的信用申请发表意见，即是否授信并确定授信额度和期限。

（二）账户管理

消费者接受了信用交易的条件后，企业的信用管理部门要为其开立一个信用账户，记录所有的交易数据、还款情况和信用情况。由于拖欠风险的存在，企业的信用管理部门要在信用期限内对消费者进行风险监控和额度调整，同时还要协助销售部门找到新的交易机会。

对消费者的风险监控主要是通过观察和分析消费者的行为表现，及时判断消费者的信用程度如何变化。如果出现信用恶化，企业的信用管理部门要及时进行预警；反之则要及时提高消费者的信用额度，或延长信用期限。

（三）商账处理

商账处理分两个部分：一是正常的账款回收，即定期地向消费者提供账单，提醒消费者及时还款；二是拖欠账款的催收。

消费者使用企业提供的信用服务后，其消费记录会输入账款记录系统。在规定的时间内，系统会定期自动打印账单，由企业的信用管理部门统一提交给消费者，消费者则根据账单的要求进行付款。

除了正常还款的情况，还会出现拖欠或不还账款的情况。这时，企业的信用管理部门要及时进入催收程序。催收工作是循序渐进的，从信函催收到电话催收，再到上门催收，直到进行诉讼催收。

二、消费信用管理的主要内容

消费信用管理是提供产品与服务的商家或帮助商家的中介服务机构为防范或降低消费者所带来的损失而实施的管理制度与措施的总称。其主要内容包括对消费者进行的信用调查、信用记录、信用评价、授信管理、消费者失信惩戒五部分内容。

（一）信用调查[①]

在进行消费者个人信用调查时，一般可以将调查项目分为一般性项目和特定性项目。与企业资信调查类似，消费者个人信用调查重点涉及消费者个人信用的环境（condition）、品格（character）、资本（capital）、能力（capacity）和担保（collateral），也就是"5C"准则。"5C"准则只是对消费者信用分析提供一般性架构，而消费者资信调查需要在该架构下进行以下信息的详尽调查（见表 4-1）：

表 4-1 消费者信用调查维度及具体指标

调查事项	调查内容
个人身份	姓名、年龄、出生日期、身份证号、婚姻状况；户籍所在地、现住址；工作单位、职业、职务、职称、最高学历等
个人资产负债和收入来源	个人固定收入来源、其他收入来源；配偶固定收入来源、其他收入来源；个人资产状况（房产、汽车等）；个人债务情况等
银行信用记录	主要参考中国人民银行个人征信报告
公共信用记录	法院、检察院等机构掌握的个人案件记录；公安处罚记录；行业组织掌握的执业人员惩戒信息；个人纳税情况记录；个人付款记录（水、电、煤气、有线电视、通信、公共卫生等费用交纳）
个人担保保险保障	个人抵押品、质押品情况；第三方担保情况；保险保障情况等
特别记录	关注个人欺诈行为记录。比如利用伪造虚假资料或冒用他人资料向银行申办贷款和信用卡；个人私自使用合法单位的资料向银行申办贷款和信用卡；利用伪造、无效或非法获得的信用卡进行诈骗；利用假证件挂失存单骗取存款和利用信用卡假挂失的部分进行诈骗；申办贷款和信用卡时提供不实信息等

（二）信用记录

信用记录是消费信用管理中的档案登记管理工作，主要包括信用档案的整理、鉴定、保管与更新。个人信用记录一般包括正面信息和负面信息。正面信息是指消费者在过去获得的信用交易以及在信用交易中正常履约的信息。负面信息是指消费者在过去的信用交易中未能按时、足额支付各种费用的信息，即逾期信息。

① 孙森，翟淑萍．信用管理．北京：中国金融出版社，2012：225-228.

（三）信用评价

个人信用评价一般是由提供消费信用的商家所认定的专业评价机构根据一定的算法给出的结果。专业评价机构的依据主要是消费者在商家的消费记录、信用调查及其他的相关个人信用信息。很多时候，信用评价是由提供消费信用的商家按照一定的方法和程序自行计算的。总之，信用评价的主要目的是对消费者即将发生的消费信用行为的可靠性、安全性进行估量，尽可能地量化表达出消费者履约的能力和意愿及可以对其授信的额度。

（四）授信管理

授信管理主要是由提供产品或服务的商家在已经对消费者进行了信用调查和信用评价之后，根据消费者的信用情况，决定对消费者给予何种信用额度或服务类型的决策与实施的全过程。

授信管理一般要注意的问题是：首先，要让消费者提出书面信用申请，填写一些必要的信息，以保证在未来可能发生违约时，能够找到人，能够追偿。其次，在确定信用额度时应低额启动，即先授予消费者比较小的信用额度，然后再定期（例如每过半年或者一年）给消费者增加一定额度。这样做既可以培养消费习惯，又可以积累消费记录与建立信用档案，有利于观察消费者的付款行为，降低授信失误带来的损失。

（五）消费者失信惩戒

对于消费者失信行为的处理，除了必要的追偿以外，授信机构一般会采取两种做法：将失信的消费者纳入“黑名单”，自己不再给该消费者授信；根据事前与消费者的约定将失信信息传送给相关征信机构或行业组织，告知社会，引起关注，或降低失信者的被授信机会。

延展阅读 4-2

共建消费信用评价体系

2019年3月26日，深圳市消费者委员会、深圳市品质消费研究院与财付通支付科技有限公司（以下简称“腾讯财付通”）签订战略合作协议，三方将以切实保护消费者合法权益、维护支付产业健康发展为出发点，建立长期协作关系。

三方将发挥各自优势，共建消费维权领域社会共治机制，共同保护支付消费者合法权益；以网站、APP及小程序等为切入点建立高效便捷的消费维权渠道，共建消费信用评价体系；共同开展专题调研合作，共享研究成果；探讨支付领域行业共性及特性热点难点问题，合理推进标准建设工作；建立定期会商与交流的长效机制，加强互动交流。

深圳市消费者委员会秘书长冯念文表示，消费信用评价体系是打造良好营商环境的重要手段，支付是消费的重要环节，放心消费是消费者权益保护的重要任务。深圳市消费者委员会、深圳市品质消费研究院和腾讯财付通三方可以发挥各自优势，打造政府、企业、社会组织、消费者协同参与的消费信用社会共治机制，推进相关团体标准建设，实现消费信用可累积、可评价、可追溯、可监督。

深圳市品质消费研究院副院长杨庆星表示，此次深圳市品质消费研究院与腾讯财付通达成合作后，双方将开展消费信用大数据方面的合作研究，这对消费信用体系建设发展将起到极大的促进作用。

腾讯金融科技副总裁冯明杰表示，未来，腾讯财付通将深入开展金融消费者保护工作，努力探索金融消费者保护的新模式和新举措，丰富消费者权益保护的内涵，为全社会的消费者权益保护事业贡献力量。

合作期间，三方还将以多种形式举办消费者教育活动，培育消费者良好的消费习惯，引导消费者进行品质消费。

资料来源：深圳市消委会、品质消费研究院、腾讯财付通共建消费信用评价体系．新华网，2019－03－27.

第三节 共享经济与消费信用管理

从经济学角度分析，共享经济是使用权的暂时转移和分享，通过提高存量资产使用效率创造价值的一种新经济模式，本质是去中介化。从市场规模来看，《中国共享经济发展年度报告（2018）》显示，我国共享经济继续保持高速增长，2017 年我国共享经济市场交易额约为 49 205 亿元，比上年增长 47.2%，其中，非金融共享领域交易额为 20 941 亿元，比上年增长 66.8%；共享经济领域融资规模约 2 160 亿元，比上年增长 25.7%。该报告充分肯定了共享经济的就业贡献。2017 年，我国提供共享经济服务的服务者人数约为 7 000 万人，比上年增加 1 000 万人；共享经济平台企业员工数约 716 万人，比上年增加 131 万人，占当年城镇新增就业人数的 9.7%，意味着城镇每 100 个新增就业人员中，就有约 10 人是共享经济企业新雇用员工。未来 5 年，我国共享经济有望保持年均 30%以上的高速增长。农业、教育、医疗、养老等领域有可能成为共享经济的新“风口”。但是，共享经济是高度依赖信用的经济模式，但我国征信行业起步较晚，基础较为薄弱，无论是征信业务普及度、商业模式成熟度还是征信系统完善程度，都与国外有很大差距。随着共享经济快速发展，信用困境逐渐凸显。①

一、共享经济的发展与信用特征

（一）共享经济的内涵

共享经济的概念最早由美国得克萨斯大学社会学教授马库斯·费尔逊（Marcus Felson）和伊利诺伊大学社会学教授乔·斯佩思（Joe L. Spaeth）共同提出，他们以“协同消费”（collaborative consumption）描述了一种新的生活消费方式，其主要特点是：个体通过第三方市场平台实现点对点的直接的商品和服务的交易。② 1984 年，美国社会学者

① 张杰，孙梦玉，李海姣．我国共享经济发展中信用评价机制的应用与完善——基于信用分的视角．征信，2019，(02)：62－66.

② 董成惠．共享经济：理论与现实．广东财经大学学报，2016，(05)：4－15.

保罗·雷（Paul Ray）提出了“LOHAS”（life styles of health and sustainability）理念，倡导爱健康、爱地球的可持续性生活方式。但受限于当时的客观条件，其所倡导的“更环保、更便捷、更和谐”的生活理念难以付诸实践。随着互联网平台的出现，通过网络技术整合线下闲散物品或个人服务并以较低价格提供给使用者，进而通过“物尽其用”“按需分配”构建一个环保、便捷、和谐的生活方式便成为一种可行的新的商业模式。

2010年，美国学者雷切尔·波茨曼（Rachel Botsman）提出了互联网时代协同消费的理念和发展模式，并将其分为若干阶段。第一阶段是代码共享。如Linux主要是通过互联网向用户提供信息，但信息流是单向的，用户不能参与其中进行评论和交流。第二阶段是生活共享或是内容共享，如脸书、微博、QQ空间等。随着互联网web2.0时代的到来，各种网络论坛、社区开始出现，用户通过网络平台向陌生人分享信息、表达观点，但其分享形式局限于内容或信息分享，不涉及实物交易，一般也不存在金钱报酬。第三阶段是离线资源的共享，即线上的分享协作渗透和延伸至线下，并由此改变了我们的文化、经济、政治和消费世界。

共享从纯粹的无偿信息分享走向以获得一定报酬为目的、向陌生人暂时转移私人物品使用权或是提供个人服务的共享商业模式，实现了从共享到共享经济的蜕变。2010年前后，Uber和Airbnb等互联网共享网络平台出现，Uber在租车市场上、Airbnb在民宿租赁市场上的商业运作开启了共享经济时代，它们不仅启蒙和引领着全球共享经济的发展，而且为共享经济的商业模式提供了理论依据。

关于共享经济，目前尚无统一定义，学者及业界均对其有着不同的认识和理解。除了最常见到的“共享经济”（sharing economy），还有“协同消费”（collaborative consumption）、“点对点经济”（P2P economy）、“网格经济”（mesh economy）、“零工经济”（gig economy）、“使用经济”（access economy）、“按需经济”（on-demand economy）等表述。这些称谓分别来自不同时期的不同学者对共享经济的认识。也有学者将共享经济或分享经济称为“合作消费”“协作消费”“轻资产经济”“生活策略方式”“合作经济”“对等经济”“访问经济”等。

（二）共享经济的基本要素及类型

关于共享经济的基本要素，有学者提出包括共同享有的理念、闲置产能、爱批判的社会群体及陌生人之间的信任。[①] 也有学者提出共享经济包括三个要素：一是闲置资源。网络平台通过技术整合过剩产能并将其转化为可以交易的产品或服务。二是共享网络平台。这是共享经济的核心，网络平台通过网络技术对闲置资源进行分销和推广。三是众多参与者。每个参与者都各取所需地对共享经济进行创新，从而实现定制化和个性化。

共享经济一般可分为三种类型：一是产品服务系统（product service systems），旨在暂时获得某物的使用权，如借用、租赁等。二是再分配市场（redistribution markets），主要是对旧货、废弃物的再次利用，如二手市场。三是协同式生活的方式（collaborative life styles），指共同分享或是互换使用权，如拼车、物物互换等。此外，共享经济的类型还应

① 董成惠．共享经济：理论与现实．广东财经大学学报，2016，(05)：4-15.

该包括技能或服务共享系统（skills or services），即对特殊技能和个体劳动力的共享，如厨师、美容师的上门服务等。

共享经济的基本理念是协同和合作，强调“我的就是你的”“我的就是我们的”“我帮助别人”“别人帮助我”的价值观。通过重复利用产品，充分利用每一个产品的价值，减少新产品的消费，达到“去物质化”。强调产品设计应该在个人消费需求与集体利益两者之间找到一个健康的平衡点，其实质是使用权的共享。对剩余物资或服务的分享，使闲置资源再利用，是共享经济的本质特征，也是共享经济之协作消费的核心价值。

（三）共享经济的基本特征

（1）借助网络作为信息平台。通过公共网络平台，人们对企业数据采取的是一种个人终端访问的形式。[①] 员工不仅能访问企业内部数据，还可以将电脑、电话、网络平台全部连通，让办公更便捷。智能终端便携易用、性能越来越强大，使得用户使用这些设备来处理工作的意愿越来越明显。例如，房屋出租网架起了旅游人士和家有空房出租的房主之间的合作桥梁，用户可通过网络或手机应用程序发布、搜索度假房屋租赁信息并完成在线预定程序。

（2）以闲置资源使用权的暂时性转移为本质。共享经济将个体所拥有的作为一种沉没成本的闲置资源进行社会化利用。更通俗的说法是，共享经济倡导“租”而不是“买”。物品或服务的需求者通过共享平台暂时性地从供给者那里获得使用权，以相对于购置而言较低的成本完成使用目标后再移转给其所有者。

（3）以物品的重复交易和高效利用为表现形式。共享经济的核心是通过将所有者的闲置资源频繁易手，重复性地转让给其他社会成员使用，这种“网络串联”形成的分享模式把被浪费的资产利用起来，能够提升现有物品的使用效率，从而高效地利用资源，实现个体的福利提升和社会整体的可持续发展。

二、共享经济发展的条件与保障

信任是共享经济发展的必要条件，对个人信用资本的认可、评价和应用是共享经济发展的充分条件。牛津大学赛德商学院教授雷切尔·波茨曼在2010年提出了“协同消费”的理念，她认为2008年之后人们从过度消费中清醒过来，更多的人意识到物尽其用好过仅仅拥有，东西的实用价值或亲身体验更重要，助推了个人消费拥有转变成协同消费使用。

雷切尔·波茨曼提出，协同消费市场的基础是信任，随着科技的发展，我们的信任模式正在发生着很大的变化。信任的发展经历了三个不同的阶段，从小范围的信任到对机构的信任，再到现在我们所经历的分布式信任。分布式信任不再是由上而下的，不再是不透明和线性的，而是去中介化和双向的。新的以信用为基础的信任模式正在被更多的人所接受，信誉（reputation）资本成为新的社交货币。

---

① 刘建军，邢燕飞．共享经济：内涵嬗变、运行机制及我国的政策选择．中共济南市委党校学报，2013，(05)．

因此，想要发展好共享经济，必须更新完善信任建构机制，探索开发高效准确的个人信用记录、度量、评价和应用新模式。同时，共享经济的关键是对个人信用资本的使用，而个人信用资本的认可与应用离不开信用环境的影响，当市场上人人都崇尚诚实守信的品质、遵守信用交易的规则、认可信用资本的价值时，共享经济将得到进一步的发展。

具体来看，科技的发展已经帮助我们构建起了更加广泛的信任关系，因此使得共享经济得以蓬勃发展，但为了维持共享经济的繁荣稳定发展，需要对构建起的信任进行辨别与维护、对信用资本进行度量和评价以及对信用交易过程进行保护和引导。

（一）高效准确的信用度量

高效准确地度量、评价消费者的信用资本和信用水平是发展共享经济的首要任务，信用资本是共享经济中的“流通货币”，所以探索发展高效准确的信用度量、评价方法有助于把好共享经济准入关，筛除那些没有足够信用资本的消费者，从根本上维护共享经济的良好运行。

（1）高效准确的信用度量需要各共享经济运营平台建立一套完善成熟的信用评价体系，对参与共享经济的各类主体进行准确的信用度量，用以筛选具有相应资质或资格的消费者和授信商家进入信用服务市场。做好准入筛选，把信用风险控制在信用交易开始前。信用评价体系可以参考吴氏三维信用体系，以诚信度、合规度、践约度为前提进行构建，也可以参考传统的个人信用评价方法，比如5C、5P、5W等分析原则，但传统个人信用评价方法主要关注的是消费者践约度方面的内容，且不太符合当前互联网背景下的共享经济应用场景，也没有对消费者在互联网中积累的交易、社交数据进行信用评价。当前，一些电商平台、共享经济以及互联网金融的先行者已经探索出了一些个人信用评价方法，比如阿里的芝麻信用分、京东白条的评价审核机制、摩拜单车的信用评价标准、宜信基于P2P业务建立的个人信用评价模型等。

但市场目前对共享经济下消费者信用评价体系的探索还停留在初级阶段，存在很多问题。第一，消费者的信用数据来源较为分散，数据缺乏共享，信息孤岛现象严重。芝麻信用采集的信息数据主要渠道来自“阿里体系”，包括阿里巴巴的电商数据、蚂蚁金服的网络金融数据以及与阿里巴巴集团具有合作关系的其他公共机构提供的数据。如果用户很少在淘宝、天猫上购物或不使用阿里金融，对该用户的信息采集会很困难，从而导致评分结果不能反映用户的真实信用。同时，其他商业平台由于得不到阿里积累的信用数据，所以每家运营平台在对消费者和商家进行信用评价时所使用的数据具有局限性，无法了解到客户的信用全貌，因此很难对客户做出准确评价。

第二，每家共享经济平台根据不同的交易场景，所制定的信用评价标准和模型都有不同的侧重，而不是对客户的信用水平进行综合评价，因此市场上缺乏较为客观全面的个人信用评价产品。比如，中国人民银行的个人征信报告主要记录的是个人金融交易数据，芝麻信用分主要是依据消费者的电商交易数据作出评价，共享单车、在线短租等平台更多担心的是交易主体的诚信道德和合规问题。

（2）在共享经济交易过程中，要对各类交易主体的信用数据进行准确及时的记录，这是各类交易主体在共享经济中的信用数据积累，可以丰富各类交易主体的信用数据，为之后更加准确高效的信用评价提供支撑。信用记录主要记录在共享经济交易中各类交易主体在交易过程中的违约、违规和失信情况和相应的处理流程和结果。

（二）完善的信用奖惩机制

完善的信用奖惩机制能够对交易双方的信用行为发挥规范和引导作用，并在奖惩过程中不断降低整个共享经济的信用交易成本。共享经济平台的信用奖惩机制是从事前和事后两个方面进行的。

事前信用奖惩主要是在准入阶段，有严重失信记录或信用水平过低的交易主体被排除在外就是一种惩罚，对于通过准入的交易主体，共享经济运营平台需要根据其信用水平来确定其能享受到的共享经济服务。共享经济运营平台需要根据消费者的信用评价等级或评分确定可以提供给消费者享受的服务的水平和层次，即消费者信用价值可以换取的商品或服务的先享后付、订阅、急速退、分期付款以及退换售后等信用服务，并在押金、保证金、担保抵押、服务费、使用期限等条件设置不同档次，为信用良好的消费者提供更好更快的服务，让信用较差的消费者受到一定限制，有利于培养消费者的信用意识并控制信用风险，降低交易成本。

事后信用奖惩是在交易结束之后，重点在交易主体的失信惩戒。如果交易主体在交易过程中发生了违约、违规、失信行为，不仅要对其进行记录，更重要的是通过法律法规、平台规则对其进行惩戒并进行公示，让其无法继续享受到共享经济服务，如果有可能，各平台可以建立黑名单公示共享机制，对有恶意欺诈等严重失信行为的用户进行联合惩罚，增强信用活动中的守信意识。

（三）全方位的信用监管

为了确保共享经济的良好运转，对交易环节的全方位信用监管是必不可少的。

在传统经济中，商业组织的存在是为了降低交易成本，而共享经济作为陌生人之间物品使用权交易的新型经济形态，弱化了传统经济中商业组织的作用，但同时也使市场中的主要参与者由组织向分散的个人转变，这在技术上给监管带来了相当大的难度。监管部门难以对市场中众多个人参与者进行全方位的监管，监管成本过高，同时共享经济体验式服务的特点使法律上难以制定统一的监管标准，这就需要市场上第三方共享平台承担更多的监管责任。

在共享经济中，线上交易与线下体验相分离，第三方共享平台很难实现全程监督线下体验过程，需要付出较高的监管成本。虽然考虑到第三方共享平台是市场中的参与主体，理性经济人会以自身利益最大化为出发点，控制成本也是平台的理性选择，但目前第三方共享平台并未真正承担起信用交易的监管责任。[①]

① 李畅．共享经济中的信用管理研究．上海：华东师范大学，2018.

延展阅读 4-3

共享经济进入信用经济时代

个人信用逐步“变现”，正成为消费者们的“第二张身份证”。租房、租车、租珠宝、租奢侈品箱包……仿佛“万物可租”时代离我们越来越近了。但是2017年作为资本宠儿的共享租赁模式，如今不少平台已经退出市场，甚至倒闭，诸多平台面临模式过重、投入过大、成本高、盈利难的魔咒。特别是随着互联网巨头们如阿里、京东的入局收割，中小平台的生存已经愈发艰难，“卖身”给巨头成为最佳选择。

信用租赁模式火了

共享经济发展的上半场，押金模式成为主流。如今押金模式逐步退出，信用租赁模式兴起，共享经济进入下半场。以共享单车为例，据新快报记者不完全统计，占据市场份额超95%的ofo、哈罗、摩拜等十余家单车公司都已经陆续开启信用免押金模式；在共享充电宝领域，行业前五公司已基本全部开启信用免押金模式。此外，海外租车、图书馆、酒店等众多行业都已经纷纷开始采用该模式，免押金在逐渐成为分享经济标配的同时，也在推动分享经济升级为信用经济。

租赁平台进入整合期

然而行业喧嚣的背后是信用租赁模式面临的尴尬境地：流量红利不再、运营成本飙升、客单价低、盈利模式单一等。单纯靠资本助力，好景不长。据一本财经报道，目前有50多家信用租赁平台倒闭，占行业总数的三分之一。

从2017年开始，多家租赁平台先后停止运营，2017年11月，玩聚租租宣布停运；2018年初，多啦衣梦APP关停，同期，友友用车也宣布停运；2018年5月，汽车租赁平台麻瓜出行宣布由于公司业务战略调整停止服务；紧随其后，“中冠共享汽车”也退出了济南市场，至今押金还没有退回；此外，TOGO途歌也被爆出近期退出南京等多地市场。除了倒闭、退出市场外，大量的平台正在转型。

信用租赁要控制风险

在行业发展前期小平台已经培育过市场的情况下，巨头们早已伺机而动，开始收割。目前，阿里已经先后投资了回收宝、衣二三、探物、内啥等多个与信用租赁相关的创业公司。京东则在京东金融新增了“京东e享”，为用户提供多品类的租赁服务。尽管行业模式尚未成熟，却已经形成了马太效应。如在手机租赁领域，出现了“机蜜”“享换机”等；在女装租赁领域，出现了“衣二三”等。特别是伴随行业的深入发展，信用租赁的门槛也逐步变高，创业者不再能轻松入场。

由于中国信用体系尚待完善，目前大部分平台都依赖芝麻信用评分，有从业者透露，从芝麻信用进入的客户，占比达客户总量的50%以上。据悉，目前芝麻信用已经覆盖了21个行业，300多种商品，场景已扩展至酒店、租房、民宿、租车、共享单车、便民服务、办公设备租赁、数码等10余个行业，为用户提供免押金额合计超过425亿元。

知名互联网金融律师肖飒认为，信用租赁的核心问题是信用体系的问题，即如何真正掌握租赁人的信用状况。虽然大多数平台采用的是芝麻信用分，但实际上此类评分与银行类的征信信息不同，并不能完整有效地反映出租赁者的各类信用状况，从而使得租赁商在对客户进行评价时可能产生一定风险，甚至陷入风控难题。

资料来源：许莉芸．共享经济进入信用经济时代．新快报，2018－10－22.

延展阅读 4－4

2019年中国共享经济发展报告

国家信息中心发布的《中国共享经济发展年度报告（2019）》，是自 2016 年首次发布以来的第四份年度报告，报告从市场规模、市场结构、就业和市场融资等方面全面反映 2018 年我国共享经济的最新发展态势，并首次定量分析了共享经济对主要生活服务业的影响。

报告在全面反映 2019 年我国共享经济发展概况的基础上，还分析了突发新冠肺炎疫情对当前以及未来一段时期我国共享经济发展的影响。

报告认为，2019 年是我国共享经济深度调整的一年。受到国际国内宏观经济下行压力加大等多种因素影响，共享经济市场交易规模增速显著放缓，直接融资规模也大幅下降。2019 年共享经济市场交易额为 32 828 亿元，比上年增长 11.6%；直接融资额约 714 亿元，比上年下降 52.1%。

共享经济在稳就业方面发挥了积极作用。在整体就业形势压力较大的情况下，共享经济领域就业仍然保持了较快增长。平台员工数为 623 万，比上年增长 4.2%；共享经济参与者人数约 8 亿人，其中提供服务者人数约 7 800 万人，同比增长 4%。

共享经济在推动服务业结构优化、促进消费方式转型等方面的作用进一步显现。2019 年，出租车、餐饮、住宿等领域的共享经济新业态在行业中的占比分别达到 37.1%、12.4%、7.3%，比 2016 年分别提高了 20.5、7.8 和 3.8 个百分点；网约车、外卖餐饮、共享住宿、共享医疗在网民中的普及率分别达到 47.4%、51.58%、9.7%、21%，比 2016 年分别提高了 15.1、21.58、4.7 和 7 个百分点。

国家信息中心主任程晓波指出，共享经济是全球新业态、新模式创生的前沿领域，围绕共享经济开展持续研究具有重要意义。近年来，我国共享经济的市场规模和增速均实现大幅增长，表明我国共享经济已经成为全球共享经济创新发展的主阵地。和往年相比，2018 年我国共享经济呈现两大发展亮点。一是制造业产能共享加速发展，成为共享经济各领域中最活跃的类型。这表明共享经济的发展逐渐从生活领域向产业领域延伸，从简单的模式创新迈向更高层次的要素配置、技术协同和产能最大化利用。二是共享经济“稳就业”的潜力得到更大释放。在经济发展面临下行压力的背景下，在社会群体生活方式日益多元的情况下，共享经济发展创造的就业机会和渠道正在成为“稳就业”的重要路径。

资料来源：国家信息中心网站.

第四节　消费信用管理与隐私保护

三维信用论认为信用包括诚信资本、合规资本和践约资本三部分内容。诚信度是人们诚实守信的思想意识，是信用主体内心世界的心理活动和行为结果的综合体现。合规度的内涵是行为主体在参与社会活动时必须遵守所处环境下的制度和约束，这意味着合规维度的信用信息记录都是有边界的，信用信息必须在特定范围内才能具备反映主体获得信任资本的功能，而这个边界是由明确的“规”划分出来的。不同的合规尺度决定了不同的信用信息边界，从而确定了信用信息的内容。践约度与合规度相似，践约维度中具有信用评价意义的记录一定是在明确的“约”划定范围内的，这意味着代表践约度的信用信息记录也是有边界的。

但是，现在不少商家和平台在搜集个人信用信息的时候，已经超过了信用信息的边界，不仅不能有效反映消费者诚信、合规、履约等方面的情况，无法描述消费者个人的综合信用度，还严重侵害了消费者的隐私权。

雷切尔·波茨曼教授提出，信任是新型经济中的货币，随着信用记录的滚雪球式累积，个人信用将带来增长式收益，但最大的隐患在于在积累个人信用等相关方面信息时，如何处理隐私问题。

一、消费者隐私保护的必要性

当下，消费者在享受移动互联网和共享经济快速发展带来的各种利好时，个人隐私信息泄露、盗用、贩卖事件时有发生，接到骚扰、诈骗电话和邮件已成为常态，消费者隐私保护已成为消费信用发展的最大阻碍，具体来看，消费者隐私保护的必要性体现在以下几个方面：

（一）个人信息泄露威胁财产安全

对消费者来说，当前移动互联网技术的发展和各类信用交易 APP 的泛滥虽然在一定程度上促进了消费信用的快速发展，让消费者享受到了消费信用带来的便利，但科技的快速发展也让商家有了更多更方便的手段盗取消费者的信息，消费者很多时候是在不知情的情况下就向商家暴露了自己的隐私信息，有时候则是为了享受商家提供的服务和优惠而不得不向商家提供隐私信息。

《消费者权益保护法》早已将个人隐私权纳入保护范围，即经营者若收集、使用消费者个人信息，应明示收集、使用信息的目的、方式和范围，并应经被收集者同意。在信用信息与数据资源抢夺大战中，人们很关心授权问题，似乎只要授权了就合理合法了，就没有任何问题了，但其实这里面的问题还很多。有很多授权是霸王性的、含混的。其实授权还有另外一个隐含的问题就是隐私与商业秘密的界定。

目前对个人隐私与商业秘密虽然没有明确的法律界定，但是即使在授权的情况下也不能侵犯隐私和秘密的确是社会一直以来的共识。因此，在实践中就要靠数据采集机构自身的高尚文化、规范管理与谨慎运作来实现良好的数据采集秩序。但是现实的情况是很多机构置合规、合理、合法于不顾，千方百计地、最大限度地采集信用信息与数据，不顾及个人隐私与商业秘密，只在乎自己是不是抢到了这些信息与数据，是否有谈判的筹码。所以，未授权、违规采集信用信息与数据，有授权但侵犯隐私与商业秘密的不合理采集，这两种现象同样都应该受到监管。[①]

根据中国消费者协会 2018 年 8 月 29 日公布的《App 个人信息泄露情况调查报告》，5 000 多份有效问卷调查结果显示，个人信息泄露情况相当严重，信息泄露途径和表现形式多样。个人信息泄露总体情况比较严重，遇到过个人信息泄露情况的人数占比为 85.2%。此外，手机 App 过度采集个人信息呈现普遍趋势。手机 App 需要获取的权限种类繁多，最突出的是获取位置信息和访问联系人权限；存在 App 自身功能使用非必要的情况下获取用户隐私权限，增加了个人信息泄露的风险；多数受访者认为手机 App 采集个人信息的原因是为了推销广告。

更为严重的是，商家采集了消费者的个人隐私信息之后并没有进行很好的保护，一方面是商家缺乏有效的信息保护手段和机制，另一方面则是大量商家通过主动贩卖消费者信息赚取收益。这些行为都造成了消费者个人隐私信息的大范围泄露，电信诈骗屡见不鲜，消费者的财产安全受到严重威胁。

（二）信用欺诈滋生加大信用判别难度

对于各类提供消费信用的商家和共享经济运营平台来说，在进行交易主体信用评价时，对信用水平进行评分和分级不是最难的，商家和平台最害怕也最难应对的是信用欺诈。消费者个人隐私泄露的一大危害是不法分子会盗用消费者的个人信息，然后利用消费者的个人信息去各类消费信用交易平台进行欺诈，套取收益，给商家和平台造成严重损失。

消费者隐私信息泄露造成的信用欺诈给各类商家和平台带来的危害极大，主要体现在以下三个方面：首先，各商家和平台很难识别这些欺诈行为，因为消费者的个人信息是真实的，只是被不法分子操纵了，所以商家和平台很难在准入阶段准确剔除这些诈骗分子；其次，诈骗分子在骗取到收益之后就会消失，而且因为消费者本人对这些消费行为和欺诈操作是不知情的，所以商家和平台难以对损失进行追索，还会造成很多纠纷，影响商家和平台的日常运营，增加运营成本；最后，因为消费者信息被盗用，所以消费者积累的信用记录是不准确的，商家和平台在为消费者提供消费信用时要对消费者的信用水平进行度量和评价，依据不可靠的信用记录，难以准确判断消费者的信用水平，可能会对消费者造成误伤，遗失信用良好的“好客户”。

（三）数据黑市交易泛滥损害信用信息共建共享

对于整个信用市场来说，如果消费者个人隐私信息大量泄露，被不法商贩拿到数据黑市中进行交易牟利，并且越来越多的人发现信用数据黑市交易有利可图，那么这会进一步

---

① 曹诗权，龚瑞．论消费信用中的消费者权益保护．法商研究，2002，(04).

加剧消费者个人隐私泄露的风险，而且会直接阻碍信用信息共建共享良好机制的建立。

信用信息采集、整理和评价应用应该是合法合规的，在整个过程中应该做好消费者隐私保护，哪些信息可以收集，哪些信息不能收集应该遵循法律规定。为了更好地进行信用评价，信用市场应该建立信用信息互联互通机制，打破信息孤岛，实现信用数据的共建共享，在信用信息互联互通的过程中更应该注重消费者隐私信息保护，探索建立有效的技术手段和借助信用立法尽最大可能保护消费者的信息和权益不受侵害。

而信用数据黑市交易的泛滥会阻碍信用信息的共建共享和互联互通，各类不法分子会更加猖獗地盗取消费者隐私信息，并在黑市中高价销售隐私信息。信用数据黑市交易商在整个过程中并不在意消费者隐私信息的泄露，更不会对消费者的信息进行分类保护，他们只考虑自己的利益，让自己有利可图，这会加大消费者隐私保护的难度。

更为严重的是，这种行为最后会破坏社会信用体系建设以及科技发展建立起的广泛信任关系，信任是消费信用以及新型共享经济发展的基础，这个基础一旦被摧毁，信用经济就失去了发展的根基，整个社会将陷入更为恐怖的信任危机中。

二、消费者在消费信用中的权利

美国于 1968 年制定了《消费者信用保护法》，并经多次修改，后来又陆续出台了《公平信用报告法》《公平信贷结账法》《信贷机会均等法》等法律，对消费者在消费信用领域的权利作了许多具体的规定。我国 1993 年 10 月制定的《消费者权益保护法》设专章规定了消费者的权利，但具体到消费信用领域，我国对消费者的权利却缺乏具体规定。结合实践经验和美国消费者权利有关立法规定，在消费信用领域，我们至少应该保护消费者的以下四种重要权利。

（一）知情权

知情权是指消费者有了解消费信用交易所有相关信息的权利。在消费者难以理解消费信贷、信用交易等交易的合同条款时，银行、电商平台等机构有义务向消费者做具体解释。

美国《消费者信用保护法》的第一编《诚实借贷法》要求向消费者提供信贷的债权人在提供信贷之前公开信贷的重要条件，特别是信贷的费用；还要求在广告中以及在与个人之间的交易中公开交易条件。

银行、电商平台等机构在市场竞争中，为招揽消费者向自己贷款，需要进行广告宣传，在宣传中需要公开自己的交易条件，使消费者能够进行比较、选择，因此，要求银行诚实地公开自己的信贷条件以便在签订合同时知道并理解这些条件的内容是消费者的重要权利。美国在《诚实借贷法》及《Z 条例》中对消费信贷应公开哪些信息作了详细规定。如在定期贷款中，债权人应当向消费者公开以下内容：债权人向消费者提供的信贷金额以及包含在信贷金额中而不包含在财务费用中的一切杂费；任何预付财务费用或规定保证金；财务费用总金额；开始计算财务费用的日期；年百分率；付款的期数、金额和到期日；支付总额；任何拖欠借款或在延迟付款等类似情况下应付费用金额的方法；对债权人持有或获得担保的描述；对任何为预付本金而处以罚款的描述，并附有计算说明；在预付本金情况下，计算任何非应得财务费用的方法。在我国，由中国人民银行制定的《贷款通则》在贷款人的义务条款中规定了贷款人应当公布所经营的贷款的种类、期限和利率，并向借款人提供咨询；应当公开贷款审查的资信内容和发放贷款的条件。①

（二）平等自由权

平等自由权是指消费者在交易中有平等获得消费信用的权利，而且消费者可在充分了解的基础上自由选择消费信用产品。另外，在消费者发生违约时，债权人对消费者进行的催收追索行为应该符合法律法规要求，不能使用暴力手段或其他不正当手段伤害消费者。

银行、电商平台等消费信用提供方可以在对消费者进行信用评价后拒绝消费者的消费信用申请，但不能因为消费者的性别、种族、婚姻状况、身体残疾等歧视消费者，这些因素也不应作为信用评价的标准和信用评价模型元素。美国《信贷机会均等法》禁止在提供信贷时因性别或婚姻状况予以歧视。

另外，消费者有自由选择消费信用产品的权利，消费信用提供方不能通过页面设置、绑定提供等方式强制消费者必须选择某一项消费信用产品。消费信用提供方应该充分披露各类消费信用产品的具体要素，并为消费者做具体解释，让消费者自由选择是否需要消费信用产品以及选择哪款消费信用产品。目前，民间借贷市场还存在一些高利贷养“债崽”的现象，高利贷提供方往往在消费者出现经济困难时介入，强制向消费者提供利率高于市场水平的贷款，并以此控制消费者的正常生活，让消费者永远还不完贷款，这严重侵害了消费者的权益。

除此之外，在消费信用领域，难免会出现消费者无法如期足额偿还贷款的情况，这时候债权人和消费者应该进行合理协商，消费者有权提出延期和展期。债权人不能通过暴力手段或其他不正当手段，不能通过伤害消费者的人身安全来讨回债务。

（三）隐私保护权

为了避免及减少信用风险，银行等消费信用提供机构需要在交易之前调查消费者的信用状况，但这并不意味着消费者的信用信息可以由银行等机构任意调查和利用。世界上信用机制健全的国家，均对消费者信用情报的调查、评估、利用、保密作了详细规定。②

美国制定的《公平信用报告法》规范了消费者对信用报告的权利以及征信调查机构对信用报告的传播，有利于建立消费者对金融秩序的信心以及保障消费者隐私权益。

为了体现制度的公平和保护个人隐私，《公平信用报告法》规定信用报告不能包括银行账户余额、种族和宗教信仰、健康状况、性取向、刑事犯罪记录、收入情况和驾车记录等信息。信用报告机构通常要向不同的索取人提供不同版本的该信用报告。

《公平信用报告法》还规定了信用报告的查看者范围，包括信贷机构、房东、信用卡公司、雇主等，但是他们必须要获得消费者允许才能查看，并且他们的查看记录会被记录进信用报告中。个人有权知道信用报告中的内容。个人有权请求获得关于其本人的所有信息的信用报告，当个人提出请求时，需提供能够识别其身份的适当的身份认证信息。

---

①② 曹诗权，龚瑞．论消费信用中的消费者权益保护．法商研究，2002，(04).

我国2013年发布的《征信业管理条例》也对征信活动进行了规范，并明确了保护当事人合法权益。《征信业管理条例》中规定，禁止征信机构采集个人的宗教信仰、基因、指纹、血型、疾病和病史信息以及法律、行政法规规定禁止采集的其他个人信息。征信机构不得采集个人的收入、存款、有价证券、商业保险、不动产的信息和纳税数额信息。但是，征信机构明确告知信息主体提供该信息可能产生的不利后果，并取得其书面同意的除外。信息提供者向征信机构提供个人不良信息，应当事先告知信息主体本人。

（四）申诉权

申诉权是指消费者在交易过程中发现自己的信用信息错误时可以提出申诉以保障自己的合法权益不受伤害。美国的《公平信贷结账法》要求债权人规定结账程序以便消费者按此程序进行结账并对账单中的错误提出申诉，并要求债权人对此作出解释或予以纠正。《公平信用报告法》中也明确个人有权就不完整、不准确的信息提出异议。如果信用报告中的信息是不完整或不准确的，个人有权向信用报告局提出异议，信用报告局必须对此进行调查。同时，个人有权要求消费者报告机构对于不准确、不完整或未经证实的信息予以修改或删除。不准确、不完整或者未经证实的信息必须予以修改或删除，通常以30天为限。当然，消费者报告机构可以继续报告那些经其证实的信息。个人可以寻求损害赔偿。如果消费者报告机构或者信用报告使用人，抑或向消费者报告机构提供信息的人违反了《公平信用报告法》的有关规定，个人可以向州或联邦的法院提起诉讼。

三、消费者隐私保护的国际经验

（一）美国行业自治保护模式

从网络交易诞生之日起，作为美国保护消费者权益的国家机关，联邦贸易委员会就长期坚持鼓励和促进网络市场的自律与行业自治，并将其作为保护消费者网上隐私的首要执行手段。①

美国行业自治的形式主要包括：(1) 建议性的行业指引。这种指引的作用只在于为网络隐私的保护提供一个广为接受的范本，它本身并不监督成员的遵守情况，也不制裁违反指引的行为。(2) 网络隐私认证计划。该计划要求被许可在其网站上张贴隐私认证标志的电子商务企业必须遵守在线收集的行为规则，并服从多种形式的监督管理，它是一种私人行业实体致力于实现网络隐私保护的自律。(3) 技术保护。这种形式是通过研发某些保护隐私的软件，让消费者完全依靠操作相关软件来保护自己的个人信息安全。

美国1997年颁布的《全球电子商务框架》提出：须采取措施确保隐私权不致受到侵害，让民众能安然无忧地在网络上从事交易活动；个人数据资料收集者应告知消费者其被收集的数据资料内容及其用途；消费者有权决定是否愿意将其个人数据资料为他人使用及何时使用；如果因不当使用或泄露个人数据资料，或基于不正确、过时、不完整或不相关的个人数据资料做出决定，造成消费者损害时，消费者应该得到补偿；政府支持私人企业

① 姚朝兵．个人信用信息隐私保护的制度构建——欧盟及美国立法对我国的启示．情报理论与实践，2013，(03).

开发简易、方便、安全的保护隐私权自律机制；自律机制不能解决的部分，政府将与产业合作，共同协商解决。

美国统一州法委员会于1999年7月通过了《统一计算机信息交易法》。该法确立了“安全港”保护模式。适用“安全港”的七项原则分别为：通知、选择、接力传输、安全、数据完整、访问和执行。满足安全港要求的方式有很多，如果一个组织参加了一个私人部门开发的符合这七项原则的隐私权保护计划，即满足了安全港的要求。如“通知”原则是：消费者应当知道其信息被收集的目的，了解如何向信息收集机构提出疑问或投诉，并有权利限制对自己的信息使用和披露。通知应当是清晰、显著的，如果信息的使用是为了信息收集或披露以外的目的，通知至少应在使用前作出。“选择”原则是：消费者必须有权选择他们提供的个人信息是否被第三方使用，或向第三方披露，以及如何使用或披露。“接力传输”原则要求收集的数据传输给任何第三方前，该第三方已经签署接受安全港的原则。信息的安全保护，取决于通过合理的措施确保住处适用的可靠性，通过合理的措施以防止信息的丢失、误用、未授权访问、披露、更改或毁损。①

（二）欧盟统一立法保护模式

欧盟采用的是对各种个人信息予以综合保护的统一立法模式，所谓统一立法模式是指由国家立法统一规范国家机关和民事主体收集、处理和利用个人信息的立法模式。

自20世纪70年代以来，欧盟各成员国相继制定了自己的个人信息保护法。但各国对个人信息保护的标准并不统一，欧洲议会和欧盟理事会在总结各国立法和实践的基础上，于1995年10月24日制定了《关于涉及个人数据处理的个人保护以及此类数据自由流动的指令》（以下简称“指令”），为个人信息提供了全方位、综合性的保护，在个人信息的保护上具有自身的独特性。2016年4月14日，欧洲议会投票通过了《一般数据保护法案》（General Data Protection Regulation，GDPR），新法案由11章共99条组成，该法案于2018年5月25日正式生效，取代了“指令”，统一欧盟成员国关于数据保护的法律法规。

欧盟的个人信息保护立法被认为是世界上个人信息保护最充分、最严格的立法，欧洲被认为是数字时代个人隐私保护的领导者，这种严格的保护通过严格的数据保护原则和数据处理合法化的标准得以实现。②

（三）经合组织混合保护模式

1980年，经济合作与发展组织（Organization for Economic Cooperation and Development，简称OECD）通过了《隐私保护与个人资料跨境流通的指南》（Guidelines on the Protection of Privacy and Transborder Flows of Personal Data）。该指南确立的原则与内容主要包括：个人数据资料的收集应当有所限制，应得到资料主体的同意；个人数据资料的收集与利用必须符合利用该数据资料的必要范围，应当是正确、完整和最新状态的；收集个人数据资料的目的是明确的，之后的利用仅限于该目的；对于收集的个人数据资料应当予以合理的安全保障，以免遭到损失、不正当接近、破坏、非法利用、篡改或披露；关于个人数据资料的

① 孙晔，张楚．美国电子商务法．北京：北京邮电大学出版社，2001：229.

② 姚朝兵．个人信用信息隐私保护的制度构建——欧盟及美国立法对我国的启示．情报理论与实践，2013，(03).

开发、利用以及相关政策，应当有个人数据资料的一般政策，以实现取得个人资料和收集、储存、传输利用个人资料的可能；个人应有权从数据资料管理人或者其他人处取得其是否保有自己数据资料的确认，并有权在合理期间内以合理价格和方法以及可以理解的方式接触到有关自己的数据资料，有权提出异议，请求删除、修改、补充该资料；数据资料管理人对依据上述原则处理个人数据资料负有责任，造成个人资料当事人损害的，数据资料管理人应当承担损害赔偿责任。[①]

1998 年 10 月，经济合作与发展组织在加拿大渥太华召开的第一次以电子商务为主题的部长级会议中，消费者问题作为首要的问题被讨论。在会议通过的四份文件中，有两份与消费者保护有着直接关系。一是《在全球网络上保护个人隐私宣言》，根据宣言条款，同意经合组织为根据各国国情实施经济合作与发展组织保护个人隐私指导方针提供适用指导。二是《关于在电子商务条件下保护消费者的宣言》，该宣言认为各国政府、工商界、消费者及其代表必须共同合作以确保消费者能获得透明而有效的保护。

由于政府调控与行业组织的自律都有其优点，因此，1998 年 OECD 部长级会议最终达成的共识是：采用混合保护模式保护网络个人信息。这样一来，既可以利用政府调控所具有的公开化和合法化优点自上而下地快速解决网络个人信息保护问题，又可以借助自律组织专业化的优势突破网络不同参与组织者沟通困难，从而组成强大的能够兼顾彼此利益的完整系统。政府调控（立法手段）能够为网络个人信息保护提供法律保障，即损害发生后相应利益赔偿成为可能，而自律组织则可以有效地与立法和政府其他调控措施相协调。此后，OECD 关于保护网络个人信息的工作也顺势展开。[②]

四、完善我国消费信用体系

（一）加强公民的消费信用意识

我国目前处在经济快速发展时期，我国有关部门针对消费信用制定了消费者保护措施，以提高国民的消费水平和促进我国经济的发展。[③] 要加强我国公民消费信用，可以通过加强各行业的职业道德学习，提高公民的职业道德水平，尽可能地避免经济案件和经济纠纷的发生。可以通过各种信用宣传、学校或者企业教育以及正反面典型的示范，加强公民对消费信用的认识，在全社会形成诚实守信的消费理念，建立起能够以讲信用为荣、不讲信用为耻的信用道德观念和约束体制。

（二）加强法律与政府的作用

在消费信用法律方面，我国处在待完善阶段。针对我国目前的情况，可以大力宣传我国的法律法规，进行普法学习，提高公民的法律意识；同时借鉴美国等发达国家在消费信用法律体系建设当中的经验和教训，学习其法律体系中的优势，结合我国消费信用发展的基本国情，努力加快我国信用法治建设，保护权益合法人的切身利益，严格执法，对于消

① 张新宝．隐私权的法律保护．北京：群众出版社，2004：149.

② 王思锋．网络销售中信用构建与消费者隐私权法律保护的国际经验考察．消费经济，2011，27（01）：84－87.

③ 张孟琪．我国消费信用现状及存在问题研究．商业经济，2014，（05）.

费信用违约失信行为要严厉打击，维护消费信用经济的正常秩序。

政府作为经济的宏观调控者，必须加强政府的信用建设，避免某些地方保护政策的不正当进行，维护政府的信誉。首先，政府部门要做到宏观调控和微观管理相结合，出谋划策和协调监管相结合，促进我国国民经济全面发展。地方政府更要充分表现政府作为诚实守信的典范作用，对于政府出台的政策决定一定要落实到位。其次，要明确政府的监管职能，严格执行其监管职责。政府还可以利用其良好的信用，鼓励企业和个人使用消费信用产品，推进消费信用的发展。在这方面，政府支持和鼓励中小企业和微小企业的发展，给予低利息贷款和放宽政策，推动了我国大部分企业的发展，在我国经济发展方面起到了促进作用，但也要加强管理和监督，避免经济案件的发生。

（三）完善消费信用体制

目前，就消费信用信息管理方面，我国还处在初步阶段，因为我国目前还没有一个完善的消费信息管理网络。建立起完善的消费信用体制，加强银行以及各种信用机构之间信用信息的交流，实现消费信用信息共享，对于个人信用的评估以及使用、避免经济纠纷的发生有着重要意义。

（四）开展消费信用保证保险

我国是一个多民族的国家，各地的经济发展水平、消费水平和生活习惯不同，决定了消费信用的方式方法不同。针对我国不同地区的不同服务需求，只有积极鼓励成立专业性的消费金融公司，加快社会信用体系的建设，推动我国消费信用多样性、全面性的发展，结合我国的信用消费发展的基本国情，努力进行金融创新，才能够刺激信用消费经济的发展，才能使我国国民经济健康全面的发展。

（五）注重个人信用隐私保护

中国正在形成三大数据体系，即金融数据体系、行政管理数据体系与商业数据体系。这三大体系之间不是竞争关系，而是相互补充的，每个体系都有自己的侧重点，都是数据体系不可或缺的重要组成部分。

2014 年，国务院印发《社会信用体系建设规划纲要（2014—2020 年）》，2015 年又印发《促进大数据发展行动纲要》，信用信息与数据的应用与普及将深化与提速。在快速发展中，如何规范化采集、加工、报告企业和个人的信用信息，不触及个人隐私、商业秘密，不影响国家信息安全，是现在亟须解决的重大问题，也是社会焦点问题之一。应尽快立法及出台相应的监管制度与措施，保护我国公民对自己信用信息的合法权益，保护国家信息安全。在国家层面，应有专门的机构进行监管，维护信用信息采集与使用过程中的公平正义，保证信用信息存储和处置的合理性与安全性。

个人隐私保护的法律制度需要明确以下内容：

第一，明确规定对个人隐私的保护。目前，我国《保密法》《商业银行法》《税收征收管理法》《储蓄存款管理条例》等法律法规涉及个人信息问题，但缺乏对个人隐私与可公开的个人信息的界定，某些立法甚至可能成为征集个人信息的障碍。如现行《档案法》《商业银行法》的某些条款，应在明确个人隐私与可公开个人信息的划分标准的基础上进行修改和充实。总之，应尽快通过法律明确规定在个人信息的征集、公开过程中对个人隐私的保护，以保护个人的合法权益。

第二，明确规定不得征集、公开绝对个人隐私。绝对个人隐私，即绝对保密的个人信息，具体范围包括宗教信仰、身体形态、基因、血型、疾病和病史、婚恋史等生理和心理方面的隐私，这些个人信息与市场信用交易无关，完全属于绝对个人隐私的范畴，除国家安全和司法机关因办案需要依法取得以及个人主动提供以外，任何机构均不得征集、公开。

第三，明确规定相对个人隐私须经本人同意后方可征集、公开。相对个人隐私，即相对保密的个人信息，具体范围应包括以下两类：第一类是某些与市场信用交易密切相关的个人信息，如个人收入、工作情况，财产和负债状况等；第二类是负面信息，包括不遵守社会公德、负债状况、欠税记录、犯罪记录等信息。这些信息属于相对隐秘的个人隐私的范畴，但是它们关系到个人信用状况的评价以及与其发生交易关系的市场主体的利益，还涉及社会信用行政管理机关的监管，所以应将其限定在国家机关、信用中介机构可征集的信息范围内，但是征集、公开的这部分信息有可能损害个人利益，所以，必须征得被征集、公开信息的本人同意后方可征集、公开。

第四，明确规定不属于个人隐私的信息范围。不属于个人隐私的信息，即可以征集、公开的个人信息。具体范围包括姓名、性别、身份证号码、电话号码等个人基本信息以及个人的正面信息，例如，正常的贷款、还款、信用卡记录，履行合同的正面交易记录等。这些信息与市场交易活动有比较密切的联系，不属于个人隐私的范畴，如被国家机关、社会信用中介服务机构等市场主体征集或公开，不但不会损害个人的合法权益，而且有利于保证个人信息的真实性和完整性，有利于社会信用管理体系的建设。所以应明确规定这些信息为可以征集、公开的非个人隐私。

第五，明确规定违反个人隐私保护的惩罚和制裁。如果在征集和使用个人信息的过程中，发生个人与政府机关或征信机构之间关于个人隐私保护方面的纠纷，法律应注重保护弱者。在上述各种利益主体中，提供信息的个人是相对较弱的一方，应允许他们通过司法途径保护自己的隐私权。

当被征信者的个人隐私受到非法侵害时，可以通过法律手段追究不法行为者的民事责任直至刑事责任。

延展阅读 4-5

大数据与隐私安全

2019 年 6 月，APP 专项治理工作组在中央网信办、工信部、公安部、市场监管总局指导下，开展了 APP 违法违规收集使用个人信息安全评估，发现一些 APP 存在强制授权、过度索权、超范围收集个人信息等问题。为了明确界定 APP 收集使用个人信息方面的违法违规行为，APP 专项治理工作组起草的《APP 违法违规收集使用个人信息行为认定方法（征求意见稿）》向社会公开征求意见，为 APP 运营者自查自纠提供指引，为 APP 评估和处置提供参考。

“越界”收集用户数据现象令人担忧

2018年底，中国消费者协会发布的《100款APP个人信息收集与隐私政策测评报告》显示，10类100款APP中，多达91款APP列出的权限存在涉嫌“越界”过度收集用户个人信息的问题。特别是在有关隐私条款上，报告显示当前许多手机APP存在诸如隐私条款笼统不清，不主动向用户展示或展示内容晦涩冗长，没有为用户提供访问、更正、删除个人信息的途径，大量收集与所提供服务无直接关联的个人信息等典型问题。

“净网”！治理整顿，堵住违法源头

“情节严重的，依法暂停相关业务、停业整顿、吊销相关业务许可证或者吊销营业执照。”2019年1月，中央网信办等四部委联合发布的《关于开展APP违法违规收集使用个人信息专项治理的公告》强调，有关主管部门要加强对违法违规收集使用个人信息行为的监管和处罚。

2018年8月，一网民出售上海某酒店集团旗下5亿条酒店会员数据，引起社会广泛关注。上海公安成立专案组开展侦查，经过12个昼夜的连续奋战，成功打掉该窃取公民个人信息并实施敲诈的职业黑客犯罪团伙。

兼顾发展与安全，激励社会更好地使用数据

从立法角度来看，关于公民个人信息保护的规定散见于网络安全法、电子商务法、民法总则、刑法等多部法律中，但尚未出台专门法律加以保护。目前，根据十三届全国人大常委会立法规划，个人信息保护法已被纳入第一类项目，即“条件比较成熟、任期内拟提请审议的法律草案”。

中央财经大学法学院教授吴韬认为，在个人数据保护标准和制度设计上不能照搬照抄，应结合我国实际情况，推进数字产业规范发展和个人数据保护立法工作，兼顾个人数据保护、创新、效率和安全几个价值目标。

浙江大学光华法学院教授朱新力认为，立法应该实现发展与安全之间的平衡，在保护个人权利的同时激励社会更好地沉淀和使用数据。对此，他建议，立法中可以对“个人数据”加以分类，比如以敏感或不敏感为标准，集中力量对敏感个人数据加以保护，对不敏感个人数据则侧重流通利用；也可以导入“风险”理念，根据个人数据的性质、使用场景以及产生的风险，来限定用户同意的范围和数据二次利用的风险管理机制。

对于如何正当配置数据权利，华东政法大学数据法律研究中心主任高富平表示，一个良好的数据经济基本秩序除了要防止个人数据的滥用行为，也应当确认和保护数据生产者的权利。“一方面，数据持有者对数据的财产化利用必须尊重个人权利，同时也应该激励数据持有者开放自己的数据供其他主体使用，由此实现数据高效的社会化利用。”高富平说。

资料来源：张璁．谁动了我的个人信息？．人民日报，2019-05-30.

【思考题】

1. 为什么会产生消费信用风险？
2. 消费信用管理包括哪些内容？具体实施中应当注意什么？
3. 目前我国共享经济发展情况如何？面临哪些制约？
4. 消费信用管理为什么要保护消费者权益？
5. 消费者在消费信用中具体享有哪些权利？举例说明。
6. 请对比中外消费者隐私保护模式，对我国消费者隐私保护提一些建议。

【参考文献】

[1] 孙森，翟淑萍．信用管理．北京：中国金融出版社，2010.
[2] 唐明琴，林江鹏．信用管理．北京：高等教育出版社，2014.
[3] 刘澄，徐明威．信用管理．北京：经济管理出版社，2010.
[4] 张孟琪．我国消费信用现状及存在问题研究．商业经济，2014，(05).
[5] 高向南．超前消费一时爽　纳入失信悔断肠．开封市龙亭区人民法院网站，2019-07-29.
[6] 深圳市消委会、品质消费研究院、腾讯财付通共建消费信用评价体系．新华网，2019-03-27.
[7] 张杰，孙梦玉，李海姣．我国共享经济发展中信用评价机制的应用与完善——基于信用分的视角．征信，2019，(02).
[8] 董成惠．共享经济：理论与现实．广东财经大学学报，2016，31 (05).
[9] 刘建军，邢燕飞．共享经济：内涵嬗变、运行机制及我国的政策选择．中共济南市委党校学报，2013.
[10] 李畅．共享经济中的信用管理研究．上海：华东师范大学，2018.
[11] 许莉芸．共享经济进入信用经济时代．新快报，2018-10-22.
[12] 曹诗权，龚瑞．论消费信用中的消费者权益保护．法商研究，2002，(04).
[13] 姚朝兵．个人信用信息隐私保护的制度构建———欧盟及美国立法对我国的启示．理论与探索，2013，(03).
[14] 孙晔，张楚．美国电子商务法．北京：北京邮电大学出版社，2001.
[15] 张新宝．隐私权的法律保护．北京：群众出版社，2004.
[16] 王思锋．网络销售中信用构建与消费者隐私权法律保护的国际经验考察．消费经济，2011，27 (01).
[17] 张璁．谁动了我的个人信息？．人民日报，2019-05-30.

第五章

信用管理服务业

当一个国家或地区的信用经济发展到一定程度，信用交易代替现金交易和实物交易成为主流交易方式时，现代信用交易服务和信用管理技术会极大地丰富和完善，信用服务的种类会大量增加，信用服务质量会大幅提升，专业的信用管理服务机构会成为社会经济中不可或缺的重要组成部分。同时，依托于大数据、人工智能等新科技的蓬勃发展，市场中的信用服务将不断升级，除了早期的征信调查、信用评级和商账追收等传统业务会实现迭代更新外，信用服务也将以更加专业化、全面化、信息化、现代化的姿态在更多应用场景中以更多样、更便捷的方式为更多类的客户提供服务，信用管理的价值将进一步显现。当前，信用服务和信用管理已经覆盖到社会生活的各个方面，对经济发展的作用已经日益显现。

本章主要介绍信用管理服务业的产生、发展和作用，并对信用管理服务项下细分业务包括征信、信用评级、信用管理咨询服务、信用保险、信用保理、商账追收等进行介绍。

第一节　信用管理服务业的产生与作用

信用管理服务的产生和发展是市场经济发展到一定阶

段后的必然结果和内在要求。西方工业化国家的发展历程说明，当一国或地区的人均GDP达到一定水平时，市场交易形态就从以现金交易为主过渡到以信用交易为主，表明该国或地区开始进入“信用经济”时代。企业之间竞争的手段必然从传统的质量、价格、服务逐步转移到品牌、技术水平的竞争，企业必须向其客户提供信用以获得交易的机会，而同时必须加强对其客户和自身的信用风险管理，防止呆、坏账的产生，获得持续发展的能力。企业要管理好自身的信用和客户的信用，单靠企业自身的力量是不够的，随着社会分工的细化，专业的信用管理服务应运而生，为企业、金融机构和社会各界提供专业化的信息咨询和服务。

一、信用管理服务业的产生与发展

信用管理服务是为信用活动提供信息之外的专业化服务，即不生产征信产品，而是以征信产品为基础，向客户提供信用管理类服务，主要依靠信用风险管理等技术为信用交易的授信方提供服务与保障。①

信用管理服务机构以社会实体的信用活动为基础，以信用经营机构为主要客户，以经营并销售信用产品、提供专业化的信用服务为手段，成为现代信用活动以及社会信用管理体系的重要组成部分。②

（一）信用管理行业整体发展状况

我国信用管理行业起步较晚，直到20世纪90年代我国开始市场经济建设后，信用管理服务机构才相继产生。③ 由于市场经济发展尚不成熟、信用立法仍然滞后、信用经济规模有限、信用管理行业对自身经济定位和服务内容认识不清等因素影响，我国信用管理行业发展仍处于初级阶段，落后西方先进征信国家近百年。从市场发育角度来看，信用市场供需双重不足、信用服务质量标准不统一、信用从业人员准入管理不健全等现实问题，也成为制约我国信用管理行业发展的“瓶颈”。因此，现阶段我国信用管理行业呈现小规模、低效益、集中化的特征，促进信用管理行业的更快发展是当务之急。

1. 市场格局

目前，我国信用管理行业机构的发展比较全面，信用服务的种类不断增加，特别是和金融等行业的合作不断加深，信用类金融产品不断创新和发展，但是信用服务行业的业务类型目前较为集中，尤其是集中在信用评级、信用保险和信用保理业，主要从事服务于资本市场的主体评级和债项评级业务。由于企业内部信用评价和管理制度的不断发展和完善，传统类的商账催收等业务在信用服务行业的整体占比下降。其他信用管理行业虽然机构数量众多，但是行业产值和发展规模相对较小，充分体现了信用管理行业集中化发展的特征，优势子行业主要集中于征信、信用评级、信用保险和信用保理行业，且这些子行业内部集中化程度也相对较高，几家规模较大的机构占据50%以上的市场份额。行业竞争尚

① 唐明琴，林江鹏．信用管理．北京：高等教育出版社，2014：93.

② 孙森，翟淑萍．信用管理．北京：中国金融出版社，2012：336.

③ 吴晶妹．信用管理学．上海：上海财经大学出版社，2011.

未实现充分的、完全的自由竞争，行业壁垒和市场先天优势决定了个别机构发展能力超强，其他机构则相对较弱。

2. 产品和服务成熟度

我国信用管理产品和服务质量参差不齐，各机构根据市场需求自行研发的产品和服务个性化明显，特别是征信和信用评级等技术标准较强的分支行业，机构间在指标选择、数据清洗、建模方法、符合标识等方面自成体系。市场上信用管理产品和服务的成熟度普遍较低，亟须建立行业标准。

建立行业标准主要有两种方式：一种是引入国际上成熟的行业惯例和标准，优势在于国际通用性强，便于与国际接轨，劣势在于标准的修订受制于他人，产品和服务升级的自主性较差；另一种方式是自行制定行业标准，分为国家标准和行业标准，鉴于信用管理行业关系到整个国民经济发展与和谐社会构建，因此，需要构建国家标准统一有关技术要求。目前，信用管理行业的国家标准尚属空白，仅有几个地方性或部门自律性标准出台，如商务部于 2008 年发布《商贸企业信用管理技术规范》，国家标准化研究院于 2008 年发布《信用基本术语》、《企业信用等级表示方法》和《企业信用信息采集、处理和提供规范》。

3. 人员管理

随着信用经济的发展和国际化交流的推进，信用管理行业的高端人才日渐增加。一方面，我国信用管理专业教育覆盖面不断扩大，专业高等院校把培养的信用管理专业人才源源不断地输送到信用管理服务机构，极大地提高了从业人员的专业素质；另一方面，信用管理行业的国际化合作步伐加快，很多机构通过合资、技术合作等方式与国际先进信用服务机构在技术层面广泛进行交流合作，国外高端人才进入国内机构任职或开展专业培训，大大提升了从业人员的国际化视野。

从人员管理角度看，我国信用管理行业从业人员的准入要求和资质认证工作刚开始探索，由劳动和社会保障部（现人力资源和社会保障部）牵头组织的信用管理师培训和认证工作自 2005 年全面启动，分为助理信用管理师、信用管理师和高级信用管理师三个级别。但这项资格认证尚未成为上岗从业的前提条件，主要是作为从业人员再培训和再教育的一项内容。

4. 国际化交流

信用管理行业是一个国际化特征非常明显的行业，从发展历史看，该行业起源于欧美发达国家；从技术水平看，国际先进的和主流的研究力量和管理技术均在西方先进征信国家。因此，发展信用管理行业，必须借鉴国际化的成功经验。由于我国信用管理研究的基础薄弱、人员有限，目前仅依托高校和政府部门开展零星的学术交流活动，借助各种形式的论坛和研讨会针对专门问题开展交流，尚未形成机制化、常态化的交流路径，从业企业和工作人员之间的技术交流相对薄弱。随着我国信用管理研究的不断深入，有关信用管理技术和操作方面的国际化交流将逐渐深入，也将能够与国际先进的信用管理机构或行业组织达成定向的长期的合作机制，展开更为深入的技术交流。

5. 行业监管

我国信用管理行业缺少专门的监管部门，监管职能分散在各个相关政府部门。社会信用体系建设由国家发改委牵头，征信行业发展由中国人民银行牵头，从事债券评级需要证监会、发改委的准入许可，信用保险和信用保理行业接受银保监会的监管，其他行业没有独立的监管部门。

此外，信用管理行业国家立法尚属空白。地方政府部门在构建信用体系过程中，制定了地方性的信用信息法规，对企业征信、个人信用信息保护、信用评级、信用担保等行业制定必要的管理制度。但是国家层面的相关立法迟迟未能出台。

（二）信用管理行业主要分支行业发展状况

信用产业链上，包含各个运作环节的多个主体和角色，它们各自承担着信用产业链的某个环节。信用管理服务业主要包括在生产者和信用消费者之间起桥梁、纽带作用的信用加工、包装、传播者，信用保障者以及信用挽回者。① 把信用管理服务市场进一步细分，具体可以分为企业征信、个人征信、信用评级、信用保险、信用担保、商账追收、信用管理咨询、信用管理教育与培训等几大分支行业。

1. 企业征信

我国的企业征信业开始于 1987 年，由原外经贸部计算中心与境外征信机构合作，开始尝试提供企业评级报告。② 中国人民银行征信中心于 2006 年正式成立，对中国金融系统的风险控制和管理起到了重要作用。

中国人民银行的征信中心是国内最大的信用基础数据库，接入机构最全，非银行信息采集也较全面。此外，鹏元、中诚信等传统企业征信机构是企业征信市场的重要补充，为企业出具信用报告，内容包含企业基本信息如历史信息、注册信息、股东信息、变更信息、财务信息、法律诉讼信息等。随着移动互联网时代的到来，企业征信机构也在转型中，一些互联网大数据征信公司以互联网为核心，利用大数据技术为用户提供更及时全面的征信服务，除了传统征信报告中的工商信息、司法信息、知识产权信息等，互联网大数据征信可根据技术对企业相关信息进行深入挖掘，提供更全面、更具深度的企业相关信息。

2. 个人征信

1999 年，上海开始个人征信试点；2002 年 8 月，深圳个人征信系统开通；2003 年 11 月，央行成立征信管理局，专门负责银行系统内的个人信贷信息征信工作。中国人民银行征信系统包括企业信用信息基础数据库和个人信用信息基础数据库，2002 年，中国人民银行实现个人信贷信息系统全国联网，覆盖 301 个城市。

中国征信行业将进入新的发展轨道。在新的时期，底层数据将进一步打通，行业各个机构征信流程将进一步标准化，市场化征信机构将不断发展，并在垂直领域出现有代表性的企业。此外，征信行业的法律法规与个人信息保护制度也将进一步完善，通过互联网手

① 吴晶妹．三维信用论．北京：清华大学出版社，2016.

② 吴晶妹．信用管理学．上海：上海财经大学出版社，2011.

段进行征信的市场化机构将有别于传统的征信机构，发掘更多场景化的征信市场。

3. 信用评级

信用评级行业分为两类：一类是对金融机构、债券、行业和国家主权信用进行评级，目的是给投资人做出对投资对象的客观且数量化的描述。另一类是对企业和个人信用状况（主要针对还款能力）进行评级，供其他机构或个人交易时参考。目前市场上的主要业务：一是债项评级，包括企业债券评级、可转换公司债券评级、金融机构债券评级（证券公司债券评级、商业银行次级债券评级、保险公司次级债券评级、证券公司融资券评级、国际开发机构人民币债券评级）、结构融资评级。二是贷款企业评级、上市公司评级、金融机构评级（商业银行评级、证券公司评级、保险公司评级、信托公司评级、基金管理公司评级）、中小企业评级。

当前中国信用评级市场上的评级公司主要有东方金诚、中诚信、联合资信、上海新世纪。随着科技的发展和资本市场改革，信用评级市场的供给和需求都在发生转变，很多依托新科技的信用评级公司开始崭露头角。

4. 信用保险

信用保险是为企业提供的买方信用保险服务，通常只承担80%以上买方无力付款的风险。它与保理业购买应收账款的做法不同，不介入贸易过程，只是在买方不能到期还款后一定期限内向卖方提供赔偿。保险公司通常收取1%左右的保险费。

西方的信用保险发展较早，19世纪中叶，法国、德国和瑞士的一些私人保险公司就开办了国内信用保险业务。第二次世界大战后，出口信用保险业务在发达国家得以迅速发展，有力地支持了所在国家和地区的出口和资本输出，对其本国经济的发展起到了十分重要的作用。相对于国际出口信用的发展历史，我国出口信用保险制度建立得较晚，1989年才由国务院委托当时的中国人民保险公司正式办理。

经济全球化步伐的加快促进了各国进出口贸易的发展，因而如何减少企业的出口收汇风险就日显重要。同时，在国际贸易中非信用证结算方式已在不少发达国家和发展中国家的出口贸易中广泛采用，且比重呈逐渐上升的趋势。在这一背景下，为保证竞争优势，出口商越来越多地采用其他的非信用证的收汇方式。各国多年的实践证明，出口信用保险是规避企业收汇风险的有效工具，同时也是提高企业国际竞争力的重要手段。信用保险市场需求巨大，增长迅速。随着市场机制的引入，未来信用保险行业将由保护垄断走向逐步开放，自由竞争的格局将逐渐加剧。

5. 信用担保

信用担保在世界各国都有悠久的历史。信用担保是由信用担保机构与债权人约定以保证的方式为债权人提供担保，当被担保人不能按合同约定履行债务时，由担保人进行代偿，承担债务人的责任或履行债务的行为，是一种信誉证明和资产责任结合在一起的金融中介行为。

我国担保行业的监管处于多头管理状态：财政部负责对担保行业的风险控制和损失补偿制度的制定和研究；发改委负责中小企业担保体系建设；住房和城乡建设部负责管理工程保证、住房置业担保；人力资源和社会保障部负责下岗再就业小额贷款担保。这与我国信用管理行业整体上缺乏统一监管非常相似，也是行业发展初期必然面临的问题。

6. 商账追收

商账追收是从事代理客户合法收账和应收账款管理等业务。规范的账款管理与追收业务始于1991年原外经贸部计算中心。通常做法是根据收回的金额收取一定的佣金，此行业主要依靠信用压力、国际化收账网络、专业人才和法律压力迫使债务人还款，若债务人不配合将被列入“黑名单”。

按照我国现行法律法规，商账追收行业是市场监管部门禁止注册的，大多数公司以其他名义注册开展业务，处于灰色地带。市场总体上比较混乱，追账手段简单，技术含量较低，这也是造成国家限制该行业发展的重要原因。但是从市场需求来看，业务需求量很大，许多企业被账款回收难所困扰，亟须专业化的机构协助。

事实上，如果法律法规明确规定商账追收的规范化操作，使其健康有序发展，对企业而言确实是一种非常有效的权益保障手段。如美国的《公平债务催收法》就明确规定：（1）商账追收机构不得在债务人不方便的时间打催账电话，特别是在晚间21：00至早晨8：00之间。（2）如果债务人所服务的单位的雇主不允许在工作时间打此类电话，商账追收机构不得在债务人的正常工作时间内打电话催账。（3）不得造成电话响声，或使任何人重复或不断地同债务人进行电话交谈，以企图困扰、侵扰或侵犯该电话号码所在地点的任何人。

7. 信用管理咨询

信用管理咨询业主要为客户提供信用管理诊断、信用管理机制建立、信用政策制定、组织机构整合、信用分析与决策咨询等顾问服务。通常根据咨询项目进行议价。

我国专业从事信用管理咨询的服务机构已有很多，但是服务水平、从业经验和项目运作管理能力还不健全，信用管理技术和理念的提升仍需经历一段相当长的时期。更主要的是，在咨询项目中积累经验，对行业和企业内部管理体系的把握，是信用管理咨询行业发展的重要基础，也对从业人员提出了更高的要求。

信用管理咨询行业的市场潜力较大，很多企业在风险管理和信用体系构建方面缺乏专门的人才，需要借助外脑理顺内部管理流程，增强防范信用风险的能力。但是现实能够运作的咨询项目并不多，据不完全统计，信用管理咨询行业每年的营业额大约在2 000万元左右。这种情况一方面与企业对信用管理咨询的认知和接受程度有关，另一方面也与信用管理咨询行业的技术和运作能力有关。

国务院国资委2006年上半年出台了《中央企业全面风险管理指引》（下称《指引》），对中央企业开展全面风险管理工作的总体原则、基本流程、组织体系、风险评估、风险管理策略、风险管理解决方案、监督与改进、风险管理文化、风险管理信息系统等方面进行了详细阐述，对《指引》的贯彻落实也提出了明确要求。这一政策的出台对信用管理咨询行业的发展起到了一定推动作用。

8. 信用管理教育与培训

信用管理的学历教育在我国起步很晚，直到2002年才实现第一批信用管理专业的本科生入学。目前开办信用管理专业的高校为数不多，只有中国人民大学、吉林大学、信用管理培训包含两个方面：一类是学历培训，主要是国内各个高校开办的信用管理专业，从事基础理论培养；另一类是专业信用管理机构提供的信用管理知识和技能培训。

职业培训近几年在我国兴起，主要培训内容涵盖信用管理知识、业务操作技能、信用管理人员资格培训等。从区域来看，这些培训机构多分布在北京、上海、广州、深圳等经济发达城市，其他地区近年也逐渐开展此类培训。

（三）信用管理行业未来发展趋势

随着科学技术的快速发展和信用管理服务模式的升级创新，信用管理服务业未来将向集中化、专业化、科技化、创新化、高溢价方向发展，助力信用经济的蓬勃发展，促进信用红利释放。

1. 信用信息整合的集中化和专业化程度不断提高

信用信息是信用管理行业赖以生存和发展的基础。在立法健全的前提下，利用先进的信息技术整合信用主体的信用信息，提供标准化的数据格式，供信用服务机构生产和加工评级产品，是未来信用管理行业发展的必备前提。①

此外，由于大数据的信息时代已经到来，信息的海量化和快速更新要求信用管理行业要不断重视产品的创新，要在国家的标准化政策的前提下，提供标准产品的基础上，不断加强行业本身的信息化，开展多种专业化信用管理服务，改善信用管理服务产品供给，开展多种专业化信用征信服务，满足全社会多层次、多样化、专业化的市场诚信服务需求，完善信用服务产业链，推动信用交易的发展，提高全社会防范信用风险的能力。对信用信息进行深度开发，不断提高信用服务机构专业化水平，努力向市场提供有特色、多样化、高质量的信用产品。

在信用信息的使用方面，必须加强规范化管理，对涉及商业秘密、个人隐私等信息要制定严格的保密管理要求，在提供信用信息透明度的同时，保障信用主体的合法权益。

2. 信用市场的商业化程度将逐步提高

从信用管理行业的发展规律来看，行业发展初期一般由政府部门引导需求，为信用服务机构提供一定的市场空间，如政府颁布相关法令要求特定领域使用信用报告或者政府部门率先使用信用产品。另外，政府会出台鼓励信用服务行业和机构发展的优惠政策和法律法规等，通过政策的倾斜和扶持，鼓励其发展，向社会其他行业提供高质量、专业化的产品和服务。

随着信用市场日趋成熟，市场规模不断扩大，政府部门的影响力将逐渐减弱，市场化的运作管理模式将成为主流。政府将引导和鼓励信用服务机构适应市场需求的变化，建立完整、科学的信用调查和评价体系，增强技术创新、产品创新和市场创新能力。

3. 技术和服务创新成为发展的加速推进器

信用管理行业是服务行业，能够提供便利快捷有效的产品和服务是行业生产和发展的关键。传统的信用管理服务电子化程度有限，产品形式大多以单份报告为主。随着信息技

---

① 吴晶妹．信用管理学．上海：上海财经大学出版社，2011.

术的普及，基于数据库和网络技术的在线服务将成为主要的服务形式，支持批量查询的服务方式将代替单份报告的服务模式。同时在信用管理技术方面，运筹学、神经网络等技术的引入，将为信用管理行业带来新的发展空间和活力。基于技术和服务创新的业务模式转变将带来信用管理行业加速变革的发展时代。

4. 产业格局向高溢价的增值服务转变

目前，我国的信用管理行业仍然以信用信息采集和加工为主，以信用信息的整合和对外发布为最终产品形式。尽管信用信息产品解决了交易信息不对称的根本问题，但是对信用主体内部的风险防范能力提升作用有限。要想解决信用经济中的风险问题，归根结底还要依赖于信用主体自身的风险控制水平的提升。

未来，信用管理行业需要迈向更高的发展阶段，在提供初级信息服务基础上，以信用管理咨询为依托，为信用主体提供集培训、诊断、咨询、督导、管理软件、服务终端为一体的整体解决方案，从本质上提高信用主体的信用管理能力。

信用管理服务行业的长期良性发展离不开技术含量的增加及产品价值的增值和溢价，只有相对于成本的高溢价产品的出现和发展，才能会促进行业内企业的不断创新，才能促进产品的不断优化升级。

二、信用管理服务业的作用

信用管理服务业作为信用产业链上的桥梁、纽带，是信用产业链上的重要组成部分，其发展与成熟关系到整个社会信用体系的发展建设。随着经济信用化程度的提高，对信用产品的定价提出了更高的要求，对信用产业链上信用管理行业的服务功能及价值发现功能也提出了更高的要求。

（一）揭示信用风险，提高信用风险管理能力

在传统经济交易中，存在交易风险和经济风险，主要是由于信息不对称导致的。信息不对称使得交易双方的信息不对等，信息的变动无法得到及时的沟通和解决，交易成本和毁约、违约造成的经济损失越来越大，严重的可能会影响企业的流动资金、经营资本，甚至会造成企业破产清算和倒闭，从而影响经济发展。①

作为信用加工、包装、传播者的征信、调查、评级机构利用各种方式及时征集、评价和传播经济主体的信用信息，帮助交易相关方及时了解企业和个人的信用状况，大大降低了信息不对称水平，从而有利于经济活动主体防范和控制信用风险。同时，信用担保、信用保险和信用保理机构提供信用增值服务，为受信方担保，提高受信方获得信用产品和服务的能力，并为授信方提供风险转移的渠道和途径，保障授信方的信用安全。②

（二）协助信用资本定价，实现资源的有效配置

信用是一种资本，是信用经济当中的“货币”。在信用经济中，要发挥信用资本的

① 唐明琴，林江鹏．信用管理．北京：高等教育出版社，2014.

② 吴晶妹．三维信用论．北京：清华大学出版社，2016.

交易媒介作用，重点在于给信用资本定价。信用资本这种资源和财富由信用主体拥有，但这笔资源和财富的大小不能由拥有者自我评定，而是由社会第三方或者管理机构来界定。

信用定价机构利用信息数据的优势、专业的评估技术，建立了适合不同信用主体的定价模型，例如专门针对信贷风险的违约率模型、专门服务信用卡评分的个人信用评分模型以及专门针对企业授信的赊销风险预测模型。信用定价机构接受授信方的委托，调查信用主体的信息，选择适当的评估模型，并对信用产品的属性和信用主体的特征进行分类，使信用价值高的主体能够与高品质的信用产品相匹配，实现社会资源的有效配置。[①] 目前，在消费信贷领域，信用分高的人享有更高的信用额度；在公共管理领域，信用分高的人可以享受如免押金借书、政务优先处理。这些都是信用资本作为交易媒介对资源进行优化配置的实践例子。

（三）降低交易成本，提高经济主体销售和融资能力

首先，借助于信用管理行业的专业化服务，经济主体可以方便、快捷地获得企业和个人的信用信息，从而大大降低了相关各方搜集和评价其客户或合作伙伴信用状况的成本和费用支出，大大降低了信息不对称的程度，使企业对授信对象有一个比较全面准确的判断和分析[②]；其次，专业的信用服务机构通过为客户提供国际保理、信用担保、信用保险服务，有助于经济主体及时回收应收账款，减少坏账损失，同时提高资金周转速度，扩大融资渠道；最后，专业信用服务机构对经济主体给予信用评价，使得具有良好信用记录的企业和个人更容易获得交易机会和优惠的销售条件，也能够以更低的成本取得贷款和在资本市场上融资，从而提高其产品销售和融资能力。[③]

（四）营造公平的交易秩序和诚实守信的交易环境

信用信息的征集、评价和广泛传播是良好的信用环境和失信惩罚机制形成的基础。通过信用管理，国家可以建立完善的社会信用体系，成为数据开放的推行者、契约执行的监督者、行业监管的实施者、不良信用行为的惩罚者等。[④] 随着中国人民银行征信中心的建立以及企业、个人征信信息的搜集、应用，信用记录不好的企业将在融资、投标、采购、订立合同等各方面受到限制；信用记录差的个人在信用消费、求职、社交等诸多方面将会受到很大制约，从而极大地促进企业和消费者个人提高信用意识，遵守信用规范，有利于良好的信用环境和市场经济秩序的形成。[⑤]

---

① 吴晶妹．三维信用论．北京：清华大学出版社，2016.

② 信用中国网．

③ 唐明琴，林江鹏．信用管理．北京：高等教育出版社，2014.

④ 信用中国网．

⑤ 唐明琴，林江鹏．信用管理．北京：高等教育出版社，2014.

第二节 征信

一、征信的概述

（一）征信的界定与分类

1. 征信的界定

征信（CI/CR，credit investigation or credit reporting）是指对信用主体（市场参与者）的信用或资信状况进行调查、报告的中介服务活动，主要作用是消除或降低信用交易双方的信息不对称。①

根据《征信业管理条例》，征信业务是指对企业、事业单位等组织的信用信息和个人的信用信息进行采集、整理、保存、加工，并提供给信息使用者的活动。

根据信用管理理论，征信的基本含义是以了解企业资信和消费者个人信用为目的的调查，包括对一些与交易有关的数据进行采集、核实和依法传播的操作全过程。

2. 征信的分类

（1）根据调查对象的不同（法人或是自然人），征信可以分为企业征信和个人征信。

不同种类的征信服务，在操作方法上亦不同。一般来说，个人征信是一种主动式征信。大型个人征信机构力求取得所在国家或地区全部居民的信用记录，至少是一个城市全部经济活跃人口的信用记录，而不论被记录者本人是否愿意，也不在意是否有委托调查在前。如果授信机构需要了解一位信用申请人的信用记录，直接向个人征信机构表明是合法的个人信用调查报告的用户，或者得到被调查人的认可，就可以订购到被调查对象的即期信用报告。个人征信机构将消费者信用调查报告卖给客户时，不再对报告的内容进行核实。在各发达国家和地区，个人征信都在本国或本地区内进行，不允许将个人信用调查报告出售给外国人。

企业征信则必须受到信用交易中授信方的委托，才进行调查。即使在征信机构的企业征信数据库中有被调查对象的信用记录，负责调查的人员也会再到现场，核实一些信息的有效性和真实性。

在信用管理行业内部，征信服务是一种基础性服务。对受委托的调查，它以一种或若干种调查和分析报告类的征信产品作为交代。在服务的深度方面，征信服务是最基本的信用管理服务，更深层次的征信服务是信用管理咨询服务。所谓信用管理咨询服务，是指征信机构帮助企业建立或改进其信用管理功能的服务，旨在完善一个企业内部的信用管理制度和必要的信用管理技术手段。它是信用管理专家在对企业进行诊断的基础上，根据对企业现行信用管理功能的评价和需求，提出规避客户风险的解决方案和预算，方案往往借助于包括多种调查报告、专业软件和小型数据库在内的各类征信产品的组合，来承担企业日

---

① 吴晶妹．三维信用论．北京：清华大学出版社，2016.

常的信用管理工作。

事实上，进入20世纪90年代以后，征信行业的服务方式已经从主要经营征信产品转变为全方位地向客户提供信用管理顾问和策划服务，信用管理的全球一致服务和信用管理外包服务也开始盛行。这些新服务形式的发展，既可以为没有必要建立独立信用管理部门的小企业建立专业信用管理功能，又可以在帮助大型跨国公司降低信用管理成本的基础上，在全球取得与母国同等质量和价格的征信服务。

（2）从被调查对象的立场而言，征信方式可分为主动征信和被动征信。征信数据的公开，又分强制公开部分和自愿公开部分。征信机构经常使用的征信方式有三种，分别是同业征信、联合征信和金融联合征信。

同业征信是由征信机构在一个独立或封闭的系统内部进行征信和提供征信服务的征信工作方式。在理论上，同业征信可以是同业个人征信，也可以是同业企业征信。采用同业征信的方法，征信机构主要从同属于一个行业的企业采集征信数据，信息资源仅在业内共享，所生产的征信产品也只在业内应用。在这个系统内部，原始信息的提供者经常是征信机构信息产品的使用者。也就是说，这种征信机构的主要信息源和客户仅来自同行业的企业，征信机构不会向行业以外的社会和公众提供其征信产品和服务。显而易见，使用同业征信方式的目的，就是在一个体系内部实现信息资源共享和会员式服务。

联合征信是指征信机构根据协议，从一家以上的征信数据源单位采集征信数据的形式。联合征信有两个特征，一是允许向所有拥有征信数据的单位采集征信数据；二是通过征信机构，提供征信数据的单位之间存在数据资源共享的关系。

征信数据源单位指的是任何掌握征信数据的政府和非政府单位，特别是商业银行、公用事业单位、邮政、移动通信公司等，它们有偿或无偿向征信机构提供征信数据。最理想的联合征信是包括十几个政府部门在内的所有掌握征信数据的单位都能向征信机构提供数据，并保证征信数据的更新速度。对于征信机构，其征信工作方式能从同业征信方式扩大到联合征信，除可以扩大其征信数据的数量以外，必然会改善其包括信用评分在内的征信产品质量。

对于联合征信取得的成果，如果是属于企业征信性质的联合征信，征信成果应该是完全商业化的，在传播方面完全没有障碍，社会上任何人都可以使用。如果是属于个人征信性质的联合征信，则其产生的消费者信用调查报告的传播受到法律法规的限制，信用交易的授信方、个别政府部门和当事人本人可以订购，且理论上，几乎所有提供征信数据的征信数据源单位都有机会使用。

金融联合征信是一种个人征信形式，既不同于同业征信，也不同于联合征信。其实质是采用联合征信的方式，制作美国信用局式的“全面信息”信用调查报告，但是其仅对金融机构提供服务，并不支持零售信用领域的授信工作。从采集信息角度看，金融联合征信是一种联合征信，金融联合征信机构需要广泛采集个人征信数据，因为金融机构的授信决策需要全面的消费者信用信息。从用户角度看，金融联合征信类似于同业征信，因为只有会员性质的金融机构（甚至只有商业银行）和当事人是征信产品的限定用户。金融联合征信的成果用于支持金融机构的授信决策，消除金融机构与申请信用工具的消费者之间的信息不对称。

金融联合征信的操作是金融机构向指定的征信机构提供企业或消费者的信贷记录、偿贷记录、信用卡付费记录、与银行往来情况记录等，由征信机构将征信数据处理后，生成调查报告，再向所有金融机构提供征信服务。与企业征信的情况不同，金融联合征信一般是一种个人征信，因为消费者个人与金融机构的交易数据是形成消费者信用调查报告的最重要数据项，而且非常不易获得。

（二）中国征信格局：三大数据体系

征信体系建设改善了我国社会与经济的发展环境，为经济发展提供了必要的保障，为社会主义市场经济的运行建立了新规则。① 征信体系建设是我国社会与经济发展的必然要求，是我国市场经济的最新组成部分，是我国创新社会管理的重要内容之一。

征信体系（CRS，credit reporting system）主要是指在相关牵头部门的推动和组织下，按照一定的数据采集标准，对信用主体的信用信息进行采集、加工、核实和更新，以实现信用信息在体系内互联互通的一种信用管理运行机制。中国的征信体系建设历经十几年的探索，已经初见成效，在政府部门、行业组织和地方政府层面均以不同形式建设、存在，发挥着不同的作用。在不远的将来，我国征信将形成三大数据体系：金融征信体系、行政管理征信体系和商业征信体系。

1. 金融征信体系

金融征信体系（CRSF，credit reporting system of finance）是以金融业主管部门为主导进行建设，以金融机构为主要用户，以信用申请人为主要征信对象，以信用信息在金融业内互通互联、共同防范信用交易风险为主要目的的金融业征信系统及信用管理运行机制的总称。

金融征信中心是这个体系的核心，是信用信息采集、加工、传播的专业机构，主要以金融机构为采集对象，获取企业和个人的正面与负面信用信息，用于金融机构的授信信用风险管理，并在金融体系内信息共享，以降低交易风险，促进金融业的健康发展，保障金融安全。

2. 行政管理征信体系

行政管理征信体系（CRSG，credit reporting system of government）是以政府及其主要职能部门为主导进行建设，以政府及其各职能部门为主要用户，以企业和个人为征信对象，以信用信息在政府及其各部门间互联互通、实现统一的信用惩戒与预警监管为主要目的的政府行政管理征信系统及运行机制的总称。

国家级行政管理征信体系建设的主要目的是要把各政府职能部门与地方政府的数据库进行关联，实现信用信息共享。能够达到这个目的的手段有很多种，其中最经济、最有效率的就是建立信用信息交换平台，而不是建立大型的、全国的、实体的综合数据库。

3. 商业征信体系

商业征信体系（CRSB，credit reporting system of business）是以行业协会组织及其会员为主导进行建设，以政府、企业、个人为主要用户，以企业和个人为征信对象，以信

① 吴晶妹．未来中国征信：三大数据体系．征信，2013，(01)：4-12.

用信息在组织内部及相应市场范围内互联互通、共同防范信用交易与管理风险为主要目的的商业征信系统及信用管理运行机制的总称。

我国商业征信体系将受到较多经济与社会因素限制，例如法律法规的保障程度、社会公众的信用意识，并且以信用交易活跃程度为基础。一个行业的发展，要有足够的社会交易活动作为支撑。在美国等发达国家，信用交易在全部市场交易活动中已占相当大的比重。只有信用交易得到发展，市场才可能对征信报告产生较大需求，才能促进征信行业的发展。

从征信市场结构来看，商业性信用交易支付结算记录，例如企业与企业之间的信用销售、企业与个人之间的赊销、供应商与代理商之间的信用结算等等，在征信市场中将占很大比重，也是市场经济商业贸易活动中不可或缺的产品与服务。这个巨大的需求是潜在的，但供给还没有形成，原因是多方面的。但是只要我们发展市场经济，不断改善我们的社会信用环境、法律体系、社会管理、人们的意识等，商业征信就一定会不断发展壮大，并形成全国性的商业征信中心。

4. 三大体系的关系

金融征信体系、行政管理征信体系和商业征信体系这三大数据体系在征信体系中应呈现“三足鼎立”的局面（见图 5－1 和表 5－1）。这三大体系之间不是竞争关系，而是相互补充的关系，每个体系都有自己的侧重点，目的都是为整个社会服务，都是征信体系不可或缺的重要组成部分。

事实上，金融征信体系、行政管理征信体系是整个征信体系的基础供应商。在它们周围将会存在并逐渐发展出一批专业的、有一定规模的征信中介机构。这些机构以金融征信和行政管理征信开放的信息为基础，进行综合或深加工，制作出满足终端市场需求的专项征信产品和综合征信产品。

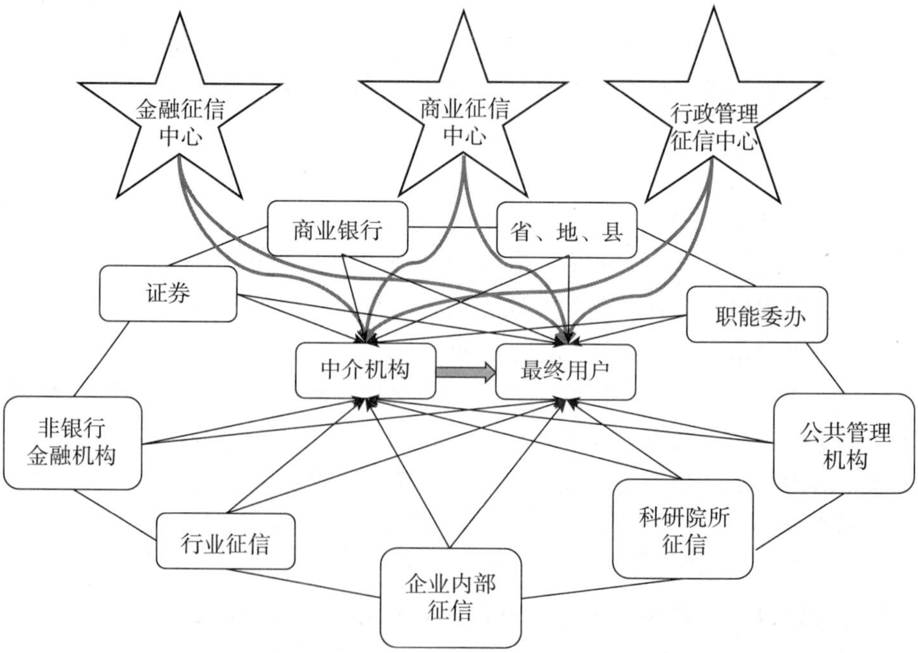

图 5－1　吴氏理论——中国未来三大征信体系图

表 5-1 三大征信领域比较

领域	主要用户	征信对象	信息源	特点
金融征信	金融机构	金融信用申请者	金融机构	行业征信、准公共征信
商业征信	政府、企业、个人	企业、个人	信息源广泛，交易性交换或有偿性获取	市场化
行政管理征信	政府及其各职能部门	企业、个人	政府各职能部门	公共性

（三）传统征信与网络征信

随着网络技术的发展，人们的生活方式、经济往来逐渐网络化，传统以财务信息为核心的小数据征信已经不能满足当前信用管理的需要，包含了人们各类网络行为信息的大数据征信正在成为主流。

1. 传统征信：现实财务的小数据

传统征信是由专业机构通过固定的模型定向采集财务和金融交易信息并对信息进行加工、处理、报告的专业化信用管理服务。①

传统征信以美国为代表，以 1841 年美国邓白氏公司的成立为兴起标志，是目前我国以及全世界范围内普遍存在的征信业态。在我国，传统征信以中国人民银行的征信系统为代表，受《征信业管理条例》约束，机构的设立和业务的开展需要申请相应的牌照或备案。

传统征信的特点有：第一，由征信机构进行专业化、牌照式经营；第二，是“小数据”，以金融交易为核心，集中分析财务数据，一般只有几十个数据项，主要涉及收入、资产及抵押状态、担保情况等，表现的主要是债务状况；第三，用途主要是预测信用交易风险和偿还能力；第四，数据获取渠道比较狭窄和固定。

2. 网络征信：网络行为的大数据

网络征信是指网络交易平台、电商平台等网络机构开展的全网海量数据采集处理并直接应用的信用管理服务。网络征信是通过网络非定向地全面抓取各种数据，获取海量网络信息从而实现对网络主体的信用轨迹和信用行为进行综合描述。网络征信是从 2013 年开始兴起的非专业性、去牌照化的网络信用服务。以阿里巴巴为例，真正支撑其各项业务的就是云计算、大数据和信用服务。

网络征信的主要特点有：第一，“大数据”，数据成千上万；第二，来源广泛，来源于整个网络；第三，信息全面，不拘泥于财务，既包括财务、资产类的，也包括非财务类的，例如社交行为、文字言论、谈话语音、图片甚至交友情况等各种信息，具有非常强的社会性。

网上的一切数据皆信用，网络征信是一个完全的“大数据”概念。网络征信以海量数据刻画信用轨迹，描述综合信用度，主要表达信用行为状况，主要用途是判断可信程度、开展社交往来、授予机会以及预测信用交易风险和偿还能力。一切皆信用，信用是资本。网络征信的内容、技术手段、数据特征和分析判断的评估方式、评估模型、主要内容与方向甚至主要结论都会发生根本改变。

---

① 吴晶妹．三维信用论．北京：清华大学出版社，2016．

以 ZestFinance 和芝麻信用为例。ZestFinance，原名 ZestCash，是美国一家新兴的互联网金融公司，2009 年 9 月成立于洛杉矶。ZestFinance 的基本理念是认为一切数据都和信用有关，在能够获取的数据中尽可能地挖掘信用信息。ZestFinance 的数据来源十分丰富，如图 5－2 所示：

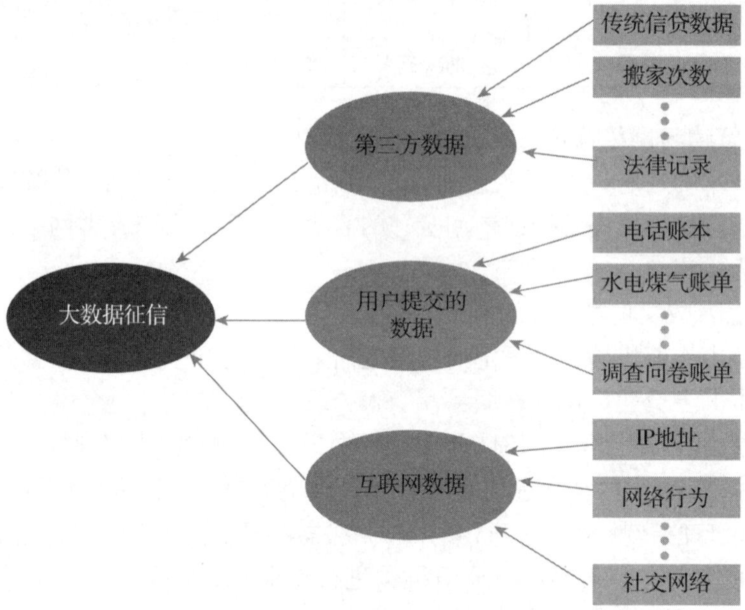

图 5－2　ZestFinance 数据源示意图

2015 年 1 月，阿里巴巴蚂蚁金服旗下的芝麻信用管理公司（以下简称芝麻信用）推出了国内首个个人信用评分——芝麻信用分，用以直观反映用户信用状况。芝麻信用的优势在于互联网数据，但不仅指交易数据。多年来，用户通过第三方支付方式缴纳水电煤气费记录、信用卡还款记录，物流信息也是重要的数据来源。同时，公共政务数据也很重要。此外，还有用户自主上传的数据。芝麻信用通过这些数据描述以及准确地刻画个人信用，输出芝麻信用分，基于数据来构建决策引擎，以便向用户输出更有价值的服务。

3. 从传统征信向网络征信过渡

未来是网络征信的时代。网络征信是传统征信的业态升级，是对传统征信的彻底改革。随着网络的迅速发展和大数据技术的快速普及，网络征信会迅速崛起。现在，网络征信大量普及发展的时机并没有真正到来，仍处于从传统征信向网络征信的过渡阶段。谁过渡得快，谁就引领世界最先进的征信服务市场，并掌握由信息应用而产生的各种政治、经济话语权。

传统征信依靠几个专业机构各自建立物理数据库，定向搜索一些“小数据”，然后建立固定的模型，之后在数据库里系统自动地用这些模型对数据进行计算。虽然数据本身是动态的，但是由于数据项的更新和拓展很慢，所以数据使用者拿到的征信报告与结果是固定格式的、相对静态的。

传统征信服务依赖于数据库的覆盖程度。传统征信虽然已经发展了较长时间，但截至目前也不是百分百覆盖的。美国的征信是全世界最发达的，但目前一些公开资料显示，美国征信系统的覆盖率只有 85%。我国也是如此，截至 2015 年 4 月底，我国最大的征信数据库即中国人民银行征信中心数据库只覆盖了 8.6 亿多人，覆盖率只有 63%左右。传统征信覆盖人群有限，数据的反映能力不强。征信在服务和产品类型上都存在着很大的发展空间。在计算机技术迅猛发展、大数据技术日新月异、信用信息被人们越来越深入认识的背景下，网络征信迅速崛起。

网络征信在网络平台上可以覆盖所有参与网络活动的人群，不用建立专门的机构和数据库，不需要大量的资金成本和人力物力进行数据库传输，即不用为了采集数据而采集数据，一切数据与信息都随着网络活动自然生成，只要在网上通过平台或者直接使用大数据搜索与抓取就可以，成本低、门槛低，这也是网络征信快速发展、必然成为未来主流的原因。

二、征信发展的条件

能否在一个地区开展征信服务，最基本的条件是征信机构是否可以合法取得当地各种真实的企业、消费者个人信用信息和各行各业的行业发展数据，并能够合法销售对这些数据的分析和处理结果。换言之，由法律法规保障的企业、个人和社会数据的商业化是建立征信服务的绝对必要条件。[①] 否则，征信机构即使取得质量合格的征信数据，在销售根据所采集数据制作的征信产品时，也有可能受到来自社会和政府的指责。关于数据的真实性问题，从发达国家的实践看，只要允许征信机构合法取得数据，而法律又有“提供假数据违法”的相关条款，征信业者总是能够通过各种技术手段，取得或筛选出高比例的真实数据。

所谓征信数据开放的法律保证至少应该包含以下四个方面的内容。一是由有关法律界定可以开放的数据，即由法律规定何种征信数据可以公开地取得，由此推及必须保密的或自愿公开的数据。在发达国家，被视为应该保密的数据一般是涉及个人隐私的数据。二是由法律规定是否有必要限制征信产品的传播范围。例如，欧盟规定，欧洲的消费者个人信用调查报告只可以在欧盟国家范围使用，信用报告机构不可以向欧盟以外的国家直接销售消费者个人信用调查报告。三是法律强制性规定掌握征信数据的机构和企业必须向社会开放有关征信数据。例如，很多欧洲国家规定，所有企业和相关政府管理机构必须在限定的时间内，向社会公开企业财务报表。四是各征信数据源提供的数据必须真实，否则将受到法律制裁。以上是最基本的法律保证，它涉及信用管理行业能否顺利发展。根据征信国家的经验，我国信用管理相关法律的建立还有一段相当长的路要走，但政府的有关法规是应该先行建立的。

信用管理行业的发展，需要建立新的市场规则，需要得到必要的管理体系的控制，征信产品、征信数据库、信用管理咨询、信用管理软件开发和网上征信服务等都需要有统一

---

① 吴晶妹．三维信用论．北京：清华大学出版社，2016.

的国家标准。

国家标准可以分为通用标准和专用标准两类。通用标准适用于许多行业，也适用于信用管理行业，例如行业分类、行业规模分类、职业分类、网络安全、保密协议等。专用标准是指那些只适用于信用管理行业的标准。根据征信产品和信用管理服务的特征，专用标准主要包括征信数据库检索系统、企业资信评估符号体系、普通企业资信调查报告版本、普通消费者信用调查报告版本等。世界各国的信用管理行业发展情况不同，在设立国家标准问题上的差异也很大。

就国家标准建立的方法而言，一种是根据自己的国情设立独立的国家标准体系；另一种是全面接受合适的国际标准，并对国际标准做出在本国通行使用的认定。采取前一种方式的优点是国家标准适合自己国家行业发展状况，有利于使征信产品和信用管理服务本地化；主要缺点是不利于征信产品的海外销售，同时还需要投入一定的研究费用。在这种方式下，征信机构及其用户企业可能采用适应“双轨制”的软件和产品。全面接受国际标准的优点是可以一次性地与国际接轨，而且长期稳定，无须经常修改；主要缺点是对本国的一些征信机构可能要求过于严格，使技术和管理水平较低的企业无法生存，不利于市场的迅速发展。

标准中的技术问题之一是行业分类编码。对于信用管理行业，行业分类编码的基本作用是客户分类管理和数据检索。确定这样一套行业分类系统非常重要，不仅信用管理行业需要，其他行业也需要。首先，这类行业分类编码必须能充分反映一国的工商业发展状况，并且要有一定的预见性。其次，它还必须长期稳定，不能经常修改。在主干设计上，它最好能够与其他国际标准对应。最后，还应该申请国家标准化组织和地区性行业联盟的认可。目前，世界上最常见的行业分类编码是标准工业编码（standard industry classification，SIC），它是美国最主要的编码体系之一，也是一种美国的国家标准。半个多世纪以来，SIC 编码已成为世界各国广泛的使用习惯，并且为国际标准化组织所接受。在各国出版的国际流行的工业、商业、贸易、市场工具书、文件等出版物上，SIC 编码都是主要的检索点之一。

1992 年，北美洲的美国、加拿大、墨西哥三国签署了北美自由贸易协议（North American Free Trade Agreement，NAFTA），希望促进北美的经济一体化进程。为适应北美新经济结构，NAICS 的管理和预算办公室于 1994 年 7 月正式批准了北美产业分类体系（North America industry classification system，NAICS）作为新分类法取代 SIC，这个分类系统简称 NAICS 编码。相较于 SIC 编码体系，NAICS 编码体系更注重实践性，可对新兴行业和合并的行业进行比较方便的确认和分类，其适应性更加广泛。它具有更强的辅助企业信息分类处理功能，甚至考虑到了人力资源方面的应用需要。

三、主要征信机构及其产品

征信机构是以企业和个人信息形成的征信数据为“原材料”，对其进行加工处理，向客户提供信息产品和增值服务的机构，属于信用管理行业中的信息类服务公司。[①] 根据征信机构经营征信数据类型的不同，可以将其分为两类：一类是从事企业征信服务的征信机构，称为企业评级调查公司，俗称企业信用局；另一类是从事个人征信服务的征信机构，称为消费者信用调查公司，俗称个人信用局。这些征信机构提供的征信服务包括：不同深度的企业评级调查、消费者个人信用调查、资产征信、市场调查、行业调查和评级等。

征信机构通过向授信企业提供信用信息服务，可以帮助企业较为充分地了解信用申请方的真实评级状况和如约偿还能力，以便决定是否与其进行交易，并确定信用交易的额度。普及的、发达的征信服务可以较好地化解和降低来自客户的信用风险，支持市场信用活动，特别是信贷、信用销售的正常增长。

最早的征信机构可以追溯到 19 世纪初。当时，世界上主要的资本主义国家的市场秩序非常混乱，面临着信用状况恶劣的市场交易环境和企业注册不规范等一系列问题，许多大型企业都有了解贸易对方企业基本情况的强烈要求。由此，征信公司应运而生，其最早提供的服务是企业征信服务。

世界上第一家征信公司于 1830 年诞生在伦敦。随后，美国、法国、德国、日本也分别于 1837 年、1857 年、1860 年和 1893 年创立了自己的征信公司。目前，世界最大的企业征信机构是美国的邓白氏公司，世界上最大的个人征信机构是中国人民银行征信中心，其主要产品与服务是提供个人信用报告查询。个人用户在中国人民银行征信中心可以申请查询自己的信用信息。中国人民银行征信中心将提供个人信用信息提示、个人信用信息概要、个人信用报告三项内容。

个人信用信息提示主要包括中国人民银行征信中心温馨提示，如征信系统中，是否有最近 5 年内的贷款和贷记卡逾期记录、准贷记卡透支超过 60 天的记录等；本报告仅供个人了解自己的信用状况使用等。

个人信用信息概要主要包括信贷记录、公共记录、查询记录、报告说明等。

个人信用报告的主要格式与内容可参见表 5－2。

表 5－2　个人信用报告样式

<table>
<tr><td>报告编号：</td><td colspan="3">报告时间：</td></tr>
<tr><td>姓名：</td><td>证件类型：身份证</td><td>证件号码：</td><td>婚姻状况：</td></tr>
<tr><td colspan="4">信贷记录
这部分包含您的信用卡、贷款和其他信贷记录。金额类数据均以人民币计算，精确到元。</td></tr>
<tr><td colspan="4">信息概要</td></tr>
<tr><td colspan="4">逾期记录可能影响对您的信用评价。</td></tr>
<tr><td colspan="4">购房贷款，包括个人住房贷款、个人商用房（包括商住两用）贷款和个人住房公积金贷款。</td></tr>
</table>

① 吴晶妹．三维信用论．北京：清华大学出版社，2016.

<table>
<tr><td colspan="5">发生过逾期的信用卡账户，指曾经“未按时还最低还款额”的贷记卡账户和“透支超过 60 天”的准贷记卡账户。</td></tr>
<tr><td rowspan="2"></td><td rowspan="2">信用卡</td><td colspan="2">贷款</td><td rowspan="2">其他业务</td></tr>
<tr><td>购房</td><td>其他</td></tr>
<tr><td>账户数</td><td></td><td colspan="2"></td><td></td></tr>
<tr><td>未结清/未销户账户数</td><td></td><td colspan="2"></td><td></td></tr>
<tr><td>发生过逾期的账户数</td><td></td><td colspan="2"></td><td></td></tr>
<tr><td>发生过 90 天以上逾期的账户数</td><td></td><td colspan="2"></td><td></td></tr>
<tr><td colspan="5">各类账户明细：</td></tr>
<tr><td colspan="5">非信贷交易记录
（包含最近 5 年内的非信贷交易记录）</td></tr>
</table>

<table>
<tr><td colspan="2">公共记录
（包含最近 5 年内的欠税记录、民事判决记录、强制执行记录、行政处罚记录及电信欠费记录）</td></tr>
<tr><td>欠税记录</td><td></td></tr>
<tr><td>民事判决记录</td><td></td></tr>
<tr><td>强制执行记录</td><td></td></tr>
<tr><td>行政处罚记录</td><td></td></tr>
<tr><td>电信欠费信息</td><td></td></tr>
</table>

<table>
<tr><td colspan="4">查询记录
（包含信用报告最近 2 年内被查询的记录）</td></tr>
<tr><td colspan="4">机构查询记录明细</td></tr>
<tr><td>编号</td><td>查询日期</td><td>查询机构</td><td>查询原因</td></tr>
<tr><td></td><td></td><td></td><td></td></tr>
<tr><td></td><td></td><td></td><td></td></tr>
<tr><td></td><td></td><td></td><td></td></tr>
</table>

资料来源：中国人民银行征信中心网站.

四、企业征信和个人征信

（一）征信的一般内容——企业、个人

征信是按照一种标准或以流行版本的调查报告为蓝本进行数据采集的，即对目标企业和个人就其信用状况进行逐项调查，所取得的结果被填充到某种征信数据采集表中。[①] 现

① 吴晶妹．三维信用论．北京：清华大学出版社，2016.

代征信都是电子数据形式的调查数据积累。征信数据分为量化数据和非量化数据。企业财务报表给出的数据是量化的，可以直接用来进行定量分析。非量化数据是指一些定性分析数据，它需要经过一个量化过程后，才能被统计模型所接受。

企业征信数据是为了帮助授信企业准确判断客户企业的信用程度，是否可以与其进行信用交易，以及做多大额度的信用交易能够安全收回货款。国际流行的普通版本企业资信调查报告主要内容包括：企业发展史、注册信息、当年经营情况、付款记录、银行往来记录、公共记录（经济纠纷、刑事处罚等）、财务报表、主要产品、进出口报关、主要经营者简历、对外形象、现场核实等信息。

个人征信主要看一个人的能力、行为、声誉、社会评价。个人信用报告的主要信息项一般包括：付款记录、收入、纳税与支出、就业、婚姻状况、年龄、处于分期付款状态的资产、抵押品、申请信用的目的。根据对国内外常见个人信用报告的总结归纳，个人信用报告的框架一般包括个人身份情况、银行信用记录、社会信誉记录、特别记录、查询记录。

（二）企业信用信息查询平台

以前对企业的信用风险分析主要基于企业的征信报告和对企业的尽职调查，通过这些途径只能了解企业的践约度，难以对企业的诚信度和合规度形成判断，且通过这些途径获得的企业信息始终是有限的。

自国务院发布《社会信用体系建设规划纲要（2014—2020年）》以来，政府和市场都凭借自己的优势在企业信用服务市场中有所建树，其中，最明显的成就是企业征信的蓬勃发展。政府各级各部门通过整合多年行政记录数据建立了国家企业信用信息公示系统，任何人都可以在该系统中通过企业的统一社会信用代码查询企业的行政信用信息记录，了解企业真实的注册信息以及是否有逃税、经营异常、违规违法等行为，这些信息能够有效帮助查询者分析企业的信用风险。

国家企业信用信息公示系统。国家企业信用信息公示系统于2014年2月上线运行。公示的主要内容包括：市场主体的注册登记、许可审批、年度报告、行政处罚、抽查结果、经营异常状态等信息。该系统信息公示遵照《中华人民共和国政府信息公开条例》《企业信息公示暂行条例》等法律法规、规章的有关规定。该系统提供全国企业、农民专业合作社、个体工商户等市场主体信用信息的填报、公示和查询服务。①

除了政府带头进行信用信息共享外，市场上很多机构也瞄准了企业征信业务，通过自身积累的数据以及外部购买和网络抓取验证的数据等，进行企业信息整合，并对外提供付费企业征信报告，提供包括企业关系图谱、企业业务、失信人员、经营异常情况、法律诉讼等信息。

天眼查。天眼查是以公开数据为切入点、以关系为核心的产品，在帮助传统企业或个人降低成本、防范化解金融风险方面提供了产品化的解决方案。例如，银行或金融担保机构可通过天眼查所提供的信息查询及关系挖掘服务，高效率获取更多、更全面可靠的借贷企业的经营状况信息，以确保借贷资金的安全性，同时也为媒体在新闻报道中提供高效、

① 全国企业信用信息公示系统上线．上海商报，2014-03-14.

可靠的线索查询渠道，优化信息求证方式。截至 2018 年 11 月，天眼查已收录了全国超 1.8 亿家社会实体信息（含企业、事业单位、基金会、学校、律所等），包含上市信息、企业背景、企业发展、司法风险、经营风险、经营状况、知识产权等 300 多种数据维度。①

企查查。企查查是苏州朗动网络科技公司旗下的一款企业信息查询工具，立足于企业征信的相关信息整合，经过深度学习、特征抽取和使用图构建技术，为用户提供全面、可靠、透明的数据信息。

企查查终端所有企业工商信息均实时同步更新，汇集了目前国内市场中的 80 个产业链、8 000 个行业、6 000 个市场以及 8 000 多万家企业数据，市场用户占有率稳居全国第一位。通过企查查，用户能够实时查询企业相关的工商登记信息、年报、股东信息、投资人信息、涉诉、失信、拥有商标、知识产权、企业证书、主要人员信息、变更记录等信息。

企查查用户人群囊括金融、征信、法律、行政等行业，被众多法律界和金融界人士、求职者以及政府部门高度认可和广泛使用。目前，企查查登记注册用户总数已经突破1 000 万。

（三）基于大数据的企业信用管理

互联网金融的兴起能为中小企业融资提供一个新方向。同时，互联网技术的应用不仅是为了适应互联网金融的应用场景，互联网技术本身也为企业信用风险分析提供了新的解决方案。依托于大数据的挖掘与应用、机器学习、人工智能等技术的发展，互联网金融不仅创新了融资模式，还为企业信用风险评价提供了更多样、更全面、更方便快捷的分析方法，可以帮助互联网金融自身和传统金融机构更好地进行企业全周期信用管理。

互联网技术的应用能够大大提高金融机构对企业信用风险的控制能力，以及提升授信的效率。大数据的积累可以帮助金融机构在贷前进行精准获客，直接筛除具有重大信用风险的企业。在贷前审查阶段可以通过位置信息、申请信息比对等方式核实企业信息的真实性，降低企业的欺诈风险，避免企业在多家金融机构同时申请贷款的情况。在贷中监控环节，借贷信息、运营商欠费信息、违规诉讼信息、设备变动信息等的实时变动可以帮助贷款人监控企业的运营状态。在贷后管理阶段，大数据可以为贷款人提供多种方式进行失信修复，并科学有效地帮助贷款人及时进行违约资产催收管理。

延展阅读 5-1

美国消费者金融保护局

在美国，对征信机构不满？到消费者金融保护局（CFPB）投诉吧，你得到回应的可能性很大。U. S. PIRG 教育基金是一家消费者权益保护组织，它在 2019 年 5 月 9 日发布了对消费者金融保护局的投诉数据库的分析报告。结果发现：

●自 2011 年数据库建立以来，消费者金融保护局收到的投诉超过 150 万起，2018 年收到的投诉超过 257 000 起。

●2018 年，有 43%的投诉涉及消费者信用报告或信用修复服务。很多人因为错误的

① 孔媛媛，王聪聪．“媒体利器”天眼查收录全国超 1.8 亿家社会实体信息．中青在线，2018－11－22.

支付记录对他们的信用评分造成影响而感到不安。

●三家个人征信机构（Equifax，Experian 和 TransUnion）受到的投诉最多。消费者数据行业协会的总裁兼 CEO Francis Creighton 说："由于每个征信机构都拥有大约 2.2 亿份消费者档案，投诉自然会更多。"

●近一半的投诉是针对以下 10 家公司提起的：三家个人征信机构、美国银行、第一资本金融公司、花旗银行、摩根大通、富国银行、学生贷款服务商 Navient 和抵押贷款服务商 Ocwen。

●被投诉公司的及时回复率是 97%。消费者金融保护局表示，消费者通常会在 15 天内收到回复。

分析报告特别指出，"对全国范围内三大个人征信机构的投诉特别令人担忧。消费者有办法应对银行的不当行为，例如，选择其竞争对手即可。但是对于征信机构，你不能用脚投票。未经你的同意，各征信机构会收集并出售你的信息，这就是为什么需要消费者金融保护局进行强有力的监督。"

公开数据显示，超过 223 000 份申诉解决了消费者的问题，超过 7 万人从他们投诉的公司那里拿回了钱。报告提醒，如果你曾要求征信机构删除错误信息但没有任何进展，那么就到监管机构投诉吧。权力极大的监管机构能够使这些公司迅速作出回应，通常都可以帮助你解决问题。2018 年，消费者金融保护局就消费者投诉信息如何公开征求公众意见，收到了超过 23 000 条建议。

资料来源：投诉最多，巨额罚款，美国个人征信机构面临"强监管"．源点 credit 微信公众号，2019-05-12.

延展阅读 5-2

全国信用APP观摩评选落幕

2019 年 4 月 24 日，由国家发改委指导、国家公共信用信息中心等部委联合主办的全国信用 APP 观摩活动暨社会化信用服务现场会在湖北宜昌举行。

参赛单位由 40 个政府信用 APP 和 37 个企业信用 APP 组成，由各省代表、专家及现场观众打分，在国家发改委、全国 32 个地区发改委代表们的见证下，企查查获得了二等奖的好成绩，同时获得了示范推广项目的荣誉。

同时参赛的有支付宝芝麻信用、京东金融、美团、中国移动、滴滴出行等单位，评审专家围绕 APP 的建设情况、功能情况、应用情况、社会效益与经济效益、创新探索等多个维度进行评议，企查查凭借绝对的优势得到了现场专家评委和各省代表们的高度认可和一致好评，现场观众反应热烈，均对企查查 APP 优质的功能和强大的技术产生了浓厚的兴趣。

资料来源：全国信用 APP 观摩评选落幕，企查查获奖．企查查官网，2019-04-25.

延展阅读 5-3

中国人民银行征信中心

中国人民银行征信中心成立于2006年3月，是中国人民银行直属的事业法人单位，主要任务是依据国家的法律法规和中国人民银行的规章，统一专门负责企业和个人征信系统（即金融信用信息基础数据库，又称企业和个人信用信息基础数据库）的建设、运行和维护。

主要职责是：负责拟定企业和个人征信系统建设的总体发展规划，并组织实施；负责制定企业和个人征信系统运行、维护的管理制度；负责制定企业和个人征信系统的业务技术标准；负责企业和个人征信系统建设、运行和维护；负责组织与商业银行及有关方面的业务技术协调工作，采集企业和个人的信用信息；负责汇总和分析企业和个人征信系统中的数据信息，及时提出分析报告；负责向商业银行及有关方面提供企业和个人的信用信息咨询服务；负责组织企业和个人征信系统运行中的争议处理；负责组织对商业银行及有关方面的征信业务知识培训；负责应收账款质押登记公示系统的建设、运行和管理；负责融资租赁登记公示系统的建设、运行和管理；承办行领导交办的其他事项。

征信系统有效解决了信息不对称问题，提高了社会公众融资的便利性，创造了更多的融资机会，促进了信贷市场发展。征信系统的广泛应用，显著提高了社会信用意识，在全社会形成“守信激励、失信惩戒”的激励约束机制。

截至2019年6月，征信系统累计收录了9．9亿自然人、2 591万户企业和其他组织的有关信息，个人和企业信用报告日均查询量分别达550万次和30万次。预计到2020年实现全国范围内自然人信用记录全覆盖。

资料来源：1. 中国人民银行征信中心网站.

2. 央行：征信系统收录9.9亿自然人．北京：北京青年报，2019-06-15.

第三节　信用评级

一、信用评级的界定与作用

信用评级活动是对被评级对象的资金、信誉，从质、量方面进行检验和计量，并科学、客观地作出全面评价的过程。[①] 信用评级机构接受委托人的委托，按照一定的程序、办法和标准，对委托人的偿债能力、信誉状况、履约的可靠性程度进行调查、研究和综合分析，作出定性定量的评估，确定其信誉等级，并将结果向社会公布。因此，信用评级活动可以说是一种社会活动，为投资者及社会各界提供科学、公正、准确、及时的信息和投

① 吴晶妹．三维信用论．北京：清华大学出版社，2016.

资决策参考。

在资金市场上或商业合作交往中，投资人或合作者都有必要了解筹资人或寻求合作的一方，一般主要了解其资金实力及信誉状况。通常的做法是，要求对方出示信誉证明或自己进行调查。自己进行调查必须花费大量的时间、精力、人力、财力，而结果不尽全面准确。因此，最简便可行又较为准确、可信的方法就是要求对方出示信誉证明。而筹资人或寻找合作的一方为了顺利筹资或合作，必须要委托第三者，即信用评级机构对其资信状况作出分析、判断及鉴定。

（一）信用评级的界定

信用评级是由专门从事信用评级的独立的社会中介机构，运用科学的指标体系，采用定量分析和定性分析相结合的方法，通过对企业、债券发行者、金融机构等市场参与主体的信用记录、企业素质、经营水平、外部环境、财务状况、发展前景以及可能出现的各种风险等进行客观、科学、公正的分析研究之后，就其信用能力（主要是偿还债务的能力及其可偿债程度）所进行的综合评价，并用特定的等级符号标定其信用等级的一种制度。

信用评级与前述的企业评级调查（企业征信）之间的主要区别如下：

第一，服务的市场不同。企业评级调查主要限于商业市场，为企业间的信用交易服务，降低交易风险。而信用评级主要活跃于资本市场，目的是消除投资者和融资者之间的信息不对称，降低投资风险。

第二，评级对象的范围不同。企业评级调查的评级对象比较单一，主要是各类企业。而信用评级则非常广泛，从商业银行、非银行金融机构、上市公司、债券到对国家偿还外债的意愿和能力的评级，都是信用评级的业务范围。

第三，委托人不同。企业评级调查是受授信人委托对被授信人的调查，委托人和被调查对象是信用交易的双方。而信用评级的委托人常常就是被评级单位自身（也有一部分是被动评估），被评级对象为了确立自己的信用等级，往往主动请求信用评级机构对其进行评估，信用评级的信用信息资料也是自己提供的。

第四，报告内容不同。信用评级最终要得出被评估机构的信用等级。而企业评级调查只将客户的客观信用情况反映出来，一般不对调查机构评级。

第五，收费不同。评级机构按被评级的标准收费，费用较高，从几万元到几百万元不等。而企业评级调查机构的调查报告收费只有几百元到一两千元，费用相对低廉。

因此，信用评级机构实际上是社会经济活动的中介机构。作为独立的信用评级机构，应该从自身的机构性质和任务出发，只要委托人发出委托，信用评级机构即可从政治、经济、法律、环境等各方面对其信誉进行评价，以达到保护投资者利益、保护信用关系、降低风险损失等目的。委托人可以是一切自然人、法人及经济主体，包括工商企业、机关单位、社会团体、部队、学校及年满 18 岁以上的合法社会公民。

（二）信用评级在现代信用活动中的作用

信用评级是现代信用管理活动的重要组成部分，在现代信用活动中发挥着重要作用。

首先，信用评级已成为进入国际市场的必要通行证。特别是在以外币发行债务时，得到国际承认的信用等级已成为国际融资的惯例。在美国，发行者如果不能得到 BBB 级以上的信用级别，就根本无法进入资本市场。

其次，对于债务发行主体，信用评级可以降低其筹资成本。特别是对那些信用优良的企业来说，因其能够获得较高的信用等级，因此可以取得更理想的定价条款，能够以较低利率筹集资金。另外，较高的信用等级也使发行人在与证券承销商的谈判中居于有利地位，大大节省资金成本。如美国3A级与3B级公司债券之间的利差在20世纪60年代就达0.1%，70年代中期高达1.78%，而到了80年代更是扩大到了2.3%的巨大利差。信用评级特别有利于那些信用状况很好但知名度不高的企业树立知名度，筹集低成本资金。而对于那些评级后信用等级不佳的发行者来说，评级结果可以帮助其有针对性地改善自己的信用能力，或者可以选择其他更为合适的筹资方式。

再次，从投资者的角度看，信用评级活动可以为其指路，使投资者在金融创新中不断增多的、五花八门的金融工具面前，有来自专业机构的信用评价作为参考，从而有效地回避信用风险。

最后，从宏观上说，信用评级已成为完善的资本市场不可或缺的重要组成部分，它不仅有利于提高资本市场的效率，使资金得到有效配置，还大大降低了资本市场的运行风险，极大地促进了社会投资的发展。

（三）信用评级在市场经济中的具体作用

信用评级不仅是投资者用于决策的重要信息，还是监管者提供维护市场稳定的重要抓手，此外，信用评级对融资者或企业本身也能起到引导作用。总体来看，信用评级在防范金融风险、维护整个宏观经济的平稳运行方面都发挥着重要作用。

1. 为管理者提供科学管理的依据

信用评级可以为管理者提供科学管理的依据，特别是为证券主管部门提供发行有价证券的审批依据。企业向市场筹资，证券主管部门要按照国家的有关政策和企业的资信程度进行审批。从理论上讲，社会的货币总额是有限的，表现为银行存款储蓄和手持货币两种形式。发行债券和股票、银行贷款、财政拨款等都要形成商品购买力，需要在总量和结构上加以调控，防止引起信用膨胀、物价上涨。信用评级机构对申请发行的债券、股票采用科学的方法，按照公开、公正、公平的原则，进行定性与定量分析，可以为证券主管部门在审批时提供可靠的依据。

2. 为融资者顺利融资铺平道路，创造条件

融资者本身或其发行的有价证券经过信用评级机构评估及评估的公告活动，可以使公众了解融资者本身或其发行的有价证券的特点与优越之处，加强了对融资者或其有价证券的宣传，扩大其知名度，这样有关的融资活动就容易被公众接受，便于打开市场。一般情况下，在缺乏信用评级的资本市场上，信誉好与信誉差的借款者或发行者之间的利差比较小，而有信用评级的资本市场利差会很明显，这对信誉差的借款者或发行者是极为不利的。这种利差来自市场的监督与调节。从这个角度说，信用评级是符合市场机制的，是一种能够使资本配置更有效率的机制。

一般债务发行人如果只是向当地投资者发行债务，可能并不需要评估。但是，如果准备在国际资本市场上发行债务，那么由于知名度没有那么响亮，信誉影响没有扩散那么

远，国际投资者不是很了解该债务发行人，因此信用评级就变得极为重要了。特别是在以外币发行债务时，就更需要得到国际承认的资信等级。信用评级是进入国际市场的必要通行证。

3. 为投资者正确选择投资对象提供科学依据，保护投资者利益

评估机构本着“公开、公正、公平”的原则，站在第三方的立场上，科学、客观地为投资者提供评估信息与投资决策的参考，减少投资的盲目性，提高投资透明度，防止欺诈行为。并且投资者可以参照评估机构的评估结果及有关信息，比较各种投资活动的利弊和各种证券的收益与风险，做出最佳决策，最大限度地实现以最低的投资风险争取最大的投资效益。

目前，资本市场越来越发达，业务专业化程度与国际化程度越来越高，依赖于传统的发行者名誉和净资产来评估信誉风险的方法已经不适用了。在发行过程中，投资银行常常作为组织、担保、承销和发行机构，为避免信用风险和方便债券发行与承销，往往推荐或要求发行者获得信用评估。这样做，一方面有利于投资银行的承销工作，另一方面也有助于公平合理地决定债务发行价格。

在金融日益全球化、国际化的今天，投资者往往考虑在国际分散投资风险，在整个国际资本市场上形成最佳投资组合。但是，正是资本市场的不断国际化和规模化，以及在金融创新中不断增多的金融工具，使投资决策变得越来越困难。因此，不仅是单个投资者越来越需要信用评级参考，世界上一些较大的、较著名的基金管理机构也常常需要信用评级结果作为其投资决策的参考。

4. 为企业转换经营机制创造有利条件

转换国有企业特别是大中型企业的经营机制，把企业推向市场，增强其活力，提高其素质，是建立社会主义市场经济体制的中心环节，是巩固社会主义制度和发挥社会主义优越性的关键所在。把企业推向市场，从资金角度讲，就是要求企业不能再依赖银行提供资金，而要到市场上筹集资金，自担风险，努力提高资金的使用效益。到市场上筹集资金，包括发行债券、实行股份制并发行股票、发售票据业务等在内的多种形式。通过这些直接信用形式在社会上筹集资金，首先要取得投资者的信任，这种信任必须建立在对企业资产负债调查了解的基础上。因此，信用评级在为企业融资铺平道路的同时，为企业转换机制、进入市场经济轨道创造了有利条件。

5. 为宏观金融调控提供大量可靠的资料

中央银行对宏观金融的调控，集中到一点，就是要通过对货币供应量的调节使货币购买力与商品可供量基本平衡，也就是社会总需求与总供给基本平衡。这种平衡包括总量的平衡与结构的平衡。但是这种平衡不是消极的只控制总量和增量的投向，而是要加快货币流通的速度和提高货币资金的使用效益。因此，通过信用评级机构了解的企业资金需求情况、投资者的心理状况、企业的信用状况等等对宏观金融调控是十分重要的信息资料。

6. 为金融市场规范化发展打下基础

对企业信用等级的评估，对债券、股票的评估，帮助企业进行股份制设计等，都是与发展金融市场有关的活动。如果债券、股票、股份制不规范，证券的一级市场、二级市场

就不可能规范化，发行与转让活动就不可能健康发展。信用评级工作就是要使金融市场的有关活动向规范化方向迈进，使社会主义市场经济更加健康有序地发展。

20世纪70年代以来，金融危机四伏，金融状况恶化，高信用风险随处可见，特别是商业银行及一些非银行金融机构的信贷业务与信贷质量严重下降，加之商业银行管理所面临的环境日益艰难，银行往往不愿意增加贷款，结果越来越多的公司只有到金融市场上寻求其他途径解决资金问题。

在资本市场上，行情起伏变化加剧，交易风险明显，投资者常常不得不依赖信用评级，加强了对信用评级的需求。这种需求有时可能会因某种特别事件，例如某个公司破产或宣布倒闭而突然高涨。信用评级常常在经济发展的危急时刻，在投资者最需要的时候一显身手。

二、信用评级的分类与流程

（一）信用评级的分类

从不同角度可以将信用评级划分为不同的种类。[①] 按评级对象的不同，信用评级可分为金融工具评级、工商企业评级、金融机构财务实力评级、公用事业评级和政府评级。按债务工具期限的长短，信用评级可分为长期债务评级和短期债务评级。按评级对象债务的范围，信用评级可分为债务发行评级与发行人评级。按被评级主体是否自愿接受评级，信用评级可分为主动评级和被动评级。按债务计价货币币种，信用评级可分为本币评级和外币评级。按评级结果的适用范围，信用评级可分为国内标准评级与全球标准评级。这里主要介绍按评级对象不同进行的分类。

1. 金融工具评级

金融工具评级是对各种有价证券完整履行金融合同要求的相对风险的评价，如债券信用评级是对债券按期足额还本付息可靠程度的评价，主要包括企业债券、可转换债券、普通股票、优先股票、证券投资基金、结构融资债券的信用评级。

2. 工商企业评级

工商企业评级是对企业偿还无担保债务的能力和意愿的综合评价，它衡量的是企业偿还非特定债务的违约率及损失严重程度。与债券信用评级不同的是，工商企业评级不是针对具体债务，而是对企业目前和潜在总债务偿还能力的综合评价，反映了企业依靠自身能力维持正常经营而不会陷入财务困境的可能性。

3. 金融机构财务实力评级

金融机构财务实力评级是对金融机构综合财力或内在安全性的评价，它衡量的是金融机构陷入债务困境时需要外部支持的可能性。金融机构信用评级包括对期货经纪公司、保险公司、商业银行、财务公司、担保公司、基金公司、证券公司、信托公司和典当行等的信用评级。

---

① 吴晶妹．三维信用论．北京：清华大学出版社，2016.

4. 公用事业评级

公用事业评级是对公用事业单位履行债务或其他合同的能力与意愿的评价。公用事业信用评级与一般企业有所不同：一般企业信用评级是从企业的角度进行分析，强调企业自身对债务的保障程度；而公用事业信用评级在考虑企业财务实力的同时，特别注重政府支持对公用事业企业债务的保障程度，包括在偿债资金来源上的支持、政策支持以及在企业发生偿债困难时的特别支持等。

5. 政府评级

政府评级是对一国中央政府或地方政府如约偿还债务本息的能力和意愿的评价。其中，对中央政府的评级又称主权信用评级，它反映的是该国偿还其全部对外债务，包括公共事业和私人借款的能力和相对风险。主权评级是该国债务人及其债务工具信用等级的"主权上限"，该国管辖的任何经济主体所发行的外币债务的信用等级不会超过该国的主权信用等级。

（二）信用评级的一般流程

一般情况下，信用评估公司只有在得到广泛的信息和充分分析以后，才决定是否评估一家公司或债券的发行。[①] 而上述的广泛信息和充分分析必须是可靠的、有一定数量和质量的。评估过程不仅仅是检查、分析各种财务状况与措施，更重要的是要考察涉及经营基本情况的全部问题，例如行业前景、技术变化、职工安定情况、管理当局的干预、经过审计的连续五年的财务报表、财务和现金流动预测、交易文件等。

评估过程一般为：申请评估→确定评估小组，进行基本分析与研究→会见被评估人或发行者→评估委员会会议→评估发行→监督。其中，评估小组和评估委员会给出建议，并在会议上讨论有关事实，然后由委员会对评估结果与建议进行表决，最后向被评估者如债券发行者通知评级结果以及评级主要内容。被通知人可以在评级结果向公众公布之前，对评估等级提出申诉，也可以补充一些新的和有意义的信息，评估委员会可予以考虑。但这种申诉与补充的新信息不一定会改变评估委员会的决定。

最终评估结果将通过新闻媒体传播到社会，例如将评估结果在公开发行的报纸上公告，在电视中播放，或者出版在评估公司创办与发行的一些刊物中，例如标准普尔的评估结果就经常公告在自己的《资信周刊》上。

评估结果公告以后，并不等于评估活动就此完结，评估公司还要进行跟踪、监督，即跟踪评估。评估公司的跟踪评估、监督和审查工作，历来被看作是比较重要的。以标准普尔为例，一般至少一年发表一次对大公司和大的债券发行者的书面评估。尽管这些对象没有新的债务发行，评估公司每年仍要召开评审会议。这种会议的目的在于跟踪评估，使评估分析员不落后于客户的发展，并且能够及时讨论潜在的问题和客户发展计划的变动。

评估结果虽被确定而且公布，但有时由于被评估对象的变化，被评估人或发行者要求按照变动的条件重新考虑评估结果。在这种情况下，主要评估员与分析员应先提出初步审议，随后要进行综合分析，并向评估委员会提出报告。最后，由评估委员会评价分析，并

① 吴晶妹．三维信用论．北京：清华大学出版社，2016.

做出评估决定，通知发行单位或被评估人，同时也可以接受申诉。

信用评级机构是咨询服务类经营机构，独立自主、自负盈亏，因此对评级服务有偿收费。从社会经济循环角度看，信用评级是信用评级机构与欲发行债券的企业两个经营机构之间的商业往来，因此，协议书仍然是评级中的重要和首要步骤。

一般来说，评估机构接到委托者的请求，初步决定进行评级后，首先要组成专门小组，与委托者即企业会谈，初步了解其发债目的及企业概况，同时企业也了解评估机构的水平与状况，了解其评级的权威性、科学性及公正性。互相满意后，双方签订信用评估协议，信用评级关系正式成立。一般协议书中载明委托人应向评估机构提供资料的期限及资料种类、名称，评估机构评估的期限及具体收费金额。企业向评估机构提交的各种材料主要是前两个年度和本年度的各项财务报表，包括利润表、资产负债表、立项文件、担保书、各种协议及合同。其中，财务报表必须真实、可靠，而且经合法的会计师事务所确认，国有资产值必须经国有资产管理局确认。

专门小组认真分析上述材料，深入企业调查研究后，提出对该债券信用等级的初步意见。评估机构再根据该企业的特点及存在的问题，从专家组中聘请有针对性的或了解情况的专家，组成该项目的专家评委，对专门小组提出的信用等级初步意见进行讨论，投票确定信用级别，最后由专门小组以专家确定的信用级别为准向委托人发出评级公告。如委托人对信用评级结果有异议，可提出有关依据和资料要求复评，以复评结果为最终结论。但复评一般要加收复评资费。信用评级的最后结果是否向社会公告，由委托方自行决定，为公告花费的一切费用亦由委托人自理。

三、信用评级的主要内容

信用评级的主要内容视评级对象而定，针对不同的评级对象，评级内容有所不同。[①]

工商企业信用评级的主要内容包括企业素质、信用记录、财务状况、经营管理水平、成长性与潜在风险。其中，企业素质包括策略性方向、财务观念、稳健倾向、业绩、母子公司关系、业务计划延续性和监管系统。信用记录主要包括企业多年的付款记录、银行往来记录、海关信用记录、市场监督管理部门的信用记录、商品检验部门的信用记录、外汇管理部门的信用记录、公共记录和保险等。财务状况主要是通过对企业的财务比率进行分析以评价企业的信用状况和偿债能力。经营管理水平主要包括市场占有率展望、分散业务领域和收益来源、成本结构、公司架构、母公司担保及其他支持协议。成长性与潜在风险主要包括国家政策和监管环境以及行业发展趋势。

商业银行信用评级的主要内容包括经济风险分析、产业风险分析、市场地位、业务分散与营运多样化、管理与策略、信用风险、市场风险、资金的调度与流动性、资本管理、获利能力、风险管理、财务结构的应变性。保险公司信用评级的主要内容包括产业风险、商业地位、管理与公司战略、经营业绩、投资、资本、流动性、财务灵活性。

① 吴晶妹．三维信用论．北京：清华大学出版社，2016.

债券评级的主要内容包括营运风险分析、财务风险分析以及债券契约中的顺位和保障条款。其中，营运风险分析包括产业风险分析、企业的竞争地位分析、企业内部管理分析；财务风险分析包括会计品质、财务政策、获利能力与收益保障、资本结构和资产构成、现金流量充足性、财务弹性。基金评级的主要内容包括基金资产的信用品质、交易相对人风险、流动性、基金经理人评估、基金管理公司评估、法规结构。

政府信用评级的主要内容包括政治风险、收入和经济结构、经济增长前景、财政弹性、政府债务负担、预算外负债和或有负债、货币的灵活性、外部流动性、公共部门和私人部门的对外债务负担。

信用评级报告是信用评级工作的最终成果。在对大量评级资料进行系统分析之后，将综合判断得出的结果用文字报告形式表达出来，供社会参考。通常信用评级报告除了本报告外，还附一份信用评级分析报告。信用评级报告是对评级结果的总结，而分析报告则是信用评级报告的具体化，围绕信用评级报告的评估结论系统地表述信用评级的情况、指标分析的数据以及评估结论形成的根据等。

四、信用评级的主要方法

尽管信用评级的对象范围较广，但最主要的无外乎两种，即企业评级和证券评级。这两种评级之间有着千丝万缕的联系，不能完全割裂。例如，在债券评级中所运用的一切方法、手段甚至内容，都必须考虑企业的特点及运作规律；而企业作为社会的基本细胞，既有自己的运作规律，同时也受社会经济环境的制约与影响。[①]

因此，为了做到全面、客观、科学，信用评级的方法与手段应该是一个能够包罗万象的系统工程，能够将静态分析与动态分析、定量评价与定性评价、对过去分析与对未来预测相结合（具体的量化方法、模型详见第六章）。

（一）静态分析与动态分析相结合

没有使用具体的历史指标和定量数据来检验、计量，就不能正确分析企业生产经营和信用状况。因此，静态评级是完全必要的，但由于社会经济环境不断变化，企业自身不断运作，完全用静态指标评价一个企业的信誉是远远不够的，必须结合动态分析。对企业的发展前景、筹资项目效益、企业应变能力、市场竞争能力、履约能力等难以确定的因素，应注意多采用动态分析。例如，企业的发展前景可以从企业在产业政策和区域经济规划中的地位、该行业的发展趋势及市场预测、企业发展战略及规划的可行性方面进行评估，尽可能分析与企业前景相关的动态因素及其对企业发展前景的影响。

（二）定量与定性评价相结合

信用评级以定量方法为基础，但不局限于定量方法，也需要定性分析的配合。定量分析主要考察企业的内部因素，如财务结构、偿债能力、经营能力、经营效益等就是以定量分析为主，依靠企业财务数据，根据其所属的行业类型，用一套较为有针对性的指标来计

① 吴晶妹．三维信用论．北京：清华大学出版社，2016.

算；定性研究主要考察企业的外部因素，由于不同企业之间在所有者性质、组织形式、规模、外部支持力度等方面存在诸多差异，简单用定量指标很难做出公正、科学的评价，特别是有些非财务因素无法量化计算，只能进行定性判断，如企业基本素质和发展前景等。因此，必须将定量分析和定性分析相互交叉，使定量分析中有定性分析，定性分析中含定量分析，即客观评价方法与主观评价方法要相互结合。

一般来说，对企业的财务质量分析依靠企业资产负债表、利润表中提供的数据，用一套较有针对性的指标来计算，因此可以说财务分析是以定量为主的，即主要采用财务比率分析法进行。财务比率分析法是评级的重要方法，它是利用各个财务指标之间的内在联系求得它们的比率关系，并与有可比性的参照值进行对比分析，以衡量财务质量水平的一种方法。

但是很多国家的很多企业，特别是我国的绝大部分企业的无形资产，一般很难以定量的形式从账面上反映出来，经常会出现账面财务状况完全相同但无形资产不同，使企业将来的财务成果差异很大。因此，要正确评价一个企业的财务水平，除了财务定量分析外，还应从业务的其他方面做定性判断。而有关企业素质、筹资投向、履约能力这三方面内容，则很难定量分析，一般以定性分析为主。

第四节　信用管理咨询

一、信用管理咨询的作用

信用管理咨询服务可以帮助企业建立和调整信用管理体系，即给企业制定连贯一致的信用政策；提升信用部门的工作效率；指导和协调企业的信用销售活动，建立销售和信用部门相互沟通的桥梁，以提高整体业绩；运用信用工具，帮助企业完成客户信息的收集和评估，确定标准化的信用申请、信用条件的审批与授信流程，加速信用决策；建立系统有效的方法实施催收，保障企业债权等，从而使企业能够更好地管理客户和应收账款、降低坏账风险、优化现金流量，支持企业实现成本最小、收益最大的目标。

二、信用管理咨询的服务内容

信用管理咨询服务一般从企业的市场营销、销售管理、客户资源管理、资金安全和使用效率四个方面着手，分析企业存在的问题，利用信用风险控制原理加以解决，帮助企业建立起以信用管理机构为核心，以客户资源管理系统、销售风险控制系统和货款回收管理系统为框架的内部信用风险管理体系。其服务包括以下具体内容：

一是培训员工、完善组织、分析缺陷。通过信用管理职前培训，系统培训企业管理、销售、财务、客户服务等部门的人员，提高企业信用管理意识和管理水平；通过诊断企业营销管理模式、财务管理模式、库存、储运、物流管理模式，分析企业信用管理存在的缺陷；通过整合企业组织结构，建立和完善企业信用管理部门。

二是制定政策、流程，建立数据库和模型。通过制定完善的信用管理政策，帮助企业建立各种信用管理规章制度，规范企业内部纵向信用管理模式和横向信用营销模式，编纂对内、对外信用管理手册，确定企业各项信用管理作业流程；通过建立客户信用档案数据库，收集和整理企业各部门的客户资料，规范客户资料的标准化管理；通过建立应收账款管理和跟踪制度，完善后期信用管理的每一步流程；通过研究行业特征、企业特征和客户群特征，确定信用评估评级模型数据。

三、信用管理咨询的运作

为了提高效益和节省开支，目前企业信用管理外包需求显著增加，因此，信用管理咨询业得到了迅速发展。信用管理咨询公司目前重点强调服务质量，把满足客户要求、提供具有前瞻性的建设性解决方案作为中心任务。其咨询服务流程如下：

（1）初步培训和交流阶段。利用1～2个工作日向企业的高层管理人员介绍信用管理知识，转变其信用管理观念。然后，对企业进行实地调研，找出其在信用管理方面存在的问题，提出解决方案建议书。根据初步调研的结果与企业的高层就解决方案建议书进行沟通，确定建议书的内容。

（2）方案制定阶段。根据建议书为企业制定详细的信用管理解决方案，包括为企业量身设计管理制度框架、业务流程和技术方案等。

（3）辅导和实施阶段。就企业信用管理解决方案在实施过程中可能遇到的问题予以解答、辅导，并对企业中涉及信用管理控制环节的员工进行操作培训。

通过整套服务，最终使企业在信用管理方面成功实现观念重建、流程重建及组织重建，从而提高企业的信用管理水平。

第五节 其他信用管理服务业

一、信用保险

（一）信用保险的定义、特征及分类

先从信用保险的定义、特征和分类三个方面对信用保险进行介绍。

1. 信用保险的定义

信用保险是在出口贸易或相关经济活动中发生的，它是以在商品赊销和货币借贷中债务人的信用作为保险标的，以债务人到期不能履行其契约中的债务清偿义务为保险事故，由保险人承担被保险人（债权人）因此遭受的经济损失的赔偿责任的一种保险。①

---

① 吴晶妹．信用管理学．上海：上海财经大学出版社，2011.

信用保险的主要任务是对工商企业和个人的评级状况进行调查、分析和评估，并在长期跟踪调查研究的基础上为客户提供信用保险，帮助它们最大限度地将公司的信用风险降至最低点。

在现代国际贸易中，非信用证结算方式已在不少发达国家和发展中国家的出口贸易中广泛采用，并且比重呈逐渐上升的趋势。在这种背景下，出口商如果一味坚持信用证结算方式，势必会将自己置于不利的竞争位置。但采用灵活多样的收汇方式，出口商承担的风险又太大，比如存在买方商业信用风险等问题。购买信用保险就可以有效地解决类似问题。因此，在非信用证结算方式盛行的现代国际贸易中，信用保险成为规避信用风险的有效工具之一。

2. 信用保险的特征

由于信用保险承担的风险较大且性质特殊，所以一般商业保险公司均不愿承保这种保险业务。因此，各国的出口信用保险大多依靠政府支持。出口信用保险具有以下五个方面的特点：

(1) 经营风险高。信息不对称是保险市场的一个重要特征。信息不对称是指某些参与人拥有另一些参与人不拥有的信息。信息不对称的存在是由于代理人取得不同的信息所致，这与人们获取信息的能力有关。不同行业的人在不同的领域或不同时期产生不同的信息优势和劣势，这就出现了信息不对称。信息不对称包括事前不对称（逆向选择）和事后不对称（道德风险）。在出口信用保险市场上，逆向选择来自出口信用保险机构事前不能完全了解被保险人及买家的风险程度（与是否参加保险无关），从而保险水平不能达到信息对称状况下的最优水平（即出现高风险的消费者将低风险的消费者赶出保险市场的情形）；道德风险则来自出口信用保险机构不能观察到投保人在投保后的防范措施，是否偏离未投保时或无事后信息不对称时的防范措施。现实中，道德风险和逆向选择是同时存在的，出口信用保险机构既缺乏投保人及买家的风险程度的事前信息，又难以观察到投保人的事后防范措施，因此承担的经营风险很高。

(2) 以政府支持为保障。由于出口信用保险机构承担着商业机构难以承担的风险，因此，各国出口信用保险都是在政府强有力的支持下发展起来的。政府支持的主要内容包括：指导制定经营战略、资本金提供、偿付能力保障、税收优惠等。出口信用保险机构履行保险义务，维护国家信用，保障出口行为正常运行。政府则采用一定形式，利用国家财政支持出口信用保险机构，例如向经营机构“承诺”以保证其偿付能力，对于超过赔付能力的，由国家财政按一定程序履行“承诺”。从出口信用保险本身的机理看，经营机构资本金一般能够满足其正常赔付需要。因此，国家财政无须事先向经营机构拨付大量风险基金，亦能提高经营机构的承保能力，只有偶然出现巨额赔付的情况时，才会形成财政的实际资金拨付；或者国家财政采用再保险方式分担经营机构的绝大部分业务风险，从而提高经营机构的承保能力。当纳入财政再保险的业务发生损失时，由国家财政按损失额的既定比例对经营机构进行资金拨付补充。这一方式也是以国家信用为保证，在减少实际资金拨付的情况下，提高了经营机构的承保能力。

(3) 以长期收支平衡为目标。出口信用保险虽然是政府支持的手段，但按照惯例，各国均对其建立独立的核算体制，并以长期收支平衡为目标。这是因为，出口信用保险承保的风险具有特殊性，收支波动性强，某一时段的盈亏情况不能完全反映其真实的经营状态。因此，对其收支平衡的考察是在较长经营期间内综合进行，而不是以每一年度盈亏平衡为目标。

（4）依据专门法律开展经营。出口信用保险的经营目标、经营方式与商业机构有很大差异，因此，大多数国家都对出口信用保险实行专门立法，以保证其依法经营。同时，由于出口信用保险需要体现国家的多种政策目标导向，许多国家都建立了部际协调机制、预算机制等，对经营机构在一定经营期内的经营规模、经营目标做出规定，以协调和加强对经营机构的指导和管理。

（5）影响厘定保险费率的因素多。大数法则是保险活动的数理基础，即保险费率的厘定均以保险额的损失率为准。但大数法则的应用要求事件的发生具有均一、稳定和重复的特征，以保证在大量保险标的存在的前提下损失概率基本稳定，从而保证保险公司的稳健经营。出口信用保险机构保障的风险多受社会政治环境和人为因素的影响，不符合大数法则的要求。小概率事件对信用保险的影响极大，但不能用大数法则统计出来。一般来说，厘订出口信用保险费率的关键因素是信息资料，对于动态的信用风险，应根据信息进行预测和调整。

3. 信用保险的种类

信用保险包括出口信用保险、政治风险保险和消费信贷保险等。

（1）出口信用保险，是以出口贸易和海外投资中的外国买方信用风险为保险对象，以出口企业在执行出口合同中应当享有的合法权利为保险标的的信用保险。出口信用保险是最常见的信用保险形式，它以国际贸易中来自一国买方的风险为保险对象，针对由于进口商的原因（不付款等）造成的经济损失进行保险。按照出口合同中规定的信用期限不同，出口信用保险业务分为短期出口信用保险和中长期出口信用保险两大类。短期出口信用保险使用期限在 180 天以内，如 D/P（付款交单）、D/A（承兑交单）、O/A（挂账）等方式的出口，短期出口信用保险可以帮助出口商确保收汇、出口融资和进行买家调查。中长期出口信用保险则是指信用期在 1 年以上，一般不超过 10 年的出口信用保险。出口信用保险人拥有强大的信息资源。它可以随时检查出口商买方的业务量、信用等级，使得出口商更多地了解其新客户和潜在的商业伙伴。一旦出口商某个买方的财政状况恶化，保险人会立刻通知出口商。出口信用保险的保险责任包括商业风险及政治风险。商业风险包括买方无力偿付债务或破产、买方拒收货物并拒付货款、买方拖欠货款；政治风险包括买方国家禁止或限制汇兑、买方国家撤销进口许可证、买方所在国或货款须经过的第三国颁布延期付款令或发生战争、暴乱或革命等被保险人和买方均无法控制的非常事件。

（2）政治风险保险，也称投资保险，其目的是鼓励本国企业“走出国门”投资设厂、承包工程，刺激本国金融机构向“走出国门”的国内企业给予信贷支持，并且改善国内投资环境，吸引外商来华投资。与一般商业保险不同，政治风险保险有着鲜明的政策性，是各国政府鼓励企业在海外投资建厂的扶持政策之一。政治风险保险一般承保以下风险：征收风险（指投资所在地政府采取、批准、授权或同意的对投资实行的强行征用、没收、国有化、扣押等行为，这些行为使投资方无法建立或经营投资企业，或者剥夺、妨碍其作为投资者的权益）；战争风险（指投资所在国发生的战争、内战、恐怖主义行为以及其他类似战争的行为）；汇兑限制风险（指当地政府实施的限制投资者把当地货币兑换为可自由兑换货币的措施，或者使投资者必须以远离市场汇率的价格才能将当地货币兑换为可自由兑换货币的措施）；政治性违约风险（指当地政府非法地或者不合理地取消、违反、不履行或者拒绝承认与投资者签订的与投资相关的特许权协议、优惠措施协议等的行为）。

（3）在消费信贷保险业务中，投保人为借款人，被保险人为贷款银行。借款人缴纳一定的保费后，信用保险公司就可以补偿银行在从事消费信贷业务中的损失，既可以保证银行资产的安全，又对刺激消费具有积极作用。在一些征信国家，商业银行的消费信贷和保险公司的信用保险相互配合，以扩大各自的业务，规避风险，共同发展。在法国，仅国家人寿保险公司就向800万借款人提供借款保险；在美国，消费信用保险被认为是最大的保险市场。美国的金融机构在进行个人消费信贷运作时，一般还要求借款人投保人寿保险和抵押贷款保险。

（二）信用保险的发展历程

发达国家的出口信用保险有近百年的发展历史，不仅有完善的出口信用保险法律体系，而且业务种类繁多，可以给本国出口企业更多的选择以及更大的风险保障，大大促进了对外贸易的发展。而我国信用保险发展历史较短，在改革开放使得我国市场经济逐渐繁荣起来之后，商业贸易的发展才产生了对信用保险的需求。

1. 国际信用保险的发展

信用保险在国际上是一种常用的风险规避方式。信用保险机构拥有信用风险管理方面的技术专长和涵盖全球数以百万计的企业数据库。这些技术专长和有关贸易应收账款的信息是承保信用风险的基础。它们既可以用于信用保险，也可用于为企业的信用部门提供新的服务。

出口信用保险机构尤其是商业性的出口信用保险机构大多实力雄厚，经验丰富。20世纪60年代以后，随着经济的发展和世界贸易的增长，众多发展中国家纷纷建立了自己的出口信用保险机构。虽然发展中国家的出口信用保险发展时间较短，但通过借鉴发达国家的发展经验，结合本国实际，也都取得了不俗的成绩。

在发达国家，信用保险公司已开始提供新的产品。例如，出口信用保险人还可提供追账服务，利用其国际地位和关系，其追账的效率大大超过个别债权人。此外，它们还可以通过将提供信息和承担风险分离开来，将现有的产品分拆销售。互联网的应用促进了上述业务的发展，B2B（企业对企业）网上交易的迅猛发展为信用保险机构及其他信用管理服务机构带来了新的机会。信用保险机构独家掌握的一些关于买方信用情况的信息成为商家互相争抢的资源。它们利用这些信息在网上为买方提供信用，从而增加服务费收入。最后，衍生产品市场和资产担保证券市场的发展为信用保险机构带来了机遇和挑战，信用保险机构可以帮助强化资产的信用，特别是强化贸易应收账款、商业票据等担保资产的信用。

2. 我国信用保险的发展

1984 年，外经贸部就曾提出开办信用保险。1989 年，在外经贸部、中国人民银行、国务院机电办等部门的推动下，按照国务院的指示精神，中国人民保险公司成立信用保险部，开始承办出口保险业务。1994 年，刚成立的中国进出口银行也获准承办出口信用保险服务，形成了我国出口信用保险两家办的局面。在我国外经贸的发展中，特别是机电出口的发展中，由于缺乏出口信用保险的立法保障和专门机构，以及一些企业出口贸易风险意识比较薄弱，出口信用保险的作用远未得到充分发挥。2001 年，中国出口信用保险公司成立，成为我国首家专业出口信用保险机构，原来的两家信用保险部门停止信用保险业务，全部由中国出口信用保险公司继续承做。中国出口信用保险公司的成立标志着我国出口信用保险业进入了一个崭新的发展时期。中国出口信用保险公司提供的信用保险服务具有一定的政策性，是出口企业规避信用风险的好方法。特别是 2008 年金融危机以来，为稳定出口，国务院要求中国出口信用保险公司短期出口信用保险的保额不能低于 840 亿美元，2009 年中国出口信用保险公司完成短期出口信用保险 1 500 亿美元，2010 年超过 2 000 亿美元，为支持我国出口企业防范信用风险发挥了重要作用。近年来，中国出口信用保险公司的垄断地位有所动摇，一方面是外资保险公司进入中国市场，如安卓信用保险公司、科法斯集团、裕利安宜公司等；另一方面，国内财产保险公司也在探索进入信用保险市场，如中国平安保险集团和中国人保集团财险公司均在尝试开办国内贸易信用保险。我国正在逐步形成内外贸、中外资、多元化的信用保险市场格局。

（三）信用保险的作用

出口信用保险最主要的作用就是防范不付款风险，保护出口商免受因买方或买方长期拖欠而造成的损失。出口商投保出口信用保险后，其收汇风险就转移给了保险人。出口保险的作用主要体现在以下几个方面：

（1）规避风险。这是出口信用保险最基本的功能。企业在从事对外贸易过程中主要面临两类风险。一是政治风险，如进口商所在国家发生政变、战争或调整贸易政策、实施外汇管制及各式各样的进口限制等。这类风险与国家责任结合在一起，是买卖双方无法控制的，一旦发生则会造成巨大损失，出口企业自身往往难以承受。二是商业风险，主要是进口商破产、发生支付困难或信用欺诈造成出口企业难以收回货款等。这类风险是由买家责任造成的，它的发生率高，风险分析技术复杂，很多出口商要么因为担心风险放弃贸易机会，要么冒险成交而随时面临收汇风险。出口信用保险承保这两类风险，最大限度地为企业提供了对外贸易过程中的外部风险保障，为出口企业的稳定经营创造了良好的外部条件，也为国家对外贸易的平稳发展提供了有力保障。

（2）促进出口。由于出口信用保险为出口企业提供了有效的风险防范和转移途径，因此可以帮助企业更加大胆地开拓新兴市场，以更加灵活的结算方式、交易手段参与国际市场的激烈竞争，从而扩大交易机会，增加出口。日本之所以能成为一个贸易大国，就与出口信用保险的支持密切相关，其出口信用保险的承保额占出口总额比例始终在 30%左右。由于出口信用保险机构能够向企业提供专业化的风险管理服务，这不仅有助于降低企业应收账款的拖欠率和坏死率，也有利于企业节约因自身进行风险管理而需付出的运营成本，有利于改善企业财务状况，提高出口企业竞争力，因而势必能带动国家对外贸易的发展，促进出口相关行业的繁荣。

（3）支持融资。出口信用保险是政府支持的政策性保障措施，它的信用等级与政府信用相当。因此，一方面，企业通过出口信用保险所提供的信用和风险保障，很容易获得出口融资，满足其出口和对外投资的资金需求。另一方面，出口信用保险能够以极少的政策性资金，通过承诺和担保的方式充分集合和拉动各种商业资金参与到支持出口中来，这也是出口信用保险相对于直接出口信贷的重要优势。这不仅有效引导了商业信贷对出口融资的广泛参与，扩大了出口信贷的可用资源，又促进了信贷机构之间的有序竞争，创造了良好的出口融资环境。

（4）增强竞争力。出口商投保信用保险，一方面可以规避自身的风险，另一方面可以获得融资便利，从而帮助企业提高市场竞争力，解除企业开拓市场的后顾之忧。同时，出口商也能够保持良好的资产状况，提高资金流动性，帮助出口或投资企业开辟新市场或扩大市场占有率。

（5）完善国家信用体系。由于出口信用保险机构在承保前均会对投保企业及与保险标的相关的企业作评级方面的调查，具有独特的国内外数据收集渠道和技术优势，同时作为一个政策性机构，又具有与国外同行或著名评级机构沟通信息、交流经验的优势，从而能够随时对资料进行更新，形成一个较为完整的兼具时效性的企业评级数据库，为国家信用体系提供最准确和最有效的数据。此外，出口信用保险机构通过利用自身信息资源，参与多个信用平台的建设，提高企业的信用意识，从而为完善国家信用体系做出直接贡献。

（四）信用保险保费的计算

1. 保险金额

按照国际保险市场的习惯做法，出口货物的保险金额一般按照 CIF 价另加 10%计算，这增加的 10%叫作保险加成，也就是买方进行此笔交易所付的费用和预期利润。保险金额的计算公式是：

保险金额＝CIF 价×(1＋加成率)

2. 保险费

投保人按约定方式缴纳保险费是保险合同生效的条件。保险费率是由保险公司根据一定时期、不同种类的货物的赔付率，按不同险别和目的地确定的。保险费则根据保险费率表，按照保险金额计算，其计算公式是：

保险费＝保险金额×保险费率

二、信用保理

（一）保理的概念及分类

首先，对保理的概念和适用范围进行介绍。其次，对保理业务的分类进行介绍。

1. 保理的概念

保理是保付代理的简称，是卖方与保理商之间的一种契约关系，主要是为赊销方式（O/A）而设计的一种综合性金融服务。[①] 它是指保理商从卖方那里买进以买方为债务人的应收账款，并提供贸易融资、商业评级调查与评估、销售分账户管理、应收账款催收以及信用风险控制与坏账担保的综合性售后服务。当卖方与买方处于不同国家（或地区）时，这项业务则称为国际保理。

一般的保理机构提供的保理业务包括：为卖方（或出口方）融通资金，包括贷款和预付款；管理销售分类账并履行关于应收账款的其他财务处理责任；收取应收账款；承担买方（债务人）无力支付而造成的损失。

与信用保险业务不同，保理服务是一种债权转让交易。保理商通常采用立即付款方式购买企业的应收账款，使企业能够及时获得所需的流动资金。同时，保理商通过收取一定的费用从中盈利。保理是由保理商提供的一种承担销售商信用销售时购买商到期拒绝付款的信用服务，为销售商提供了一种信用保障。保理业务的适用范围为：以信用付款条件销售（出口）并有融资需求的供货商；希望与客户建立长期业务往来，避免将价格作为竞争手段的厂商；希望减少库存成本、紧急订单成本的厂商；每笔信用证（L/C）的交易金额小，希望节约开证成本的厂商；有良好的销售机会，但买方（进口商）拒绝开立信用证条件的出口商；希望解决账务管理和应收账款追收的困扰，避免还账损失的企业。

近年来，随着国际贸易竞争的日益激烈，国际贸易买方市场逐渐形成。出口商为了扩大商品出口，占领国外市场，除了利用商品质量、价格、售后服务等竞争手段外，还改变传统的信用证结算方式，采用了一些比较灵活的支付方式以增强竞争力，如采用赊销、承兑交单等方式。但是，赊销和承兑交单客观上增加了出口商的收汇风险，不利于出口商的资金周转。由于国际保理业务能够很好地解决赊销中出口商面临的资金占压和进口商信用风险的问题，因而日渐流行。

2. 保理业务的分类

（1）有追索权保理和无追索权保理。有追索权保理指保理方凭债权转让向供应商融资后，如果买方拒绝付款或无力支付，保理商有权向供应商要求偿还资金。无追索权保理指保理方凭债权转让向供应商融通资金后，即放弃对供应商追索的权利，保理方独立承担买方拒绝付款或无力付款的风险。

（2）融资保理和非融资保理。融资保理是指保理方银行承购供应商的应收账款，给予资金融通，并通过一定方式向买方催还欠款。非融资保理指保理方在保理业务中不向供应商提供融资，只提供评级调查、销售款清收以及账务管理等非融资性服务。

（3）公开型保理和隐蔽型保理。公开型保理指债权转让一经发生，供应商须以书面形式将保理商的参与情况通知买方，并指示买方将货款直接付给保理方。隐蔽型保理指供应商不将债权转让以及保理商参与情况通知买方，买方仍将货款付给供应商，供应商收到货款后转付给保理商。整个操作过程只在供应商与保理方之间进行。

---

① 吴晶妹．信用管理学．上海：上海财经大学出版社，2011.

(二)保理业务的发展历程

保理业务最早也是产生于国外,我国的保理业务是在国际贸易发展之后,在国际保理商联合会推动下发展起来的。

1. 国际保理业务的发展

保理业务在20世纪50年代的美国和西欧国家得到迅速发展。作为一种新颖的贸易融资方式,保理在西方各个国家都十分发达,已经成为一种主要的结算工具。在欧洲,由于地理关系,保理业务一直比较盛行。美国(著名的有CIT公司等)近年来保理业务的发展越来越快,已经逐渐赶上了欧洲,仅一年保理额就在上千亿美元,而且大部分是国内业务。20世纪80年代后期,国际保理业务得到了突破性的发展。在国际贸易中,保理正逐渐取代传统的信用证方式。

随着国际保理公司纷纷成立,协调这些公司业务的国际性组织也相应成立。目前世界上有3个国际性机构,即国际保理商联合会(Factors Chain International,简称FCI)、国际保理协会(International Factoring Association,简称IFA)和哈拉尔海外公司(Heller Oversea Corporation)。这三个国际机构中,最大的是国际保理商联合会,它成立于1968年11月,总部现设在荷兰阿姆斯特丹,它是由各国保理公司组成的一个国际性民间商务组织,并且是一个开放式组织。

几十年的发展历史证明,保理行业的发展状况与国际贸易的发展息息相关。随着保理行业的成熟和经济结构的转变,国内保理成为众多保理机构的主要业务,国际保理在整个保理业务中的比例有所下降。银行保理与商业保理都能够促进保理业的发展,商业保理的发展在一定程度上还需要依赖于银行的支持和便利的业务运行平台。保理行业的准入有一定要求,并且有成熟的行业协会开展自律,已经形成比较规范的监管体系和行规行约。保理业务的运作模式已经非常成熟,风险控制能力和融资追偿措施已经经过实践检验,行业未来的发展风险相对较小。

2. 我国保理业务的发展

我国的保理业务是从国际保理开始的。1989年,国际保理商联合会与外经贸部、中国人民银行分别联系,希望在中国开展保理业务。1991年,外经贸部和中国人民银行组成考察小组,对欧洲各国保理银行进行考察。之后,中国银行加入国际保理商联合会,并于1992年率先在国内推出了国际保理业务。此后,交通银行和东方国际保理中心也加入了国际保理商联合会,开始从事保理业务。在开展国际保理业务后,一些机构开始开展国内保理服务。1999年,中国银行根据客户需要,开始试办国内保理业务。随着金融系统逐步对外开放,近年来有很多境外银行也进入中国开始提供保理业务,其中汇丰银行在中国保理服务中较为活跃。

目前,我国的保理业务取得了一定的进展。中国银行与国际保理商联合会会员之间的业务往来完全通过国际保理商联合会开发的保理电子数据交换系统进行,实现了作业无纸化,提高了业务效率,降低了业务风险。中国银行目前已与美国、德国、英国、法国、挪威、比利时、意大利、丹麦、澳大利亚、南非、土耳其、奥地利、泰国、新加坡、马来西亚、日本、韩国、匈牙利、以色列、希腊、西班牙、波兰、爱尔兰等国家和地区的近50

家保理公司签署了国际保理协议，业务遍及五大洲。

(三) 保理业务的运作与功能

接下来，具体介绍保理业务的运作内容和流程，并分析保理业务的功能与作用。

1. 保理业务的运作

国际保理是对传统保理业务的延伸，二者的区别主要体现在服务范围由国内拓展到国际。这里我们介绍国际保理业务的流程，因为相比起来，国内保理业务更为简单。虽然各国保理业务的侧重点不同，但大致程序类似。

在国际保理中，共涉及 4 个当事人，即出口商、进口商、出口保理商和进口保理商。具体业务程序可细分为以下步骤：出口商寻找有合作前景的进口商；出口商向出口保理商提出叙做保理的需求并要求其为进口商核准信用额度；出口保理商要求进口保理商对进口商进行信用评估；如进口商信用良好，进口保理商将为其核准信用额度；如果进口商同意购买出口商的商品或服务，则出口商开始供货，并将附有转让条款的发票寄送进口商；出口商将发票副本交给出口保理商；出口保理商通知进口保理商有关发票详情；出口商有融资需求，出口保理商付给出口商不超过发票金额 80%的融资款；进口保理商于发票到期日前若干天开始向进口商催收；进口商于发票到期日前向进口保理商付款；进口保理商将款项付给出口保理商；如果进口商在发票到期日 90 天后仍未付款，进口保理商做担保付款；出口保理商扣除融资本息及费用，将余额付给出口商。

2. 保理业务的功能

保理业务集企业评级调查与评估、应收账款的管理与追收、贸易融资及信用风险担保于一身，不仅为卖方彻底消除了在销售过程中账款拖欠的风险，而且通过资金融通和应收账款管理，加快了企业的资金周转，使企业的销售管理和财务管理明显改善。特别是在国际贸易中，如果采用“双保理”的形式，即在出口地和进口地分别有保理商从事保理业务，还可以克服买卖双方由于各国商业和法律习惯的不同，以及时间、地点、语言上的差异造成的困难，给贸易双方带来更多的好处。具体来说，保理业务的功能主要包括以下几点：

(1) 增加买卖双方交易机会。由于采用了保理方式，买卖双方可以放心地采用赊销方式或延期收汇方式，因而大大增加了双方的交易机会。

(2) 买卖双方的信用风险得到了有效的控制。保理公司不仅负责买方的评级调查，而且承担买方的信用风险，这样就使出口方收汇有了保障，避免了坏账损失。

(3) 节约费用和成本。由于避免了卖方的出口信用保险费用以及买方开具信用证或保险金等其他结算费用，因而大大降低了买卖双方的交易成本。

(4) 简化了进出口贸易手续，节省了时间，提高了效率。

(5) 更为重要的是，提高了买卖双方资金的周转速度，扩大了营业额，因而也就增加了买卖双方的利润。这是因为对于买方来说，由于采用赊销方式，因而减少了流动资金的占用时间；而对于卖方来说，由于可以提前得到保理商的预付货款，用于扩大再生产或进货，因而提高了资金使用率。

（四）保理服务费

虽然采取保理方式有其显著的优势，但这并不是说，凡是信用销售都应该采取保理方式，因为采取保理方式是需要支付一定费用的。保理服务费用由以下几项构成：

（1）服务佣金。保理公司一般向出口商收取每张发票面值的1%～2%的保理费。具体比例取决于以下5个因素：保理服务的总成交额、付款方式及信用期限、平均每张发票面值、出口的国家/市场、产品种类。

（2）买方评级调查费。保理公司要对进口商的商业评级进行调查和评估，从而确定进口商的信用额度。因此，保理公司对出口商提出的每项信用额度申请，都收取少量评级调查费。

（3）银行转账费用。保理公司到期收到货款后，一般通过银行转给出口商，银行收取一定比例手续费。此外，出口商需要融资并由保理公司垫支货款时，还需要支付利息，一般按银行贷款利率计算。

所以，是否采用保理方式完全取决于支付的保理费与运用保理方式而带来的风险降低所产生的收益的平衡，取决于运用保理方式与运用其他方式收益的平衡。

三、商账追收

（一）商账追收的含义

商账追收又称商账管理与追收，是指专业信用管理机构接受客户（通常为金融机构、工商企业等）委托，通过合法手段和运用追收技巧，对客户到期前的应收账款进行跟踪管理，或对逾期应收账款进行催收的服务，以促进客户应收账款及时足额回收，降低应收账款拖欠和坏账风险。

根据这个定义，专业的商账管理和追收服务具有以下两个主要特点：

一是商账管理与追收是一种委托代理服务，即信用管理机构与客户之间是一种委托代理关系。在信用管理机构代客户管理和催收应收账款时，应收账款所有权并不发生转移，这一点与以应收账款转让为前提的保理服务有本质区别。虽然国内外也有一些信用管理公司以折扣方式购买金融机构或企业的应收账款，并通过追收获利（类似于我国的资产管理公司），但它们所购买的应收账款应是逾期账款，即通常讲的“不良资产”，与保理机构只受让尚未到期的合格应收账款也是不同的。

二是规范的商账追收公司使用的手段应是合法的，即信用管理机构主要通过专业知识和技巧、依赖信用压力和合作网络进行催收，不得采用威胁、恐吓、绑架等非法手段进行催收。这一点与黑社会性质的“讨债公司”主要依赖宗法势力和非法手段进行催收有本质区别。

具体来讲，对于企业拖欠的应收账款，商账追收机构主要通过“非诉讼”方式与债务人进行专业的沟通和调解，综合使用心理压力、常识压力、信用压力和法律压力相结合的方式。如果债务人不配合，经客户同意，信用管理机构可以使用诉讼仲裁的方式进行催收，当然此时应由律师配合完成。由于企业欠款单笔金额较大，但一次性委托的欠款笔数有限，所以企业欠款催收成功的概率在很大程度上取决于催账人员的综合能力，使用电话催收、信函催收和上门催收较多。

对于消费者个人拖欠的应收账款，如信用卡、消费信贷和电信欠款等，由于涉及的欠款个人数量巨大，但单笔金额较小，所以商账追收机构通常需要建立电话呼叫中心和专门的管理信息系统，并主要以到期前提醒、定期对账和电话催收为主要手段，较少采取上门催收和法律诉讼手段。

（二）商账追收服务的基本流程

从委托收款到追款结案，一般商账追收服务的流程包括四个阶段：第一，客户出具授权委托书，提供案情资料，追账立案受理；第二，调查追讨；第三，财务做账；第四，完成追账结案。①

不同的商账追收机构可能有不同的追收步骤。但是，一般的流程包括：

第一，向客户索要相关合同、发票、提单、报关单、装箱单、仲裁、诉讼判决书、贸易往来函电、案情说明、客户联系方式等资料，根据资料对案情进行初审并决定是否接受债权人委托进行应收款管理，如果接受将正式签订《委托追收协议书》。

第二，《委托追收协议书》生效后，立即展开追收行动，研究案情，调查债务人的财务状况；交给联络小组进行联络，安排与债务人见面与谈判。在通过一般的追讨方式无法见效时，追收机构将根据实际情况进行研究，如认为诉讼等手段可行，建议客户通过追账机构的专业律师进行追收。如果客户同意进行法律诉讼，则着手进行诉讼和财产保全事宜；协助进行财产调查和法庭执行。在此期间，随时与客户进行沟通，不定期向客户提供《案情进展报告》，使客户及时了解追收进展。

第三，如债务人直接将欠款汇给客户，追收机构将会及时与客户联系确认，并发送《收款通知单》给客户，收取相应的佣金和费用。如追收机构收到债务人或追收渠道汇来的追回款，会及时发送《追回款通知》给客户，并在收到正本回执并扣除相应佣金和费用后，将追回款汇给客户。

第四，在债务人还清欠款或追收机构认为案件无可追性的情况下，追收机构会撰写《结案通知》并发送给客户，追收案例至此结束。

（三）商账追收的作用

通过合理选择商账追收机构所提供的专业服务，企业能迅速处理逾期未追账款的积压状况，从而加速资金回笼、维护客户关系、提升管理能力，其具体优势主要表现为：

（1）加速资金回笼，快速清偿债务。避免诉讼旷日持久，避免长期僵持的马拉松收账过程。商账追收机构提供专业的信用服务，其自身拥有资源调查和财务、经营等信息数据查询能力，熟悉各地的商业惯例以及法律条例，能够对企业所追收的欠款进行科学分析，使委托人充分了解和评估逾期欠款的质量和水平，提高追收效率。

（2）在收回欠款的同时，最大程度维护客户关系，避免了诉讼双方对峙的局面。商账追收机构的追收手段通常包括非诉讼手段的商业性追收，如以律师函电、登门协商、催收

---

① 中国信保商账追收网.

公告、债务重组、债权转让、法院支付令等专业手段及谈判技巧追收债务以及法律手段的商账追收。一般情况下，商账追收机构作为委托人与债务人沟通交流的渠道，会预先告知双方法律诉讼的弊端，尽量使用非诉讼的手段进行追收，可以避免双方因对峙或纠缠产生歧义和不快，力求和谐而有效地收回欠款。

(3) 咨询建议，标本兼治。商账追收机构根据在催账中暴露出的问题，向委托人提出咨询建议。专业的商账追收机构可以根据自身的专业技术分析委托追收案例，从案例洞悉企业的账务管理过程中存在的问题，从管理入手预防和控制账款拖欠。

(四) 国内商账追收机构的发展

20 世纪 80 年代末至 90 年代初，我国出现了严重的“三角债”问题，企业相互拖欠，坏账问题非常突出，市场对商账追收服务需求旺盛，出现了大量的商账追收公司，但也出现了非法讨债等严重问题，导致因讨债引起的刑事案件频发，甚至一些公检法机关也参与其中。为制止非法讨债现象，1993 年 5 月 25 日，国家工商总局发布《关于停止办理公、检、法、司机关所属“讨债公司”登记注册有关问题的通知》(工商企字〔1993〕第 124 号文)，停止为公、检、法、司机关申办的“讨债公司”及类似企业登记注册，通知其立即停止“讨债”业务，并办理撤销、注销或变更事宜；否则依法吊销营业执照。

1995 年，公安部、国家工商行政管理总局联合发出通知明令禁止开办讨债公司、从事讨债业务。通知规定，工商行政管理机关对已登记注册的讨债公司进行清理，立即停止办理“讨债公司”及类似企业登记注册。严禁企业以更换名称、变换方式等形式，继续开展讨债业务。公安机关对采取威胁、恐吓、诈骗、绑架人质等非法手段讨债的违法犯罪活动，要坚决依法惩处。非法讨债在一段时间内得到遏制。

然而，在旺盛的市场需求推动下，讨债公司在 1997 年以后又有所抬头。一方面，因为商品市场普遍供大于求，企业之间的货款拖欠情况非常严重；另一方面，企业普遍信用观念淡薄，企业信用管理水平差，应收账款管理不科学。同时，法院判决也面临执行难题，很多企业宁愿找讨债公司解决问题。

2000 年 6 月 15 日，国家经贸委、公安部、国家工商总局又联合下发了《关于取缔各类讨债公司严厉打击非法讨债活动的通知》(国经贸综合〔2000〕568 号文)，并重点进行了打击和整顿。从此，讨债公司在我国企业名单中消失，讨债业务也不能出现在企业的营业范围中。

虽然讨债公司在我国的合法性遭到质疑，然而在国内信用缺失、企业信用管理水平低、法院执行难等问题没有解决的情况下，追债市场从来就没有萎缩过。有些讨债公司要么转入地下经营，要么改头换面、换个名称继续从事追讨业务，特别是近几年发展起来的信用管理公司或征信公司不少已涉及该市场。只不过大多数企业目前在业务宣传上尽量避免使用敏感的“讨债”一词，经常以“商账追收”“债务清欠”“商账管理”“商账催收”“应收账款管理”等名义宣传和受理业务。

目前，在我国从事商账管理和追收业务的企业主要分为三种：一是信用管理（征信）类企业；二是商务调查或商务咨询类企业；三是律师事务所。提供服务的对象主要涉及企业（包括国内及境外）商账追收和个人消费信贷逾期欠款追收等。其中，除国内企业之间的欠款催收尚存在政策障碍外，开展海外欠款追收和消费者个人欠款催收业务并没有政策法律障碍。

我国对外经济贸易部计算中心曾在1991年与美国邓白氏公司合作，正式引进国际商账追收业务，其旗下的北京中贸远大信用管理有限公司自1993年成立后也一直从事商账管理和追收服务。此外，中国出口信用保险公司设立有专门的商账追收中心，原新华信背景的北京致融公司、深圳佳信隆公司、香港高柏公司等也是商账追收行业的知名机构。

综上所述，我国虽然出台过几个部门规章，不允许成立讨债公司、开展讨债业务，但并没有建立专门的商账追收行业法规，也没有明确的监管部门，整个行业处在自然发展阶段。受制于各种现实因素，短期内我国还无法颁布类似美国《公平债务追收法》那样的法律，但顺应市场经济发展需要和信用管理行业发展规律，尽快明确主管部门，规范开放商账追收业，使商账管理和追收行为法制化、阳光化已是当务之急。

延展阅读 5-4

短期出口信用保险

短期出口信用保险综合保险

综合保险承保出口企业所有以信用证和非信用证为支付方式出口的收汇风险。它补偿出口企业按合同约定出口货物后，或作为信用证受益人按照信用证条款规定提交单据后，因政治风险或商业风险发生而导致的直接损失。

短期出口信用保险特定买方保险

特定买方保险专为中国出口企业而设。它承保企业对某个或某几个特定买方以各种非信用证支付方式出口时面临的收汇风险，其中，付款期限180天以内（可扩展至360天）。

短期出口信用保险特定合同保险

特定合同保险是中国出口信用保险公司（简称中国信保）为中国出口企业提供的、承担其出口商务合同项下因政治风险和商业风险导致的已确立债权的应付款损失的保险产品。商务合同项下的出口标的物通常为机电产品、成套设备、高新技术产品等资本性或准资本性货物、大宗贸易商品及承包工程，以及与之相关的服务。

短期出口信用保险买方违约保险

买方违约保险是中国信保为中国出口企业提供的、承担其出口商务合同项下因政治风险和商业风险导致的实际投入成本损失的保险产品。商务合同项下的出口标的物通常为机电产品、成套设备、高新技术产品等资本性或准资本性货物、大宗贸易商品及承包工程，以及与之相关的服务。

出口信用保险（银行）保险单

出口信用保险（银行）保险单是以买入应收账款的银行为被保险人，保障银行在买入应收账款后收汇安全的出口信用保险业务。

出口信用保险（福费廷）保险单

出口信用保险（福费廷）保险单是以银行作为被保险人，保障银行在福费廷业务项下无追索权地买入未到期债权后收汇安全的出口信用保险业务。

义乌中国小商品城贸易信用保险

义乌中国小商品城贸易信用保险是义乌市人民政府引入的政策性信用保险机制，也是由中国信保为义乌市场量身定做的信用风险保障工具。这项保险通过为商户提供贸易收款风险保障以及信用风险管理咨询服务，帮助商户合理选择贸易伙伴、化解收款风险、扩大交易规模，协助义乌市人民政府进一步推动义乌市场的贸易发展。

短期出口信用保险中小企业综合保险

中小企业综合保险是承保中小型企业所有信用证和非信用证支付方式出口收汇风险的出口信用保险业务。

短期出口信用保险出运前风险保险

出运前风险保险是短期出口信用保险综合保险的附加险，不可单独投保。该产品保障企业出运前成本损失风险，减少企业坏账损失；解决企业出运前融资需求，扩大融资空间；加强企业风险控制水平，提升企业国际竞争力。

资料来源：中国出口信用保险公司官网.

延展阅读 5-5

海外追账公司

《环球》：中国企业在强烈地感受到国际市场巨大吸引力的同时，又因海外商账陷入了困境。这些境外商账都是怎么造成的呢?

王越：这里面有很多原因，举个可能比较极端但真实典型的例子吧。有一次，我去义乌讲课，有个企业找我帮忙追账，却无法提供合同、订单、发票、传真、邮件，甚至是任何关于这笔交易的文字资料。企业说，对方打了一个电话，这边就发货了。我很无奈，在这种情况下，账款能追回的概率微乎其微。我不知道该说这是朴素还是幼稚，中国的企业往往是基于良好的愿望在想事情，但事实上，风险在贸易中是无处不在的。很多中国出口企业事前不做资信调查，事中不知道如何进行风险防控转嫁，损失发生后又不知如何挽回，常常过了时效才想到要追款。甚至有一部分企业不能及时吸取教训，觉得家丑不可外扬，血本无归了也不透露半个字，其他企业不知道曾经发生过这类事件，也就没有防范意识，造成了恶性循环。

《环球》：在追账的过程中，你们遇到的困难主要是什么?

王越：我个人以为，最大的困难出在客户身上。一方面，中国不少企业管理水平低、风险意识差、思维传统僵化，往往在案子中存在证据严重缺失或债权无效的情况。不仅企业追不回账款，要为自己的管理漏洞买单，追账者也因此遭受损失，浪费了有限的资源，甚至因为提供无效案子给国外的合作伙伴而必须无奈地交纳罚金。另一方面，有少数企业信用差。我们替企业追账时预先支付了大笔的费用给国外合作机构作为佣金，账款追回后，我们却没有从客户那里收到应该付给我们的佣金。“追完债款追客户”，这种状况打击了我们的积极性。事实上，这也是国外专业信用管理公司迟迟不敢涉足中国市场的原因之一。这些国外同行对我说："我们知道中国的市场很大，但我们不知道什么时候进入是合适的。"

《环球》：在您看来，中国企业可以通过什么方式来减少海外贸易风险的发生率？

王越：中国的企业要提高风险意识和管理水平，在企业内部建立一套完整的信用管理体系，同时改变传统的思维，争取有利的市场地位。在出口贸易过程中，企业要尽量在事前进行资信调查，充分了解情况，预防风险，在事中有意识地转嫁风险，即便是日常的风险监控，也可考虑外包给专业机构。对于既成呆坏账的处理，要及时请专业机构介入，尽可能挽回损失。

资料来源：谢黎．揭开海外追账公司的神秘面纱．环球，2006-10-17.

延展阅读 5-6

美国《公平债务催收法》研究

债务催收在我国由来已久，随着我国市场经济的发展，许多急需资金的企业和个人转而投向民间借贷等方式。民间借贷存在严重的信息不对称问题，极易发生资金链断裂导致债权人债权难以实现。而我国对民间收债的监管还停留在禁止非法收债的简单粗暴规定，监管制度的不完善不仅导致合法的债务催收行为游走在法律边缘，无法发挥其制度功能，也不利于对不公平收债行为的规范与打击。

纵观世界各国，美国是职业收债法律规制最为先进的国家之一。美国《公平债务催收法》从债务催收主体、债务催收行为以及执行机制三个方面确立了一套完善的债务催收行为监管法律制度，对我国具有重要的借鉴意义。

美国《公平债务催收法》第 802（6）条规定其适用主体仅限于债务催收人，规定"债务催收人是指那些（1）为了收债而使用洲际贸易手段或商业邮件的人；或（2）经常直接或间接地向他人收取或尝试收取其所欠或到期的债务或者其被宣称所欠或到期的债务的人。"上述界定明确了判断债务催收人的几个关键要素：首先是目的要素，债务催收人的行为必须是为了实现债务收取的目的；其次是行为要素，债务催收必须是经常性的；最后是对象要素，债务催收的对象必须是消费者（或被宣称）所欠或到期的债务。

美国《公平债务催收法》第 804 条至第 809 条运用列举式和概括式的方法规定了一系列债务催收人在收债过程中必要和禁止的行为，具体规定包括：在获取消费者位置信息的过程中，债务催收人应首先表明身份，明确获取消费者位置信息的目的；在与消费者以外的其他人进行沟通应注意方式，不能泄露任何有关消费者拖欠债务的信息；债务催收人在与消费者沟通的时候应在一定限度内进行，包括方式、次数、对象等，不能给对方造成困扰；禁止实施包括骚扰、虐待、错误或令人误解的陈述以及其他的不公平债务催收行为。

另外，美国《公平债务催收法》的监管和执行可以通过两种方式实现：一是民事诉讼，私人可以提起诉讼要求债务催收人承担民事责任；二是行政监管，主要监管机构为联邦贸易委员会（FTC）。这两者的一个显著区别是，FTC 无权起诉债务催收人无意的技术侵犯，而私人可以提起技术侵犯之诉。

资料来源：侯乐．如何规范债务催收——美国《公平债务催收法》之镜鉴．银行家，2017，(07)．

【思考题】

1. 尝试总结信用管理各分支行业的特点。
2. 试分析我国三大征信数据体系的特点。
3. 相比于传统征信，网络征信的特点与局限有哪些？
4. 试述信用评级的功能与作用。
5. 对一家公司进行信用评级，你认为最需要的流程与指标是什么？为什么？
6. 信用修复有哪些意义？
7. 你怎样看待信用保险？
8. 试分析国内外保理业务的异同点。

【参考文献】

[1] 唐明琴，林江鹏．信用管理．北京：高等教育出版社，2014.

[2] 孙森，翟淑萍．信用管理．北京：中国金融出版社，2012.

[3] 吴晶妹．信用管理学．上海：上海财经大学出版社，2011.

[4] 信用中国网．

[5] 吴晶妹．三维信用论．北京：清华大学出版社，2016.

[6] 吴晶妹．未来中国征信：三大数据体系．征信，2013，(01).

[7] 中国人民银行征信中心个人信用报告（个人版）样本．中国人民银行征信中心网站，2014-01-14.

[8] 全国企业信用信息公示系统上线．上海商报，2014-03-14.

[9] 孔媛媛，王聪聪．“媒体利器”天眼查收录全国超 1.8 亿家社会实体信息．中青在线，2018-11-22.

[10] 中国信保商账追收网．

[11] 投诉最多，巨额罚款，美国个人征信机构面临“强监管”．源点 credit 微信公众号，2019-05-12.

[12] 全国信用 APP 观摩评选落幕，企查查获奖．企查查官网，2019-04-25.

[13] 中国出口信用保险公司官网.

[14] 中债资信评估有限责任公司官网．

[15] 郭继丰．中国评级的公信力重塑与开放——新时代中国信用评级行业公信力重塑．金融市场研究，2017，(11).

[16] 朱磊．加快建立健全信用修复机制. 浙江经济，2018，(07).

[17] 商账追收手段和方式．华律网，2012-07-22.

[18] 谢黎．揭开海外追账公司的神秘面纱．环球，2006-10-17.

[19] 侯乐. 如何规范债务催收——美国《公平债务催收法》之镜鉴．银行家，2017，(07).

第六章 信用风险分析的主要内容和方法

无论是企业还是金融机构，在进行信用管理时的一个重要步骤是评估分析信用主体的信用风险状况，在对信用主体的信用风险状况有了明确的把握之后才能对信用主体进行有针对性的管理。所以，本章主要为读者介绍目前学术和实践中通用的信用风险分析方法。本章将从宏观、中观、微观三个方面详细阐述信用风险分析的主要内容和方法。宏观经济和信用环境以及行业、区域发展情况对市场中任何一类信用主体都会产生重要影响，所以本章先具体讲解了宏观和中观分析的主要目的和主要内容。之后，对于微观分析，本章对企业和个人两大信用主体分别进行阐述，对于企业，主要涉及业务、财务、治理分析，紧接着对非金融企业和金融企业的信用评级方法进行简要介绍；对于个人，在进行信用分析之前需要进行信用调查和信用记录，之后根据个人信用信息进行评分，信用评分指标体系包括个人特征、财务特征、贷款特征、信用历史等指标。最后，本章将分别介绍实践中经典的和创新性的企业和个人信用风险度量或评价模型。

第一节 宏观和中观分析

宏观经济的运行情况与各类信用主体的信用水平是息

息相关、相互影响的。所以要对信用主体进行分析，首先要注意宏观经济的指示指标，密切关注宏观经济的发展动向。其次要具体从待分析的信用主体所处的行业以及区域出发，分析影响该主体信用状况的特定中观因素。

一、宏观分析

（一）宏观分析的主要目的

从宏观经济对信用风险的影响来看，在经济扩张时期，消费、投资需求旺盛，市场上资金充裕，资金成本较低，价格水平不断上升，这个时期各类信用主体都在积极加杠杆，一般情况下各类信用主体的运营情况较好、盈利有保障、现金流较为充裕，发生违约的概率较小，就算发生违约，债权人通过处置抵押担保品收回资金的回收率也较高。然而，在经济收缩时期，消费、投资需求萎靡，市场上资金紧张，资金成本较高，价格面临通缩风险，这个时期各类信用主体的日常运营难以维持、出现较多亏损、极容易出现资金链断裂的情况，各类金融资产、实体资产价格跳水，所以各类信用主体发生违约的概率极高，债权人通过处置抵押担保品也难以收回损失。

反过来，从信用风险对宏观经济的影响来看，2008 年由次贷危机引发的全球金融危机就将一路高歌猛进的宏观经济骤然拉下，至今全球经济都回不到当时的发展水平。2009 年从希腊开始的欧债危机也让整个欧元区突然陷入困境，至今仍难有起色。

所以，宏观分析对于信用风险分析的重要性不言而喻。

（二）宏观分析的主要内容

宏观分析是指利用过去一段时期的各种宏观经济指标判断经济发展所处阶段以及宏观经济未来的走势。宏观经济分析最基础的就是总体供给需求分析，供给需求达到均衡是宏观经济的最佳状态，经济下滑可以从两个方面寻找解决办法，要么拉动需求增长，要么进行供给侧改革。另外，价格水平能够反映通货膨胀水平，通胀水平会影响企业的生产成本、融资成本，还会影响居民的收入和消费水平。最后，货币政策和财政政策的变化作为宏观调控手段，在宏观分析中也是非常重要的，代表着国家引导经济发展的方向。所以宏观分析可以从以下四个方面进行：供给端、需求端、价格、货币和财政政策。其中，主要关注的经济指标有：

一是 GDP 增速。GDP 增速既是供给端数据，也是需求端数据，是观察描述宏观经济情况最常见、最简单的指标。

二是反映供给端具体情况的几个经济指标，主要有工业增加值、工业企业利润率、PMI 指数等，主要反映在宏观经济中作为产品和服务提供方的工业、服务业的景气程度。

三是反映需求端具体情况的几个经济指标，主要包括固定资产投资（制造业、基建、房地产开发）、消费增速、进出口变化情况、房地产销售情况、土地成交情况以及新开工情况等。这些指标主要反映了我国出口、投资、消费情况，这是拉动需求的“三驾马车”，以前我国经济的发展主要靠投资拉动，但近些年随着经济结构的调整，消费将成为未来拉动我国经济增长的主要动力。

四是几个反映总体价格的指标，比如 CPI、PPI 等。CPI 主要反映一般消费品的价格水平，而 PPI 主要反映生产所需原料的价格水平，PPI 的变化会传导到 CPI 上，PPI 是相较于 CPI 领先的经济观察指标。

五是反映货币政策、财政政策的几个指标，主要有 M2 增速、信贷新增规模、社会融资新增规模、税收、财政收支水平、财政补贴、国债发行规模、政府投资等。货币政策可以影响整个市场的流动性充裕程度以及信用宽松程度，宽松货币政策下企业偿还债务的能力要好于紧缩货币政策下。财政政策可以通过税收、补贴等政策影响企业的经营情况，如果该企业是财政重点支持对象，那么该企业能从政府获得很多优惠，还本付息的能力会较其他企业更好。但扩张型财政政策一般对应的是不够理想的宏观经济状况，所以扩张型财政政策也代表着实体经济的疲软，整个市场爆发违约风险的概率增大，同时扩张的财政政策也会对企业形成挤出效应，进一步压缩企业的融资空间，使得企业的信用风险升高。

除此之外，宏观分析还要重点研究政策风险，包括外汇管制、政府监管的法律法规、税制和关税保护、司法体制等的变化情况。外汇管制，如进出口政策、汇率管制的变化会对进出口商品依赖度高的企业造成重要影响。政府监管的法律法规可能会直接改变一个行业的产品服务标准、营业范围、进入退出门槛等，以及近些年政府对环保的重视有可能直接改变产业的竞争格局。税制和关税保护政策能够对进出口企业的成本产生重要影响，能够获得政策支持的企业会有更好的债务偿还能力。司法体制主要指一个国家的司法机关是否高效透明、对于债权的保障程度、对于抵押担保以及对破产程序的规定和执行情况等，一个国家的司法体制能够对整个国家所有企业的信用风险产生重大影响，所以司法公信目前也是我国进行社会信用体系建设的四大重点领域之一。

二、行业、区域分析

（一）行业分析的主要目的和内容

行业分析是为了判断被评估对象所处行业的特征和发展趋势，一方面要与宏观经济相结合，分析宏观经济环境对行业发展的影响，因为这决定了企业未来发展的机会，在分析宏观经济的运行状况及趋势的基础上，分析宏观经济对行业发展趋势及盈利的影响。除此之外，还要关注行业相关政策的变化，分析国家经济政策对行业的影响。国家的各种相关政策法规，尤其是产业政策的变化会直接影响产业的结构调整、竞争状况和发展潜力，这直接关系到企业未来的偿债能力。

另一方面，行业分析还需要分析行业自身在整个产业链中的地位、行业的生命周期以及行业未来的发展前景等因素对企业经营的影响。该部分包括行业供求现状及发展前景、行业集中度、行业竞争、产业在上下游产业链中的地位，这些因素都将影响整个产业内企业未来的盈利能力、现金流状况、资本支出规模以及融资难易程度。

其中，行业生命周期的分析非常重要，因为行业所处的发展阶段不同，行业内企业面

临的风险和所获得的盈利水平也有差异，行业资本结构也不一样，融资能力和限制也存在很大差异，这些因素都会影响行业内企业的偿债能力。每个行业都要经历一个由成长到衰退的发展过程，行业的生命周期一般可分为四个阶段——初创阶段、成长阶段、成熟阶段和衰退阶段。

对于行业现状的分析可以借鉴波特五力分析模型，该模型将对供应商的议价能力、购买者的议价能力、潜在竞争者进入的能力、替代品的替代能力、行业内竞争者现有竞争力等五个力量因素汇集在一个简便的模型中，以此分析一个行业的基本竞争态势。在进行行业分析时可以依据波特五力模型，对上游供应商的议价能力、下游购买者的定价能力、该行业进入和退出壁垒、相关替代行业的替代能力或是新趋势的崛起、行业内现在的竞争格局等因素进行分析。

(二) 区域分析的主要目的和内容

不同地区的经济发展状况不尽相同，被评对象的获利状况往往与所处区域情况息息相关。因此，企业所在的地区不同，企业也会有不同的信用状况表现，尤其是对于发行城投债的企业，主要业务经营依靠该区域的经济发展，主要收入来源依靠当地国有资产管理委员会，对当地的资产实力和政府的财政实力有很大的依赖性。所以区域分析需要重点关注区域经济状况、地方政策、地方政府的支持力度、区域资源和基础条件等因素。

首先是区域经济状况。企业的发展往往与其所处区域的经济发达程度密切相关，需要对企业和企业融资相关项目的前景有重要影响的区域经济因素进行分析、预测，主要关注指标有该区域 GDP 增速、固定资产投资情况、工业增加值、地方政府财政收支情况等。

其次是地方政策和地方政府的支持力度。对企业进行信用风险分析时需要重点关注企业的主营业务和融资相关项目是否符合地方政府产业政策，企业在当地经济中的地位，企业或融资相关项目是否属于政府直接投资和重点支持的企业或项目等内容。

最后是区域资源和基础条件。区域资源和基础条件对区域中的企业发展和企业融资项目前景起着重要的限制或促进作用。如果当地的资源和基础条件能够支持企业或项目的经营，那么企业或项目的经营成本往往较低，否则可能造成成本上升，经营风险增大。

延展阅读 6-1

波特五力模型简要介绍

波特五力模型是迈克尔·波特（Michael Porter）于 20 世纪 80 年代初提出的，对企业战略制定产生了全球性的深远影响。该模型用于竞争战略的分析，可以有效地分析客户的竞争环境。五力分别是：供应商的议价能力、购买者的议价能力、新进入者的威胁、替代品的威胁、同业竞争者的竞争程度。

1. 供应商的议价能力

供应商主要通过提高投入要素价格与降低单位价值质量的能力，来影响行业中现有企业的盈利能力与产品竞争力。当供应商所提供的投入要素的价值构成了买方产品总成本的较大比例、对买方产品生产过程非常重要或者严重影响买方产品的质量时，供应商对于买方的潜在讨价还价力量就大大增强。

2. 购买者的议价能力

购买者主要通过压价与要求提供较高的产品或服务质量的能力，来影响行业中现有企业的盈利能力。

3. 新进入者的威胁

新进入者在给行业带来新生产能力、新资源的同时，会与现有企业发生原材料与市场份额的竞争，最终导致行业中现有企业盈利水平降低，严重的话还有可能危及这些企业的生存。竞争性进入威胁的严重程度取决于两方面的因素，即进入新领域的难易程度与预期现有企业对于进入者的反应情况。

4. 替代品的威胁

两个处于同行业或不同行业中的企业，可能会由于所生产的产品互为替代品，从而在它们之间产生竞争行为，替代品价格越低、质量越好、用户转换成本越低，其所能产生的竞争压力就越大。

5. 同业竞争者的竞争程度

对于大部分行业中的企业，其目标都在于使得自己的企业获得相对于竞争对手的优势，所以与竞争对手必然会产生冲突与对抗，这些冲突与对抗就构成了现有企业之间的竞争。现有企业之间的竞争常常表现在价格、广告、产品介绍、售后服务等方面。

资料来源：波特五力分析模型，MBA 智库 .

第二节　企业信用分析

要对企业进行信用分析，需要遵循一定的分析框架，主要涉及的内容包括对公司治理情况、公司经营业务、公司财务状况等进行分析。目前，对企业进行信用分析的主要手段是信用评级，本节将主要介绍针对发债企业的主体评级和债项评级以及专门针对金融机构的骆驼评级体系。

一、企业信用分析的一般内容

（一）公司治理分析

企业的内部控制管理能力和效率直接影响企业的业务经营能力，所以会对企业未来的盈利和现金流状况产生重大影响。

首先，股权结构是公司治理结构的基础，不同股权结构决定了不同的企业组织形式。股权结构的度量指标有：股权集中度、股东性质和背景等。一般来说，过度集中或过度分散的股权结构都不理想。对股东性质和背景进行分析，可以了解股东的实力和资源，有时

候大股东的性质可以帮助判断公司的行为。在分析股权结构时需要注意对股东权利与其他利益相关者的分析，董事会、监事会及经理层的激励约束机制分析，以及公司的信息披露与审计是否合规透明。

其次，企业的管理能力对企业的业务经营和财务实力提升至关重要。企业的管理能力可以从以下几个方面衡量：一是管理层，主要考察管理层的经历、专业技术和团队稳定性等；二是企业的经营战略，包括战略定位、战略规划和战略部署，战略管理的有效性是确保企业经营战略能够稳步实施的重要因素；三是管理水平，企业的管理水平可以从组织机构设置、职权分工、管理决策和执行流程、企业文化等方面进行考察；四是人力资本，人力资本可以从员工专业结构、行业经历、学历水平、资格、技术职称、年龄等方面考察。①

（二）业务分析

企业的业务经营情况直接影响企业的盈利和经营性现金流水平，企业业务分析主要关注企业的业务规模、业务构成、业务多元化程度、业务的区域分布、不同业务对盈利的贡献、不同区域业务对盈利的贡献、产品或服务的质量、企业的销售能力和销售渠道资源等。

首先，考虑企业的业务规模，业务规模通常可以衡量企业的经营能力，也是企业竞争力的表现。其次，考虑企业的业务多元化程度，单一经营的企业一般能更好地把握行业规律并培养忠实客户，但单一经营也可能因业务升级换代而被淘汰，使企业陷入经营困境的风险增大，所以对于单一经营的企业需要考察其所处行业的稳定性和成长性。对于多元经营的企业，应首先分析企业是否有能力从事多元经营，片面追求多元经营会给企业带来较高风险，然后再考虑产品和服务的质量，优异的产品或服务质量是提升品牌忠诚度的有力保障，能够增强企业的竞争能力。再次，考虑企业的产品差异化，企业产品应具备多样性特点以适应不同的需求层次，比如面向高、中、低端客户群的不同产品设计、不同定价策略。最后，考虑企业的营销能力及销售网络，企业的营销能力及销售网络直接影响企业的产品销售，从而影响企业的经营收入。

（三）财务分析

企业财务分析是根据企业的财务报表，对企业过去和现在的经营活动、投资活动、筹资活动进行分析，判断企业的盈利能力、营运能力、偿债能力和增长能力，通过财务分析可以评价企业的经营现状，还可根据现状预测其未来的偿债能力。

进行企业财务分析，首先要对企业的会计政策进行分析，考察企业的会计政策制定是否合理；其次要关注企业财务报表的质量和可靠性，如果企业的会计政策不合理或者存在财务造假行为，那么企业财务分析毫无意义；最后要通过企业财务报表数据和计算财务比率进行分析。

盈利能力分析的指标有：净利率、净资产收益率、主营业务毛利率、EBITDA/销售收入、总资产回报率等。营运效率分析的指标有：存货周转率、应收账款周转率、应付账

---

① 刘定平，钟用．信用评级．北京：高等教育出版社，2015.

款周转率、总资产周转率、净营运周期等。偿债能力分析指标有财务杠杆、资产负债率、利息保障倍数等。现金流分析指标有：经营净现金流、现金流利息保障倍数、总债务/经营净现金流、自由现金流、净现金流等。流动性分析指标有：流动比率、速动比率、现金比率、营运资本等。未来债务分析内容有：通过分析企业的发展战略和资本支出计划来判断其资金需求，并根据当前的债务数据预测企业未来的债务规模，同时还要通过企业当前的债务结构判断企业未来的融资空间。

（四）其他分析

在对企业进行信用分析时，很多时候还要分析企业的或有事项，包括企业对外提供的担保、产品质量承诺、诉讼事项等，这些内容不会在财务报表中列示，但会对企业的经营和现金流造成重大影响。除此之外，需要关注企业的公共关系，良好的公共关系有助于维护企业的良好形象，同时，与银行、政府和其他具有良好形象的企业建立良好关系有助于企业维护经营环境稳定并保障企业的再次融资能力。①

二、企业信用评级的主要内容

（一）发债企业主体评级和债项评级

发债企业的主体评级和债项评级就是平时常说的“信用评级”，评级结果主要服务于债券市场上的监管者和投资者。每个企业发行债券时都需要经过评级机构分别对主体和债项进行信用评级，有的主体可能信用资质不太好，但为了发行这只债券，专门为这只债券做了抵押和担保安排，就能大大提升债项的评级。

进行企业主体评级和债项评级时，评级机构主要是采用 TOP-DOWN 分析方法，首先介绍企业发行该笔债券的基本情况和具体借款用途，之后从宏观经济环境和政策分析入手，评价企业所处行业的发展情况或者企业所在区域的经济实力。因为我国当前债券市场中的信用债主要有两种，一种是产业债，另一种是城投债，如果是产业债则需要分析企业所处行业的发展情况以及企业在行业中的竞争地位和优势，如果是城投债则要重点关注企业所在区域的经济发展情况和当地政府的财政收支水平。其次，需要对企业的内部管理质量和效率进行评价分析，之后是针对企业财务报表信息进行企业财务状况分析。最后，介绍企业的增信措施，比如抵押品和担保人的情况介绍。

每份评级报告都会在最开始的地方显著标出企业的主体评级和债项评级结果，然后把企业的主要风险点与优势和未来展望做一个简要介绍，作为评级结果评定的依据，旁边会附上企业的主要财务数据和指标，方便监管者和投资者快速了解企业的信用状况。

（二）骆驼评级体系

骆驼评级体系是专门用于评价金融机构风险的评级体系。金融机构本身也存在违约的可能性，因此会产生信用风险，比如，银行不能兑付存款，保险机构不能支付赔偿金。在 20 世纪 30 年代，不同的监管机构采用不同的银行评价标准，主要综合考察银行

---

① 刘定平，钟用．信用评级．北京：高等教育出版社，2015.

的六大指标：管理、贷款、债券、资本、存款增长和盈利水平。在40年代，美国的银行评价体系有了改进，变得更简明。1952年，美联储和货币监理署决定将银行评价体系统分为五项：资本充足性、资产质量、管理水平、盈利能力和流动性。1978年5月，联邦存款保险公司也宣布采用这一银行信用评级体系。至此，骆驼银行评级制度基本形成。进入90年代以后，随着金融全球化的发展以及利率作为货币政策中介目标被美联储频繁使用，金融资产的市场价值受利率波动影响越来越大。国际金融市场的动荡，利率与汇率的互动影响加大，加上美国80年代和90年代初银行业危机的经验教训，迫使监管机构加强对银行机构的检查，提高金融监管的有效性。1996年，美联储理事会决定在CAMEL体系中增加“敏感性指标”，开始实施新的银行评级体系——CAMELS。其中，敏感性主要指银行对市场风险的敏感性。

监管部门通过对这六个指标的单独考察来综合评价一个银行的经营状况。依照评价的结果，监管部门将所有的银行分为五个档次：一级代表经营稳健；二级代表经营良好；三级代表银行的部分资产可能有问题；四级代表有问题银行机构，必须采取监管行动才能减少损失；五级代表银行经营难以维持，必须立即采取监管行动或破产清算。

（1）资本充足性（capital adequacy）是通过资本充足率（资本/风险加权资产）来反映的，资本充足率越高，金融机构越能应付复杂多变的市场情况，也有更宽广的融资空间，能够通过增加融资来应对流动性的需要。2010年《巴塞尔协议》强化了银行资本充足率监管标准，商业银行总资本充足率仍保持8%不变。商业银行的核心资本充足率将由当时的4%上调到6%，同时计提2.5%的防护缓冲资本和不高于2.5%的反周期准备资本，这样核心资本充足率的要求可达到8.5%～11%。

（2）资产质量（asset quality），通常把全部贷款按五级分类法进行分类，然后计算不良贷款资产占资本金的比率，得到资产质量比率，一般要求该比率低于15%。

（3）管理水平（management）主要考察金融机构的业务政策、业务计划、管理者履历、经验及管理水平、职员培训情况等一些定性因素，这方面的评价没有量化指标和比率，可以通过定性等级划分的方式进行评估。

（4）盈利能力（earnings）主要考察银行在过去一两年里的净收益情况，一般可以用资产收益率、净资产收益率等指标进行评价。

（5）流动性（liquidity）主要考察银行存款的变动情况、银行对借入资金的依赖程度、可随时变现的流动资产数量、资产负债的管理与控制能力，以及迅速筹措资金的能力，一般通过与同类、同规模银行进行横向比较以确定流动性的优劣与强弱。

（6）敏感性（sensitivity of market risk）主要考察利率、汇率、商品价格及股票价格的变化对金融机构的收益或资本可能产生不良影响的程度。

延展阅读 6－2

信用评级报告

中诚信国际 CCXI

CCXI-20190283D-01

首钢集团有限公司2019年度第二期中期票据信用评级报告

发行主体	首钢集团有限公司
主体信用等级	AAA
评级展望	稳定
中期票据信用等级	AAA
本期规模	10亿元
发行期限	5年
偿还方式	每年付息，到期还本付息
发行用途	补充子公司营运资金及"首钢单板滑雪大跳台及配套设施项目"的建设工作

概况数据

首钢集团	2015	2016	2017	2018.9
总资产（亿元）	4,369.58	4,461.09	5,011.43	5,000.27
所有者权益合计（亿元）	1,200.25	1,205.73	1,363.82	1,322.42
总负债（亿元）	3,169.34	3,255.36	3,647.61	3,677.84
总债务（亿元）	2,481.25	2,509.79	2,778.28	2,591.10
营业总收入（亿元）	1,352.01	1,348.71	1,857.85	1,502.33
净利润（亿元）	-29.13	-12.47	6.67	10.86
EBIT（亿元）	30.14	67.80	109.50	-
EBITDA（亿元）	118.61	156.66	199.97	-
经营活动净现金流（亿元）	32.30	37.28	53.48	65.29
营业毛利率(%)	5.77	10.21	10.72	10.01
总资产收益率(%)	0.71	1.54	2.31	-
资产负债率(%)	72.53	72.97	72.79	73.55
总资本化比率(%)	67.40	67.55	67.07	66.21
总债务/EBITDA(X)	20.92	16.02	13.89	-
EBITDA利息倍数(X)	1.82	2.14	2.06	-

注：公司2018年三季报按照新会计准则编制，"应付票据"未单独列明；公司将"短期融资券"计入"其他流动负债"，中诚信国际分析时将其调整至"短期债务"；2018年三季报未经审计。

分析师

项目负责人： 盛京京 jjsheng@ccxi.com.cn

项目组成员： 商思仪 syshang@ccxi.com.cn

汤梦琳 mltang@ccxi.com.cn

电话：(010)66428877

传真：(010)66426100

2019年2月18日

基本观点

中诚信国际评定首钢集团有限公司（以下简称"首钢集团"或"公司"）主体信用等级为AAA，评级展望为稳定；评定"首钢集团有限公司2019年度第二期中期票据"信用等级为AAA。

中诚信国际肯定了公司在产能规模、区域布局、产品结构、多元化发展和融资能力等方面的优势突出，且在搬迁及老工业区改造方面获得了很强的政府支持。同时，中诚信国际关注到短期内钢铁行业面临一定的周期波动风险，公司经营性业务盈利能力较弱、债务规模较高、或将面临较大的资本支出压力等因素可能对其经营及整体信用状况的影响。

优 势

- **政府支持力度很强，区位及资源优势突出。**公司为北京市唯一的国有钢铁企业，一直是国家重点扶持发展对象，通过钢铁产能的搬迁实现了沿海及资源丰富地区的基地布局，为可持续发展提供了坚实支撑。
- **钢铁产业规模优势显著，产品结构优秀。**公司是国内特大型国有钢铁企业之一，具备3,000余万吨的优质粗钢产能，2017年实现粗钢产量2,763万吨，在国内钢铁企业排名第五，全球排名第九，规模优势显著。公司产品种类齐全，可覆盖冷轧宽带、热轧宽带、宽厚板、线材、棒材五大系列，具备高磁感取向硅钢生产技术，产品结构优秀。
- **非钢业务布局广泛。**近年来，公司围绕城市基础设施服务、房地产及金融等业务积极布局非钢产业，实现钢铁业和城市综合服务两大产业协同并重的战略发展，通过打造首钢新园区及曹妃甸生活园区拓展城市服务建设业务，并作为华夏银行股份有限公司（以下简称"华夏银行"）第一大股东，每年可获得稳定的投资收益，多元化业务的良好发展为公司提升了综合抗风险能力。
- **融资渠道通畅。**公司与农行、中行、建行及国开行等金融机构保持了良好的业务合作关系，截至2018年9月末，共获得综合授信额度合计5,299.04亿元，其中尚未使用额度3,300.42亿元。同时，公司下属北京首钢股份有限公司（以下简称"首钢股份"）为A股上市公司，股权融资渠道通畅。

关 注

- **短期内钢材价格有所回落，钢铁行业面临季节性波动压力。**钢铁行业面临一定的周期波动，2017~2018年前三季度钢材价格呈上升趋势，但受冬季下游需求减弱影响，2018年11月以来钢材价格快速回落，且进口铁矿石价格升高，给企业盈利水平带来一定负面影响。短期来看，较高的钢材价格或将面临一定的下行压力，带动行业内众多企业回归理性发展。
- **经营性业务利润较低，盈利能力对投资收益依赖程度较**

中诚信国际
CCXI

高。受厂区搬迁影响，公司固定资产折旧较高，吨钢利润率偏低，近年来经营性业务利润均呈现亏损，主要利润来源于投资收益，2017 年公司利润总额 20.16 亿元，其中投资收益 51.43 亿元，对投资收益依赖较大。

➢ **负债水平较高，债务规模较大，未来或将面临较大的投资压力。**公司近年来债务规模处于较高水平，财务杠杆较高，截至 2017 年末，总债务规模 2,778.28 亿元，资产负债率及总资本化比率分别为 72.79%和 67.07%。且按照公司规划，未来京唐二期及首钢园区南区项目预计投资规模较大，公司或将面临较大的投资压力。

资料来源：首钢集团有限公司 2019 年度第二期中期票据信用评级报告．中诚信国际信用评级有限公司，2019 - 02 - 18.

延展阅读 6 - 3

2018 年度债券市场主体信用等级迁移分布和迁移概率矩阵

根据 Wind 数据，2018 年，债券市场发生级别迁移的主体有 386 家，等级迁移趋势主要以调升为主。在级别迁移数量方面，2018 年等级向上调升数量为 276 家，较上年减少 13 家，向下迁移数量为 110 家，较上年增加 58 家，整体向上迁移率由 7.11%降至 5.30%，向下迁移率由 1.28%升至 2.11%。具体来看，2018 年由 AAA 级下调至 AA+级、AA+级下调至 AA 级、AA 级下调至 AA−级、AA−级下调至 A+级，以及 A+级下调至 A 级的分别为 2 家、0 家、18 家、10 家和 3 家，迁移率分别为 0.20%、0.00%、0.74%、2.30%和 3.41%；由 AA+级上调至 AAA 级、AA 级上调至 AA+级、AA−级上调至 AA 级，以及 A+级上调至 AA−级的分别为 81 家、136 家、49 家和 8 家，迁移率分别为 6.91%、5.57%、11.26%和 9.09%。

2018 年，由 AA+级下调至 AA−级及 A 级的分别为 1 家和 2 家，迁移率分别为 0.09%和 0.17%；由 AA 级下调至 A+级及 A 级的分别为 4 家和 5 家，迁移率分别为 0.16%和 0.20%；由 AA−级下调至 A 级的有 7 家，迁移率为 1.61%（见表 1 和表 2）。

表 1　2018 年度债券市场主体信用等级迁移分布

2017 \ 2018	AAA	AA+	AA	AA−	A+	A	合计
AAA	978	2	0	0	0	0	980
AA+	81	1 089	0	1	0	2	1 173
AA	0	136	2 279	18	4	5	2 442
AA−	0	0	49	369	10	7	435
A+	0	0	0	8	77	3	88

说明：2018 年度存续债券主体级别调整至 A 级以下的企业未纳入上表，在后续相关的迁移矩阵中也不再纳入。

表 2　2018 年度债券市场主体信用等级迁移率矩阵

2017 \ 2018	AAA	AA+	AA	AA−	A+	A
AAA	99.80%	0.20%	—	—	—	—
AA+	6.91%	92.84%	—	0.09%	—	0.17%
AA	—	5.57%	93.33%	0.74%	0.16%	0.20%
AA−	—	—	11.26%	84.83%	2.30%	1.61%
A+	—	—	0.00%	9.09%	87.50%	3.41%

资料来源：夏敏 . 2018 年度债券市场主体信用等级迁移研究 . 中诚信证评，2019－03－25.

延展阅读 6－4

银行发债与资本金补充

在经历了 6 年的过渡期后，2019 年迎来银行业资本充足率达标大限。截至 2019 年 2 月，已有地方中小银行出现资本充足率为负的状况。

在此背景下，对银行“补血”的支持政策不断出台。2 月 11 日召开的国务院常务会议决定，支持商业银行多渠道补充资本金，增强金融服务实体经济和抵御风险能力。

中国人民银行副行长潘功胜表示，通过永续债的形式补充银行资本在我国刚开始进入实践阶段，为了引导和培育市场，永续债发行需要有一定的政策支持。对此，银保监会扩大了保险机构投资范围，允许其投资永续债等资本工具；财税部门已经明确了永续债的会计处理，很快还将明确永续债的税收处理；人民银行创设了央行票据互换工具(CBS)，并将合格的银行永续债纳入央行担保品范围，以促进提升永续债的流动性和市场接受度。

值得关注的是，1 月 24 日，银保监会发布了《银保监会决定放开限制允许保险机构投资商业银行发行的无固定期限资本债券》的通知，通知内容显示，“银保监会将允许保险机构投资符合条件的银行二级资本债券和无固定期限资本债券。”

目前来看，大行的核心一级资本压力相对较小，更倾向于补充其他一级资本，所以永续债是比较好的选择。一位银行业分析人士表示，永续债成本较低，中国银行首单永续债的票面利率仅为 4.5%，属于较低水平，此外，监管层支持力度也非常大。

与之相比，部分城市商业银行和个别股份制银行则面临二级资本压力，正在积极发行二级资本债予以补充。

对于下一步的工作，潘功胜指出，金融管理部门也会一直为商业银行多渠道补充资本创造良好环境，一是在平衡好股东利益和商业银行发展需要的前提下，鼓励商业银行通过内源性的方式来补充资本；二是发挥好股票市场融资功能，支持商业银行通过上市融资、增资扩股、发行优先股等来补充资本；三是通过债券市场产品和工具创新来补充商业银行资本，包括永续债；四是商业银行要注意，业务的发展应与资本充足性和资本补充能力相适应。

资料来源：张末冬．银行2019年迎资本充足率达标大限，资本补充提速．金融时报，2019-02-20.

第三节 个人信用分析

随着个人信用应用场景的不断扩大，信用在社会资源配置优化和社会治理中扮演着愈加重要的角色，精准的信用分析和刻画对经济和社会行为的参考至关重要。要对个人信用进行分析，需要对个人进行信用调查、信用记录、信用评价，其中，评价的要素涵盖个人特征、财务特征、贷款特征和信用历史等多个方面。

一、个人信用分析的目的

在信用经济环境中，个人信用应用场景的扩大对个人信用信息进行记录、征集、分析提出了越来越高的要求。当前，加强个人信用分析主要是出于以下考虑：

（一）提高消费信贷效率，降低风险

消费信贷是商业银行、企业或电子商务平台用于个人消费目的的贷款，包括传统的房贷、车贷以及电商平台提供的京东白条、花呗以及先服务后付款的各类“免押金”服务。近年来，随着电子商务和各类共享服务的快速发展，电子商务消费信贷及免押服务提供商不断建立、完善用户个人信用分析模型，企图尽量精准识别用户的信用状况，提高效率，最大限度降低用户的违约风险。

（二）优化公共服务资源配置，促进社会治理

近年来，为促进公共资源配置及社会治理的优化升级，多地推出城市“信用分”，即基于市民的个人信用信息进行评分，并将评分结果应用在公共服务领域。截至2018年底，首批12个信用城市已发布城市“信用分”，如苏州市“桂花分”、杭州市“钱江分”、厦门市“白鹭分”、宿迁市“西楚分”、威海市“海贝分”。例如，2015年，苏州与蚂蚁金服合作打造市民信用评价产品，即融汇“数据＋模型＋场景”等内涵的“桂花分”。自面世以来，“桂花分”以苏州市民卡为载体，在图书借阅、公交出行、公共场馆参观、文化旅游等多个场景，让守信者得到便利和实惠。[①] 2018年11月16日，杭州市信用办召开“钱江分启动发布会”，正式推出杭州城市个人信用分——“钱江分”。自上线起，在杭州办事服务APP和杭州市民卡APP上已实现校园健身、公交扫码先享后付、智慧医疗医信付等应用场景并计划陆续上线公租房免押金、免押办理图书借阅证、地铁扫码先享后付、健身场馆预约、停车预约、小客车摇号、博物馆和景区活动线上报名、二手房交易等应用场景。

① 推动“桂花分”拓展全新应用场景．苏州市人民政府网站，2018-07-13.

最终，将钱江分应用到与市民密切相关的城市生活中，实现在市民公共服务、交通出行、医疗服务、住房租赁、旅游消费、城市生活等各领域的便民惠民服务。

（三）规范个人行为，促进社交领域的良性发展

目前，随着各类社交软件的发展，人们的线上交往越来越多，对于线上社交对象的个人信用进行分析、评价的需求越来越多。以婚恋交友为例，近年来随着婚恋交友需求快速上升，对个人在婚恋交友中的行为表现进行信用分析愈发重要。基于现实情况，百合网宣布和蚂蚁金服旗下独立的第三方信用评估管理机构芝麻信用“牵手”，在婚恋场景中加入信用评价部分，百合网用户可以授权开通芝麻信用，向异性展示自己的信用水平。在和异性互动之前，也可以申请查看对方的芝麻分，再决定是否要继续互动、交往。通过对个人信用状况进行分析、评价，有助于甄别不同个体在社交领域中的行为表现，促进信用良好的行为人的交往，以及警醒信用状况较差的人规范自己的行为、融入正常的社交活动。

二、个人信用分析的基础

（一）信用调查

消费者个人信用调查是指有关机构对个人的信用信息进行征集、分类、汇总、分析工作的总和。在对消费者个人信用进行调查时，一般可以将调查项目分为一般性项目和特定性项目。其中，一般性的调查项目旨在为一般场景下个人的潜在行为、信用情况进行基础画像；而特定性项目是基于不同的信用分析应用场景对特定需求信息进行调查分析（如电商平台对消费者退换货频率、拒收频率、差评频率等的调查），旨在为特定场景下个人信用情况提供分析依据。具体而言，一般性调查项目包括如下几点①：

（1）个人身份情况。主要包括：姓名、年龄、出生日期、身份证号、婚姻状况、户籍所在地住址、现住址、工作单位、职业、职务、职称、最高学历。

（2）个人资产负债和收入来源。主要包括：银行账户；本人固定收入来源、其他收入来源；配偶固定收入来源、其他收入来源；本人其他资产（房产、汽车等）；个人债务情况。

（3）银行信用记录。主要包括：在各商业银行已发生的个人贷款及逾期记录；在各商业银行已发生的信用卡持有及恶意透支记录。

（4）公共信用记录。主要包括：法院、检察院等机构掌握的个人案件记录；公安处罚记录；行业组织掌握的执业人员惩戒信息；个人纳税情况记录；个人付款记录（贷款还贷，水、电、煤气、有线电视、通信、公共卫生等费用交纳）。

（5）个人保险保障情况。由于个人消费贷款的期限较长，不可控的因素较多，银行和贷款人都在寻求第三方保障。当借款人无力偿还贷款时，由保险公司偿还贷款，从而有力地保障了消费信贷的安全性。

（6）特别记录，指在申请信贷过程中发生的欺诈行为和其他问题记录。主要包括：

---

① 孙森，翟淑萍．信用管理．北京：中国金融出版社，2012：225－228.

利用伪造的虚假资料或冒用他人资料向银行申办贷款和信用卡；个人私自使用合法单位的资料向银行申办贷款和信用卡；利用伪造、无效或非法获得的信用卡进行诈骗；利用假证件挂失存单骗取存款和利用信用卡假挂失的部分进行诈骗；申办贷款和信用卡时提供不实信息等。

（二）信用记录

中国人民银行征信中心自2004年起开始建立个人信用信息基础数据库，于2006年1月建成并正式运行。截至2019年6月，我国征信系统累计收录9.9亿自然人的信用信息，个人信用报告日均查询量达到550万次。① 目前，央行征信系统的信息来源主要是商业银行等金融机构，收录的信息包括企业和个人的基本信息，包括在金融机构的借款、担保等信贷信息，以及企业主要财务指标。2019年4月，新版个人征信报告上线，其与旧版相比将会更细化、更全面、更精准，更能够真实反映个人信用状况，为个人信用分析提供更加良好的基础。②

个人信用记录是个人信用状况忠实的“记事本”，本身并不包含任何好与坏的评语。但是，基于央行所提供的个人信用记录，我们可以从中提取有效信息，加以分析并形成对个人信用情况的判断。例如，我们可以从个人信用记录中观察到以下信息并加以分析判断：

1. 正面信息

正面信息，是指消费者在过去获得的信用交易以及在信用交易中正常履约的信息。简单来说，正面信息就是借款信息和按时还款信息。消费者能够从银行借到钱、能够享受商家的先消费后付款的服务，足以说明银行和商家对消费者的信任，对消费者而言就是正面信息。另一类正面信息是消费者按照合同约定按时还款、缴纳税费的信息。消费者能够在几年的时间里都按期履行义务足以说明消费者有较强的信用意识，同时具备相当的管理自身财务的能力，这类客户容易得到银行的青睐。

2. 负面信息

负面信息，是指消费者在过去的信用交易中未能按时、足额支付各种费用的信息，即逾期信息。比如，消费者向银行申请了一笔住房按揭贷款，贷款合同规定，要按月归还银行一定金额的贷款，但由于种种原因未能按时足额还款，个人信用记录里就会有逾期还贷的信息，从衡量一个人的信用意识讲，这些信息就是负面的。如果一段时间内连续或多次出现逾期还款的情况，下次再和银行打交道时，银行可能就会更加谨慎。

三、个人信用分析的要素

目前，在吴氏三维信用的大框架下，已经有很多学者就个人信用分析的要素进行了探讨，主要可以分为个人特征分析、财务特征分析、贷款特征分析、信用历史分析、其他影

① 徐佩玉．中国建立全球规模最大征信系统．人民日报海外版，2019-06-19.
② 陈果静，姚进．拖欠水费也可能会影响信用．中国经济网，2019-04-06.

响因素分析。具体因素分析如下[①]：

（一）个人特征分析

个人特征指标主要包括个人的年龄、收入、婚姻状况、职业等。Herzog（1970）[②] 以住房抵押贷款为研究对象，提出贷款申请者职业前景越不稳定，收入的波动性越大，个人违约的概率越高，信用情况越差。Vandell 和 Thibodeau（1985）[③] 指出，贷款申请者的职业类型、从事现职业的年限对于个人信用有着显著的影响，婚姻状况次之，性别对个人信用影响并不显著。Archer et al.（2002）[④] 提出，贷款申请者的职业状况是影响个人信用的重要指标。Copestake（2007）[⑤] 提出，贷款申请者的年龄和性别是影响其个人信用的主要因素。王富全（2008）[⑥] 将个人信用指标体系分为基本情况、经济情况及信用情况，其中个人基本特征指标主要有是否为领导层、婚姻状况、住宅性质、居住时间等。何晓群和胡小宁（2015）[⑦] 通过实证分析指出，个人特征指标对个人信用影响较大的因素有个人身份和性别、是否外国籍及年龄，而法律规定抚养人数及工作性质对个人信用影响较小。

（二）财务特征分析

财务特征指标主要包括贷款申请者的收入、固定资产的价值、家庭现有负债水平等。Williams et al.（1974）[⑧] 指出，财产价值越高，个人信用状况越好。Morton（1975）[⑨] 提出，贷款申请者的家庭已有负债是评价其个人信用的重要指标。Archer et al.（2002）[⑩] 认为，家庭的财产状况、家庭的财务总值及人均收入是影响个人信用的重要指标。Silva 和 Murteira（2009）[⑪] 指出，个人收入越高，其信用越高，但同时会增加贷款申请者提前还款的风险。吕德宏和朱莹（2017）[⑫] 指出，教育程度对经商型农户的个人信用影响更加显著，且农户的个人信用受家庭收入影响显著。

---

① 许佩. 商业银行个人信用评分系统的优化研究. 哈尔滨：哈尔滨工业大学，2017：4-7.

② Herzog J. P., Earley J. S. Home Mortgage Delinquency and Foreclosure. New York: National Bureau of Economic Research, 1970: 232-245.

③ Vandell K. D., Thibodeau T. Estimation of Mortgage Defaults Using Disaggregate Loan History Data. *Real Estate Economics*, 1985, 13 (03): 292-316.

④ Archer W. R., Elmer P. J., Harrison D. M., et al. Determinants of Multifamily Mortgage Default. *Real Estate Economics*, 2002, 30 (03): 445-473.

⑤ Copestake J. Mainstreaming Microfinance: Social Performance Management or Mission Drift?. *World Development*, 2007, 35 (10): 1721-1738.

⑥ 王富全. 影响个人信用因素的实证分析. 金融与经济，2008，(10)：9-13.

⑦ 何晓群，胡小宁. 个人信用评价影响因素决策分析. 征信，2015，(02)：11-14.

⑧ Williams A. O., Beranek W., Kenkel J. Default Risk in Urban Mortgages: A Pittsburgh Prototype Analysis. *Real Estate Economics*, 1974, 2 (02): 101-112.

⑨ Morton T. G. A Discriminant Function Analysis of Residential Mortgage Delinquency and Foreclosure. *Real Estate Economics*, 1975, 3 (01): 73-88.

⑩ Archer W. R., Elmer P. J., Harrison D. M., et al. Determinants of Multifamily Mortgage Default. *Real Estate Economics*, 2002, 30 (03): 445-473.

⑪ Silva J. M. C. S., Murteira J. M. R. Estimation of Default Probabilities Using Incomplete Contracts Data. *Journal of Empirical Finance*, 2009, 16 (03): 457-465.

⑫ 吕德宏，朱莹. 农户小额信贷风险影响因素层次差异性研究. 管理评论，2017，(01)：33-41.

（三）贷款特征分析

贷款特征指标包括贷款额、贷款期限、贷款价值比、贷款申请者与银行的关系等。其中，贷款价值比（loan-to-value）被认为是影响个人信用的最重要的贷款特征指标。Williams et al.（1974）[①] 指出，当月还贷额与再融资贷款申请者的信用较差。Vandell 和 Thibodeau（1985）[②] 提出，预期的贷款价值比、抵押物的市价与面值之差以及月还款额与收入的比值对个人信用的影响显著。Wong et al.（2004）[③] 以香港的信贷市场为研究对象，指出个人信用与贷款价值比呈负相关。张丽娜和赵敏（2007）[④] 指出，贷款申请者是否在申请贷款的商业银行有存款账户、与商业银行之间关系的密切程度、是否为本行职员等都应是评价个人信用的重要指标。

（四）信用历史分析

信用历史指标主要包括个人过去是否存在违约行为、信用使用年限等。美国最常用的个人信用评分系统——FICO 系统就是基于个人信用历史指标评价个人信用的。Baklouti（2013）[⑤] 也基于 Logistic 模型验证了过去是否存在贷款行为及违约行为对个人信用有着显著影响。Serrano-Cinca 和 Gutierrez（2016）[⑥] 以 P2P 贷款为研究对象，将个人信用历史作为个人信用指标体系的重要组成部分。例如，美国三大信用局均采用个人信用评估模型（FICO），利用高达 10 万的大样本数首先将申请人的 5C 指标进行具体量化，再将深度指标分档计分，加权得出最终得分，打分范围为 325～900 分。从理论上讲，得分越高，个人信用越好。其次进行分段定级，不同的机构有不同的分段定级标准。有的分成三级，例如 680 分以上为信用优良，620～680 分为信用中等，620 分以下为信用不良。FICO 信用评分计算的基本思想是，把借款人过去的信用历史资料与数据库中全体借款人的信用状况相比较，检查借款人的发展趋势与经常违约、随意透支甚至申请破产等各种陷入财务困境的借款人的发展趋势是否相似。[⑦]

基于学术界对个人信用分析要素的研究，实践中已有不少机构以个人特征、财务特征、贷款特征和信用历史这四个维度为基础，结合个人信用分析评价的应用场景，增加更多具体的信用评价指标，开发出适用的信用评价模型。其中，最具有代表性的是芝麻信用分和京东的小白信用分。

芝麻分是由独立第三方信用评估机构芝麻信用管理有限公司在用户授权的情况下，依

---

① Williams A. O., Beranek W., Kenkel J. Default Risk in Urban Mortgages: A Pittsburgh Prototype Analysis. *Real Estate Economics*, 1974, 2 (02): 101－112.

② Vandell K. D., Thibodeau T. Estimation of Mortgage Defaults Using Disaggregate Loan History Data. *Real Estate Economics*, 1985, 13 (03): 292－316.

③ Wong J., Fung L., Fong T., et al. Residential Mortgage Default Risk and the Loan-to-Value Ratio. *Hong Kong Monetary Authority Quarterly Bulletin*, 2004, 4 (12): 35－45.

④ 张丽娜，赵敏. 我国商业银行个人信用评分指标体系分析. 市场周刊（理论研究），2007，(08)：115－117.

⑤ Baklouti I. Determinants of Microcredit Repayment: The Case of Tunisian Microfinance Bank. *African Development Review*, 2013, 25 (03): 370－382.

⑥ Serrano-Cinca C., Gutiérrez-Nieto B. The Use of Profit Scoring as an Alternative to Credit Scoring Systems in Peer-to-Peer (P2P) Lending. Decision Support Systems, 2016, 89 (09): 113－122.

⑦ 唐明琴，林江鹏．信用管理．北京：高等教育出版社，2014.

据用户在互联网上的各类消费及行为数据，结合互联网金融借贷信息，运用云计算及机器学习等技术，通过逻辑回归、决策树、随机森林等模型算法，对各维度数据进行综合处理和评估，在用户信用历史、行为偏好、履约能力、身份特质、人脉关系五个维度客观呈现个人信用状况的综合分值。芝麻信用评分的构成包括信用历史，即过往信用账户还款记录及信用账户历史；行为偏好，即在购物、缴费、转账、理财等活动中的偏好及稳定性；履约能力，即稳定的经济来源和个人资产；身份特质，即在使用相关服务过程中留下的足够丰富和可靠的个人基本信息；人脉关系，即好友的身份特征以及与好友的互动程度。[①] 芝麻分的分值范围为 350～950 分，分值越高代表信用越好，违约率相对越低，较高的芝麻分可以帮助用户获得更高效、更优质的服务。[②]

而小白信用是根据京东用户在商城的浏览、商品购买、支付、信息完整度等多维度行为信息，结合用户白条消费和还款情况，通过大数据机器学习算法对用户的信用风险水平进行评分。京东小白信用分别从偏好、身份、履约、资产和关系等 5 个角度的行为信息来衡量用户的信用状况，最高分为 110 分，评分越高表明该用户的信用越好。小白信用分各个维度的评价内容如表 6－1 所示[③]：

表 6－1　京东小白信用分评价维度表

评价维度	主要内容
偏好	京东小白信用会观察大家在京东的浏览、下单习惯，然后通过这些行为习惯来确定分数
身份	京东小白信用会从社会属性、居住环境、教育情况和稳定性方面对用户进行考察
履约	京东小白信用会根据用户在金融产品、电商平台和社会行为中表现出来的履约和违约状况进行评价
资产	京东小白信用会从用户金融投资、信用能力和收支情况三个方面对用户的资产进行评估
关系	京东小白信用会从用户的社会关系和购物行为两个维度判断用户的影响力，作为衡量用户信用因素的评价佐证指标

第四节　信用分析的主要方法

从适用主体而言，信用分析的主要方法可分为共同适用于企业及个人信用分析的一般通用方法，仅适用于企业的信用分析方法以及仅适用于个人的信用分析方法。

---

① 支付宝三项福利，芝麻信用 650 分以上均可享受．百度，2018－07－02.

② 芝麻信用官网．

③ 京东金融官网．

一、一般通用主要方法

共同适用于企业及个人信用分析的一般通用方法主要包括判别分析法、回归分析法等统计学方法，人工神经网络、数据挖掘、专家系统等人工智能方法，以及聚类模型、最近邻模型、决策树模型等非参数分析方法。

（一）统计学方法

统计学方法是利用统计方法进行评价的方法，主要有判别分析法、线性回归法、和非线性回归法。

1. 判别分析法

判别分析法（discriminant analysis）是通过提取个人或企业信用评分样本集中的规则，建立判别函数，从而实现对个人和企业的分类。①

2. 线性回归法

将普通的线性回归方法应用于信用评分模型时可以这样进行描述：假设一个申请者的违约概率 p 与申请者的特征变量 X_1，X_2，…，X_m 之间存在以下关系：

$$p=w_0+w_1X_1+w_2X_2+\cdots+w_mX_m+\varepsilon$$

其中，ε 是随机扰动项，我们可以利用样本数据对 p 进行估计，并进而对上式中的参数 w_i 进行估计。

Orgler（1970）② 首先将线性回归分析用于消费者贷款的信用风险评估。关于将线性回归方法用于信用评分的其他研究有 Fitzpatrick（1976）③ 及 Henley（1995）④。线性回归分析应用于信用评分时存在着明显的缺陷。如上式所示，等式右边的取值可以从 $-\infty$ 到 $+\infty$，但是等式的左边是一个概率，其取值范围为（0，1）。如果等式左边成为 p 的一个函数，它可以取任意值，则模型更有意义。由于线性回归方法应用于申请评分时存在着明显的缺陷，学者们一直在寻求对线性回归方法的改进。这样，Logistic 回归方法就成为信用评分模型中使用最广泛的方法之一。⑤

3. 非线性回归法

（1）Logistic 回归方法。

Logistic 回归方法，即 Logit 模型假设违约发生的概率服从以下函数：

$$P_{Logit}=\frac{1}{1-\exp(-x\beta)}$$

---

① 许佩．商业银行个人信用评分系统的优化研究．哈尔滨：哈尔滨工业大学，2017：6.

② Orgler Y. A. Credit Scoring Model for Commercial loans. *Journal of Money Credit and Banking*，1970，2(04)：435-445.

③ Fitzpatrick D. B. An Analysis of Bank Credit card profit. *Journal of Bank Research*，1976，(07)：199-205.

④ Henley W. E. Statistical Aspects of Credit Scoring. The Open University：Milton Keynes，UK，1995.

⑤ 许佩．商业银行个人信用评分系统的优化研究．哈尔滨：哈尔滨工业大学，2017：9.

在企业信用分析中，P_{Logit} 代表违约概率，x 代表影响企业违约概率的解释变量，根据Z-score模型，x 可以为营运资金比率（营运资本/总资产）、留存收益率（留存收益/总资产）、息税前盈余率（息税前利润/总资产）、权益乘数（股权的市场价值/债务的账面价值）和总资产周转率（销售收入/总资产）。银行通常构建的企业违约风险Logit模型的解释变量包括短期偿债能力指标（流动比率、速动比率、现金比率等）、长期偿债能力指标（资产负债率、资本化率、利息保障倍数、或有负债率和固定资产占总资产比重等）、盈利能力指标（资产净利率、权益净利率、净利润率等）、成长能力指标（主营收入增长率、净利润增长率、总资产增长率、股东权益增长率等）、经营效率指标（应收账款周转率、存货周转率、资产周转率、期间费用占主营业务收入比例、主营业务成本占主营业务收入比例等）、现金流量比率（主营业务收入现金含量、净利润现金含量、现金流量保障倍数等），以及可量化的基本面信息（比如高管的学历和信用水平、企业的经营年限、企业的内控治理结构、企业的对外担保情况等）。①

在个人信用分析中，P_{Logit} 代表违约概率，x 代表影响个人违约概率的解释变量，例如个人特征（包括年龄、工作情况、性别、受教育程度等），财务特征（包括贷款申请者的收入、固定资产的价值、家庭现有负债水平），贷款特征（包括贷款额、贷款期限、贷款价值比、贷款申请者与银行的关系等），信用历史情况（包括个人过去是否存在违约行为、信用使用年限等）。

（2）Probit回归分析方法。

Probit回归是与Logistic回归非常相似的一种非线性回归方法，Probit模型假设违约发生的概率服从以下函数：

$$P_{Probit}=N(x\beta)=\frac{1}{\sqrt{2\pi}}\int_{-\infty}^{x\beta}\exp\left(-\frac{1}{2}z^{2}\right)\mathrm{d}z$$

其中，P_{Probit} 代表违约概率，x 代表影响企业违约概率的解释变量，同样 x 可以与Logit模型中的 x 取相同的变量。Logit模型和Probit模型预测的结果均为企业或者个人的违约概率，二者的不同之处在于，Logit模型假设违约概率服从Logistic分布，而Probit模型假设违约概率服从正态分布。

（二）人工智能方法

个人信用评估的人工智能方法包括数据挖掘技术、人工神经网络、专家系统、遗传算法等。②

信用风险分析技术的突破性进展源于计算机技术的快速发展和广泛应用。20世纪70年代，研究人员对人工智能进行了大量的研究，其中成功的尝试之一是专家系统，并在医学诊断领域已经成功地得到应用。但是，专家系统在信用风险领域应用范围有限。20世纪80年代，随着数据仓储和数据挖掘技术的发展，人工智能、人工神经网络在信用风险管理方面得到广泛应用，并取得良好的效果，具有先导性研究的遗传算法也在信用评分应

---

① 王颖，聂广礼，石勇．基于信用评分模型的我国商业银行客户违约概率研究．管理评论，2012，(02).

② 孙森，翟淑萍．信用管理．北京：中国金融出版社，2012：233-242.

用方面取得一定进展。

1. 数据挖掘

（1）数据挖掘概述。

数据挖掘的历史短，1995 年在美国计算机年会（ACM）上其概念才真正被提出。它的发展速度快，加之它是多学科的综合产物，因而目前对其还没有一个完整的定义。数据挖掘是从大量的有噪音的、纷繁复杂的数据中，通过计算机技术对数据仓库中的海量数据进行挖掘、提炼和发现在其中、人们事先不知、能够提高决策或管理效益的信息、知识或规律的过程。

（2）数据挖掘的应用。

针对金融数据分析的数据挖掘。大部分银行和金融机构都提供丰富多样的储蓄服务（如支票、存款和商业及个人用户交易）、信用服务（如交易、抵押和汽车贷款）和投资服务（如基金）。有些还提供保险服务和股票投资服务。在银行和金融机构中产生的金融数据通常相对比较完整，便于系统化的数据挖掘和数据分析。

数据挖掘主要应用在两个方面。一是发现规律，通过数理统计、人工智能的方法，发现资料内部隐藏的规律，包括相关性规律、概率和周期性规律、相似性规律，二是预测规律，包括纯粹值的预测，以及判别类的即是或否的预测。数据挖掘采用的方法有分类、聚类分析、决策树、人工神经网络、规则归纳、遗传算法等。

2. 人工神经网络

人工神经网络（artificial neural networks，即 ANN），是一种模仿动物神经网络行为特征，进行分布式并行信息处理的算法数学模型。这种网络依靠系统的复杂程度，通过调整内部大量节点之间相互连接的关系，达到处理信息的目的。人工神经网络有其自学习和自适应的能力，可以通过预先提供的一批相互对应的输入—输出数据，分析掌握两者之间潜在的规律，最终根据这些规律，用新的输入数据来推算输出结果，这种学习分析的过程被称为“训练”。

神经网络分析法是从神经心理学和认知科学研究成果出发，应用数学方法发展起来的一种具有高度并行计算能力、自学习能力和容错能力的处理方法，它能解决非正态分布、非线性的信用评估问题，其结果介于 0 与 1 之间，在信用风险的衡量下，即为违约概率。神经网络结构是神经元的组织和允许连接的类型，在不同的层次中，神经元被安排于一系列的层次中与其他神经元互相连接，接收输入信息的层次称为输入层，提供目标输出信号的最后一层是输出层，在输入层和输出层之间的是隐藏层。

3. 专家系统

专家系统是一种模拟专家的决策能力的计算机系统，是人工智能的一个分支，它利用大量的专业知识以解决只有专家才能解决的问题。

一个专家系统由几个部分组成。首先是知识库，知识库中的知识一般用规则表示；其次是一个推理机，在推理机中有一系列事实与规则相匹配，从而提供推荐的行动程序。推理机可以对推荐的行动进行解释，系统中可以有一个工具对知识进行更新。规则可以是“如果……那么……”这样的形式。例如，“如果在一个小时内同一持卡人同一张信用卡在北京和上海两地发生两笔交易，那么其中一笔是伪卡欺诈”，就是一条规则。

专家系统具有很多优势和特点：一是适应性强、稳定性好，具有高可靠性；二是知识库不断更新、扩展，具有不断学习的功能和持久性；三是能够解释导出结论的推理过程，使人更容易接受，有利于得出正确的决策；四是与神经网络技术相比，专家系统不需要大量的样本数据进行训练，而易于对知识库进行更新，另外，专家系统还可以对其推荐的行动方案提供理由。随着 IT 的发展，专家系统容量更大，处理事务的效率更高，响应速度更快。

（三）非参数分析方法

非参数分析方法是指系统的数学模型中非显式地包含可估参数。非参数模型是直接或间接地从实际系统的实验分析中得到的响应，例如通过实验记录到的系统脉冲响应或阶跃响应就是非参数模型。[①] 具体应用到信用分析中，有聚类模型、最近邻模型、决策树模型和贝叶斯模型。

1. 聚类模型

聚类模型（cluster analysis）是基于一定的规则将个人或者企业信用评分样本集中的总体划分为好坏客户两类，再对新的贷款申请者进行分类的过程。[②] 其中，由于模糊聚类模型对数据的分布没有严格要求，因此目前应用较为广泛。赖辉等（2012）将双边聚类模型引入到个人信用评分模型中，指出相比于一般的聚类模型而言，双边聚类模型更加简化，对数据量要求低且精确度较高。[③] 刘雨萌等（2018）通过非参数贝叶斯判别对所有信用指标进行第一轮筛选，通过非参数聚类方法对保留的信用指标进行第二轮筛选，提供了一套指标分布未知下筛选信用评价指标的非参数方法，并以某商业银行的 860 个企业信贷数据为样本进行了应用分析。[④]

2. 最近邻模型

最近邻模型（nearest neighbors，即 NNs）是通过计算距离得到个人、企业信用评分样本集中与个人、企业距离最近的样本，再由这些样本投票来评价其信用水平的方法。常用的最近邻模型采用欧氏距离及等权重投票法作为基本算法，这也导致模型的评分精度较低。因此，国内外学者往往通过距离算法及投票算法的优化来提高最近邻模型的评分精度。此外，国内外学者也常常将最近邻模型与其他模型组合应用，如支持向量机、B 细胞算法（BCA）、模糊算法、多元线性规划等，来实现模型的优化。

3. 决策树模型

决策树模型（decision tree）是通过对个人信用评分指标体系中的每个指标进行分类来实现对贷款申请者的分类。

4. 贝叶斯模型

贝叶斯模型（Bayes）是通过学习企业、个人信用评分样本集中的先验概率来实现对

---

① 非参数模型，百度百科．

② 许佩．商业银行个人信用评分系统的优化研究．哈尔滨：哈尔滨工业大学，2017.

③ 赖辉，帅理，周宗放．基于双边聚类的个人信用风险判别方法及实证研究，风险分析和危机反应的创新理论和方法——中国灾害防御协会风险分析专业委员会第五届年会论文集，2012.

④ 刘雨萌，李战江，尹伟．非参数下贝叶斯判别与聚类分析的信用指标筛选模型．统计与决策，2018，(22).

企业、个人分类的模型。

二、企业信用分析的主要方法

（一）Z-score 模型

Z-score 模型，最早由美国纽约大学斯特商学院教授爱德华·奥尔特曼（Edward Altman）在 1968 年提出，通过多个财务比率的多元线性回归模型判别借款人的破产概率。奥尔特曼对 1964—1965 年间提出破产申请的 33 家公司和同样数量的非破产公司进行研究，采用 22 个财务比率，经过统计筛选出 5 个财务指标，通过建立多元线性模型生成一个总的分数 Z 值，Z 值可以预测企业违约或财务失败的可能性，由此来判断企业的信用状况。

适用于上市公司的表达式：$Z=1.2X_1+1.4X_2+3.3X_3+0.6X_4+1.0X_5$；适用于非上市公司的表达式：$Z=0.717X_1+0.847X_2+3.107X_3+0.42X_4+0.998X_5$。$X_1$、$X_2$、$X_3$、$X_4$ 和 X_5 分别代表营运资金比率（营运资本/总资产）、留存收益率（留存收益/总资产）、息税前盈余率（息税前利润/总资产）、权益乘数（股权的市场价值/债务的账面价值）和总资产周转率（销售收入/总资产）。营运资金比率可以用来衡量企业资产的流动性，该比率越高，企业的偿债能力越好。留存收益率越高，说明企业的留存收益越高，企业的资金成本越小，企业的偿债能力越强。息税前盈余率代表企业盈利能力的高低，该比率越大，说明企业的盈利能力越强，偿债能力越强。权益乘数是杠杆率的倒数，权益乘数越高，说明杠杆越小，企业的财务风险越小，偿债能力越强。总资产周转率代表企业运营能力，该比率越高，说明企业的经营能力越强，偿债能力越好。

由此可知，奥尔特曼的 Z-score 越高，说明企业的破产概率越小，偿债能力越强。反之，如果 Z-score 越低，则说明企业面临较高的破产风险，偿债能力越弱。

对于上市公司来说，评分标准如下：

（1）若企业的 Z-score 小于 1.23，银行就不应该将资金贷给企业；

（2）若企业的 Z-score 大于 2.9，银行可以放心地将资金贷给企业；

（3）若企业的 Z-score 在 1.23 和 2.9 之间时，银行应该再收集该企业更多的信息进行分析，以决定是否应该将资金贷给该企业，如果能够贷给企业，则需要进一步判断贷款利率、贷款期限和是否需要抵质押担保进行增信。

对于非上市公司来说，评分标准如下：

（1）若企业的 Z-score 小于 1.21，银行不应该将资金贷给该企业；

（2）若企业的 Z-score 大于 2.6，银行可以放心地将资金贷给该企业；

（3）若企业的 Z-score 在 1.21 和 2.6 之间，银行应该再收集该企业更多的信息进行分析，以决定是否应该将资金贷给该企业，如果能够贷给企业，则需要进一步判断贷款利率、贷款期限和是否需要抵质押担保进行增信。

Altman (1968)[1] 对 Z-score 的研究显示，Z-score 有 72%的正确率可预测出破产，将坏公司误认为好公司进行放贷的概率约为 6%。

1977 年，Altman、Haldenman 和 Narayanan 对原来的 Z-score 模型进行修正和提升，建立了 ZETA 信用风险模型，将 5 个变量扩充至 7 个，分别是：资产收益率、收益稳定性指标、债务偿付能力指标、累计盈利能力指标、流动性指标、资本化程度指标、规模指标。ZETA 模型的适应范围更宽，大大提高了对不良借款人的辨认精度。

$$\mathrm{ZETA}=aX_1+bX_2+cX_3+dX_4+eX_5+fX_6+gX_7$$

资产报酬率采用息税前收益占总资产的比率衡量，可以度量企业的盈利能力，企业的盈利能力越好，偿债能力越强。收益稳定性指标可用收入的标准差来衡量，收入的变动会影响到企业的偿债能力。债务偿付能力指标可用利息保障倍数来衡量，用息税前收益除以总利息来度量，该指标直接反映企业的盈利是否能覆盖利息费用。累计盈利能力指标可以用公司的留存收益除以总资产来度量，该比率越大，企业的资金成本越小，盈利能力越强，偿债能力越有保障。流动性指标可以采用流动比率来衡量企业资产的流动性，该比率越高，企业的流动性越好，偿债越有保障。资本化程度指标可用资本化率衡量，资本化比率＝长期负债合计/（长期负债合计＋所有者权益合计）×100%，该指标值越小，表明公司负债的资本化程度越低，长期偿债压力越小；反之，则表明公司负债的资本化程度越高，长期偿债压力越大。规模指标可以用公司总资产的对数来度量，企业规模越大，偿债能力越强。

Z-score 判别方法的提出是具有开创性的，开启了定量分析企业信用风险的先河，该判别方法目前仍被各类投资者使用，但该方法也存在很明显的缺陷，具体如下：

（1）Z-score 的财务比率数据依赖于财务报表账面数据，而财务报表账面数据与实际情况是有差距的，并且 Z-Score 的准确度十分依赖于企业财务报表的质量，如果企业的财务报表质量较差，存在财务数据造假等情况，那么 Z-score 会得出错误的结果，把坏公司识别为好公司，投资者会因此而遭受巨大损失。

（2）Z-score 是一个多元线性回归模型，模型假定 Z 与各变量之间是线性关系，而现实中的经济现象与各经济指标之间往往是非线性的，这就使得 Z-score 的结果和现实情况不符，对企业的信用风险评价不准确。

（二）结构化模型

Merton (1974)[2] 在实物期权定价的基础上发展了结构化模型，即假设企业在资不抵债时会发生违约，企业债等价于一份企业资产价值的或有求偿权，可以将股东视为持有欧式看涨期权的多头投资者，当企业经营管理不善、债务支付成本高于现有资本收益时，股东将违约并放弃股东权益。默顿（Merton）将经典的布莱克-斯科尔斯（Black-Scholes）

---

① Altman E. Financial Ratios Discriminants Analysis and the prediction of Corporate Bankrupcy. *Journal of Finance*，1968，23（04）：589－609.

② Merton R. C. On the Pricing of Corporate Debt：The Risk Structure of Interest Rates. *Journal of Finance*，1974，29（02）：449－470.

期权定价理论与信用风险定价模型结合起来，对包含信用风险的债券进行定价研究。该模型假设公司资产价值 V_t 为股权 E_t 与不能赎回的无息债券 D_t 价值之和，债券到期时间为 T，面值为 F，则公司资产的价值 $V_t=E_t+D_t$。当企业无法偿还债券本息时，债券持有人有权索取企业剩余价值。因此，债务到期日的价值为：

$$D_t(V,T)=\min(V_t,F) \tag{1}$$

公司无息债券的信用风险价值与基于公司资产的卖出期权的价值相同，且卖出期权的执行价格就是债券的面值 F，卖出期权应支付 $\max(F-V_t, 0)$，则债券到期价值为：

$$D_t=F-\max(F-V_t, 0) \tag{2}$$

利用布莱克-斯科尔斯模型，我们可以得到公司的股权价值：

$$E(V,T,\sigma,r,F)=V_t\mathrm{N}(d_1)-F\exp(-r(T-t))\mathrm{N}(d_2) \tag{3}$$

其中，

$$d_1=\frac{\ln\frac{V_t}{F}+\left(r+\frac{\sigma^2}{2}\right)(T-t)}{\sigma\sqrt{T-t}}, d_2=d_1-\sigma\sqrt{T-t}, \mathrm{N}(y)=\frac{1}{\sqrt{2\pi}}\int_{-\infty}^{y}\mathrm{e}^{\frac{-u^2}{2}}\mathrm{d}u$$

由此，我们通过推导可以得到违约利差为：

$$\mathrm{cst}(T)=\frac{1}{T}\ln\left[\mathrm{N}(d_2)+\frac{V}{F\mathrm{e}^{-rT}\mathrm{N}(-d_1)}\right] \tag{4}$$

默顿的结构化模型将期权定价方法运用到固定收益类债券的信用风险利差估计中，在一定程度上理清了期限、企业资产、负债及无风险利率之间的关系，但其假设严格且大多数与现实不符，如企业仅能在债券到期日违约、利率固定以及企业资产可被连续交易等。随着假设条件的放宽，结构化模型得到了进一步拓展。Black 和 Cox（1976）① 模拟了企业在到期日之前资产价值跌到违约阈值就会发生违约的情况。Longstaff 和 Schwartz（1995）② 在假定违约阈值随机变动的条件下将动态利率引入结构化模型，发现利率确实对信用风险有影响。

基于默顿的公司权益价值期权模型的方法，把公司违约或信用质量的变化与公司资产的价值、股权、债务联系起来进行考虑。该方法利用可获得的关于公司的债务、权益的历史价值和当前市场价值以及权益价值的历史波动性来估计公司资产经济价值的大小、变化率和波动性，进而通过期权模型确定公司的预期违约率和违约相关性。

（三）简约模型

默顿在结构化模型中将企业的债券违约视为资产价值内生变化所致，认为债券违约事

① Fischer Black, John C. Cox. Valuing Corporate Securities: Some Effects of Bond Indenture Provisions. *Journal of Finance*, 1976, 31 (02): 351-367.

② Longstaff F., Schwartz E. A Simple Approach to Valuing Risky Fixed and Floating Rate Debt. *Journal of Finance*, 1995, 32: 789-819.

件服从泊松分布，因此，违约的发生及金额就不可预测。为了解决此问题，Jarrow 和 Turnbull（1995）[①] 提出简约化模型，认为违约事件服从泊松过程，且与违约强度相关。简约化模型将无风险利率期限结构通过债券贴现价格 $P(t, T)$，以无风险利率作为基本单位，构造出离散格衡量违约和无风险的期限结构，获得风险中性概率，在无风险债券价格二叉树的基础上拓展出四叉树：

$$V(t, T)=P(t, T)E_t^Q(e_t^f) \tag{5}$$

其中，$V(t, T)$ 为债券的现值，$P(t, T)$ 为无信用风险时债券的价格，$E_t^Q(e_t^f)$ 为风险贴现率。简约化模型可以反映违约事件的突发性，避免了信用风险管理中基本数据难以获取的情况，其更易操作。Duffie 和 Singleton（1999）[②] 基于期限结构建立了简约模型，对违约风险的债券进行定价分析，即对面值为 1、到期日为 T、存在违约风险的债券在初始时间（$t=0$）进行定价，在 t 时前不曾违约的前提下，违约风险债券的现值为：

$$V(t,T)=e^{-rt}h(t)E_0^Q[\delta(t+1)+e^{-rt}[1-h(t)]E_0^Q[V(t+1)] \tag{6}$$

其中，$h(t)$ 表示风险中性概率，表示债券在第 t 期到第 $t+1$ 期这段时间内违约的概率，而在 t 时前未发生违约；$\delta(t+1)$ 表示债券违约时给定的回收率；$r(t)$ 表示 t 时刻的无风险利率。假定回收率为 1，则有：

$$E_0^Q[\delta(t+1)]=[1-L(t+1)]E_0^Q[V(t+1)] \tag{7}$$

据此，我们可以推导出：

$$V(t, T)=E_0^Q[e^{-\sum R(t+T)}F_T] \tag{8}$$

进一步，我们可以得出：

$$E^{-R(t)}=e^{-r(t)}-e^{-r(t)}h(t)L(t) \tag{9}$$

对方程两边求微分，违约风险债券的收益率可以表示为：

$$R(t)\approx r(t)+h(t)L(t) \tag{10}$$

当回收率为 1 时，违约风险债券的收益率为无风险利率加风险中性概率与损失函数的积。简约模型在定价分析中考虑了市场风险程度，信用事件被认为是不可预测的，其本质是将公司的信用风险与无风险利率关联起来，进而将信用价差视为无风险利率的额外部分。但是，简约模型并未考虑企业违约的内在因素，仅将其视为一个外生的状态跃迁过程，这依然存在一定的局限性。

（四）KMV 模型

KMV 模型是 KMV 公司在 1974 年默顿使用的期权定价模型基础上建立的，该模型假

---

① Robert A. Jarrow, Stuart M Turnbull. Pricing Derivatives on Financial Securities Subject to Credit Risk. *Journal of Finance*, 1995, 50.

② Duffie D., Singleton K. Modeling Term Structure of Defaultable Bonds. *Review of Financial Studies*, 1999, 12, 687-720.

定企业的资产价值为 V_A，负债的价值为 D，所有者权益价值为 $V_E=V_A-D$。当债务到期时，如果企业资产价值小于负债价值，则企业会选择违约，如果企业资产价值大于负债价值，则企业会选择偿还债务。我们可以将企业权益价值看作一份欧式看涨期权，行权价格为企业的负债价值。对于债务的信用风险，KMV 模型的基本理念是，在负债一定的条件下，企业是否违约是由企业资产的市场价值决定的，因此借鉴布莱克-斯科尔斯期权定价公式来确定企业股权价值和资产价值的关系，而企业债务违约概率取决于企业资产价值低于债务的概率。

第一步，根据布莱克-斯科尔斯期权定价公式计算企业资产价值及其波动率；第二步，计算违约距离 DD，在 KMV 模型中，违约点一般被定义为企业短期债务和 50%的长期债务的账面价值之和，在明确企业期末的预期资产价值和当期的违约点后，就可以得知企业的 DD，DD 越大，表明企业违约可能性越小；第三步，计算预期违约概率 EDF。

KMV 模型的计算方法如下。

首先，写出股权价值 V_E 的表达式：

$$V_E=V_AN(d_1)-D\,\mathrm{e}^{-rT}N(d_2) \tag{11}$$

$$d_1=\frac{\ln\frac{V_A}{D}+\left(r+\frac{{\sigma_A}^2}{2}\right)T}{\sigma_A\sqrt{T}} \tag{12}$$

$$d_2=d_1-\sigma_A\sqrt{T} \tag{13}$$

其次，写出股权的波动系数 σ_E：

$$\sigma_E=\frac{V_A}{V_E}\mathrm{N}(d_1)\sigma_A \tag{14}$$

由于 V_E 和 σ_E 可以从市场中获得数据，因此可以算出企业资产价值 V_A 和资产收益率波动系数 σ_A。其中，r 为一年期国债收益率，代表无风险利率，T 为到期期限。

再次，找到违约点 DPT 就可以计算出违约距离：

$$DPT=STD+0.5LTD \tag{15}$$

$$DD=\frac{V_A-DPT}{V_A\sigma_A} \tag{16}$$

最后，根据违约距离计算预期违约概率：

$$EDF=N(-DD) \tag{17}$$

（五）Credit Risk+模型

Credit Risk+模型，是 1996 年由瑞士银行金融产品开发部开发的一个只考虑违约风险、不考虑降级风险的模型。该模型对违约风险的处理是应用保险经济学中的保险精算方法推导出债券或贷款组合的损失。

通过对信贷市场的长期观察，瑞士银行发现，诸如抵押贷款和小企业贷款等类型的很多贷款都具有每笔贷款违约概率很小并且贷款之间相互独立的特点。如果在一个包含 N

笔贷款的贷款组合中，用 X 表示违约贷款数量，用 p 表示违约事件的平均发生率，则在这个贷款组合中有 k 笔贷款违约的概率为（二项分布）：

$$P(X=k)=C_N^k p^k (1-p)^{N-k}$$

在贷款数量很多但违约贷款率很低的情况下，二项分布是趋近于泊松分布的，预期违约数为 $\lambda=Np$：

$$P(X=k)=\frac{e^{-\lambda} * \lambda^k}{k!}$$

在贷款违约事件中，银行所遭受的损失不仅取决于违约概率，还取决于违约后损失的大小。在该模型中，风险敞口指的是考虑违约损失率的债务价值，等于贷款的未来市值乘以违约损失率。

第一步，划分风险敞口频段；第二步，估计单个频段的违约概率和预期损失分布；第三步，估计贷款组合整体的违约概率和预期损失分布；第四步，计算未预期损失，未预期损失是指最大信用损失和预期信用损失之差，也称为经济资本。

（六）Credit Metrics 模型

1997 年，J. P. 摩根与 KMV 公司、美国银行、德意志摩根富建、瑞士银行等推出 Credit Metrics 模型。该模型是基于 VaR 的计算方法，VaR 是在险价值，是指在一定时期内，一定概率下，一项交易或资产组合的最大预期损失。Credit Metrics 模型主要用于测度单个债务的信用风险，但是其测量范围可以扩大到应收账款、贷款、信用金融票据、债务组合等。

该模型认为企业的信用评级可以反映债务人的信用状况，并假定信用评级能真实地反映债务人的信用风险，不同信用等级的信用工具有不同的市场价值，将信用风险与债务人的信用等级转换矩阵联系在一起，通过度量资产组合价值来确定信用风险的大小。其中，转换矩阵是所有不同信用等级的信用工具在一定期限内变化到其他信用等级或维持原级别的概率矩阵，概率转换矩阵依据的理论是马尔科夫链，可由历史数据测算得到。因此，可以通过信用等级转移概率矩阵结合不同信用等级下给定的贴现率计算出该信用工具在各信用等级上的市场价值，从而得到该信用工具市场价值在不同信用风险状态下的概率分布，以获取信用资产在一定置信度下的 VaR。

由于经济中系统性因素的影响，不同信用资产之间存在相关性，因此可以基于信用资产组合的收益率相关系数，计算信用组合的联合信用等级转移概率矩阵，进而确定信用组合在一定置信度下的 VaR。

（七）Credit Portfolio Views 模型

Credit Portfolio Views（即 CPV）模型是由麦肯锡公司（McKinsey）于 1998 年开发出的一个多因子模型，一般用作信贷组合分析。CPV 模型运用计量经济学和蒙特卡洛模拟对每个国家不同行业中不同等级的违约和转移概率进行计算。该模型以宏观经济情况为基础来度量违约风险，考虑的宏观经济因素有 GDP 增长率、失业率、汇率、长期利率、政府支出和储蓄等。

一般来说，当经济周期处于上行阶段时，社会总需求增长，企业会加大生产投入，贷款违约概率较低，商业银行出于盈利考虑会扩大信贷规模；而经济下行时，则情况相反。该模型将信用评级转移概率与宏观经济变量联系起来，由于信贷顺周期性，债务人的违约概率和违约损失率在经济处于繁荣时期时较低，而在经济衰退时较高。运用CPV模型分析违约风险，首先是对宏观经济变量进行检验，从中选取一些与违约风险显著相关的变量；其次是进行模拟仿真，获取经济扩张和衰退时期的违约概率转移矩阵，计算信用工具组合损失的分布状况；最后是分析当前的经济状况，并由组合损失分布算出违约概率分布。

在该模型中违约概率用Logit函数描述，宏观经济变量服从二阶自回归AR（2）过程。

三、个人信用分析的其他方法

个人信用评分研究经过20世纪八九十年代的蓬勃发展后，由于传统方法已很难有所突破[①]，经历了一段低潮期。因此，近年来对个人信用评分的研究除了继续探索新方法外，逐渐向组合方法进行转移。组合方法是目前模式识别领域的一个重要研究方向，已经在语音识别、手写识别、医疗诊断等方面得到了广泛应用，但在个人信用评分领域的相关研究还不多见。

目前的个人信用评分组合模型有三种构建思路，其一是将多种单一模型进行串行组合，模型A的预测结果和其他特征变量一起作为模型B的输入，最后由模型B输出最终的预测结果。Tian-Shyug Lee和Chih-Chou Chiu等（2002）[②] 提出了一种“两阶段混合神经网络判别方法”，做法是将判别分析模型的预测结果和其他特征变量一起作为输入单元建立神经网络模型。他们认为，这样的模型可以缩短神经网络训练时间并可以提高预测的精度。石庆焱（2005）[③] 提出了神经网络—Logistic回归的混合两阶段个人信用评分模型，他将神经网络模型的输出结果和其他特征变量一起作为Logistic回归模型的自变量来建立信用评分模型，并利用因子分析法来解决Logistic回归模型中的多重共线性问题。研究结果表明，组合模型的预测精度比Logistic回归模型高，稳健性比神经网络模型好，且组合模型中的特征变量有较好的解释意义。

第二种构建思路是将多种个人信用评分模型的预测结果进行并行组合。每种个人信用评分模型都采用不同的分类算法。姜明辉等（2007）[④] 将Logistic模型和RBF神经网络模型的预测结果通过线性方法进行组合，结果表明组合模型在总体预测精度和第二类误判率

① 向晖．个人信用评分组合模型研究与应用．长沙：湖南大学，2011：5－6.

② Tian-Shyug Lee, Chih-Chou Chiu. Neural Network Forecasting of An Opening Cash Price Index. *International Journal of Systems Science*, 2002, 33 (03): 229.

③ 石庆焱．一个基于神经网络——Logistic回归的混合两阶段个人信用评分模型研究．统计研究，2005，(05)：45－49.

④ 姜明辉，谢行恒，王树林，温潇．个人信用评估的LogisticRBF组合模型．哈尔滨工业大学学报，2007，39 (07).

上具有优势。Sun 和 Li (2008)[①] 使用加权投票法对多重判别、Logistic 回归、神经网络、决策树、支持向量机以及最近邻模型的预测结果进行了组合，他们认为组合模型预测总精度和稳健性都得到了提高。

第三种构建思路是通过 bagging 或 boosting 等算法产生多个训练集，并选取某种不稳定的分类算法（即训练集的微小变动能够使得分类结果显著变动，如决策树、神经网络等）在这些训练集上建立模型，最后对这些模型预测结果进行适当的组合。这种组合建模方法也称为集成或融合（ensemble）。West et al. (2005)[②] 采用 bagging 和 boosting 方法构建了神经网络模型集成模型，Finlay (2011)[③] 建立了多种 bagging 和 boosting 集成个人信用评分模型，并将它们的应用效果与传统单一模型进行了比较，结果表明集成模型要明显优于单一模型。

延展阅读 6-5

2017年债券市场违约率统计年报

如表1所示，总体来看，2014—2017年各信用等级主体平均累积违约率呈现出随信用等级下降而上升的特征，表明我国信用评级对信用风险具有较好的区分度，在很大程度上揭示了受评主体的违约风险。

表1 2014—2017年各信用等级违约率统计表

主体等级	平均累积违约率			
	Y1	Y2	Y3	Y4
AAA级	0.00	0.00	0.00	0.00
AA级	0.19	0.59	0.96	1.16
A级	1.73	2.77	3.71	3.71
BBB级	3.16	5.31	7.50	7.50
BB级	5.08	9.98	15.88	15.88
B级	18.75	27.78	27.78	27.78
CCC级及以下	33.33	33.33	33.33	33.33

与国外相比，国内评级质量检验仍存在检验对象范围覆盖相对有限、检验方法相对单

① Sun J., Li H. Listed Companies' Financial Distress Prediction Based on Weighted Majority Voting Combination of Multiple Classifiers. *Exert Systems with Applications*, 2008, 35 (03): 818-827.

② West D., Dellana S., Qian J. X. Neural Network Ensemble Strategies for Financial Decision Applications. *Computers & Operations Research*, 2005, 32 (10): 2543-2559.

③ Finlay S. Multiple Classifier Architectures and Their Application to Credit Risk Assessment. *European Journal of Operational Research*, 2011, 210 (02): 368-378.

一、违约率数据不足等问题。由于国内债券市场长期存在的监管分割现象，评级质量检验的对象也按照监管市场及相应的品种进行分类，目前评级质量检验主要覆盖非金融企业发行人，而对于地方政府、金融机构以及结构化产品尚未要求其披露检验结果。同时，由于我国长期缺少违约率数据，应用违约率进行评级质量检验存在障碍，对于国外采用的依赖于违约率数据的绝对、相对准确性检验工具均不适用。目前国内所使用的利差检验方法更倾向于验证市场和评级机构对于信用风险的看法是否一致，并不能直接验证信用评级是否准确地反映了受评对象的信用风险水平，而违约率是对信用风险的直接反应，应用于评级质量检验的价值更大。随着国内市场违约率数据的逐步积累，评级质量检验的有效性有望得到提升，这也将帮助投资者更好地理解和使用评级。

根据中诚信分析师的测算，2018 年沪深两市公司债务相邻级别发行利率均值及方差差异较大，样本量较大的 3 年期和 5 年期公司债发行利率均值按照 AA、AA＋、AAA 顺序下降，定价趋于合理区间。通过使用 Mann-Whitney U 检验来判断相邻级别主体发行公司债的利差差异，在 95％的置信水平下，各相邻等级之间存在显著差异，定价功能得到较好体现，表明沪深两市公司债信用级别在发行利率方面具有较好的指导意义。同时，各家评级机构所评的同级别的公司债券在发行利率上存在一定差异。此外，公司债的发行利率与二级市场公司债收益率联动性较差，二级市场公司债收益率不具有明显的定价指导意义。

注：*陈诗瑶，李诗．我国评级机构评级质量检验方法概述．中诚信国际信用评级有限责任公司网站，2017-08-24.

**夏敏．2018 年公司债发行情况及利差表现研究报告．中诚信国际信用评级有限责任公司网站，2019-03-25.

资料来源：王衡，杜永康．2017 年债券市场违约率统计年报．上海新世纪资信评估投资服务有限公司网站．2018-03-08.

【思考题】

1. 为什么在信用风险分析时要进行宏观分析?
2. 宏观信用风险分析的主要内容有哪些?
3. 在信用风险分析时，行业、区域分析的主要内容是什么?
4. 企业信用分析主要包括哪几个方面?
5. 个人信用分析的基础是什么?
6. 试述书中提到的个人信用分析的要素，并谈谈你对影响个人信用的其他因素的理解。
7. 企业信用分析模型有哪些?
8. 个人信用分析模型有哪些?

【参考文献】

［1］波特五力分析模型，MBA 智库．

［2］刘定平，钟用．信用评级．北京：高等教育出版社，2015.

［3］夏敏．2018 年度债券市场主体信用等级迁移研究．中诚信国际信用评级有限责任公司网站，2019 - 03 - 25.

［4］张末冬．银行 2019 年迎资本充足率达标大限，资本补充提速．金融时报，2019 - 02 - 20.

［5］推动“桂花分”拓展全新应用场景．苏州市人民政府网站，2018 - 07 - 13.

［6］孙森，翟淑萍．信用管理．北京：中国金融出版社，2012.

［7］徐佩玉．中国建立全球规模最大征信系统．人民日报海外版，2019 - 06 - 19.

［8］陈果静，姚进．拖欠水费也可能会影响信用．中国经济网，2019 - 04 - 08.

［9］吴晶妹，王银旭．以诚信度为基础的个人信用全面刻画．现代管理科学，2017，(12).

［10］许佩．商业银行个人信用评分系统的优化研究．哈尔滨：哈尔滨工业大学，2017.

［11］唐明琴，林江鹏．信用管理．北京：高等教育出版社，2014.

［12］支付宝三项福利，芝麻信用 650 分以上均可享受．百度，2018 - 07 - 02.

［13］芝麻信用官网．

［14］京东金融官网．

［15］王颖，聂广礼，石勇．基于信用评分模型的我国商业银行客户违约概率研究．管理评论，2012，24 (02).

［16］刘雨萌，李战江，尹伟．非参数下贝叶斯判别与聚类分析的信用指标筛选模型．统计与决策，2018，(22).

［17］向晖．个人信用评分组合模型研究与应用．长沙：湖南大学，2011.

［18］王衡，杜永康．2017 年债券市场违约率统计年报．上海新世纪资信评估投资服务有限公司网站，2018 - 03 - 08.

［19］陈诗瑶，李诗．我国评级机构评级质量检验方法概述．中诚信国际信用评级有限责任公司网站，2017 - 08 - 24.

［20］首钢集团有限公司 2019 年度第二期中期票据信用评级报告．中诚信国际信用评级有限公司，2019 - 02 - 18.

［21］夏敏．2018 年公司债发行情况及利差表现研究报告．中诚信国际信用评级有限责任公司网站，2019 - 03 - 25.

第七章

信用主体的自我管理

传统经济学理论中，市场是由供给方和需求方组成，供给与需求相匹配时市场达到均衡。信用经济也遵循这个理论，在信用市场中，信用是获得信任的资本，所以供给方是各类信用主体，主要包括政府、企业和个人，需求方是政府、企业和金融机构，信用主体提供自己的信用资本在市场上换取信用需求方提供的产品和服务。所以，信用市场要达到均衡并保证良好运转，不仅仅需要信用需求方对信用供给方进行信用管理，信用供给方也要进行自我管理来不断提升信用资本的质量，维护市场的稳定运行。

本章将从信用主体自我管理角度出发，分别介绍政府、企业、个人三大信用主体进行自我信用管理的主要内容和方法。根据吴氏三维信用论，信用是由诚信度、合规度和践约度构成的，所以不仅在对信用主体进行评价和管理时需要从这三个方面入手，信用主体进行自我管理时也应该从这三个方面考虑。

同时，社会信用体系建设的四大重点领域是政务诚信建设、商务诚信建设、社会诚信建设和司法公信建设，政务诚信、商务诚信和社会诚信建设包含了对政府、企业、个人以及所有社会主体进行自我信用管理的要求，然而当前学术界较少从这个角度进行讨论分析，本章将尝试做开创性分析介绍。

第一节　政府自我信用管理

2014 年 10 月，习近平就《中共中央关于全面推进依法治国若干重大问题的决定》起草情况向党的十八届四中全会作说明时指出，各级政府必须坚持在党的领导下、在法治轨道上开展工作，加快建设职能科学、执法严明、公开公正、廉洁高效、守法诚信的法治政府。

《国务院关于加强政务诚信建设的指导意见》提到，“加强政务诚信建设，是落实‘四个全面’战略布局的关键环节，是深化简政放权、放管结合、优化服务改革和加快转变政府职能、提高政府效能的必然要求，是社会信用体系建设的重要组成部分，对于进一步提升政府公信力、引领其他领域信用建设、弘扬诚信文化、培育诚信社会具有重要而紧迫的现实意义。”政府作为社会信用体系建设的领导者，必须充分发挥表率作用，做好自我信用管理，进一步提升政府公信力，推进国家治理体系和治理能力现代化。

一、政务诚信的界定

政务诚信由来已久。古代圣王禹、汤，循义讲信而天下大治；暴君桀、纣，背信弃义而天下大乱。作为国君一定要慎礼义、讲忠信，然后才能治国。司马光在《资治通鉴》中讲到，“夫信者，人君之大宝也。国保于民，民保于信。非信无以使民，非民无以守国。是故古之王者不欺四海，霸者不欺四邻。善为国者，不欺其民；善为家者，不欺其亲。”中国古代凡是政绩卓越、受百姓爱戴的君王都做到了“取信于民”。国外也是自古就有政务诚信。例如，古罗马人把诚信概念引入法律体系中，并且把它作为古罗马法的法律原则，贯穿于整个法律体系中，古罗马帝王在执政过程中也遵循“诚信”原则。可见，诚信是齐家治国的法宝，诚信是治国之本。①

当代很多国家把政务诚信规范化、法律化。美国的政府道德署于 1992 年颁布了《行政部门雇员道德行为准则》，联邦政府所有官员和雇员都必须遵守和执行。该准则第二、三章规定政府雇员不得索取或接收来自被禁止的或因职位而送的礼品；第四章规定政府雇员在履行公务时应采取措施尽量避免产生有失公正履职的境况；第七章规定了联邦雇员如何正确使用自己的职权、非公开信息、政府财产以及公务时间。韩国于 1981 年建立了公职人员财产申报制度，即《公职人员道德法》。经过 4 次修改，该法于 1993 年 6 月基本定型，发挥了显著的效果，官员财产申报成为例行公事。日本政府于 2000 年 4 月颁布实施了《国家公务员伦理法》，具体规范了公务员伦理道德的行为准则。它是日本行政改革的一大举措，也是日本政府为了防止国家公务员腐败所采取的一项重要措施。

从委托代理的视角看，首先公众在委托契约中存在对政府的期待以及信任，政府信用

---

① 吴晶妹．三维信用论．北京：清华大学出版社，2016.

即是对这种期待与信任的责任感及回应。如果政府无法回应这种期待和信任，将产生信任危机，即政府信用问题。[①] 从本质上来讲，政府信用即对人民守信，也就是取信于民；从内涵来讲，政府信用就是要求政府必须承担起公共服务职责，建设稳定、公平且富有的社会。[②] 民众以及社会组织对政府信誉的主观评价即政府信用，是民众以及社会组织的一种心理反映，也是民众以及社会组织对政府整体的认识状况，可以体现为民众以及社会组织自愿地配合行政行为。[③] 政府守信即政府维护和遵守政府信用，维护诚实守信形象，遵守经济惯例解决债权债务关系，贯彻执行各项政策。简言之，政府守信就是政府践约并及时履行承诺，反之则为政府失信。

政府应该以诚信为本，诚信政务是诚信社会建设的中心。诚信政务也就是政府在公共事务管理等活动中诚实守信。同时，诚信政务的主要表现方式为政府可信度以及政府公信力。[④] 政府诚信就是政府根据行政承诺推进行政活动，通过行政效益的实现兑现政府承诺，是一种行政主体共有规范的体现，这也意味着政务工作人员必须要具有诚信的理念以及道德品质，满足民众对政府的预期。政府诚信既可以表现在依法开展行政活动层面上，也可以表现在民事交往层面上。[⑤] 政务诚信的基础是由价值、规范、道德标准和原则构成。[⑥] 它们认为在社会契约视角下，政务诚信是指政府在践约过程中坚守诚信，要求政府在契约形成中体现民众意志，在契约执行中坚持自律，并且建立完善的契约监督机制。[⑦]

政务诚信（government integrity，GI）是政府获得社会公众信任的资本。政务诚信表现在三个方面：政府的基本素质、在社会管理中的自身信用水平以及在经济活动中承诺践约的能力与结果。政务诚信具有示范效应。政务诚信具有效率功能，只有言必信、行必果，才具公信力、政令易通，从而提升政府行政权力行使的效率。

（1）基本素质是政府获得公众信任的基础资本，表现为政府的基本诚信素质，涉及道德文化理念、精神素养、意愿、能力与行为，体现的是政府的信用价值取向，可以概括为诚信度。

（2）在社会管理中的自身信用水平是政府获得公众信任的社会资本，表现为政府在行政活动中遵守法律法规、行业规则、民间惯例以及内部管理规定的意愿、能力与行为结果，涉及政府的一般行政活动，体现的是政府在行政活动中的信用价值取向与信用责任，可以概括为合规度。

（3）在经济活动中承诺践约的能力与结果是政府获得公众信任的经济资本，表现为政府在经济活动中的践约能力，体现的是政府在经济活动中的信用价值取向与信用责任，可

---

① 张旭霞．现代政府信用及其建构的对策性选择．南京社会科学，2002，(11)：60－65.

② 罗忠桓．论信用政府与政府信用．湖南社会科学，2002，(06)：58－60.

③ 王和平．论政府信用建设．政治学研究，2003，(01)：73－77.

④ 顾爱华，舒光大．论“诚信政务”建设．中国行政管理，2003，(12)：24－27

⑤ 蔡小慎，贺利军．试论我国政府诚信危机及其化解对策．求实，2004，(03)：73－75.

⑥ Emile Kolthoff，Raymood W. Cox，Terrance Johnson. Measuring Integrity：A Dutch-American Comparative Project // R. W. Cox (Ed). Ethics and Integrity in Public Administration：Concepts and Cases. Armonk，NY：ME Sharpe，2009：197－211.

⑦ 李联，刘省．社会契约视角下政务诚信的内涵与要求解读．中国市场，2014，(06)：68－69.

以概括为践约度。

二、政务诚信建设的主要内容

政务诚信表现在三个方面，即政府的基本素质、在社会管理中的自身信用水平、在经济活动中承诺践约的能力与结果。那么政务诚信建设也应从意识文化、规章制度、交易践约能力三方面入手展开。①

（一）意识与文化建设

作为一维政务诚信的诚信度没有具体的约定内容，而是存在于政府人员的潜意识中，是行政过程中的潜意识与潜规则，是社会对政府要求的信用底线。随着社会发展，这种政府行为的潜规则、意识、文化的边界将逐渐外化、清晰，全社会将逐渐达成共识，明确内容与行为边界。

一维政务诚信涉及宗教信仰、价值观念、社会态度、风俗习惯、伦理道德、行为方式以及生活方式，表明政府及其行政人员的基本素质。加强政务诚信建设要夯实政务诚信建设的思想基础，努力提高政府部门人员的诚信意识和服务意识，要通过从政伦理教育和职业道德教育在公职人员中不断灌输和强化诚信观念。

政务的出发点和落脚点是社会公众的利益与期待，政务诚信的最高价值指向是人民满意。政府官员应树立正确的政绩观和为人民服务的意识，在政务活动中培养和强化诚信观念，减少劳民伤财的“政绩工程”“形象工程”。应着力打造诚信型政府，提升政府的公信力，真正做到取信于民。

建议制定公职人员伦理道德法，对包括诚信在内的从政伦理道德作全面规定。通过道德行为的法治化，诚信将不仅仅是一种道德的规劝和倡议，而且具有法律上的约束力与强制力。加强公务员诚信教育。以社会主义核心价值观为引领，深入开展公务员诚信、守法和道德教育，编制公务员诚信手册，将信用建设纳入公务员培训和领导干部进修课程，加强公务员信用知识学习，提升公务员信用意识。

（二）规章制度与岗位责任建设

如果说一维政务诚信仅仅是一种意识形态上的潜规则，不具有对政府行为的硬约束，那么二维政务诚信则是具体明确的法律法规、监管规定、社会管理制度、内部规定等，是对政府行为的一种硬性约束，是明确的社会规则，是把一维政务诚信中已形成的、被社会公认的潜规则上升成明规则，落实成政府与社会管理规定。制定规章制度，要推行公示制、首问负责制、服务承诺制、程序告知制、责任追究制和作风评议制等工作制度，把诚信原则贯穿于行政机关履行管理、监督和服务职能的全过程。

全面推进政务公开和官员个人财产报告与公开。知情权是监督权的前提，推进政务诚信建设最重要的一项措施便是公开化，包括政务公开与财务公开，让权力在阳光下运行。只有实行公开化，才能最大限度地避免暗箱操作，也才能最大限度地消除老百姓对政府官

① 吴晶妹. 三维信用论. 北京：清华大学出版社，2016.

员的怀疑与不信任，从而保障公民的知情权与监督权得以实现。建立和运行财产申报制度是实现公开化的重要方式之一，也是建立和加强二维政务诚信的有效途径。目前我国的财产申报制度还没有发挥出应有的作用。公职人员申报财产后，受理机关应通过合法、合规的方式将公职人员财产申报情况向全社会公开，接受社会公众的监督。对于公职人员违背诚信原则，拒不申报以及谎报、瞒报财产的，要依法追究责任，不能仅仅局限在党纪政纪处分上，情节严重者甚至可以引入刑罚机制。

建立公务员诚信档案制度，包括信用评定、信用监管、失信惩戒等一整套完善的信用机制，实行“官德”问责制。行政机关的一般失信行为，应由其主要负责人向社会公众公开解释并道歉；行政机关的严重失信行为，应依据法律法规和行政部门相关规定对其主要负责人进行责任追究；对于行政机关的失信行为给社会公众造成严重损失的，应依法给予赔偿。对与行政机关失信行为有关的政府工作人员，应将其相关行为及造成的损失等记入公务员诚信档案，并对其问责。此外，应将公务员行政行为的诚信记录纳入社会征信管理系统。

《国务院关于加强政务诚信建设的指导意见》（国发〔2016〕76号）明确规定，建立健全政务失信记录。将各级人民政府和公务员在履职过程中，因违法违规、失信违约被司法判决、行政处罚、纪律处分、问责处理等信息纳入政务失信记录。由各级社会信用体系建设牵头部门负责政务失信记录的采集和公开，将有关记录逐级归集至全国信用信息共享平台和各地方信用信息共享平台。同时，依托“信用中国”网站等依法依规逐步公开各级人民政府和公务员政务失信记录。

健全守信激励与失信惩戒机制。各级人民政府存在政务失信记录的，要根据失信行为对经济社会发展造成的损失情况和社会影响程度，对具体失信情况书面说明原因并限期加以整改，依规取消相关政府部门参加各类荣誉评选资格，予以公开通报批评，对造成政务失信行为的主要负责人依法依规追究责任。社会信用体系建设部际联席会议有关成员单位联合开展区域政务诚信状况评价，在改革试点、项目投资、社会管理等政策领域和绩效考核中应用政务诚信评价结果。对存在政务失信记录的公务员，按照相关规定采取限制评优评先等处理措施。

健全信用权益保护和信用修复机制。完善政务信用信息保护机制，按照法律法规规定采集各级人民政府和公务员政务失信记录。建立健全信用信息异议、投诉制度，探索扩展公务员失信记录信用修复渠道和方式。建立自我纠错、主动自新的关爱机制，公务员在政务失信行为发生后主动挽回损失、消除不良影响或者有效阻止危害结果发生的，可从轻或免于实施失信惩戒措施。

借鉴其他国家政务诚信建设的经验。西方发达国家有几百年市场经济的历史经验，对市场经济条件下如何加强政务诚信建设进行了卓有成效的探索，部分发展中国家也根据自身国情进行有效的政务诚信建设。有些国家把行政机关人员的道德，如忠于国家、忠于职守等内容规范化、法律化，有很好的效果，如美国的《行政部门雇员道德行为准则》《政府道德法》，韩国的《公职人员道德法》，菲律宾的《公共官员与雇员品行和道德标准法》，日本的《国家公务员伦理法》等。这些法律法规在消除腐败、降低市场管理成本和交易成本方面发挥了积极作用，提高了各级政府的运行质量。这些国家重视加强公务员职业道德立法，赢得了社会公众对政府的信任。对此，我们应当结合自身实际有选择地借鉴吸收，积极探索适合中国国情的政务诚信建设之路。

（三）交易践约能力建设

交易践约能力建设是政务诚信在经济活动中注重承诺践约能力的提升以及确实践约的系列活动。

一般的交易践约能力主要体现在履行交易所具备的客观能力、主观意愿、实施过程、最终结果与管理水平。政府交易践约能力建设的主要内容包括：政府在与交易对方达成约定的过程中，应根据自己的实际情况与所具备的客观能力进行约定，应具有诚实守信的主观意愿；在约定执行中，应遵照约定的进程安排，切实履行义务和责任；最终应切实践约，完成约定。

政府交易践约能力建设包括涉及债务的和非债务的事项，涉及债务的主要就是债务管理，内容较多，将在政府债务与信用管理部分详述。政府交易践约能力建设涉及非债务的事项主要包括：(1) 政府采购领域，主要内容为建立政府采购方面的政务诚信责任制，完善政府采购管理交易系统；(2) 政府和社会资本合作领域，主要内容为强化政府有关部门责任，建立政府和社会资本合作失信违约记录等；(3) 招标投标领域，主要内容为提高政务信息透明度等；(4) 招商引资领域，主要内容为认真履行承诺和签订的各类合同、协议，不得以换届、相关责任人更替等理由毁约等。

政府交易践约能力建设的实质主要是政府自我信用管理能力的提升，需要建立一系列信用管理制度，这些制度主要包括流程、责任与义务、岗位责任制与考核等，内部约束机制可以依靠内部纪律检查。

政府交易践约能力建设首先是自我建设，同时欢迎社会各界监督。主要监督约束机制包括建立上下纵向的政务诚信专项督导机制，建立各级人民政府依法接受同级人大及其常委会、人民政协的横向政务诚信监督机制，建立社会监督和第三方机构评估机制。

三、政府债务与信用管理

（一）政府债务信用风险特征

政府债务信用也称为财政信用，是以政府（中央和地方政府）为主体，按照信用原则筹集和运用财政资金的一种再分配形式。它包括两个方面的内容：一是国家运用信用手段筹集资金，如发行国库券、地方政府债券、财政统借统还外债等；二是国家运用信用手段供应资金，如以有偿的方式安排某些财政支出。①

政府债务信用风险主要分为国债风险和债务风险。国债风险主要体现为国债发行风险、国债投资风险和国债偿还风险。这种风险达到一定程度，可能使国家陷入债务危机。债务风险主要是指地方政府如果发债规模过大，将面临无法按期偿还到期债务的风险，从

① 唐明琴，林江鹏. 信用管理. 北京：高等教育出版社，2014.

而导致地方财政破产。

政府债务信用风险具有隐蔽性和积累性。隐蔽性是指只要政府债券能获得市场认同，就能持续发行，政府债务风险就可以推迟爆发。积累性是指只有政府债务规模达到一定程度，才会对经济运行带来全局性、系统性的损伤。在此之前，政府债务风险是可控的，其负面影响不易为公众所觉察。①

（二）政府债务信用管理

政府债务信用管理，包括债务风险识别、债务风险衡量、债务风险控制，覆盖从债务发行到债务清偿的全部过程。②

债务风险识别和债务风险衡量合起来可以称为风险评估。在政府发行债券之前进行的债务风险评估，对政府债务风险控制起到关键的作用。对政府的举债行为进行的风险评估，包括债务项目可行性方案风险评估、债务项目资产负债风险评估、政府资产负债风险评估、债券发行风险评估和偿债准备风险评估几部分，并形成债务风险评估报告。

（1）债务项目可行性方案风险评估应由政府提出可行性方案，并由专业的评估机构进行可行性及项目风险评估。政府投资项目的目标是为了满足公共产品需求，为辖区民众提供公共服务，债务项目可行性方案风险评估，应对项目是否能达到政府立项目标进行评价，并对项目自身存在的风险进行全面的风险识别和风险衡量。

（2）债务项目资产负债风险评估是通过对项目资产、项目预期收益、项目建设债务、项目运营新增债务的评估分析，评估项目的资产负债状况，对项目产生的负债的规模、自我偿还能力、偿还期限等进行有效评估。

（3）政府资产负债风险评估是在对项目资产负债状况评估的基础上，对政府在可能举借债务的期间内，地方政府作为主体的资产负债状况进行评估，评价其是否具备偿还债务的能力。

（4）债券发行风险评估，是指在政府资产负债评估后，根据政府债务管理制度规定在发债前进行的关于发债内容的评估，包括债务发行规模、发行方式、发行期限、发行利率等。债券发行内容是否科学合理将直接影响债券能否按期偿还。

（5）偿债准备风险评估主要是对偿债的资金来源是否有保障进行的评估，包括项目预期收益、资产转让收入、股权转让收入、上级政府转移支付、财政安排的专项偿债资金等。

为了控制政府债务风险，需要建立多种机制，主要包括：债务发行严格审批机制、债务偿债保证机制、债务风险预警机制、债务监督机制。

（1）债务发行严格审批机制。根据不同类型的政府债务，建立相应的政府债券发行规范，并规定相应的评估和审核部门。

（2）债务偿债保证机制，是地方政府在举债之初即开始制定的，为保障债务到期结清，或出现债务到期不能全部清偿所做的保证举措。政府债务偿债保证机制包括明确偿债

---

① 刘澄，徐明威．信用管理．北京：经济管理出版社，2010.

② 李敏．中国地方政府债务风险管理研究．北京：首都经济贸易大学，2014.

资金来源及组成结构、建立偿债基金、明晰偿债责任、债务化解和违约债务处理等部分。

（3）债务风险预警机制，是在对债务风险定性认识的基础上进行的定量研究，应覆盖债务的举借、使用和偿还过程，如美国俄亥俄州预警模型、哥伦比亚的“红绿灯”预警系统等，由于我国政府债务问题的复杂性，对风险的防范尤为重要。在举债环节，预警指标的确定是整个指标体系的关键，债务发行的规模、方式、利率设计、偿还期限、资金使用、项目预期收益等都是债务风险预警机制重要的输入信息。

（4）债务监督机制，是债务风险管理不可缺少的组成部分，包括中央政府债务管理部门、地方人民代表大会、信用评级机构、债券市场和地区社会公众。信用评级机构是地方政府负债情况的客观评价机制，为地方政府的债务结构、资产负债状况、财务管理水平等提供及时准确的信息；债券市场的管理制度要求对发债主体进行规范的评估，包括发债主体的资产负债结构、资产流动性、收入支出状况、管理水平、担保和还款保障等进行评价；地区社会公众可以依托互联网和信息技术广泛参与社会公共事务管理，可以更方便地获得相关信息，并对发债的政府主体进行监督。

《国务院关于加强政务诚信建设的指导意见》（国发〔2016〕76号）明确规定，加强地方政府债务领域政务诚信建设。建立地方人民政府信用评级制度，促进政府举债依法依规、规模适度、风险可控和程序透明。强化地方政府债务预算约束，健全地方政府债务监管体系，建立地方政府债务风险评估和预警机制、应急处置机制以及责任追究机制。

四、政府信用建设的作用

（一）政府信用是确立现代社会诚信的基石

政府机构提供公共服务，维护社会秩序，对其他社会主体起示范作用。只有讲诚信，才能取信于民，才能产生凝聚力、向心力。在政务诚信、商务诚信、个人诚信等组成的社会诚信体系中，政务诚信发挥着基础性、导向性作用。①

政府信用的范围最广、内容最复杂。② 政府作为公共管理的客体，主要体现为两个大的方面：一是国家事务的管理，如军事、国防、外交、法制、公安等；二是社会公共事务的管理，如经济、文化、教育、科技、社会保障、人口控制、环境保护等。从政府与其他社会组织、企业、公民的比较中可以看出社会组织、企业及公民的信用内容较为单一，其范围远不如政府信用的范围广。

政府是整个社会信用的捍卫者。无论是社会团体、组织、企业还是个人，在社会、经济交往中都应遵守信用准则，但信用不是靠单个的组织、团体或个人来维系的，而主要是靠政府通过法令、法规来维护的。对破坏信用、违反信用规则的社会组织、企业及个人，政府可以给予其制裁或惩罚，而企业信用、公民信用则不具有这种功能。

（二）政府信用是政府职能顺利实现的保障

政府的职能可以从两个层面来界定：一是从静态角度将政府职能分为四个基本方面，

---

① 吴晶妹. 三维信用论. 北京：清华大学出版社，2016.

② 刘澄，徐明威. 信用管理. 北京：经济管理出版社，2010：85.

即政治职能、经济职能、文化职能和社会管理职能；二是从动态角度即从政府行政行为的整个运作过程将政府职能分为计划职能、组织职能、执行职能、调控职能及监督职能等。[①]

不论是政府的静态职能还是政府的动态职能，其能否顺利实现，既需要从人、财、物等有形方面提供保障，也需要从制度、规则、信用等无形方面提供精神支持与动力。人无信不立，业无信难兴，政无信必颓。政府失信，轻则伤害民心，降低政府公信力；重则导致群众与政府对立，甚至会危害国家安全和社会稳定。具体而言，其危害可能包括降低行政效率，加大管理成本；影响社会和谐，加大社会成本；造成伦理失范，加大道德成本等。[②]

（三）政府信用促进市场经济的良性发展

市场经济是相对自由的，不是以计划管理为前提的，所以它又被称为自由市场经济或者是自由企业经济。它是一种产品和服务生产、销售完全自由化的市场经济体系。它的内涵特征表现为：自主经济、货币经济、竞争经济、法治经济，是一种开放型的按要素贡献分配的经济，也是一种法制型经济，是一种依靠秩序、规则、信用维系的经济。市场经济要健康发展，必须建立起规范其发展的规则、体制机制。[③]

但是，在市场经济条件下，如果仅凭市场的自身调控，很难保证经济的和谐有效发展，这就需要以政府职能的发挥和政府信用的建立为基础，在自由发展的市场中建立有规则的市场经济发展机制和有效干预手段，打造出一个公平、合理、积极竞争、有序发展的经营环境和信用制度。因此，政府要为市场竞争制定游戏规则、信用规则，从而为市场运行提供公平竞争、诚实守信的规则基础。另外，政府要通过政府行为，运用法律、行政及经济等手段对不讲游戏规则、不按信用规则办事的当事人给予制裁与惩处。[④]

如果政府信用缺失就会产生市场经济的缺陷和经济秩序的混乱，出现有失公允的不良经济现象，冲击到整个社会信用体系的稳定，产生不公平的商业交易和职权侵占，造成比市场问题更加严重的后果。

延展阅读 7-1

中共中央关于制定国民经济和社会发展第十四个五年规划和二〇三五年远景目标的建议

2020年10月29日，中国共产党第十九届中央委员会第五次全体会议通过《中共中央关于制定国民经济和社会发展第十四个五年规划和二〇三五年远景目标的建议》，其中明确指出：国家治理效能得到新提升。社会主义民主法治更加健全，社会公平正义进一步彰显，国家行政体系更加完善，政府作用更好发挥，行政效率和公信力显著提升，社会治理

① 刘澄，徐明威．信用管理．北京：经济管理出版社，2010：85.
② 吴晶妹．三维信用论．北京：清华大学出版社，2016.
③ 李力科，杨霄笛．市场经济发展与政府信用的关系分析．商情，2013，(20).
④ 刘澄，徐明威．信用管理．北京：经济管理出版社，2010：85.

特别是基层治理水平明显提高，防范化解重大风险体制机制不断健全，突发公共事件应急能力显著增强，自然灾害防御水平明显提升，发展安全保障更加有力，国防和军队现代化迈出重大步伐。

延展阅读 7-2

言必信、行必果——习近平谈诚信

领导干部要把深入改进作风与加强党性修养结合起来，自觉讲诚信、懂规矩、守纪律，襟怀坦白、言行一致，心存敬畏、手握戒尺，对党忠诚老实，对群众忠诚老实，做到台上台下一种表现，任何时候、任何情况下都不越界、越轨。

——在辽宁考察时强调（2013 年 8 月 28 日至 31 日）

深入挖掘和阐发中华优秀传统文化讲仁爱、重民本、守诚信、崇正义、尚和合、求大同的时代价值，使中华优秀传统文化成为涵养社会主义核心价值观的重要源泉。

——在中共中央政治局第十三次集体学习时强调（2014 年 2 月 24 日）

对突出的诚信缺失问题，既要抓紧建立覆盖全社会的征信系统，又要完善守法诚信褒奖机制和违法失信惩戒机制，使人不敢失信、不能失信。对见利忘义、制假售假的违法行为，要加大执法力度，让败德违法者受到惩治、付出代价。

——在中共中央政治局第三十七次集体学习时强调（2016 年 12 月 9 日）

资料来源：言必信、行必果——习近平谈诚信．中国日报网，2018-07-17.

第二节　企业自我信用管理

一、企业自我信用管理的界定

企业自我信用管理是指企业对自己的信用资本价值进行评估，并通过一些方法和措施维护和提升企业的信用资本价值，以期在信用市场中获得更多利益相关者的信任，得到更多交易机会，换取更多更优质的产品和服务。

传统上，对企业价值的分析包含企业声誉分析，良好的声誉对企业的经营至关重要，但声誉只能反映企业信用状况的一个方面，企业自我信用管理应该从诚信度、合规度和践约度三个方面进行全面评估和把控。

诚信度是企业获得社会公众信任的基础资本，涉及企业的道德文化理念、精神素养、意愿、能力及行为，体现的是企业的信用价值取向，反映企业的信用底线。合规度是企业获得政府信任的社会资本，表现为企业在社会活动中遵守法律法规、行政管理规定、行业规则、民间管理、内部管理规定等，体现信用主体在社会活动中的信用价值取向和信用责任。践约度是企业获得交易对手信任的经济资本，表现为企业在经济交易领域的成交能力与履约能力，比如在金融信贷和商业贸易中的偿债能力，体现的是企业在经济活动中的信用价值取向和信用责任。[①]

如果企业不重视自身信用管理的维护与提升，那么企业很可能因为资不抵债而破产，或是因为触犯法律法规而遭到严惩，更可怕的是有的企业为了追求利润而明目张胆地进行欺诈、损害消费者利益，比如三鹿奶粉事件，这是在挑战整个社会道德的底线，不仅企业自身再无“翻身”的可能，而且造成了非常严重的社会影响。信任是经济发展和社会良好运行的基础，这个基础一旦被动摇，整个国家都将陷入危机。

二、企业自我信用管理的主要内容

（一）诚信管理

诚信管理主要是意识形态上的管理，主要目的是构建起企业的诚信意识，打造企业内部的诚信氛围，涉及企业信用文化建设、企业家诚信管理和员工诚信管理三个方面。

1. 企业信用文化建设

企业信用文化建设与企业内控制度互为补充，二者“软硬兼施”共同培育企业的自我信用管理意识，提高企业信用水平。

当前，大多数中国企业还未重视信用文化建设，主要是由于企业和企业家普遍缺乏信用意识、企业内部信用管理制度建设不完善、市场上的信用管理服务业发展不够成熟、一部分地方保护主义的存在等。有实证研究表明，中小企业的异质性、历史借贷行为、信用与企业发展和信用教育等因素极大地正向影响了中小企业融资的能力。通过采取加强中小企业主文化教育、强化中小企业信用制度建设等措施可以抑制中小企业信用缺失，提高中小企业融资能力。[②]

企业文化是企业从事经营管理活动的灵魂，诚信是企业文化建设的核心。尽管不同的企业有不同的价值目标，但是每个企业都要有最基本的诚信规则。国内外知名企业都将诚信作为企业文化建设的中心内容，将其看得高于一切，甚至视作企业的生命。一个企业只有把诚信在企业文化建设中凸显出来，才能使企业员工在日常工作和生活中始终坚守诚信道德规范，才能把诚信这一无形资产转化为一种巨大的力量，为企业的正常运行和持续发展提供强大动力。[③]

在企业文化的培育过程中，必须注意：落实企业文化理念，将所有关于企业文化的消息和动态告知公司的每一位员工，从高层到基层员工逐层传递和灌输；努力营造企业文化氛围，在日常工作中，注意张贴宣传标语，在团建、年会中不断强调公司的企业文化，潜移默化地影响员工；建立畅通的信息沟通机制，为员工建立共同学习和交流的平台，提高员工对公司文化的认同感。

---

① 吴晶妹．三维信用论．北京：清华大学出版社，2016.

② 林江鹏，石涛．信用缺失与中小企业融资能力测度——基于改进的 Entropy-TOPSIS 方法检验．江汉论坛．2016，(04)：11－16.

③ 王建敏．商务诚信缺失及建设路径．理论学刊，2016，(06)：120－126.

2. 企业家诚信管理

企业诚信缺失的一个重要原因是企业家诚信理念欠缺。这主要是由于长期以来市场经济存在有失规范、法制尚未健全之处，执法不严、违法不究、执法犯法现象屡禁不止，从博弈论视角来分析，在中国法制尚未完备的条件下，诚信博弈的结果自然是失信策略占优。民营企业的发展正是处于我国体制转轨时期，这些条件确实给最初的投机者提供了从中获取暴利的机会，他们成为很多企业家的模仿对象。在很长的一段时间里，企业家的社会地位模糊不清，不公平的竞争环境和差距待遇都在很大程度上造成企业家诚信理念的匮乏。①

因此，加强对企业家的诚信管理、培育企业家的诚信意识和加深对企业信用文化内涵的把握显得非常重要。同时，必须建立一套完整的企业家诚信管理制度，企业家应该以身作则树立信用意识，成为企业信用典范，发挥带头作用，并铸造企业信用文化，带领企业全体员工坚持信用知识和文化的学习与教育培训，让信用意识深入到每个人的内心，进而保障企业稳定长期发展。

除此之外，法院一直面临“执行难”问题，很多时候是法院对企业进行惩处，但企业是一个有限责任法人主体，在进行惩处时没有直接惩处到自然人，就很容易出现“难执行”的情况，而企业的失信违法行为很多时候是因为企业家的诚信意识缺乏或决策不当造成的。为了提高企业的信用水平，企业自身在进行企业家管理时应该明确规定企业家在违法违规处罚中应该承担的责任，并定期报告企业家的不当行为记录，约束企业家的失信行为。

3. 员工诚信管理

企业员工是企业的主要组成部分，企业的良好经营运转也依赖于每一级员工的决策与执行，所以员工的诚信管理也是企业进行自我信用管理的重要内容。做好员工诚信管理，可以降低企业运营风险、操作风险和信用风险，切实提高企业的信用水平。企业内部信用管理制度的建立、企业信用文化的建设以及企业家诚信管理都能够从不同方面引导培养员工信用意识、规范约束员工的行为。

除此之外，还要进行专门的员工诚信管理。首先，在招聘的时候，企业就要审核员工的诚信状况，对于存在简历造假、信息不实等情况的应聘者不予录用。其次，在实际工作中，对员工的考核要加入员工诚信情况的考量，不能只注重员工业绩，对于发现有挪用公款、私开发票或其他欺诈行为的员工可直接辞退，对于存在虚报业绩、工作进度或报销款等情况的员工予以处罚，对于有良好诚信表现的员工可予以奖励或提供公司内部福利和便利。最后，企业内部可实行员工诚信红黑名单制，根据员工的表现进行评定，并在公司内部予以公示，同时记入员工个人档案。

（二）合规管理

合规管理主要是指对企业内控制度的管理以及对企业承担社会责任的管理，主要目的是规范企业的经营活动，加强企业的社会责任担当。

---

① 范晓瑛，叶陈毅，吴国彬．构建民营企业信用文化治理机制研究．企业经济，2013，(12)：97－100.

1. 企业内控制度管理

一般来说，企业建立内控制度的目的主要是保证企业会计信息的质量、资产的安全完整和企业经营的合法合规。企业内控制度实施得有效与否，直接关系到企业的生存发展，对于企业在经营活动中自我调节和自我约束、优化资源配置与提升运营效率、实现企业健康可持续发展具有重要意义。[①] 企业的内控制度是决定企业长期经济绩效的根本因素，建立现代企业制度是企业内部控制的主体目标，因为企业的发展和战略实施需要有完备的制度体系作为保证。[②]

从企业信用评估的方法看，企业的长期可持续经营、合理有效的企业治理结构、持续增长的业务、稳定的盈利能力等都是有助于企业获得高等级信用评估结果的因素。所以，企业如果拥有完备有效的内控制度，则企业的经营比较有保障、财务数据较为可靠，企业的交易对手、投资者、监管者等在对企业进行信用评价时会给出较高评价，而由于信任是一切市场活动的基础，拥有高信用水平的企业更容易在市场中完成交易、获得融资、拓展业务。

此外，企业在建立和完善内控制度时应该加入自我信用管理的内容，当代企业内控制度不应该只关注企业的会计信息质量和经营效率，还要更多地考虑企业的信用状况和企业诚信形象的建立与维护。首先，企业的内控制度要反映国家有关信用法律法规的要求。其次，企业的自我信用管理制度应该成为企业内部控制的主要内容，企业在进行组织规划、人力资源管理、质量监控、生产销售管理到筹资投资、债权债务管理、预算核算、资产管理等各个方面的管理控制时，都要考虑通过切实有效的制度流程设计来规范并提高企业在践约交易、合法合规、诚信道德三个维度上的表现。

2. 企业社会责任承担

企业社会责任（corporate social responsibility，CSR）是指企业在创造利润、对股东和员工承担法律责任的同时，还要承担对消费者、社区和环境的责任，企业的社会责任要求企业必须超越把利润作为唯一目标的传统理念，强调要在生产过程中关注对人的价值，强调对环境、消费者和社会的贡献。[③]

企业承担社会责任也能增强企业在市场中的竞争力。企业责任竞争力是指企业运用自身的专业优势解决社会、环境和员工等方面的问题，使得企业在履行社会责任的同时，经济效益也得以同步提升，即企业的责任竞争力得到增强。企业责任竞争力主张把企业社会责任融入企业经营的过程当中，将其视为企业战略和竞争力的重要组成部分，视为企业生存和长远发展的重要前提。企业责任竞争力等于企业发挥和利用专业优势，去解决社会问题、环境问题，履行社会责任，取得相应的社会效益、环境效益，同时企业的发展还应取得相应的经济效益，这样的企业才可能具有持续发展的能力。

由此可知，企业社会责任与企业自我信用管理的主要内容是有重叠的，都强调除在追求利润和保障股东、员工权益之外，对其他社会主体和社会因素的关注。企业社会责任一

① 任义成．企业内控制度失效的成因与对策．经济研究导刊，2017，(24)：10－12.

② 尤莉娟．企业内控制度设计体系与要素．企业管理，2018，(12)：81－83.

③ 企业社会责任，百度百科.

般是一种主动承担，在一定程度上可以反映企业的经营实力、品牌形象和道德观念，因此，一个企业社会责任的承担可以反映企业的信用水平。

除此之外，有研究利用对中国364名知识型员工的调研数据，运用结构方程模型分析了企业家社会责任履行对中国知识型员工诚信行为的影响机理。结果表明，企业家履行对市场和对社会的责任有助于提升员工的情感-规范承诺意愿，进而正向影响其诚信行为选择，企业家履行对员工的责任有助于提升员工的持续承诺意愿。①

（三）践约管理

企业的践约管理主要涉及负债管理和对外关系维护两个方面的内容，主要目的是让企业避免出现资不抵债、破产的情况，以及通过提供高质量产品和服务打造良好外部形象，形成良好声誉。

1. 企业负债管理

在使用适当的情况下，债务融资能够扩大可用资金规模，帮助企业抓住投资机会，同时降低对原始股东股权的稀释程度。由于通常情况下债务融资的成本低于股权融资的成本，因此在适度范围内多举债有助于增加企业的股东价值；但债务同时也是一把双刃剑，在带来上述好处的同时，也会带来破产成本。一旦企业因为流动性原因，无法偿还到期负债，无论会计盈利多好、市场估值多高，企业都会陷入财务危机，轻则变卖资产筹资，正常经营活动受到影响，重则最终破产清算，企业中断持续经营，股东价值遭受重大损失。事实上，现实中优秀的企业由于不恰当的负债融资策略，最终令人扼腕的例子比比皆是，远有福记食品，近有辉山乳业，都是典型案例。②

企业进行自我信用管理的一个主要目的就是帮助企业进行融资。因此，企业自我信用管理的重点就是对负债进行管理。首先，管理层应该根据公司的融资需求、融资优势和市场的供给条件为企业选择合理的融资模式。一般来说，企业负债主要包括经营负债和金融负债两种模式，经营负债主要由应付账款、应付职工薪酬等组成，企业不用承担利息，而金融负债主要由来自银行的长短期借款、企业发行债券等组成，企业需要偿付利息。其次，企业在偿付本金和利息的过程中要做好流动性管理和安排，保证有足够的现金进行如期足额偿付。而且，企业是为了投资而负债，所以企业在进行负债管理的同时必须关注企业资产端的管理，保证资产端的投资能够对负债端形成保障。最后，如果企业发生了违约或破产，也要做好债务重组、破产重组工作，不能撒手不管，比如重庆钢铁集团的破产重整就是非常成功的案例，这对企业未来的重新出发具有重要意义。

2. 企业对外关系的维护

一方面，企业进行自我信用管理的目的就是维护和提升企业的信用资本质量，高质量的信用资本是市场中的稀缺资源，消费者、投资者、交易对手和监管者都会青睐高质量信用资本，高质量信用资本能够帮助企业在市场中树立良好的外部形象，和各方建立良好的合作交易关系。另一方面，在企业信用评估中，企业与银行之间的关系、政府对企业的支

---

① 朱建新，张春雨. 企业家社会责任对中国知识型员工诚信行为的影响研究———以组织承诺为中介变量. 软科学，2016，(08)：65-68.

② 王正位. 好公司为什么会失败？——被忽视的负债能力管理. 中欧商业评论，2017，10.

持以及企业在消费者中的品牌形象都会影响到企业的信用评估结果。二者相互影响，互为因素，所以，企业在进行自我信用管理时也要注意对外关系的建立和维护。

企业对外关系的建立与维护主要包括通过广告宣传以及高质量的产品服务在消费者心中树立品牌形象，积极主动承担社会责任建立品牌影响力，如期足额偿付借款及履行合同，从而维护好与银行、交易对手的关系，遵守法律法规、履行纳税义务并积极参与政府支持项目，从而获得政府提供的税收融资优惠、项目补贴支持等。

三、企业自我信用管理与商务诚信

（一）商务诚信缺失的主要表现

审视我国当前经济生活中所存在的商务诚信缺失的现象，将有助于我们对症下药，提出有针对性的改进措施。在当代中国，商务诚信缺失主要有以下形式①：

（1）企业内部管理的诚信缺失，主要表现是经常拖欠员工工资、侵占员工利益等。

（2）企业对消费者的诚信缺失，主要表现是有些企业有违道德诚信，不时做出损害消费者合法权益的行为，如生产、制造假冒伪劣商品，进行虚假欺骗宣传等。

（3）企业与企业之间、企业与银行之间的诚信缺失。企业之间应是互利合作的关系。企业之间诚信合作经营，不仅能够提高企业自身效益，对于营造社会的诚信氛围也有着重要作用。可是，企业之间失信行为屡屡出现，比如相互拖欠货款、恶意违约、商标侵权以及在经济往来中出现的各种欺诈行为，使得整个社会的信用链条出现断裂。

（4）企业与银行等金融机构之间的诚信缺失。主要体现于企业在银行等金融机构的恶意贷款、有意逃债、恶意拖欠、赖账不还等。企业如果失信于银行，必然会导致银企关系恶化，这可能会极大地限制资本流通，致使金融机构呈现出坏账、呆账、死账等现象，银企双方陷入信任危机，企业及银行的生存与发展受到极大影响，甚至危及整个国家的金融安全和经济发展。

（5）企业与政府之间的诚信缺失。主要表现在：企业在设立过程中，隐瞒相关信息，骗取政府优惠政策等；企业在从事生产经营过程中，只顾享有企业的权利，而不履行或者少履行企业的义务，对其应该承担的法律责任和社会责任逃避或置之不理。

（6）企业与社会间的诚信缺失。企业的诚信经营和社会信任度关系密切。企业对社会的失信行为主要表现在：一是企业对公共环境缺乏道德约束，只注重自身经济利益最大化，而不顾社会及国家利益。二是企业对自己作出的慈善承诺不予履行，或者忽视应尽的社会责任和义务等。为了提高企业形象和知名度，有的企业在公开的、有媒体参与的慈善活动中作出许诺，却迟迟不予兑现，发生了为世人所不齿的“诈捐事件”，尤为甚者，近期还出现了“摆造型假捐钱”的现象。

（二）商务诚信的内涵

商务诚信（business integrity，BI）是商务领域中的企业主体获得社会公众信任的资

---

① 王建敏．商务诚信缺失及建设路径．理论学刊，2016，（06）：120－126．

本。商务诚信主要体现在企业主体经营活动中的诚信状况、经营方式、借贷能力与偿还情况、在市场中的声誉与公众形象等方面。[①]所有在市场中进行的经济交易活动都属于商务领域，所有的企业都处于商务领域，包括工商企业、金融机构、社团组织等。商务诚信建设就是要企业自身诚信、经营活动与经济交易诚信。商务诚信的构成是三维的，主要包括一维基础素质、二维社会活动以及三维经济活动。

商务诚信体系建设的最终目的是保证市场主体交易的安全性，为市场和企业、消费者等市场主体服务，创造良好的市场环境，提高市场交易的安全性和效率，降低交易风险和成本。

（三）商务诚信建设的主要内容

商务诚信建设的主要内容有以下七个方面：

1. 意识与文化建设——基础素质

（1）政府倡导。[②]深入开展诚信宣传教育，在商务领域大力倡导“诚信兴商”，增强市场经营者诚实守信意识，推进商务领域信用建设。宣传有关法律、法规和制度，宣传商务领域信用销售及通过信用手段进行融资的经验。加强对行业信用评价结果的宣传和推广，在商务领域大力推动诚信经营示范创建活动。

（2）企业自身建设。企业信用文化建设是所有企业在企业文化建设中应该高度重视的。建立企业信用文化，就是要求企业自觉地遵守诚信原则，以诚信的文化理念来指导自己的生产经营活动。提高企业管理者及员工的诚信水平，也要依靠企业信用文化的建设。

2. 建立规则并有效执行——社会活动合规度

（1）加快出台专项法律法规。建立健全商务信用法律法规体系，推进商务领域的信用立法工作，尤其是在推进信息保护与公开的过程中，要做到各个行业、各类企业的公平、平等。

（2）建立健全商务诚信行政监管制度。制定商务经营主体交易行为和交易信息管理规范，信用保护、失信惩戒与诚信褒奖等实施细则。推动相关部门制定第三方信用评估服务机构的行业标准和从业人员标准，着力提高信用评估服务的规范性和可信度。

（3）建设商务领域信用信息数据库。做好信用信息采集和使用工作，准确记录商务领域企业获得行政许可、经营资质、违法违规处理以及合同履约情况等信用信息，并向社会公开提供信用信息查询服务。还应建立商务诚信信息数据库，并实现跨部门、跨行业信用信息的互联互通。

（4）规范单用途商业预付卡发行和服务行为。监督发卡企业规范和完善内部管理制度，加强企业管理者的诚信意识和责任意识，强化行业自律和市场监督，对卷款而逃的企业和个人给予严格的法律制裁，切实防范商业欺诈和市场风险，保障消费者权益和社会公共利益。

（5）加强消费者维权体系建设。形成一套包括法律制度、组织机构、监督机制在内的完整消费者权益保护体系。从事消费者权益保护，不仅要有政府机构，还要有民间或行业

---

①② 吴晶妹，韩家平．信用管理学．北京：高等教育出版社，2015：88－100.

组织。

3. 鼓励并加强信用交易及践约——经济活动践约度

（1）促进企业间信用销售。推动企业与金融机构合作，发展企业间的信用销售。鼓励和支持信用销售企业利用信用调查、资信评估、商业保理、履约担保和信用保理咨询等信用服务产品，降低信用销售风险。

（2）鼓励商贸企业运用多种融资方式。引导金融机构向已通过信用认证或信用评级较高的商务领域企业发放小额信用贷款，开展应收账款、仓单、保单融资和供应链融资等创新业务。

（3）建立企业大额应收账款拖欠申报制度。应收账款是企业因销售商品、材料、提供劳务等应向购货单位收取的款项，直接影响企业的营运资金周转和企业的实际经济效益。

（4）建立企业大额合同违约登记备案制度。大额合同涉及的履约和违约情况对企业的经营会产生严重影响。

（5）建立企业信用销售支付结算监控系统。在现代信用经济背景下，信用销售是企业扩大销售规模、增加收入的重要途径之一。

4. 行业组织自律

（1）强化行业自律。指导行业商协会在食品、日用品等重点行业，电子商务、电视购物等新兴业态，对外投资及劳务合作以及重点产品出口等领域，率先实行企业信用认证和信用等级评价。监督行业商协会定期通报外商投资企业执行出资、撤资、清算等规定的情况。要创新组织模式和管理模式，增强行业自律建设的科学性和有效性；要协调好行业商协会与企业和社会公众的关系，提高行业商协会的凝聚力和公信力。

（2）建立信用档案。指导行业商协会采集和整理本行业企业的信用信息，建立会员企业信用档案，制作和发布守信企业红名单和失信企业黑名单，建立行业信用信息发布查询平台，实现行业内部及上下游企业之间的信用信息共享。指导行业商协会从重点行业入手，对职业经理人和重点岗位从业人员实行执业行为的采集、记录、管理和共享制度，建立从业人员信用档案，开展信用评估，并将评估结果向会员企业、上下游行业组织和有关部门通报。

（3）健全管理机制。指导行业商协会开展会员企业信息服务和信用管理知识培训，推动企业内先进企业设立信用管理机构，对客户资信、销售合同、应收账款、员工信用档案等进行管理，降低交易风险，提升企业经营管理水平和经济效益。

（4）推动企业信用信息互换共享。支持商品交易市场、商业街、物流园区等商圈，以及供应链上下游企业群等逐步积累企业信用信息，推动条件成熟的商圈和供应链上下游企业群建立信用信息交换和共享系统。

5. 舆论监督

应充分发挥舆论监督的力量，鼓励社会公众广泛参与到商务领域的诚信建设中。社会舆论有很强的监督和警示作用，能对错误思想和行为有很好的约束和矫正作用。

因此，网络、电视、报纸等新闻媒体要切实做好舆论监督，坚持正确的舆论导向，大力褒扬诚信思想和诚信行为，积极推动信用文化建设。

6. 信用服务业

（1）引导企业运用信用产品和服务。逐步建立行政许可、市场监管、政府采购、招投标、财政贴息等事项的信用记录预审制度，鼓励行业协会和交易当事人使用信用服务机构提供的企业信用报告，扩大信用服务业的市场需求。

（2）培育信用服务企业。把信用服务企业的发展和规范作为商务领域诚信建设的重要内容，并把信用服务业作为一项新兴产业扶持和培育。鼓励发展中小信用服务企业，根据商务领域各行业企业的特点，开发创新型信用产品和服务，并将信用产品商品化。

（3）发展征信机构，建立和完善商务信用信息系统。商务领域的信用信息系统可以实现商务领域中的信用信息采集、交换、披露、汇总和共享等，既能为企业的销售决策等提供依据，又能帮助相关政府部门实现监督。

（4）发展商业信用评价机构，促进商务领域信用体系完善。商业信用评价机构对商务领域各参与主体将来按期偿还债务的意愿和能力，以及可偿还债务的实现程度进行综合评定。

7. 重点与热点领域

电子商务是当前商务领域中的重点与热点。电子商务诚信平台是以电子商务为基础，针对现有电子商务的缺点，专门打造的平台。平台执行符合我国市场情况的企业资信认证标准、产品认证标准、整体品牌认证、企业履行能力考察等多种企业信用认证方式和国际通用的认证方式，并提供在线的企业信用信息查询和信用报告服务。

延展阅读 7－3

中国诚信企业家大会介绍

中国诚信企业家大会创办于2004年，以发现、表彰、宣传诚信企业家为宗旨，集中宣传和表彰在诚信经营、构建和谐社会和创新型国家等方面贡献突出的诚信企业家群体，历届大会得到了社会各界的热情关注和充分肯定。大会自创立以来一直致力于弘扬信用文化、诚信立业精神，倡导诚信经营理念，引导诚信经营行为，在促进经济健康发展、推动社会和谐共荣、推动中国企业诚信体系建设方面发挥了重要作用。

弘扬企业家诚信精神的第十五届中国诚信企业家大会于2018年4月28日在京召开。本次大会由中国管理科学研究院企业管理创新研究所、中国市场学会信用工作委员会、中国市场学会创新与品牌委员会、中国管理科学研究院诚信评价研究中心联合主办，京WORK-北京码头智库支持。来自各界的有关领导、企业家、协会组织、媒体等千余人出席了会议活动，各界代表欢聚一堂，集百家之言，聚千人之智，围绕“纪念改革开放四十周年，弘扬企业家诚信精神”主题共同探索新时代下我国诚信体系建设的路径方向和企业家诚信精神的深刻内涵。

中国诚信企业家大会创办15年来，一直致力于树立诚信标杆和典范，打造全国企业诚信体系平台，推动中国产品向中国品牌转变，推进诚信强国战略。

中国诚信企业家大会主席、中国管理科学研究院企业管理创新研究所所长、京

WORK-北京码头创始人陈贵在接受采访时表示，在中国特色社会主义跨入新时代的历史坐标下，诚信建设将是我国新时代社会全面发展的关键一环。要实现改革开放的最终胜利，完善我国的社会主义市场经济体制，就需要我们加快推进建设社会信用体系，打造一个良好的信用环境和机制，在全球经济浪潮中高速前行的中国，需要明确的诚信灯塔来指引。中国诚信企业家大会是历史所赋予我们的一项伟大使命，通过大会的诚信沃土，孕育出生机勃勃的诚信春苗，培育出硕果累累的诚信栋梁，挖掘出更多的诚信企业、诚信品牌，引导中国企业以诚信立本、精益求精、一丝不苟的精神稳步发展，以这片沃土带动打造出全社会所推崇的诚信精神“生态家园”，并最终助推中华民族实现伟大复兴的“中国梦”。*

注：* 杨伟伟. 第十五届中国诚信企业家大会在京召开. 人民政协网. 2018-05-02.

资料来源：中国诚信企业家大会官网介绍.

延展阅读 7-4

联合国“全球契约”计划

“全球契约”要求各企业在各自的影响范围内遵守、支持以及实施一套在人权、劳工标准、环境及反贪污方面的十项基本原则。这些基本原则来自《世界人权宣言》、国际劳工组织的《关于工作中的基本原则和权利宣言》以及关于环境和发展的《里约原则》，涉及四个方面，分别是：人权方面、劳工标准方面、环境方面、反贪污方面。

“全球契约”是在经济全球化的背景下提出的，强调的是企业的社会责任。伴随着高科技的迅速发展，世界经济格局也发生了深刻的变化。全球化的进程，为世界经济的发展带来机遇，也带来了挑战。传统产业结构不断更新重组，人们的传统观念也发生了深刻的变化，各国文化在不同程度上受到各种因素的冲击。经济全球化在加快世界经济发展，促进国与国之间的经济技术合作的同时，其负面影响也日趋严重。南北差距、贫富悬殊、失业、自然资源破坏、生态环境恶化等严重社会问题，正引起各国的严重关注和不安，各种非政府组织掀起一个又一个抗议浪潮。正是在这样的背景下，联合国秘书长安南提出“全球契约”计划，动员工商界成为解决方案的组成部分，呼吁工商界以自主的行为，遵守商业道德、尊重人权、劳工标准和环境方面的国际公认的原则，通过负责的、富有创造性的企业表率，建立一个推动经济可持续发展和社会效益共同提高的全球机制，从而给世界市场以人道的面貌。

“全球契约”的提出，为企业树立对社会负责的形象、参与经济全球化条件下的国际事务提供了一个机会，同时，也是企业扩大国际知名度、建立国际联系、寻找商业机会的一个机遇。

“全球契约”包括十项原则。(1) 人权。原则 1：企业界应支持并尊重国际公认的人权；原则 2：保证不与践踏人权者同流合污。(2) 劳工标准。原则 3：企业界应支持结社自由及切实承认集体谈判权；原则4：消除一切形式的强迫和强制劳动；原则5：切实废除童工；原则6：消除就业和职业方面的歧视。（3）环境。原则7：企业界应支持采用预防性方法应对环境挑战；原则8：采取主动行动促进在环境方面更负责任的做法；原则9：鼓励开发和推广环境友好型技术。（4）反腐败。原则10：企业界应努力反对一切形式的腐败，包括敲诈和贿赂。

资料来源：全球契约，百度百科.

延展阅读 7-5

阳光诚信联盟

2017年2月，由京东集团倡议，联合腾讯、美团等知名企业以及中国人民大学刑事法律科学研究中心共同发起的“阳光诚信联盟”正式成立，该联盟旨在通过互联网手段共同构筑反腐败、反欺诈、反假冒伪劣、打击信息安全犯罪的安全长城，共同提升联盟成员内控部门的履职能力和加强员工的职业道德建设，共同打造诚信经营、放心消费的商业环境，带领中国商业文明的发展，打造阳光、透明的商业环境。

联盟还将建立反腐败、反欺诈、打击假冒伪劣产品的交流平台，集联盟力量打击各种欺诈行为及黑色产业链，建立品牌保护合作机制，维护正常商业秩序。

本次峰会在中国人民大学举行，主题为“开放互信、共享共赢”。参会的除了37家企业代表，还有最高法、最高检等政法机关的领导，以及中国人民大学刑事法律科学研究中心和反腐败法治研究中心专家总计百余人。

此次反腐败峰会，就是要进一步健全联盟运行机制，深化企业间的合作。在反腐败峰会的现场，阳光诚信联盟已经上线共享信息系统，实现失信名单的共享。

2017年，联盟成员单位员工总数已经达到了70万。随着联盟成员的迅速增长，这一措施的威力也会越来越大，将让进入失信名单中的人员付出更大的失信成本。

2017年12月9日，在国际反腐日当天，阳光诚信联盟在北京召开企业调查实务交流研讨会，京东、美团点评、头条、唯品会、360、滴滴出行、顺丰优选等近70家企业、140名嘉宾和代表参会。会议期间，与会嘉宾与代表共同探讨了企业内部腐败治理，倡议不断提升成员内控部门的履职能力，共同打造阳光、透明的商业环境。本次研讨会由阳光诚信联盟主办，由美团点评承办。美团点评安全管理与监察部总经理任奎先生分享了“打黑产反腐败团队建设”的成果。

阳光诚信联盟已经上线共享信息系统，实现失信名单的共享。根据宣言，如果联盟某家成员企业的员工有违背职业道德行为，录入失信名单后再去其他36家企业中的任何一家求职，都会被拒绝。截至2018年2月，整个联盟成员单位员工总数超70万。

联盟秘书处介绍，失信名单主要包括两部分，一部分是失信人员名单，包括收受贿赂、职务侵占、盗窃和诈骗等类型。一部分是失信企业名单，主要是与联盟成员业务往来中存在行贿和售卖假货等失信行为的企业。成员凭账号密码登录系统，输入拟招聘员工或拟合作企业信息就能得知其是否在失信名单内。2018年2月，失信名单查询平台已经录入上千条失信人员及企业信息。

资料来源：阳光诚信联盟官网.

第三节 个人自我信用管理

一、个人自我信用管理的界定

信用是获得信任的资本，对于个人而言，信用是个人自身拥有、社会或他人赋予的人文资本。[①] 在社会活动与经济交易当中，人们一般都会对所交往的信用主体遵守信用的意愿、承诺践约的能力、已有的信用行为给予一种综合判断，这种判断实质是一种价值判断，以此价值判断为基础，人们决定授予该信用主体某种机会、某笔商业交易、具体的融资金额。

个人作为自我信用资源的拥有者，也是信用资源和财富的生产者、创造者和维护者。信用财富的大小取决于信用主体对信用的追逐、对信用的认识以及对信用行为的自我控制力和实现力。信用这种资源、财富，也像自然资源与财富那样，在每一个人身上不均等地分配，或大或小。只是信用这种不均等，可以由自身决定，而不像自然资源和财富那样，更多是由出身、地位等非自主因素决定的。

另外，根据声誉理论，从信息经济学和博弈论的角度看，在一个不确定性的经济中，个人的行动（或内在特质）往往是不可观察的，但是如果该个体的行为方式总是稳定不变时，其他经济主体就会对其行为产生一种稳定的预期，这种因为个体行为导致其他主体对其行为产生预期的过程就是该个体声誉形成的过程。从这个意义上讲，个人为了形成可展示自己内在特质的良好信号，并以此来影响一定范围内其他经济主体对其行为属性和类型的甄别，进而影响其他经济主体对其的行为策略，个人就必须在经济和社会交往的各个环节中表现出值得被信任的一面。[②]

因此，个人的自我信用管理是自发的，他们力图在经济交往、社会交往的各个方面积累这种资源和财富。

二、个人自我信用管理的内容

信用资本这种资源和财富是由信用主体拥有的，每个人拥有多少不同，这笔资源和财富的价值量究竟有多大，不能由拥有者自我评定，而是由社会第三方或管理机构界定，或直接购买和交易这笔资源和财富的交易方决定，所以社会要有相关的评价机构，要进行各

① 吴晶妹，韩家平．信用管理学．北京：高等教育出版社，2015：21－22.

② 李延喜，吴笛，肖峰雷，姚宏．声誉理论研究述评．管理评论，2010，22（10）：3－11.

种各样的信用评价活动。[①]

信用资本的价值由社会评价，这种评价大体有三类：第一类是评价信用资本的经济价值，进行信用交易风险评价，衡量的是违约概率与风险损失的大小；第二类是进行社会规则和秩序的评价，即合规性评价，衡量的是信用主体遵守政策规定和法律规定的守信情况；第三类是进行诚信道德和信用基本素质的评价，即诚信度评价，衡量的是信用主体是否具备诚信意识和精神原则。这三种评价都是社会需要的，客观存在的，为社会服务的，它们各有侧重、互相补充，构成信用资本价值评价的全部，为市场经济的成熟与完善及其多元化，为信用主体发挥信用资本作用、发现和确定信用资本价值，提供了一种机制。

因此，个人要对自我信用进行管理，必须从诚信度、合规度和践约度三个维度出发，全方位提升个人信用水平。

（一）职业与社交的自我信用管理

在职业发展与社交中，信用也发挥着重要作用，高水平信用的主体能够在职业发展和社交中获得更多信任，收获更多资源，失信者将在职业发展和社交中寸步难行，所以个人要注重职业和社交方面的自我信用管理。

1. 在职业领域的自我信用管理

目前，不少企业在招聘的时候，都要求查看候选人的个人征信报告，并且对个人信用的考察不再局限于档案、社保信息、技术鉴定等领域，还将与银行系统、交通系统、公安系统等社会征信系统连接，并逐渐引入行业协会以及相关公司对求职者的信用评价，力图更加全面地了解求职者。

因此，个人要想在求职方面更有竞争力，需要更加强化对自我的信用管理。从诚信度方面来看，由于诚信度是对个人整体形象的考察评价，所以要求求职者在以往的工作经历中尽可能尽职尽责，表现出良好的职业素养，尽可能获得前雇主及相关人员较好的工作评价，树立在行业内有信誉的良好形象。从合规度的角度来看，个人的行为受到法律法规、政府行政管理、公共秩序、单位制度规范和一般社会交往的强制约束。因此，个人要在合规度方面进行个人信用管理，必须遵循政府、行业和企业的相关规章制度，遵守职业道德规范。从践约度的角度来看，个人要想提高个人信用，必须从成交能力和履约能力两个方面提升自己的践约度水平。其中，提高成交能力，要求个人提高自己的综合实力、既往践约能力以及信用营销能力；提高履约能力，要求个人提高自身财务实力。

2. 在社交领域的自我信用管理

社交领域的自我信用管理涉及很多方面，以婚恋交友为例，近年来随着婚恋交友需求快速上升，人们对个人在婚恋交友中的自我信用管理产生了更高的要求。为了维护婚恋市场的稳定性和有序性，国家网信办早在 2015 年就联合有关部门在全国范围内启动开展“婚恋网站严重违规失信”专项整治工作。根据市场情况，百合网还高调宣布和蚂蚁金服旗下独立的第三方信用评估管理机构芝麻信用“牵手”，在婚恋场景中加入信用评价部分，并推出专题优惠鼓励会员开通信用服务。百合网用户可以授权开通芝麻信用，向异性展示

---

① 吴晶妹，韩家平．信用管理学．北京：高等教育出版社，2015：22－23．

自己的信用水平。在和异性互动之前，也可以申请查看对方的芝麻分，再决定是否要继续互动、交往。

2019 年 4 月，随着信用在婚恋市场中的作用和位置被逐渐认可，在全国婚庆婚恋及婚姻家庭行业诚信服务体系建设暨诚信服务标准启动大会上，相关领导、行业从业人员提出要在我国婚庆婚恋行业携手推进行业诚信体系建设，要从“确立诚信服务理念”“增强诚信服务意识”“落实诚信服务行动”“弘扬诚信服务精神”“完善诚信服务监督”等五个方面入手，倡议推进行业诚信体系建设，建立行业诚信数据库和违规失信“黑名单”，以此形成有效的社会监督机制等多种手段，保护消费者合法权益，提升我国婚庆婚恋和婚姻家庭行业的整体服务水平。基于此，婚恋交友全面进入信用时代。

为了提高个人在婚恋交友过程中的竞争力，个人也需要从诚信度、合规度、践约度三个维度出发提高个人信用水平。首先，从诚信度的角度来看，个人需要在婚恋交友过程中提供真实的个人背景信息，包括学历、家庭情况等个人基本情况，从而提高自己的整体可信赖度，避免遭到前相亲交往对象对虚假信息的“差评”，留下污点；从合规度的角度看，一定要遵循国家各部门的相关政策、规章制度以及婚恋交友平台的规则；从践约度的角度看，个人必须要合理管理自己的负债水平，控制好向银行借贷以及对网络信贷消费的规模，避免因为资产管理水平不足，无法及时还债而成为不受待见的“老赖”。

（二）融资与消费的自我信用管理

近年来，随着信用卡、互联网金融等信贷工具的快速发展以及消费行为与消费信贷的捆绑关系越来越密切，消费信贷的应用场景不断拓宽。从积极的方面来讲，消费信贷的大力发展有着多重现实意义：对消费者来说，可以让消费需求提前实现，有利于生活条件的改善与心理需求的满足；对银行等金融机构来说，可以增加信贷投放量，有利于业务的扩张和利润的增长；对消费品的生产和销售企业来说，可以扩大即期需求，有利于产品销量和经济效益的提高；对国家来说，可以增加消费总量与税收收入，有利于经济的发展和国库的增长。[①] 但是，有不少人因为不能合理管控自己的负债水平，使得负债额超过了自己的承受能力，最终无法正常“践约”，以至于登上各路“黑名单”，成为“老赖”，信用水平严重受损。更严重的是，这种违约行为的泛滥导致 P2P 平台不断出现“爆雷”等情况，社会危害严重。因此，为了更好地利用个人借贷、消费信贷去满足自己的合理消费需求、个人发展，提高生活质量，必须在此过程中做好个人的自我信用管理。从诚信度的角度看，个人必须明确树立诚信道德观念，培育自己的诚信素养；从合规度的角度看，个人必须在有资质、合法合规的平台上进行借贷，在借贷前了解清楚各个机构、平台的借贷要求和还款条款，并且遵循国家、行业和借贷融资平台的一系列政策、法律法规要求，做到不违规；从践约度的角度看，个人必须综合考量自己的经济实力、家庭及个人的日常刚性开支，控制借贷融资水平，合理消费，并且按时、按量正常还款。

---

① 储著胜. 股市环境生变，赌博式投资当休矣. 证券时报，2019-05-22.

三、个人信用的维护与提升

（一）如何维护个人信用记录

个人信用记录是个人信用评价的基础，维护个人信用要从维护个人信用记录入手，维护个人信用记录要注意以下四个方面：

1. 认真创建信用档案

一是要认真填写相关信息。[①] 信用报告中的个人基本信息一般是由信息主体自己提供的，因此要如实填写各类申请表，这些申请表详细记载了与个人相关的基本信息，如实地提供这些信息，既是对个人诚实信用的一个基本要求，又避免了日后因资料不真实而给自己的经济活动带来麻烦。二是要养成良好的消费习惯。要量力而为，根据自己的收入合理消费，避免产生不必要的还款负担。三是养成科学的还款习惯。可以通过设置手机短信或E-mail提醒等方式，选择自动划账、转账等合适、便捷的还款方式，确保按时足额还款。

个人维护自身信用记录的方法主要有定期查询信用信息、随时关注负面信息、及时更正错误或遗漏信息。

2. 定期查询信用信息

为了保护信息主体的合法权益，信息主体对于征信机构掌握的关于其自身的所有信息享有知情权，实现这项权利的途径就是向征信机构查询自身信息。《征信业管理条例》为了保障个人信息主体的知情权，规定“个人信息主体有权每年两次免费获取本人的信用报告”。查询信用信息是信息主体对存在错误、遗漏的信息提出异议和投诉、要求更正乃至寻求司法救济的基础。目前，信息主体到全国各地的中国人民银行征信营业窗口均可查询到自己的信用记录。

3. 随时关注负面信息

正面信息和负面信息都能反映信息主体的信用状况，但在很多时候，负面信息对信息主体的声誉和相关的授信活动具有更直接的影响，甚至构成实质性限制。为此，《征信业管理条例》规定，“信息提供者向征信机构提供个人不良信息，应当事先告知信息主体本人”，这时所谓的“不良信息”，尚属于“拟提供的负面信息”。一是当信息主体认为“拟提供的负面信息”存在错误时，可以立即向信息提供者提出异议，如果经过核实，该不良信息确实存在错误，信息提供者就不会继续提供，或者会按照核实后的正确信息进行提供，从而避免错误的“不良信息”的产生；二是有些信息提供者（如商业银行）在告知其客户存在不良信息时，常常会给其弥补机会，如果客户积极地履行义务，可以避免不良信息的形成；三是不良信息确实形成后，也可采取有效措施进行修复，一方面要及时将逾期的款项尽快还上，避免再次形成不良信息，另一方面则要在以后的信用活动中诚实守信，使新的、良好的记录日积月累地逐渐刷新、替代旧的负面信息。

4. 及时更正错误或遗漏信息

信用报告在生成之前要经过诸多环节，因而导致数据出错的原因是多方面的，归纳起

---

① 余海霞.《征信业管理条例》出台后个人信用记录的维护与提升. 征信，2013，(11)：48-49.

来主要有：一是信息主体的基本信息发生变化，但未及时告知信息提供者；二是信息提供者的信息录入错误或更新不及时；三是由于征信机构或信息提供者的技术原因造成数据处理出错；四是因他人盗用或冒用个人身份信息获取贷款、信用卡等而产生的信息。由此可见，有些错误信息的产生是不为信息主体所知的，所以《征信业管理条例》赋予了信息主体提出异议的权利，即“信息主体认为征信机构采集、保存、提供的信息存在错误、遗漏的，有权向征信机构或信息提供者提出异议，要求更正。”“经核查，确认相关信息确有错误、遗漏的，信息提供者、征信机构应当予以更正”。同时，《征信业管理条例》还提供了行政救济和司法救济途径，即“信息主体认为征信机构或者信息提供者、信息使用者侵害其合法权益的，可以向所在地的国务院征信业监督管理部门派出机构投诉。”“信息主体认为征信机构或者信息提供者、信息使用者侵害其合法权益的，可以直接向人民法院起诉。”

（二）如何提升个人信用

在欧美国家，特别是征信业发达的美国，消费者通过改善消费、借贷行为等方式，提高自己的信用评分，使自己的信用记录达到贷款人所谓的“良好信用记录”标准，从而在金融交易中获得较低的利息和较宽松的还款条件。在美国，信用评分的提升可以使消费者获得更有利的贷款条件，改善其财务状况，但中国现在还没有信用评分，个人信用报告是目前唯一能全面反映个人信用情况的征信产品，从个人信用报告的各个组成部分入手，是中国消费者快速提高个人信用水平的最有效途径。

1. 基本信息

基本信息包括信息主体的居住信息、职业信息、配偶信息等。信息主体在填写各类申请表时应如实提供基本信息，并及时更新相关信息，以免因个人征信系统中的资料不真实或存在错误而损害自己或者其他人的利益，甚至可能因为纠纷而被追究法律责任。另外，还要及时更新相关信息，家庭住址、电话号码发生变更时，要及时更新相关信息，否则银行的记账单就难以寄送给本人，如果因此延误还款，就会产生负面信用记录。《征信业管理条例》规定，征信机构承担的义务是“告知”，而非“告知到”，如果个人信息主体不及时更新相关信息，产生的不利后果及损失由其本人承担。

2. 信贷交易信息

信贷交易信息反映了信息主体在各商业银行或者其他授信机构办理的贷款或信用卡账户的汇总和明细信息，包括账户的基本信息、当前的还款信息和逾期信息。信贷交易信息分信用卡、住房贷款和其他贷款三类展示，也是信息主体应该特别关注的。

一是对于信用卡，要谨记最后还款日期和还款数额，做到按时、足额还款；如果使用信用卡提现，则还款时不仅要存足取现金额，还要多存入相关利息；同时要充分了解信用卡的免息期、最低还款额等事项，并在核对账单后进行合理、及时的处理。

二是对于住房贷款，要注意与商业银行签订的贷款合同中的利率条款，关注利率变化引起的月还款额变化，确保每月足额还款；同时要避免间客式住房按揭贷款，间客式住房按揭贷款是指由开发商收集业主的身份证、收入证明等贷款资料，代表业主去银行申请住房贷款，贷款发放后业主定期将按揭款还给开发商，开发商定期还给贷款银行，如果开发商未按时还款，就会对个人的信用记录造成负面影响，因此个人最好直接与银行办理相关信贷业务。

三是逾期行为发生后，要及时补足所欠款项，并尽快积累个人的守信记录，商业银行在评价信息主体的个人信用状况时，着重考察的是其最近的信贷交易情况，如果偶尔出现逾期，但此后都是按时、足额还款，就足以证明其信用状况正向好的方向发展。

3. 公共信息

公共信息，反映了信息主体的非信贷信用信息，包括最近5年内的欠税记录、法院诉讼记录、强制执行记录、行政处罚记录及电信欠费记录等信息。虽然这一信息项目前还未被充分运用，但因为其有助于银行更好地了解信息主体的还款意愿和偿债能力，所以信息主体也应注重维持这方面的良好记录。

4. 查询记录

查询记录，反映了信用报告最近2年内被查询的历史记录，显示何机构或何人在何时以何种理由查询过该人的信用报告。对个人而言，要特别关注查询记录中记载的信息。

一是关注其他人或机构是否未经信息主体本人授权查询过信用报告，《征信业管理条例》规定，“向征信机构查询个人信息的，应当取得信息主体本人的书面同意并约定用途。但是，法律规定可以不经同意查询的除外。”

二是商业银行在办理贷款或申请信用卡时，因贷前审批查询个人信用报告，或取得贷款或信用卡后，因贷后管理查询个人信用报告，都会被记录在“查询记录”中，这些不需要经过信息主体本人授权。

三是如果信息主体的信用报告在一段时间内因为信用卡审批等原因多次被不同的银行查询，但信用报告的记录又表明这段时间该信息主体没有获得新贷款或取得信用卡，可能说明信息主体向很多银行申请过贷款或信用卡，但均未得到审批通过，这样的信息对该信息主体获得新贷款或申请信用卡可能会产生不利影响。

延展阅读 7-6

中国失信主体开始积极主动进行信用修复

国家信用信息中心于2019年4月16日发布的《2019年3月失信治理月度分析报告》显示，失信主体开始积极主动进行信用修复，中国信用建设取得了积极成效。

根据报告，3月份，中国重点领域失信问题及失信治理情况主要呈现四大特点：新增和整改退出失信黑名单月增量均呈上升趋势；失信主体积极主动进行信用修复；重点领域专项治理工作成效显著；各地监管部门迅速查处“3·15”晚会曝光的失信问题。

官方数据显示，2019年3月，中国全国信用信息共享平台新增和整改退出失信黑名单月增量均呈上升趋势。在新增失信黑名单方面，3月，失信自然人、失信法人及其他组织月增量分别环比上升51.53%和27.34%。在退出失信黑名单方面，除限制乘坐火车、民用航空器黑名单退出数量较上月环比下降6.85%之外，其他各类失信黑名单退出数量均有不同程度增长，其中海关失信企业退出数量月增量涨幅最为明显，环比上升257.69%。

与此同时，失信主体开始积极主动进行信用修复。从统计数据看，失信主体在规定期限内主动修正和整改失信行为，经信用修复后退出黑名单的案例有 6 055 件；失信主体在“信用中国”网站或各级信用门户网站主动开展信用承诺的案例有 2 384 件。

资料来源：中国失信主体开始积极主动进行信用修复. 信用中国网站，2019－04－18.

【思考题】

1. 政务诚信建设与信用监管是一回事吗？
2. 政务诚信建设包括哪几个方面？
3. 请谈谈地方政府应该如何预防债务危机。
4. 请谈谈从企业自我信用管理的角度如何建设商务诚信。
5. 个人应该怎样进行自我信用管理？
6. 试述在互联网时代个人获得信用资本的路径。

【参考文献】

[1] 吴晶妹．三维信用论．北京：清华大学出版社，2016.

[2] 张旭霞．现代政府信用及其建构的对策性选择．南京社会科学，2002，(11).

[3] 罗忠桓．论信用政府与政府信用．湖南社会科学，2002，(06).

[4] 王和平．论政府信用建设．政治学研究，2003，(01).

[5] 顾爱华，舒光大．论“诚信政务”建设．中国行政管理，2003，12：24－27.

[6] 蔡小慎，贺利军．试论我国政府诚信危机及其化解对策．求实，2004，(03).

[7] Emile Kolthoff，Raymood W. Cox，Terrance Johnson. Measuring Integrity：A Dutch-American Comparative Project//R. W. Cox（Ed）. Ethics and Integrity in Public Administration：Concepts and Cases. Armonk，NY：ME Sharpe，2009：197－211.

[8] 李联，刘省．社会契约视角下政务诚信的内涵与要求解读．中国市场，2014，(06)：68－69.

[9] 唐明琴，林江鹏．信用管理．北京：高等教育出版社，2014.

[10] 刘澄，徐明威．信用管理．北京：经济管理出版社，2010.

[11] 李敏．中国地方政府债务风险管理研究．北京：首都经济贸易大学，2014.

[12] 李力科，杨霄笛. 市场经济发展与政府信用的关系分析．商情，2013，(20).

[13] 国务院关于加强政务诚信建设的指导意见.

[14] 林江鹏，石涛. 信用缺失与中小企业融资能力测度——基于改进的 Entropy-TOPSIS 方法检验．江汉论坛，2016，(04).

[15] 王建敏. 商务诚信缺失及建设路径．理论学刊，2016，(06).

[16] 范晓瑛，叶陈毅，吴国彬. 构建民营企业信用文化治理机制研究．企业经济，

2013，(12).

[17] 任义成. 企业内控制度失效的成因与对策 . 经济研究导刊，2017，(24).

[18] 尤莉娟. 企业内控制度设计体系与要素 . 企业管理，2018，(12).

[19] 企业社会责任，百度百科.

[20] 朱建新，张春雨. 企业家社会责任对中国知识型员工诚信行为的影响研究——以组织承诺为中介变量 . 软科学，2016，(08).

[21] 王正位. 好公司为什么会失败？——被忽视的负债能力管理 . 中欧商业评论，2017，10.

[22] 王建敏. 商务诚信缺失及建设路径 . 理论学刊，2016，(06).

[23] 吴晶妹，韩家平. 信用管理学 . 北京：高等教育出版社，2015.

[24] 中国诚信企业家大会官网.

[25] 杨伟伟. 第十五届中国诚信企业家大会在京召开. 人民政协网，2018 - 5 - 2.

[26] 全球契约，百度百科.

[27] 阳光诚信联盟官网.

[28] 李延喜，吴笛，肖峰雷，姚宏 . 声誉理论研究述评 . 管理评论，2010，22 (10).

[29] 储著胜. 股市环境生变，赌博式投资当休矣 . 证券时报，2019 - 05 - 22.

[30] 余海霞. 《征信业管理条例》出台后个人信用记录的维护与提升 . 征信，2013，(11).

[31] 中国失信主体开始积极主动进行信用修复. 信用中国网站，2019 - 04 - 18.

第八章

政府信用监管

政府与市场的关系是密不可分的，政府是市场中重要的信用主体，同时也在规范管控着市场的良好运转。政府对自身进行信用管理可以为其他信用主体树立表率，同时政府肩负着对整个社会进行信用监管的职责。

从信用监管职责来看，政府能够通过法律法规、制度准则的制定、执行来管控社会信用风险，并有责任和义务对失信行为进行惩戒，同时，政府还承担着建设社会诚信文化和市场诚信环境的职责。

2019 年政府工作报告提出，推进“双随机、一公开”跨部门联合监管，推行信用监管和“互联网＋监管”改革。“信用监管”首次被写入政府工作报告，标志着以信用为核心的新型监管机制迈入新阶段。信用作为一种新型的监管手段，近年来已不断嵌入“证照分离”改革、行政审批制度改革等过程中，不但提高了政府的审批效率，还极大地激发了市场活力，更促进优化了营商环境。[①]

---

① 何玲．信用监管让政府和市场实现双赢．中国改革报，2019－03－18．

第一节 信用监管界定与内容

一、信用监管的内涵与外延

信用监管（credit supervision，CS），就是政府对监管对象的诚信度、合规度、践约度实施的综合监管，是行政管理机关及有关行政管理职能的行业组织依据有关信用法律法规和政策文件以及信用主体与市场发展情况，对信用主体及相关活动所进行的监管、规范、控制和调节等一系列管理活动的总称。①

人们认为信用监管分为很多领域，很多政府部门都在监管，准政府部门包括行业协会等也在进行行业监管，认为这之间交叉、重复，无法界定。但实际上，所有的信用活动都是三维的，每个部门的监管都涉及信用三维的监管，如市场监管部门的监管包括对其监管对象的诚信度管理、社会关系的合规管理和经济交易下的合同管理；税务部门的监管包括对其监管对象的诚信度管理、社会关系的合规管理和经济交易下的纳税管理。这样看来，似乎各监管部门监管内容都有重复的地方，但实际上都是为各自的监管目的服务的。哪些是容易被监管部门重复监管的，哪些是各个部门独有的，可以用信用三维的概念区分。

所有的信用监管都可以从三维信用理论认识；所有的信用监管内容都是三维信用监管；所有的信用监管制度与措施也都是针对信用三维分别制定的。不论是哪个维度的监管，监管的主体都是政府各个职能部门，监管对象都是企业和个人。②

2015 年 6 月 19 日上午，国务院新闻办公室举行大数据服务监管市场主体及棚户区改造等政策吹风会。发展改革委副主任连维良在会上表示，以信用为核心的监管机制，其特点是加强事中事后监管，是以信用为基础的有限监管，是区别不同主体信用状况的分类监管，是瞄准违法失信风险的精准监管，同时也是多部门配合联动的协同监管，是社会力量共同参与的综合监管，更重要的，是贯穿市场主体整个生命周期的全过程监管。③

（1）信用监管是事中事后监管。信用监管在事前环节主要是制定各领域的信用制度、规范和标准。在事中环节的重点是搜集、记录信用数据，以大量的信用数据为后期的信用应用提供支撑。在事后环节主要是信用产品的应用，这个产品可以是单纯的信用数据，也可以是加工后的增值产品，如联合奖惩。如此，信用监管在事前、事中、事后等全过程形成一个逻辑闭环。

（2）信用监管是有限监管。所谓有限监管是要把有限的监管资源配置在需要监管的重点领域、重点环节、重点对象。在实际操作中，要运用监管部门历史经验、互联网、大数据技术，找出出险概率最大的那一部分，依法确定监管对象。

（3）信用监管是分类监管。分类监管的前提是跨行业、跨领域的政府监管数据实时共

①② 吴晶妹．三维信用论．北京：清华大学出版社，2016．

③ 构建以信用为核心的市场监管机制．国务院新闻办公室网站，2015－06－19．

享。有了监管数据共享这一基础，才能利用统一评价数据对评价主体进行评价、分类、排序。[①]

(4) 信用监管是精准监管。所谓精准监管，就是重点对违法行为、违规行为和失信行为进行监管。精准监管的前提是要有主体的精准画像，只有做到精准画像，才能做到监管的有的放矢。

(5) 信用监管是多部门的协同监管。多部门的联合监管，就是部门与部门之间形成一个联合监管的机制，包括综合执法在内，也包括建立守信联合激励和失信联合惩戒机制。这里有两层含义，一是部门之间要协同联合；二是激励和惩戒要“两手”联动。[②]

(6) 信用监管是社会综合监管。所谓综合监管，就是要运用大数据进行监管，充分运用社会力量和社会资源以及社会机构掌握的信息，对市场主体进行监管。

二、信用监管的一般内容

(一) 诚信度监管

诚信度监管主要涉及道德、文化、心理范畴。道德监管是监管企业和个人的道德水平。监管部门首先要制定道德规范标准，以此为依据来监督监管对象的道德水平。

诚信度监管不但需要依靠政府部门，还需要依靠社会大众的自觉性和舆论监督的导向性力量，从政府到公众再到社会舆论，都要大力倡导诚信为本、操守为重、模范守信的道德观念，讲究求真务实、说实话、报实情、守承诺，反对欺上瞒下、暗箱操作、敷衍塞责、推诿扯皮等。与此同时，社会宣传教育和政府奖优罚劣的导向，有利于整个社会形成人人守信的氛围，营造良好的诚信环境，并且利用表彰、通报、处罚等手段对不同信用主体进行奖惩分明的管理，在社会上树立诚信本身也是一种价值的理念，使社会主体都珍惜诚信、培育诚信，提高自身的诚信度。

其实，宣传和倡导诚信是每一个行政监管部门都会涉及的问题。但在监管实施过程中，大部分政府部门都不会把诚信度监管作为主要职能。每个部门都有自己最重要的监管任务，面对这些监管任务，政府部门已经疲于应付了。宣传和倡导诚信往往就被政府部门忽视了，这样就使得社会上关于诚信的正面宣传和倡导工作无法系统地长期开展，政府部门变成了“消防队”和“急救中心”，日常的信用宣传教育工作却没有人策划，也没有人组织实施。所以，我们强调诚信监管应该由专门的委办、司局来执行，制定年度、季度、月度的计划，针对当前的社会问题，采取具体措施，及时、正面宣传引导公众，落实政府的行政监管职能。

现阶段，从国内的环境和秩序来看，特别需要诚信宣传教育。也就是说，在社会信用体系建设初期，政府职能部门对诚信度的宣传教育，对于信用主体的诚信监管是非常重要的。从全社会来看，社会信用体系建设初期就必须做到“立信”，使诚信成为人人皆知、人人遵守的社会准则。

---

①② 对信用监管的再理解．信用中国网站，2018-03-26.

各个委办、司局的信用监管机构可以首先从社会调研开始，研究现阶段人们的信用意识状态与行为规律，制定宣传教育规划，设置一些处罚规定和奖励措施，以具体体现政府部门的监管导向。

（二）合规度监管

合规度监管主要涉及政策、准则、制度范畴。社会合规度监管是监管企业和个人的合规情况。监管部门首先要制定合规标准，以此为依据来监督监管对象的合规情况。具体手段包括奖励措施和惩罚措施，奖励合规的监管对象，惩罚违规的监管对象。

社会合规度监管的行使主体为政府部门，监管依据为各类法律法规、部门规章、行业规范等，其对于遵守规定的企业给予政务便利、政策扶持或资金支持，而对于违反规定的企业则采取行政和经济手段予以惩戒。在我国现阶段，失信惩戒机制无法完全发挥作用，社会合规度监管不失为一种有效的信用监管方式，既能够做到有据可依，保证监管的公平性，也能够运用有效的手段确保监管目的的实现，维护社会秩序。

政府部门根据行政权限，以信用分类监管的方式对监管范围内的企业实行信用监管是目前比较适合中国国情的选择。现阶段，税务、海关、市场监管等政府部门已经启动信用分类监管措施，并且结合自身的行政职能，给予相应的奖励和惩罚。在地方上，地方政府还结合区域特色，尝试实行区域信用分类监管措施，针对不同地区的信用发展状况和信用环境状况，给予不同的扶持政策或惩戒措施。在新兴的科技园区等，园区管委会也积极创造条件，在扶持园区企业发展的同时，采取相应的分类监管措施规范园区的信用秩序，营造良好的发展环境和信用环境。

目前，大部分的委办、司局已经有相应的监管部门，事实上承担了信用合规监管的任务。比如很多部委都已经对被监管对象做出了基本的信用评价，进行了信用分类，按照达到监管要求的不同程度，把监管对象分成红、黄、蓝、绿，A、B、C、D，或其他标识，等等。这种做法，其实质就是按照合规程度不同，进行合规度监管。只是这种监管现在还很综合，目的不太清晰，效果不太显著。例如，分类的标准到底是什么？按照什么标准进行评价？分类和评价之后的目的又是什么？究竟能给监管主体带来什么好处？有的时候，这种监管方式并不能很好地回答这些问题，因为其目的、分类的标准太综合了，有的是按照新设置的一套信用程度，但是这个信用究竟要包含什么也不清楚；有的是按照原有行政管理规定的达标程度；还有的是按处罚规定的要求等等。把各种各样的目的和标准综合起来，最后的评价结果也不伦不类，对信用主体来说，有的时候又是非信用的，并没有真正做到褒扬诚信，惩戒失信。

所以，从目前我国的实际情况看，在社会信用体系建设的过程中，政府要做好信用监管，应该设置专门的监管司局，专门从信用角度出发，制定与信用相关的管理规定，明确信用行为边界，确定信用处罚规则，实施真正的信用合规度监管。相关的信用监管结果可以形成信用信息，监管部门可以根据信用信息的情况做出不同的分类，根据不同的分类采取不同的处理方式，如将信用信息公开披露、社会共享、纳入企业或个人征信档案等。

在社会信用体系建设的初期，在“立信”的过程中，只依靠政府的正面诚信宣传教育是不够的，这种思想意识形态和文化的东西是比较软性的，发挥作用比较缓慢。所以与此同时，政府要建立政策性的、约束性的长效制度约束，并且一定要有专门的监督管理部门长期实施监管。目前，社会信用体系建设就处在诚信宣传教育与信用合规度监管并举的阶段，即诚信度监管与合规度监管建设阶段。当这两个监管基本确立以后，就标志着社会信用体系建设初期阶段完成。当社会信用体系建设初期阶段完成之后，社会就应该有良好的诚信环境与相对完善的信用监管体系。

（三）经济践约度监管

经济践约度监管主要涉及经济交易范畴，对企业和个人的经济践约情况进行必要的规范和管理。监管部门首先要制定践约标准，以此为依据来监督企业和个人的践约情况。

经济践约度监管的行使主体主要是政府部门和行业协会、商会等自律组织，监管的依据主要是部门规章和行业自律公约等。政府部门、行业协会等监管机构可以指导、协助企业签署、执行诚信承诺、联盟公约，企业之间互相监督，实现企业的经济践约管理。

在经济践约度监管领域，行业协会发挥的作用不容忽视。许多影响力较强的行业协会，不但可以团结行业内企业共享信息资源、建立沟通平台、抵制恶性竞争，而且可以利用协会的号召力发动行业内企业诚信经营，履约践行。例如，目前很多行业协会与会员签署的诚信公约，要求会员企业以诚为本，明码实价，杜绝各种违规经营和欺诈消费者行为；及时处理消费者的问询和投诉，建立消费者和企业之间的信赖关系；强化行业自律，维护市场秩序，抵制恶性竞争；维护消费者权利，建立产品和服务质量保证机制；诚信披露信息，不做虚假承诺；加强交流与合作，建立诚信信息互动与公示机制；以优良的产品、优质的服务，为消费者创造放心消费的环境。这些都是规范信用主体经济践约的具体表现和有力措施。

与诚信度监管和合规度监管相比，经济践约度监管的建设虽然也应该在我国社会信用体系建设的初期就起步，但是它的完成将在社会信用体系建设的后期。这是因为经济践约度监管实质是在“立信”中起步的，但是大量的、真正的监管一定是在“立信”之后，在全社会以“立信”为基础，大量、普遍地开展信用交易的时候，经济践约度监管才能针对交易行为真正发挥监管作用。

经济践约度监管是为市场经济服务的，是降低信息不对称、防范信用交易风险、提高交易效率、节约交易成本的重要保障。当市场经济发展到信用交易比较普遍的时候，这种经济践约度监管就变为日常需要，是不可缺少的了。市场信用交易越普遍，经济践约度监管的专门存在就越有必要。所以，我们从现在开始，就要在各部委设立专门的经济践约度监管部门，并且应该着手调研我国市场信用交易的基本行为和规律，制定必须遵守的交易规范，确定交易管理制度，明确不良信用交易的惩罚规则与措施，确定保护信用交易主体合法权益的内容与边界。

（四）信用监管的实践

我国政府鼓励实行“双随机、一公开”的监管机制。要建立随机抽取检查对象、随机选派执法检查人员的“双随机”抽查机制，严格限制监管部门的自由裁量权。建立健全市场主体名录库和执法检查人员名录库，通过摇号等方式，从市场主体名录库中随机抽取检查对象，从执法检查人员名录库中随机选派执法检查人员。推广运用电子化手段，对“双随机”抽查做到全程留痕，实现责任可追溯。“一公开”是指加快政府部门之间、上下级之间监管信息的互联互通，依托全国企业信用信息公示系统，整合形成统一的市场监管信息平台，及时公开监管信息，形成监管合力。

在社会实践中，我国政府和事业单位严格推行行政审批事项的“证照分离”改革，这一重大改革将加快推进以“双随机、一公开”监管为基本手段、以重点监管为补充、以信用监管为基础的新型监管机制的构建。

依托事中事后综合监管平台，着力事中事后监管，全面建立“双告知、双跟踪、双反馈”许可办理机制和“双随机、双评估、双公示”监管协同机制，构建覆盖市场主体全生命周期的监管闭环。建立大数据采集和开放制度，通过综合比对、科学筛查，预测市场监管风险，精准定位监管重点，实现靶向监管、智慧监管。

“证照分离”改革后，市场准入门槛进一步放宽，但这并不意味着监管的放松。在证照分离改革的同时，加快推进信息归集共享，严格执行《涉企信息归集应用实施办法（试行）》，按照《涉企信息归集资源目录》及数据规范要求，实现登记注册、行政审批、行业主管、综合执法等部门间的信息归集共享与有效应用。制定企业信用分类监管办法和严重失信企业联合惩戒办法，对守信主体实施“绿色通道”“审慎监管”，对失信主体实施重点监管、联合惩戒。推进监管体制机制建设，强化企业主体责任，逐步形成多元共治格局。

建立“红黑名单”制度。比如在工程建设领域，不断完善项目审批信用信息平台，将企业和从业人员违法违规、不履行承诺等不良行为向社会公开，将企业信用信息、安全生产情况与政府投资项目招标投标、评优评奖、资质增项升级、工程担保等挂钩，构建“一处失信、处处受限”的联合惩戒机制。着力打破“信息孤岛”，推进工商登记信息互联互通。以涉企信息归集为基础，以信息公示为手段，以信用监管为核心，加强国家企业信用信息公示系统建设，实现了全国涉企信息一个平台归集、一个平台共享、一个平台公示；依托国家企业信用信息公示系统部门协同监管子系统，实现涉企信息的互联互通。

下一步，国家发改委将着力从顶层设计、基础保障、创新推广等方面推进信用监管工作。

一是完善顶层制度设计。研究制定以信用为核心的新型监管机制的顶层设计文件，建立健全贯穿市场主体全生命周期，衔接事前、事中、事后全监管环节的新型监管机制。

二是加强信用信息归集。以统一社会信用代码为标识加快各类市场主体信用信息归集，利用大数据手段全面刻画市场主体信用状况，为开展信用监管筑牢基础。

三是开展创新应用。目前，国家发改委已牵头完成涉天然气、涉煤炭等 27 个领域近 40 万家主体的公共信用信息评价，为相关部门更加便利精准地开展信用监管提供了有力保障。国家发改委将进一步扩大评价范围，创新评价应用，推动信用监管工作不断完善。[①]

① 发改委：将信用监管手段嵌入市场经济各个环节中．中宏网，2019－04－09.

三、信用监管的作用与意义

建立和完善社会信用体系首先就是要建设相关的法律环境，同时，完善的法律法规也是社会信用制度健全、成熟的重要保障。例如，征信行业的发展，必须有关于征信数据的法律和法规作为约束，以协调征信业对数据开放的需要与公民享有的保护个人隐私的权利。对金融行业的有关法律法规严格规范了它们的各项信用活动，从而保证了信用交易的有序进行和信用经济的健康发展。

《社会信用体系建设规划纲要（2014—2020 年）》提出要完善信用服务市场监管体制。根据信用服务市场、机构业务的不同特点，依法实施分类监管，完善监管制度，明确监管职责，切实维护市场秩序。

《国家工商行政管理总局关于对企业实行信用分类监管的意见》（工商企字〔2003〕第 131 号）要求加强企业分类监管，提高执法效能，加强企业信用建设，从而推动社会信用体系建设，营造良好的市场环境，促进交易安全，维护生产经营者和消费者的合法权益。加强企业信用监管工作，以信用监管为核心，着力制度创新，推进职能整合，实现全程监管，建立与社会主义市场经济体制相适应的企业监管机制，使企业准入“优生”、存续“优育”、退出“善终”，为促进我国社会信用体系建设和维护良好的市场经济秩序发挥积极作用。

《国务院关于“先照后证”改革后加强事中事后监管的意见》（国发〔2015〕62 号）深化商事制度改革，转变市场监管理念，明确监管职责，创新监管方式，构建权责明确、透明高效的事中事后监管机制，正确处理政府和市场的关系，维护公平竞争的市场秩序。

（1）有利于促进职责法定。坚持权责法定、依法行政，谁审批、谁监管，谁主管、谁监管，按照法律、行政法规、国务院决定，厘清各部门市场监管职责，推进市场监管法治化、制度化、规范化、程序化。

（2）有利于加强信用约束。加快推进全国统一的信用信息共享交换平台和企业信用信息公示系统建设，推进政府部门、行业协会、社会组织信用信息共享共用，强化信用对市场主体的约束作用，构建以信息归集共享为基础，以信息公示为手段，以信用监管为核心的监管制度，让失信主体“一处违法、处处受限”。

（3）有利于建设协同监管。建立健全登记注册、行政审批、行业主管相互衔接的市场监管机制，实现各部门间依法履职信息的互联互通、联动响应，形成分工明确、沟通顺畅、齐抓共管的监管格局，切实增强监管合力，提升监管效能。

（4）有利于推动社会共治。推进以法治为基础的社会多元治理，健全社会监督机制，切实保障市场主体和社会公众的知情权、参与权、监督权，构建市场主体自治、行业自律、社会监督、政府监管的社会共治格局。

《国务院办公厅关于加快推进社会信用体系建设构建以信用为基础的新型监管机制的指导意见》（国办发〔2019〕35 号）以加强信用监管为着力点，创新监管理念、监管制度和监管方式，建立健全贯穿市场主体全生命周期，衔接事前、事中、事后全监管环节的新型监管机制，不断提升监管能力和水平，进一步规范市场秩序，优化营商环境，推动高质量发展。为加强社会信用体系建设，深入推进“放管服”改革，进一步发挥信用在创新监管机制、提高监管能力和水平方面的基础性作用，更好激发市场主体活力，推动高质量发展。

（1）创新事前环节信用监管包括建立健全信用承诺制度、探索开展经营者准入前诚信教育和积极拓展信用报告应用。有利于鼓励市场主体主动向社会作出信用承诺，提高经营者依法诚信经营意识，鼓励各类市场主体在生产经营活动中更广泛、主动地应用信用报告。

（2）加强事中环节信用监管包括全面建立市场主体信用记录、建立健全信用信息自愿注册机制、深入开展公共信用综合评价和大力推进信用分级分类监管。有利于在办理注册登记、资质审核、日常监管、公共服务等过程中，及时、准确、全面记录市场主体信用行为，特别是将失信记录建档留痕，做到可查可核可溯；开展信用评价和生成信用报告，为信用监管提供更精准的依据。

（3）完善事后环节信用监管包括健全失信联合惩戒对象认定机制、督促失信市场主体限期整改、深入开展失信联合惩戒、坚决依法依规实施市场和行业禁入措施、依法追究违法失信责任和探索建立信用修复机制。有利于大力推进重点领域失信问题专项治理，采取有力有效措施加快推进整改；加快构建跨地区、跨行业、跨领域的失信联合惩戒机制，从根本上解决失信行为反复出现、易地出现的问题。依法依规建立联合惩戒措施清单，动态更新并向社会公开，形成行政性、市场性和行业性等惩戒措施多管齐下，社会力量广泛参与的失信联合惩戒大格局；加快建立完善协同联动、一网通办机制，为失信市场主体提供高效便捷的信用修复服务。

在人们的信用思想意识、信用文化、信用价值观念并未完全确立的时候，政府要引导和宣传诚信精神。在全社会范围内，人们对什么样的行为属于信用行为，什么样的信用行为属于规范的信用行为，不遵守信用行为规范会受到什么样的处罚等一系列问题还没有形成共识的时候，政府要宣传引导，要逐步制定出一些信用行为规范，促使信用主体按照这些规范的要求去做，从而不断改善社会信用环境。事实上，这就是不断建立信用管理规矩，形成社会信用行为规范的过程，对于中国市场经济的健康发展是至关重要的。在整个社会形成信用价值观念和形成信用行为规范的过程中，政府的行政职能要履行到位，这是政府行政作为的最基础内容。

延展阅读 8-1

信用监管的走向与重点

信用监管的未来走向与重点任务包括：

（1）加强顶层设计，提高企业信用机制的法治化水平。

在已经制定的《企业信息公示暂行条例》等立法的基础上，继续完善企业信用制度，将企业信用信息纳入法治化、规范化的轨道；对企业信用信息进行法律界定，明确公开与不公开的边界；完善企业信息公示的协调和统筹机制，对各部门企业信用信息公示的职责进行更加清晰的界定；进行更加精细化的管理，就企业信用信息发布的时限、信息内容、信息共享机制、共享程序、问责机制等作出明确规定。

（2）注重企业信用信息公示，明确违法不公示信息的法律责任。

实施有效信用监管的前提，就是信用信息的公示。在现代市场经济国家，信息公开是国家治理和社会治理的基础性机制。

尤其值得注意的是，在信用信息公示的过程中，对于破坏信息公示制度、妨碍信息流通甚至提供虚假信息的行为必须加以有效的法律约束，这是信用信息公示机制得以顺利运行的基础。从发达国家和地区信用公示的法治经验来看，对于拒绝公示信息或者阻碍信息公示的违法行为，可以实施相应的民事救济，或者实施相应的行政甚至刑事制裁，这是保证信息公示得以顺利运行的前提。

（3）进一步打破“信息孤岛”，实现信用信息的有效归集、共享和利用。

商事主体信用信息的共享和利用，是构建现代市场监管体制的基本要求。随着社会化大生产的不断展开，为寻求整个社会良好的信用增进，原本局限于私人主体之间的个人信息，应当基于法律的要求而可以进行公开或查询。由此，个体之间的交易信息可以为社会所共享和利用。基于个人信息和公共信息之间的平衡而建立的信息共享和披露机制，就成为信息工具发挥其效用的重要内容。在市场监管过程中，就需要借助于相应的信用信息公开等机制以及监管主体之间对于重要信息的共享机制，缓和监管主体与被监管对象之间存在的信息不对称，提高监管效率和监管的有效性。

（4）注重社会共治，强化信用的联合惩戒。

信用机制运行的重要特点，就是借助于市场声誉评价的力量，形成有效的社会对企业的约束机制，为市场创造良好有序的竞争环境。因此，信用建设的基本目标，就是构建信用的社会共治格局，实现对企业的信用约束以及对失信行为的联合惩戒。

在发达市场经济国家和地区，除在政府采购、公共资源使用等领域外，在多数情况下并无法制定信用联合激励和惩戒机制。但在实质意义上，基于系统化、法治化以及高度市场化的信用机制，发达国家和地区已经构成了一张天罗地网，足以对失信行为人形成有效的约束。而对守信的行为人，信用机制则足以彰显社会对其的信任，进而对其形成一种有效的激励。其中，失信惩戒机制在信用体系中居于突出地位，是社会信用体系中最重要的组成部分。

资料来源：张建华，王伟．中国企业信用建设报告（2017—2018）．北京：中国法制出版社，2018：387.

第二节　主要信用监管部门及活动

一、发改委与中国人民银行

（一）国家发展改革委员会

国务院机构改革方案公布之后，发改委也进行了职能调整，仍然保留的15个职能机构为：办公厅、政策研究室、国民经济综合司、经济运行调节局、固定资产投资司、利用外资和境外投资司、地区经济司、农村经济司、资源节约和环境保护司、社会发展司、经济贸易司、价格司、法规司、国际合作司、人事司。另有9个职能机构更名：发展规划司变为发展战略和规划司；经济体制综合改革司变为体制综合改革司；西部开发司变为区域开发司；东北振兴司变为地区振兴司；基础产业司变为基础设施发展司；产业协调司变为产业发展司；高技术产业司变为创新和高技术产业发展司；就业和收入分配司变为就业收入分配和消费司；财政金融司变为财政金融和信用建设司，更加注重信用建设工作。同时新增评估督导司和经济与国防协调发展司。

在推进社会信用体系建设方面，发改委负责发布各种会议通知，如《关于进一步做好法人和其他组织统一社会信用代码信息回传和校核纠错工作的通知》等，进行整体和大局的把控和监管。同时，发改委还负责社会信用体系建设的工作交流问题，通过组织开发信用信息共享平台、主导签署信用备忘录等形式加强信用合作与交流。此外，发改委指导创建了信用中国等系列网站，进行信用信息的归集，并进行信用的联合奖惩。发改委下设财政金融和信用建设司，主要的部门设置有综合处、财政处、金融处、证券处、信用处。信用处主要职责包括会同有关部门统筹协调推进社会信用体系建设工作，承担社会信用体系建设部际联席会议办公室职责，推进社会信用体系建设相关法律法规、制度规范、统一的信用信息平台等基础设施建设，指导地方和行业社会信用体系建设。

（二）中国人民银行

中国人民银行的一个重要职能就是管理征信业，推动建立社会信用体系。2015年，为加强对征信机构的监督管理，促进征信业规范健康发展，依据《中华人民共和国中国人民银行法》《征信业管理条例》《征信机构管理办法》等法律、行政法规和规章，中国人民银行制定了《征信机构监管指引》。在推动建立社会信用体系方面，中国人民银行征信中心发挥了重要作用，同时中国人民银行签署了多个联合奖惩备忘录，加大失信惩戒力度。

2006年3月，经中编办批准，中国人民银行设立中国人民银行征信中心，作为直属事业单位专门负责企业和个人征信系统（即金融信用信息基础数据库，又称企业和个人信用信息基础数据库）的建设、运行和维护。同时为落实《物权法》关于应收账款质押登记职责规定，征信中心于2007年10月8日建成应收账款质押登记系统并对外提供服务。2008年5月，征信中心正式在上海举行了挂牌仪式，注册地为上海市浦东新区。2013年3月15日起施行的《征信业管理条例》，明确了征信系统是由国家设立的金融信用信息基础数据库这一定位。目前，征信中心在全国 31 个省和 5 个计划单列市设有征信分中心。

作为专业化征信机构，征信中心依法履职，积极推进征信系统建设，保障系统安全稳定运行，加快系统升级优化，深入推进服务转型，加强产品研发与应用，切实维护信息主体合法权益，充分发挥征信系统作为我国重要金融基础设施作用，为推动社会信用体系建设做出了积极的贡献。

建成全球规模最大的征信系统。1997 年，中国人民银行开始筹建银行信贷登记咨询系统（企业征信系统的前身）。2004—2006 年，中国人民银行组织金融机构建成全国集中统一的企业和个人征信系统。今天中国的征信系统，已经建设成为世界规模最大、收录人数最多、收集信息全面、覆盖范围和使用广泛的信用信息基础数据库，基本上为国内每一个有信用活动的企业和个人建立了信用档案。截至 2015 年 4 月底，征信系统收录自然人超过 8.6 亿，收录企业及其他组织近 2 068 万户。征信系统全面收集企业和个人的信息，其中以银行信贷信息为核心，还包括社保、公积金、环保、欠税、民事裁决与执行等公共信息。征信系统接入了商业银行、农村信用社、信托公司、财务公司、汽车金融公司、小额贷款公司等各类放贷机构；征信系统的信息查询端口遍布全国各地的金融机构网点，信用信息服务网络覆盖全国。形成了以企业和个人信用报告为核心的征信产品体系，征信中心出具的信用报告已经成为国内企业和个人的“经济身份证”。

征信系统应用广泛、成效显著。征信系统已经在金融机构信用风险管理中广泛应用，有效解决了信息不对称问题，提高了社会公众融资的便利性，创造了更多的融资机会，促进了信贷市场发展。征信系统的广泛应用，显著提高了社会信用意识，在全社会形成“守信激励、失信惩戒”的激励约束机制。

二、其他监管部门

（一）银保监会

银保监会作为国务院直属的正部级事业单位，负责对全国金融业及其业务活动实施监督管理，其监管目标是促进银行业和保险业的合法、稳健运行，维护公众对银行业和保险业的信心。为维护金融消费者的合法权益，提升金融业风险管理的科学性和有效性，促进银行业和保险业健康可持续发展及社会诚信体系的构建，银保监会积极落实党中央、国务院关于社会信用体系建设部署安排，加强组织领导，注重统筹协调，完善制度机制，扎实推进银行业和保险业信用体系建设。

近年来，银保监会致力于做好顶层设计、完善监管制度，印发了一系列信用体系建设文件，包括保监会与国家发展改革委于 2015 年 1 月联合颁布的《中国保险业信用体系建设规划（2015—2020 年）》、银监会于 2016 年 5 月印发的《关于进一步加强银行业诚信建设的通知》。另外，银保监会结合实际需要推进信用联合奖惩；组织开展涉银行和保险领域失信企业专项治理；加大对失信行为的信息披露力度，定期发布损害消费者合法权益的典型案例、保险公司服务评价结果、保险小额理赔服务监测情况、保险消费投诉情况通报和投诉考评结果等，提高消费者理性消费和自我保护能力。

（二）商务部

商务部的重要职责之一就是承担牵头协调整顿和规范市场经济秩序工作的责任，拟订规范市场运行、流通秩序的政策，推动商务领域信用建设，指导商业信用销售，建立市场诚信公共服务平台，按有关规定对特殊流通行业进行监督管理。承担商务领域信用建设职责的主要是市场秩序司，其主要职能是：牵头建设、完善国内贸易市场监管体系，规范市场交易行为，营造法治化营商环境；提出规范市场秩序的立法建议，起草相关法规、规章、规划、标准，拟定有关政策；牵头全国整顿和规范市场经济秩序的相关工作，建立健全督查督办和评估考核体系，组织开展专项整治，打击扰乱市场秩序的行为；维护公平竞争秩序，清除市场壁垒，牵头消除地区封锁、打破行业垄断的有关工作，推动建立统一开放、竞争有序的现代市场体系；推进商务诚信建设，促进信用销售和信用服务业发展，规范商业信用支付行为，建立市场诚信公共服务平台；承担流通领域食品安全相关工作，推动追溯体系建设，按职责分工管理药品流通并牵头综合工作；推进商务行政执法，开展执法检查和重大案件督办，建设和管理市场秩序举报投诉服务网络；规范商贸企业交易行为，推动各类无店铺销售规范发展，负责直销管理及内资直销企业的市场准入。

早在2007年，为加快推进我国商务领域信用体系建设，促进商务领域信用信息的公开和共享，规范信用信息的管理，商务部就制定了《商务领域信用信息管理办法》，规范商务领域信用信息的记录、归集、共享、公开与使用等工作。2018年，为贯彻落实《中共中央国务院关于完善促进消费体制机制进一步激发居民消费潜力的若干意见》（中发〔2018〕32号）、《国务院关于印发社会信用体系建设规划纲要（2014—2020）的通知》（国发〔2014〕21号）等文件精神，扩大商务诚信体系建设试点成效，全面推进商务信用建设，商务部发布了《关于深入推进商务信用建设的指导意见》。2019年，为贯彻落实党中央、国务院关于社会信用体系建设的决策部署，统筹推进商务信用建设，加快构建商务领域以信用为核心的新型监管体制，围绕消费升级等行动计划顺利实施，商务部印发《关于深入推进商务信用建设的指导意见》。该指导意见提出了今后一段时间商务信用建设的指导思想、基本原则和总体目标，要求在商务领域推动实施全过程信用监管，明确了家政服务、电子商务、批发零售等消费领域信用建设工作重点，部署了对外贸易、服务贸易、外商投资、对外经济合作和区域信用合作五个领域诚信营商环境建设工作任务，全面助推商务事业高质量发展。[①]

（三）市场监督管理部门

国家市场监督管理总局下设信用监督管理司，主要职责包括：拟订信用监督管理的制度措施；组织指导对市场主体登记注册行为的监督检查工作；组织指导信用分类管理和信息公示工作，承担国家企业信用信息公示系统的建设和管理工作；建立经营异常名录和“黑名单”，承担市场主体监督管理信息和公示信息归集共享、联合惩戒的协调联系工作。

近年来，按照党中央提出的“以完善信贷、纳税、合同履约、产品质量的信用记录为重点，加快建设社会信用体系，健全失信惩戒制度的要求”，以及国务院赋予国家市场监

① 商务部出台深入推进商务信用建设指导意见．商务部网站，2018-12-29.

督管理总局的承担产品质量诚信体系建设的职责，国家市场监督管理总局不断加快产品质量的诚信体系建设步伐，具体表现在：(1) 建立质量诚信体系规章制度。研究起草了质量信用信息管理办法、质量信用产品管理办法、质量信用分类监管办法。(2) 开展信用标准化工作，建立了全国社会信用标准化技术委员会和质量信用分技术委员会并发布国家标准《企业质量信用等级划分通则》(GB/T23791－2009)，对质量信用、质量信用风险和质量信用等级进行了定义。(3) 加强质量信用监管工作。建立企业质量档案、确立企业信用分类等级、建立企业信用信息发布平台、加快全国企业质量信用信息数据库系统建设。(4) 加大监督执法工作力度。深入实施产品质量监督抽查制度，推进执法打假工作，及时处理质量失信行为，建立违法企业黑名单制度。

(四) 税务部门

国家税务总局是国务院主管税收工作的直属机构，其职责包括“负责规划和组织实施纳税服务体系建设，制定纳税服务管理制度，规范纳税服务行为，制定和监督执行纳税人权益保障制度，保护纳税人合法权益，履行提供便捷、优质、高效纳税服务的义务，组织实施税收宣传，拟订注册税务师管理政策并监督实施”以及“组织实施对纳税人进行分类管理和专业化服务，组织实施对大型企业的纳税服务和税源管理”。①

为规范纳税信用管理，促进纳税人诚信自律，提高税法遵从度，推进社会信用体系建设，国家税务总局于 2014 年 7 月 4 日发布了《纳税信用管理办法（试行）》。该办法规定：税务机关每年 4 月确定上一年度纳税信用评价结果，并为纳税人提供自我查询服务(电子税务局)，评价结果可以划分为 A、B、C、D 四级。2018 年 4 月 1 日起，增设 M 级纳税信用级别，纳税信用级别由 A、B、C、D 四级变更为 A、B、M、C、D 五级。在纳税信用等级的应用上，按照守信激励、失信惩戒的原则，税务部门将对不同信用级别的纳税人实施分类服务和管理。另外，2016 年 7 月，国家发展改革委、国家税务总局联合中国人民银行、中央文明办等 29 部门签署了《关于对纳税信用 A 级纳税人实施联合激励措施的合作备忘录》(以下简称《合作备忘录》)，对纳税信用 A 级纳税人在项目管理、税收服务、融资授信、进出口等 18 个领域实施 41 项守信联合激励措施。《合作备忘录》将纳税信用 A 级纳税人可享受的激励措施从税收服务拓展至投资、金融、贸易、环保等多个领域，显著提升了 A 级纳税信用的“含金量”和纳税信用的社会价值。②

(五) 海关部门③

海关作为国家的进出口监督管理行政机关，担负着为国把关和服务经济、促进发展的神圣职责。海关部门在信用管理方面的职能主要由企业管理和稽查司负责，具体职能包括：拟订海关信用管理制度并组织实施，拟订加工贸易等保税业务的管理制度并组织实施，拟订海关稽查及贸易调查、市场调查等制度并组织实施。

海关部门在信用监管方面的主要做法是实施企业分类治理，简化对高信用类别企业的通关手续，加强对低信用类别企业的控制，可以减少监管资源的无效投入，优化监管资源

① 国家税务总局网站.

② 关于对纳税信用 A 级纳税人实施联合激励措施的合作备忘录（发改财金〔2016〕1467 号).

③ 吴晶妹. 信用管理学. 上海：上海财经大学出版社，2011.

合理配置，提升海关治理的有效性，提高海关治理总体效能，从而根本解决双重矛盾。自2018年5月1日起，海关部门正式实施新版《中华人民共和国海关企业信用管理办法》，具体措施包括：拓展信用管理适用范围；完善失信企业认定标准；明确不同信用企业查验率；建立信用异常企业名录。另外，为了实现企业分类治理，海关部门加强内部培训，积极开展企业类别的评定和动态调整工作，做好原有“红、黑名单”企业与新的企业类别过渡衔接；加强与商务、人民银行、市场监管、税务、外汇等部门的联系配合，征求企业在上述部门的不良记录情况，结合关区实际，探索建立企业信息交换机制；配套开发企业信息综合治理系统，以在海关注册登记的企业为主线，汇总整合海关各业务部门的企业信息数据，形成相对完整的企业数据库，并预留了与相关部门数据交换的接口。

（六）环保部门

在社会信用体系建设中，国家环境保护总局以及各级环保部门引导企业自律，重点建立企业环境监督员制度、企业年度环境报告制度和企业环境行为信用评价制度，鼓励企业树立预防污染、自主守法的理念，架构环保部门与企业、公众与企业之间的伙伴关系。①

2015年11月27日，环境保护部、发展改革委印发《关于加强企业环境信用体系建设的指导意见》（环发〔2015〕161号）（以下简称《意见》）。该《意见》分指导原则和目标任务；明确记入企业环境信用记录的信息范围；建立和完善企业环境信用记录；完善企业环境信用信息公开制度；完善企业环境信用评价制度；探索企业环境信用承诺制度；加强企业环境信用信息系统建设；推动建立环保守信激励、失信惩戒机制；开展环境服务机构及其从业人员环境信用建设；加强企业环境信用体系建设的支持和保障10部分。目标任务是：到2020年，企业环境信用制度基本形成，企业环境信用记录全面建立，覆盖国家、省、市、县的企业环境信用信息系统基本建成，环保守信激励和失信惩戒机制有效运转，企业环境诚信意识和信用水平普遍提高。

三、以信用为基础的新型监管机制

党中央、国务院高度重视社会信用体系建设。习近平总书记强调，要建立和完善守信联合激励和失信联合惩戒制度，加快推进社会诚信建设，充分运用信用激励和约束手段，建立跨地区、跨部门、跨领域联合激励与惩戒机制，推动信用信息公开和共享，着力解决当前危害公共利益和公共安全、人民群众反应强烈、对经济社会发展造成重大负面影响的重点领域失信问题，加大对诚实守信主体激励和对严重失信主体惩戒力度，形成褒扬诚信、惩戒失信的制度机制和社会风尚。李克强总理在国务院常务会议专题研究信用监管工作时强调，加强信用监管是基础，是健全市场体系的关键，可以有效提升监管效能、维护公平竞争、降低市场交易成本。这次国务院办公厅印发的《关于加快推进社会信用体系建设构建以信用为基础的新型监管机制的指导意见》（以下简称《意见》）是一份深入贯彻落实“放管服”改革要求，理念新、措施实、针对性强的政策性文件。以信用为基础的新

① 吴晶妹．信用管理学．上海：上海财经大学出版社，2011.

型监管机制的重点内容，主要体现在以下七个方面。

（一）贯穿事前、事中、事后全生命周期

在事前监管环节，通过市场主体“做承诺”“重教育”“用报告”，提高其依法诚信经营意识，全面推广主动信用承诺制度，加快许可事项办理进度，扩大信用报告应用范围。在事中监管环节，全面建立市场主体信用记录，鼓励市场主体自愿注册信用信息，开展公共信用综合评价，大力推进信用分级分类监管。在事后监管环节，从健全失信联合惩戒对象认定机制、督促失信主体限期整改、深入开展失信联合惩戒、依法依规实施市场和行业禁入措施、依法追究违法失信责任等方面，强调用好失信联合惩戒的“利剑”。

（二）分级分类

传统监管模式对所有监管主体平均用力，监管成本高，市场主体压力大、受干扰多。以信用为基础的新型监管机制按照市场主体信用状况采取差异化的监管措施。对信用好、风险低的市场主体，降低抽查比例和频次。对违法失信、风险较高的市场主体，适当提高抽查比例和频次，列入重点信用监管范围，使监管力量“好钢用在刀刃上”，努力做到对诚信守法者“无事不扰”，对违法失信者“利剑高悬”。

（三）大幅提升失信成本

失信代价过低、惩罚过轻、传播少是目前失信问题高发、频发、复发的重要原因。《意见》“对症下药”“靶向治理”：

一是让失信者付出因失信记录广泛共享而有可能处处受限的成本。

二是让失信者付出依法依规公示失信信息、接受社会监督、市场监督、舆论监督的成本。

三是让涉及严重违法失信行为的失信者付出被列入“黑名单”，承受跨地区、跨行业、跨领域失信联合惩戒的成本。《意见》要求依法依规建立联合惩戒措施清单，形成行政性、市场性和行业性等惩戒措施多管齐下，社会力量广泛参与的失信联合惩戒大格局，包括依法依规限制失信联合惩戒对象股票发行、招标投标、申请财政性资金项目、享受税收优惠等行政性惩戒措施，限制获得授信、乘飞机、乘坐高等级列车和席次等市场性惩戒措施，以及通报批评、公开谴责等行业性惩戒措施。

四是让涉及极其严重违法失信行为或与国计民生安全攸关领域的失信者付出在一定期限内甚至永远被实施行业禁入、逐出市场的成本。特别需要指出的是，这次《意见》要求，以食品药品、生态环境、工程质量、安全生产、养老托幼、城市运行安全等与人民群众生命财产安全直接相关的领域为重点，对造成重大损失的失信主体及其相关责任人，依法依规在一定期限内实施市场和行业禁入措施，直至永远逐出市场。

五是让失信行为的责任主体、责任人付出依法依规被问责的成本。总之，要让监管长出“牙齿”，从根本上解决失信行为反复出现、易地出现的问题。

（四）信息充分共享和依法依规充分公开

信息共享，特别是失信信息的充分共享是实施信用监管的基础。《意见》提出要充分发挥全国信用信息共享平台和国家“互联网+监管”系统信息归集共享作用，形成全面覆盖各地区、各部门、各类市场主体的信用信息“一张网”。同时，将市场主体基础信息、执法监管信息等与相关部门业务系统按需共享，支撑形成数据同步、措施统一、标准一致的信用监管协同机制。信息公开，是质量最高的信息共享和效果最好的失信惩戒。《意见》在成效显著的行政许可、行政处罚信息“双公示”机制基础上，提出依托“信用中国”网站、中国政府网、国家企业信用信息公示系统等开展行政强制、行政确认等更大范围的信息公开，实现“应公开、尽公开”。

（五）充分体现以“互联网+”为特征的大数据监管机制

“互联网+”是实现信用监管高效化、智能化、泛在化的重要载体。《意见》提出在数据有效整合、信用风险预警和公正信用监管等方面充分发挥“互联网+”、大数据支撑作用。有效整合公共信用信息、市场信用信息、投诉举报信息和互联网及第三方相关信息，建立风险预判预警机制，及早发现并防范苗头性和跨行业跨区域风险。鼓励通过物联网、视联网等非接触式监管方式提升执法监管效率，实现“进一次门、查多项事”，减少对监管对象的扰动。

（六）更加注重市场主体权益保护

“监管不能任性”是信用监管的基本原则，保护市场主体的合法权益是《意见》的重要内容。

《意见》要求要严格保护个人隐私和企业商业秘密，为非主观故意和轻微或一般失信行为的失信主体提供信用修复渠道。在失信主体彻底纠正失信行为并承担相应法律责任的前提下，在接受诚信教育、主动做出守信承诺、按规定履行相关社会责任的前提下，依法依规退出“黑名单”并相应解除失信联合惩戒，依法依规缩短或结束信用信息公示，依法依规规范保存信用记录。但对于给人民群众生命财产安全造成损失的极其严重的失信行为，要依法依规长期保留信用记录，长期实施严格的信用监管，在一定期限甚至永久逐出市场。对有误信息要及时予以更正或撤销，并采取措施消除不良影响。严肃查处违规泄露、篡改或利用信用信息谋私等行为，加大信用信息安全和市场主体权益保护力度。

（七）以信用为基础的监管机制：法治化、标准化、规范化

依法监管、规范监管是信用监管的突出特征。只有依法依规实施信用监管，才能确保行政行为不缺位、不越位、不错位。各领域各地方已开展的信用监管为信用立法奠定了实践基础，也对信用立法提出了迫切要求。新颁布或修订的《公务员法》《个人所得税法》《疫苗管理法》等相关法律中均明确了信用有关条款。陕西、湖北、上海、河北、浙江 5 个省（市）先后出台了专门的地方性信用法规；广东、贵州、山东、河南、重庆、甘肃正在推动信用立法工作。《意见》明确要求推动制定社会信用体系建设相关法律，加快研究出台公共信用信息管理条例、统一社会信用代码管理办法等法规。建立健全全国统一的信用监管规则和标准，及时出台相关地方性法规、政府规章或规范性文件，将信用监管中行之有效的做法上升为制度规范，进一步夯实信用监管的法治基础。

延展阅读 8-2

信用监管体系构建思考

中国政府的信用监管机构应该从国家层面就设立最高监督管理委员会——中国信用监督管理委员会（见图1），专司信用监管的政府职能，就像银保监会、证监会等金融领域的专业监管委员会一样，独立承担信用领域的相关监管工作。中国信用监督管理委员会最大限度地发挥政府对信用行业发展指导作用，规范市场信用交易行为，保护信用主体的合法权益，宣传和倡导社会诚信原则与精神。中国信用监督管理委员会下设地方派出机构，可以按照行政区划，分省、市两级分别设置。

国家各部委可设立信用监管司、局，负责本系统内的信用监管工作。比如，国家市场监管总局、商务部、海关总署等，内部均可以专门设立信用监管司，专司信用监管与行政处罚职能。现在有些部委已经开始有所尝试，有的是在原有的司、局基础上增加了信用监管的专项职能，有的是专设了相关司、局，有的相关司、局还会再升级成为更高级别的信用监管机构。这些做法适应了目前信用监管的需要，监管非常到位，解决了很多现实问题，发挥了应有的行政监管职能，很有行政作为。现在已经很明显地看出，这种做法是一种趋势，并且很符合中国社会实践、中国特色社会主义市场经济建设的需要。可以预见，将来我们会走出一条很成功的中国政府信用监管之路，就像很成功的中国经济改革模式一样，会被很多国家借鉴。

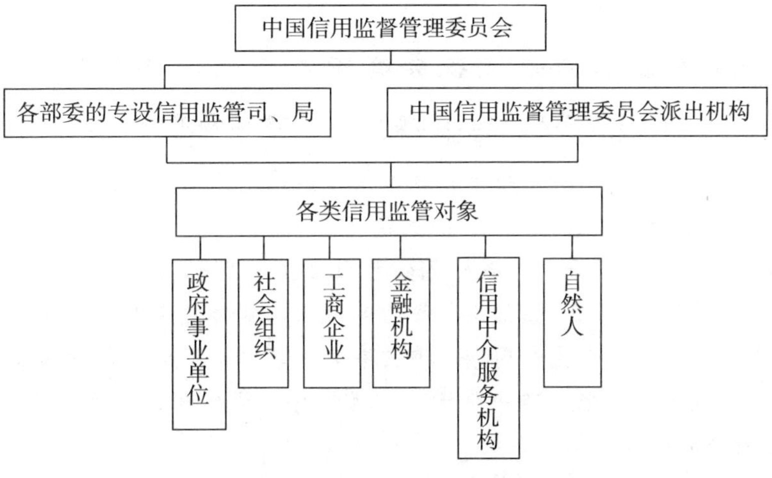

图1　吴氏理论——信用监管组织图

中国信用监督管理委员会及其派出机构和各部委信用监管司、局作为不同的政府信用监管主体，应发挥不同的职能，各司其职，从不同的角度与不同的层次共同改善整个社会的信用环境。

委员会的主要职责应该包括：研究和拟定社会信用体系建设的方针政策、发展规划；起草有关的法律、法规；制定有关规章；统一管理信用交易活动，按规定对其派出机构实行垂直领导，并与各职能部委设立的信用监管司、局进行协调；监督管理信用中介服务行业的组织机构，对机构管理实行审批、备案制，对个别有特殊规定的信用中介服务行业，实行资质认证管理；监督管理信用中介服务机构的从业人员，对高级信用管理人员实行注册登记制；监督管理信用中介服务机构的产品与服务，受理与仲裁社会公众相关的信用投诉，开展相关规范服务调查，并实施查处；监督管理授信机构的授信业务规范，以指导性手段提示授信机构防范授信风险，降低社会性信用交易风险及信用危机发生的可能性，保障社会安全；管理信用交易市场的交易秩序，信用信息的处理与传播，保障信用主体的合法权益；监管境外相关信用中介服务机构在境内的一切活动。

派出机构的职能包括负责对辖区内信用服务中介机构的业务活动进行日常监管；负责对辖区内信用服务中介机构的设立、变更、解散、歇业、年检申请进行初审，出具初审意见；根据授权，依法查处辖区内监管对象的违法、违规行为；负责配合或者会同有关部门查处辖区内失信交易行为，以及破坏信用市场秩序与社会信用环境的行为；负责处理辖区内有关信用的投诉，调解信用交易纠纷和争议。

各部委信用监管司、局应该在中国信用监督管理委员会的精神与原则指引下，根据自身的监管范围和监管特点，制定适合本部委的信用监管职能。由于各部委的监管职能不尽相同，在此，我们不再一一列举各部委的监管职责内容。

资料来源：吴晶妹．三维信用论．北京：清华大学出版社，2016.

延展阅读 8－3

《关于加快推进社会信用体系建设构建以信用为基础的新型监管机制的指导意见》

国务院办公厅印发《关于加快推进社会信用体系建设构建以信用为基础的新型监管机制的指导意见》（以下简称《意见》）。

《意见》指出，要以习近平新时代中国特色社会主义思想为指导，按照依法依规、改革创新、协同共治的原则，以加强信用监管为着力点，创新监管理念、监管制度和监管方式，建立健全贯穿市场主体全生命周期，衔接事前、事中、事后全监管环节的新型监管机制，不断提升监管能力和水平，进一步规范市场秩序，优化营商环境，推动高质量发展。《意见》提出了四个方面政策措施。

一是创新事前环节信用监管。建立健全信用承诺制度，对申请人承诺符合审批条件并提交材料的有关行政许可事项应予即时办理，鼓励市场主体主动向社会作出信用承诺；充分利用各级各类政务服务窗口，探索开展经营者准入前诚信教育；积极拓展信用报告应用，鼓励各类市场主体在生产经营中更广泛、主动地应用信用报告。

二是加强事中环节信用监管。全面建立市场主体信用记录，及时、准确、全面记录市场主体信用行为，特别是将失信记录建档留痕，做到可查可核可溯；建立健全信用信息自愿注册机制，鼓励市场主体在“信用中国”网站或其他渠道上自愿注册信用信息；开展全覆盖、标准化、公益性的公共信用综合评价，为信用监管提供更精准的依据；大力推进信用分级分类监管，根据市场主体信用状况实施差异化监管措施。

三是完善事后环节信用监管。健全失信联合惩戒对象认定机制，督促失信市场主体限期整改，深入开展失信联合惩戒，坚决依法依规实施市场和行业禁入措施，依法追究违法失信责任，探索建立信用修复机制。

四是强化信用监管的支撑保障。提升信用监管信息化建设水平，形成信用监管协同机制；大力推进信用监管信息公开公示，做到“应公开、尽公开”；充分发挥“互联网＋”、大数据对信用监管的支撑作用，实现信用监管数据可比对、过程可追溯、问题可监测；切实加大信用信息安全和市场主体权益保护力度，积极引导行业组织和信用服务机构协同监管。

《意见》要求，各地区各部门要加强组织领导，细化责任分工，加强与其他“放管服”改革事项的衔接，组织开展信用建设和信用监管试点示范。加快建章立制，推动制定社会信用体系建设相关法律法规。通过各种渠道和形式，深入细致向市场主体做好政策宣传解读工作。

资料来源：国务院办公厅印发《关于加快推进社会信用体系建设构建以信用为基础的新型监管机制的指导意见》. 中国政府网，2019-07-16.

第三节　对信用服务业的监管

一、对征信的监管

2013 年 1 月，国务院发布了《征信业管理条例》，为征信行业监管奠基，规定了征信机构设立和退出、征信业务规则、异议和投诉、金融信用信息基础数据库、监督管理、法律责任等方面的具体管理内容。2013 年 11 月，中国人民银行发布了《征信机构管理办法》，规定了中国人民银行负责管理征信机构的设立、变更和终止，高级人员任职管理，业务监督，违规处罚等内容。

2015 年 10 月，中国人民银行制定了《征信机构监管指引》（以下简称《指引》），主要内容包括：提出设立个人征信机构的审慎性条件；要求征信机构按照注册资本总额的 10%提取保证金；规定对征信机构进行现场检查；加强信息主体的权益保护等。但对于业内呼声最大的核心问题，即避免与信贷业务发生利益冲突的独立第三方问题并未涉及。《指引》由中国人民银行制定，由人行分支机构对辖区内个人征信机构和企业征信机构进行监督管理，遵循依法合规、权益保护以及全面覆盖原则。其中，权益保护原则是指保障信息主体的合法权益；全面覆盖原则是指监管囊括征信机构的公司治理、内控制度、业务活动、信息安全等多方面。

二、对信用评级的监管

《中国人民银行信用评级管理指导意见》是2006年3月29日发布的关于信用评级的指导文件，适用于中国人民银行对信用评级机构在银行间债券市场和信贷市场从事金融产品信用评级、借款企业信用评级、担保机构信用评级业务的管理和指导。

目前，国内信用评级行业的监管仍处于“多头”格局，没有统一的机构和成熟的监管框架，既有全国人大、国务院颁布的法律，也有证监会、中国人民银行、银保监会、国家发改委出台的部门规章和规范性文件，还有大量地方性法规（见表8-1）。

表8-1　信用评级相关监管法律法规

部门	法律文件	主要内容
全国人大	《中华人民共和国证券法》	将资信评估机构定性为证券服务机构之一，规定负责制定审批管理办法的机构，人员的资质要求，不得从事的行为，收费办法，执业要求及损失赔偿
国务院	《企业债券管理条例》	规定企业发行企业债券需向经认可的评级机构申请信用评级
证监会	《资信评级机构出具证券公司债券信用评级报告准则》	对评级机构出具的评级报告的内容与格式、跟踪评级的相关事项做出规定
	《证券市场资信评级业务管理暂行办法》	规定评级机构的业务许可、业务规则、监督管理、法律责任
中国人民银行	《中国人民银行信用评级管理指导意见》	规定在银行间债券市场和信贷市场从事业务的信用评级机构资质许可、业务规范、信息报送等
	《信贷市场和银行间债券市场信用评级规范》	包括信用评级主体规范、信用评级业务规范、信用评级业务管理规范，适用于在银行间债券市场和信贷市场从事业务的信用评级机构
发改委	《关于国家电网公司等企业债券发行规模及发行审批有关问题的通知》	规定具有企业债券评级资格的评级机构必须是2000年以来承担过国务院特批企业债券评级业务的信用评级机构，间接认可5家评级公司的企业债券评级资格
	《关于下达2007年第一批企业债券发行规模及发行核准有关问题的通知》	对评级机构在债券发行申请及存续期间的责任义务进行了规定
银保监会	《关于规范商业银行使用外部信用评级的通知》	针对商业银行对外部信用评级的使用作了规范，要求对评级机构作七个方面的尽职调查
	《关于加强保险资金投资债券使用外部信用评级监管的通知》	规定了评级公司必须具备的能力条件，评级公司需接受银保监会的管理

但相关部门已经在考虑对信用评级机构实施统一监管，市场对此也有预期。2018 年 9 月 11 日，中国人民银行、中国证监会联合发布的 2018 年第 14 号公告中明确，将推动银行间债券市场和交易所债券市场评级业务资质逐步统一。中国人民银行、中国证监会以及中国银行间市场交易商协会将协同债券市场评级机构业务资质的审核或注册程序，对于已经在银行间或交易所债券市场开展评级业务的评级机构，将设立绿色通道实现评级业务资质互认。

14 号公告中还鼓励同一实际控制人下不同的信用评级机构法人，通过兼并、重组等市场化方式进行整合，更好地聚集人才和技术资源，促进信用评级机构做大做强。整合前信用评级机构发布的评级结果仍可继续使用，且由整合后的信用评级机构履行跟踪评级、信息披露等义务。而整合后的信用评级机构应当统一评级技术方法、评级业务规范、评级标准和评级报告等内容。

在监管执法方面，公告明确提出中国人民银行、证监会以及相关分支机构和自律组织有权对信用评级机构开展通过现场、非现场方式进行监督检查和自律调查，必要时可对信用评级机构开展联合调查，对违反法律法规、监管规定或自律规则的，将依法给予行政处罚或自律处分。①

三、对信用服务的监管

信用服务是现代信用经济社会的重要活动，是促进经济发展和社会进步的重要力量。就社会角度而言，信用理念已经日益深入人心，信用服务的发展前景光明。但是，信用服务活动同样存在风险，需要建立和完善信用监管制度，并且要加强政府和社会两个层面的监督和管理，促进信用管理服务业健康有序发展。②

（一）监管目的

信用服务业系统可以有效嵌入到信用网络结构中，采集相关的信用信息，建立信用信息的数据库，对征信产品进行加工整理，从而为用户提供各种信用产品。目前，我国的社会信用服务业的主体主要包括征信中心或征信机构、信用评级企业、信用担保企业、金融机构以及其他信用需求者。在一定的地理区域内，信用服务企业以信用产品、信用服务、信用技术和资本等为纽带与周边企业结成一种具有价值增值的横向及纵向的战略联盟关系。这些环节是相互联动、相互制约、相互依存的一个有机整体，依托于共同平台，依据特定的逻辑关系和时空布局关系形成了链条式关联关系形态，从而具备了产业链的基本特征，构成了社会信用服务业的产业链。③

但是，目前信用服务业各环节的行业或产业的关联性不强，还没有达到相互匹配的程度，如一部分环节发展缓慢，另一部分环节则发展强势，导致各部分或各地区之间的发展不协调，整个产业链的稳定性比较弱。另外，信用服务业还广泛存在信用产品质量不高、

---

① 中国人民银行、中国证监会联合发布 2018 年第 14 号公告．仁润股份网站，2018－09－12．

② 唐明琴，林江鹏．信用管理．北京：高等教育出版社，2014．

③ 张春明．我国社会信用服务业的产业链治理探索．征信，2013，(08)．

用户对信用产品的主动付费意愿低等情况。为强化信用服务业在整个社会信用体系建设中的桥梁、纽带作用，完善信用服务产业链及促进与其联结的产业、企业的发展，政府必须加强对信用服务行业的监管，利用法律法规及行政手段从业务、人员、行业等方面对其进行监管，促进其良性发展。

（二）监管内容

强化对信用服务业的监管，必须从信用服务业务、信用服务从业人员以及信用服务行业三方面出发，其具体内容包括：

（1）业务监管。政府必须设定有关信用服务机构的业务操作规范，定期对信用服务机构进行抽查、评分并将评价结果以合适的方式公示，对于业务操作失当（如泄露、侵犯客户隐私信息、遗漏或伪造重要信用评级信息、收受客户利益篡改评级结果等行为）给予行政处罚并勒令其整改。

（2）人员监管。要促进信用服务行业的发展，必须加强对信用服务从业人员的监管。监管的具体内容包括对其职业资质、职业道德水平等方面的考核。尽快建立信用服务领域职业信用信息数据库，加强对信用服务人员的资格要求、抽查及评级考核，对于业务操作失当或者有意违背职业道德的服务人员进行公示及行政处罚。

（3）行业监管。对信用服务行业进行监管，首先要建立信用行业规范。进一步明确信用主管部门，加强信用服务机构管理规范，建立信用服务机构的准入和退出机制，对信用服务机构实行备案管理，建立行业服务规范，强化市场监管，对有关信用服务机构采取报告编码制度和抽审制度①，提高信用服务机构的服务能力以及公信力。实际上，为加强信用服务行业自律性，增强行业诚信守法、公平竞争的意识，中国信用协会曾制定了《信用服务行业自律标准》。其次，要发挥行业协会作用。推动建立信用服务行业自律组织，引导征信机构“客观、独立、公正”地开展业务，主动接受社会监督，不断提高行业整体素质和公信力。

（三）监管依据和手段

（1）建立与健全信用服务业监管法律法规。目前，我国尚未出台专门针对信用服务行业监管的法律法规。为规范信用服务业的发展，首先应该从制度层面出发，厘清各类信用服务机构的业务范畴、业务操作规范、业务评价标准等，以促进信用服务机构的良性发展。

（2）建立信用服务领域的数据系统。目前，各个信用服务机构都按照一定的指标框架收集了很多企业、个人的信用信息，但是，由于各个机构之间存在利益冲突以及收集指标框架的差异，各机构之间的信用信息存在严重壁垒。如果政府规范信用服务机构的信息收集，并致力于打通机构间基础数据的壁垒，将可以加强对信用服务机构的统一管理。另外，政府还可以在这个信用服务领域数据系统中展示有关监管部门对信用服务机构的定期抽查、评比、考核、处罚结果，进一步规范信用服务机构的发展。

（3）建立常态化的行政管理和处罚机制。政府有关监管部门需要对信用服务机构采取

---

① 曾光辉. 促进我国信用服务业发展的思路研究. 现代经济信息，2016，(15).

资质审核、定期抽查、年度考核、红黑名单评定、联合奖惩等措施，多角度、多方面加强对信用服务机构的管理。

延展阅读 8-4

个人征信业务应注意的三个原则

2018年1月24日，央行副行长陈雨露接受《人民日报》专访，在回答中国人民银行推动我国征信业发展的总体思路是什么，如何平衡好促进征信业发展和保护个人信息之间的关系时指出：征信业的本质是信息共享。如果没有有效的信息保护，就不可能有充分的信息共享，也就不可能有征信业。平衡好促进征信业发展和保护个人信息之间的关系，关键是把握好三方面的监管协调：对信息提供方的监管协调，确保信息按照“最低、适用”的理念采集，确保信息准确性；对信息采集加工方的监管协调，确保征信机构行为遵循征信规则的要求，确保公正性和有效性；对信息使用方的监管协调，确保个人征信信息的依法有限使用，维护好信息主体权益。

早在2017年4月的“个人信息保护与征信管理”国际研讨会上，陈雨露就提出在个人征信业务中应该注意三个原则*：

（1）第三方征信的独立性原则。征信机构在公司治理结构和业务开展上应确保独立，防止利益冲突。开展业务要客观中立，不能受信息提供者和信息使用者等其他主体的支配。征信产品和服务的使用不能与征信机构股东或出资人的其他业务相捆绑，不能成为股东或出资人谋取他利的手段。

（2）征信活动中的公正性原则。征信业务活动应充分体现社会的公平正义，确保政治上的正确性。征信产品主要用来解决信息不对称导致的信用违约风险问题，提高交易效率、降低交易成本、促进普惠金融发展，既不能把它当作把人分为不同阶层、不同群体的工具，也不能将其应用于某些低俗的社交活动，背离征信的本意。

（3）个人信息隐私权益保护原则。在制度建设和日常监管中，强调征信机构应从保护个人隐私、加强个人信息保护的角度出发，保持业务透明度，防止个人信息被过度采集、不当加工和非法使用，防范对个人隐私和商业秘密的侵害，切实维护信息主体合法权益。

注：*央行副行长陈雨露在“个人信息保护与征信管理”国际研讨会的讲话．中证网，2017-04-21.

资料来源：王观．人民日报专访央行副行长陈雨露：为实体经济服务是金融的本分．人民日报，2018-01-24.

【思考题】

1. 请谈谈你对信用监管内涵的理解。
2. 简单介绍目前信用监管的一些实践情况。
3. 为什么要加强信用监管？请举例说明。

4. 列举一些信用监管机构及监管措施，简要说明这些措施的作用。
5. 以信用为基础的新型监管机制的重点内容有哪些？
6. 你认为对信用服务业应该怎样监管？

【参考文献】

[1] 何玲．信用监管让政府和市场实现双赢．中国改革报，2019-03-18.

[2] 吴晶妹．三维信用论．北京：清华大学出版社，2016.

[3] 构建以信用为核心的市场监管机制．国务院新闻办公室网站，2015-06-19.

[4] 对信用监管的再理解．信用中国网站，2018-03-26.

[5] 发改委：将信用监管手段嵌入市场经济各个环节中．中宏网，2019-04-09.

[6] 社会信用体系建设规划纲要（2014—2020年）.

[7] 张建华，王伟．中国企业信用建设报告（2017—2018）. 北京：中国法制出版社，2018：387.

[8] 商务部出台深入推进商务部信用建设指导意见．商务部网站，2018-12-29.

[9] 国家税务总局网站.

[10] 关于对纳税信用A级纳税人实施联合激励措施的合作备忘录（发改财金〔2016〕1467号）.

[11] 吴晶妹. 信用管理学．上海：上海财经大学出版社，2011.

[12] 中国人民银行征信中心网站.

[13] 央行：征信系统收录9.9亿自然人. 北京青年报，2019-06-15.

[14] 中国人民银行信用评级管理指导意见.

[15] 中国人民银行、中国证监会联合发布2018年第14号公告．仁润股份网站，2018-09-12.

[16] 唐明琴，林江鹏. 信用管理．北京：高等教育出版社，2014.

[17] 张春明. 我国社会信用服务业的产业链治理探索．征信，2013，(08).

[18] 曾光辉．促进我国信用服务业发展的思路研究．现代经济信息，2016，(15).

[19] 王观. 人民日报专访央行副行长陈雨露：为实体经济服务是金融的本分．人民日报，2018-01-24.

[20] 央行副行长陈雨露在“个人信息保护与征信管理”国际研讨会的讲话．中证网，2017-04-21.

第九章 社会信用体系建设

社会信用体系建设是我国创新社会治理的一步重要尝试，2014年6月14日，国务院发布了《社会信用体系建设规划纲要（2014—2020年）》，全面推动社会信用体系建设，以健全信用法律法规和标准体系、形成覆盖全社会的征信系统为基础，以推进政务诚信、商务诚信、社会诚信和司法公信建设为主要内容，以推进诚信文化建设、建立守信激励和失信惩戒机制为重点，以推进行业信用建设、地方信用建设和信用服务市场发展为支撑，以提高全社会诚信意识和信用水平、改善经济社会运行环境为目的，以人为本，在全社会广泛形成守信光荣、失信可耻的浓厚氛围，使诚实守信成为全民的自觉行为规范。

本章将介绍社会信用体系建设的管理框架、主要内容和公共信用信息平台建设、联合奖惩与信用承诺及修复、城市信用建设等几个重点建设领域的作用、实践情况和未来发展方向。

第一节　社会信用体系建设概述

一、社会信用体系的内涵与作用

国家高度重视社会信用体系建设工作。党的十六大报告提出："整顿和规范市场经济秩序，健全现代市场经济的社会信用体系。"中共十六届三中全会进一步指出，要形成以道德为支撑、产权为基础、法律为保障的社会信用制度。建立社会信用体系，是完善社会主义市场经济体制一项重要的制度建设，是加快建设现代市场体系的基础性工作，是整顿和规范市场秩序的治本之策，也是建设社会主义精神文明、实现现代化的重要标志。

2014 年 6 月，国务院《社会信用体系建设规划纲要（2014—2020 年）》明确提出："社会信用体系是社会主义市场经济体制和社会治理体制的重要组成部分。它以法律、法规、标准和契约为依据，以健全覆盖社会成员的信用记录和信用基础设施网络为基础，以信用信息合规应用和信用服务体系为支撑，以树立诚信文化理念、弘扬诚信传统美德为内在要求，以守信激励和失信约束为奖惩机制，目的是提高全社会的诚信意识和信用水平。"可以看出，社会信用体系已经突破了经济范畴，扩展到了道德伦理、社会治理的范畴，具有市场经济和社会治理双重属性，既包括诚信道德内化于心的主观约束，也包括外在的制度约束，成为面向全体社会成员的制度约束和道德规范。

（一）社会信用体系的内涵

对于社会信用体系，有人将其理解为诚信宣传教育体系，属于思想道德文化范畴；有人将其理解为信用交易体系，属于经济范畴。其实，认为社会信用体系是诚信宣传教育体系或信用交易体系都是不全面的，它们都是信用体系的一个侧面，是狭义的信用体系。①

社会信用体系是包含一维诚信体系、二维社会信用管理体系、三维信用交易体系的三维信用建设的系统性工程，是由信用立法、信用交易、信用监管、信用服务、失信惩罚机制、信用文化与教育等管理与服务体系共同作用、交织形成的社会综合管理机制。

社会信用体系的主要作用是规范一个国家或地区的信用活动。健全有效的社会信用体系可以促进该国或该地区市场经济交易手段从原始支付方式向信用方式过渡和转变；创造和规范发展市场经济的良好信用环境；扩大并创造市场需求，保持市场繁荣，促进经济持续增长；促进该国或该地区的市场经济走向成熟，为市场经济健康、有序发展提供制度保障与社会基础。

以往人们在讨论社会信用体系时，纷纷指出社会信用体系包含信用法律法规、信用服务体系、信用教育、惩罚机制等。这是对的，但这只是从具体内容上看，而没有区分活动领域与各个不同领域信用的不同特性。

其实，社会信用体系有三个维度，即社会信用体系涉及三个领域，在这三个领域中都包含法律法规建设、行为与规范、不良信用惩罚机制、信用服务、信用教育等内容，只是在不同的领域，具体内容与规定不同，一维从诚信理念出发，二维从社会信用管理出发，三维从信用交易经济活动出发，但其宗旨是一样的，都是为了社会信用体系服务法律法规的建设，是一系列规范、约束社会信用活动的统称。要建立信用体系，必须有立法基础，确保有法可依、奖惩分明；不良信用惩罚机制所承担的任务是监督与打击市场上的各类经济失信行为。处罚由于额度相对较小因而不便使用公检法手段处理的经济类违约失信行

① 吴晶妹，韩家平．信用管理学．北京：高等教育出版社，2015：73－74．

为，令具有不良信用记录的企业和个人在社会经济生活中处于十分不利和不便的地位，从而使企业和个人都不敢轻易涉险违规。

社会信用体系内容由于归属的维度不同，侧重点也不同。比如，信用行为与规范，在一维诚信体系里，要确定道德规范与行为边界，属于文化范畴，主要涉及诚信教育、诚信意识的培养等；在二维社会信用管理体系里，由政府行政管理部门、行业组织等规定社会活动的行为准则和规范，通常会以政府管理规定等规章制度形式确定下来，如果违反了这些准则和规范，发生违规行为，就会产生相应的不良信用惩罚措施等；在三维信用交易体系里，由授信方主导，交易双方达成交易约定，并以法律形式确定下来，通常会形成一些大家均认可的交易行为准则与规范，如果违反这些规定，就是违约，也会有相应的不良信用惩罚机制。同样都是行为与规范，但在不同维度的体系里，内容是不一样的。

在社会运行中，正如三个维度的信用会合在一起综合表现为信用活动一样，在三个维度里的行为与规范也会综合表现为统一的社会行为与规范。这正是人们不能认清信用是什么，行为与规范究竟指哪个领域的原因。社会信用体系之所以被认为是一个复杂的工程，之所以到现在还有很多人认不清它，就是因为它涉及信用的三个维度，即文化、社会管理、经济管理，也就是涉及社会的全部内容。

（二）社会信用体系的意义与作用

现代市场经济是建立在法制基础上的信用经济。加强信用建设，建立健全现代市场经济的社会信用体系，对于促进我国经济社会转入科学发展轨道，走上社会主义和谐之路，全面建成小康社会意义重大。[①]

1. 信用制度是市场健康发展的保障

信用是市场经济的基石，信用制度是市场经济健康发展的保障。这是由市场经济的特征决定的。这要从市场经济、信用与市场经济的关系说起。怎么认识市场经济在学术界是个仁者见仁、智者见智的问题。市场经济是一种经济体系及状态，是生产方式与分配方式市场化的经济体系及状态。市场经济的重要特征就是生产方式与分配方式的市场化改变。

首先，在生产方式方面，在市场经济下，信用生产、信用质量、货真价实是通则，是市场运行的基本前提。

其次，在分配方式上，一切生产要素和产品都要通过市场进行分配，包括各种市场资源和劳动产品。分配的形式是交换，交换的原则是等价，自由、平等、协商、诚信、规范是基本的行为准则。

生产与分配是经济运行的最主要问题。在市场经济下，生产与分配是在市场化的、自由的、高效的条件下进行的，而不是无序存在的。生产和分配有各种规则，有些规则是必须规定的，专业、技术规则必须要规定，如 WTO 规则是具体的贸易规则，《巴塞尔协议》是金融体系、银行资本监管规则；有些规则是不必规定的，如基本道德理念与行为规范等。诚实守信、规范经营、平等践约，不违反人类文明，不侵害人类健康，是规则中的规则，是市场经济的基石。

---

① 吴晶妹，韩家平．信用管理学．北京：高等教育出版社，2015：73－74；80－84．

为保障信用经济的发展和健康运行，必须要有一套科学的信用管理制度，在诚信、合规和践约三个维度奠定市场经济发展的基础。信用管理制度不仅要肩负在全社会范围内倡导诚信意识的责任，而且要依法依规监督和规范信用主体的信用行为，保证信用主体合法、合规履行承诺和合约，真正发挥社会管理的功能，使信用这块市场经济的基石明确化，使信用规则制度化，从而约束在生产、交换、分配中人性的贪婪、环境的污染、利益的冲突和社会的不和谐等。

2. 社会信用体系建设是构建和谐社会的必然选择

信用不仅是一个经济问题，更是一个社会问题。信用问题不仅涉及生产、国内外贸易、金融交易等，更关系到人与人之间的关系、市场秩序、社会稳定与和谐发展。社会管理的目标是能给国家和人民带来最大的福利。能达到这样目标的制度才能算好的社会制度，而利润最大化的目标仅在经济领域适用，在处理社会问题时则往往不能达到良好的效果。

信用是和谐社会的基础，社会信用体系建设是构建和谐社会的必然选择。信用建设是重建社会信任关系、构建和谐社会的基础内容之一。社会诚信是和谐社会的标志，社会信用体系建设是促进和谐社会发展的创新制度安排。我们要建设的社会主义和谐社会，是民主法治、公平正义、诚信友爱、充满活力、安定有序、人与自然和谐相处的社会，是物质文明、政治文明、精神文明有机统一的社会。

经过长期努力，中国特色社会主义进入了新时代，这是我国发展新的历史方位，是中国必将实现中华民族伟大复兴中国梦的新时代，是科学社会主义必将大放异彩的新时代，也是改革开放不断深入、富强民主文明和谐美丽的社会主义现代化强国必将建成的新时代。诚实守信，从古到今都是中国人民最基本的道德规范。推进社会信用体系建设，每一个企业和个人都责无旁贷。

3. 社会信用体系是市场经济的冷却器

社会信用体系不仅仅针对某一个问题、一个领域、一个系统、一种模式，而是面对全社会，面对政治、经济、管理等一系列问题，是市场经济下社会综合治理的新制度。

社会信用体系建设既覆盖银行业，也覆盖商业；既为市场服务，也为政府服务；既涵盖征信，也涵盖诚信评价；既涉及信用交易，也涉及市场秩序。

市场经济不是完美无缺的，市场自我调节的作用是有限的。在经济过热时期，人们都忙于应付供求失衡带来的狼狈局面，而很少有人关注市场经济的基石和底线——信用。

实际上，社会信用体系是市场经济最好的冷却器，由于存在诚信、合规、践约这些基本底线，社会信用体系通过一系列的制度、规则和监管措施，帮助市场经济守住底线，把已经近乎疯狂的人们拉回到公平、和谐、平衡的经济运行轨道上，保证市场经济运行的稳定性和持续性。

4. 社会信用体系是现代市场经济的重要制度安排

信用是现代市场经济的基石，没有信用就没有良好的经济和社会秩序。市场经济是发达的商品经济，是建立在信用基础之上的交换经济。信用已成为现代市场经济的一个基本构成要素，一切经济活动的开展都离不开信用。一旦信用缺失，社会有序运转的链条将被人为割断。我国目前尚存在着相当程度的诚信缺失现象，这种诚信缺失将会产生巨大的社会成本和经济成本，因此，治理整顿失信行为，重新打造诚信社会，是完善社会主义市场经济体制面临的一项重大而艰巨的任务。

现在的市场经济中，由于信息的不完全与不对称以及博弈的不确定性与风险性，社会信用体系作为一种信息共享机制和有效的社会机制，通过对失信行为的记录、揭露、信息传播和预测，解决经济社会生活中信用信息不对称的矛盾，从而惩罚和警诫失信行为，褒扬和奖励诚实守信行为，促进经济和社会健康发展。

建立社会信用体系，从根本上来讲是适应我国现阶段市场经济建设与发展需要的，是整顿市场秩序、改善社会信用环境、保障信用交易健康发展、建设信用经济的根本举措。健全有效的社会信用体系可以促进一个国家或地区的市场经济交易方式与手段走向成熟、扩大并创造市场需求、促进市场繁荣、保持经济持续增长，是促进和谐社会发展的创新制度安排。完善的社会信用体系可以为改革开放的中国增强国际经济竞争力提供有力的制度保障。

5. 社会信用体系是建立社会信用规则与秩序的途径

目前，我国正处于有中国特色的社会主义经济建设中，为了促进社会主义市场经济的健康发展，国家制定了一系列法律法规，这发挥了一定的作用。然而，由于社会诚信观念和法制制度基础还没有稳固地建立起来，因而从总体上看，市场经济秩序仍难以尽如人意。

市场经济秩序的好坏是反映经济运行质量、经济管理水平的重要标志，是影响经济发展和社会稳定的重要因素，而社会信用体系又是市场经济秩序的重要组成部分，因此，在建设市场经济的过程中，对于建立与完善社会信用体系和规范市场经济秩序都必须高度重视，二者相辅相成，共同促进我国市场经济的健康快速发展。党中央、国务院都极为重视我国社会信用体系的建设，十六大报告已明确提出要健全现代市场经济的社会信用体系，十六届三中全会通过的《中共中央关于完善社会主义市场经济体制若干问题的决定》明确提出："形成以道德为支撑、产权为基础、法律为保障的社会信用制度，是建设现代市场体系的必要条件，也是规范市场经济秩序的治本之策"。

首先，社会信用体系的建立和运行是以产权制度为基础的。所谓产权制度，是指既定产权关系和产权规则结合而成的且能对产权关系实行有效组合、调节和保护的制度安排。产权制度最主要的功能在于它能降低经济活动中的交易费用，提高资源配置效率。建立归属清晰、权责明确、保护严格、运转顺畅的现代产权制度，有利于维护公有财产权，巩固公有制经济的主体地位；有利于保护私有财产权，促进非公有制经济发展；有利于各类资本的流动和重组，推动混合所有制经济发展，形成良好的信用基础和市场秩序。

其次，社会信用体系的运行是以道德观念与行为准则为重要支撑的。在我国建设社会主义市场经济的过程中，人们的思想观念与道德行为在体制变革和利益多元化的冲击下发生了重大的改变。信用思想与信用观念、信用行为得到了一定程度的发展。在社会主义市场经济体制建立和完善的过程中，私有产权和个人利益逐渐得到承认，这极大地调动了个人劳动者的生产积极性，激发了他们在经济活动中的潜力，有力地推进了社会主义市场经济的发展。

最后，社会信用体系的运行是以法律为有效保障的。如果说道德规范和诚信意识为社会信用体系的建设提供了必要的“软约束”，那么法律体系的建设和完善就为社会信用体系的建设和规范运行设置了有力的“硬约束”。社会信用体系的建设需要法律的配合和保障，以实现德治和法治的有效结合，共同维护社会信用体系的合理运行。市场经济是信用经济，是契约经济，也是法律经济。信用是市场经济的基础，法律是信用建设的保障。法律制度不健全、法制保障不力，是在整顿和建立社会信用秩序中碰到的极为棘手而又亟待解决的问题。仅靠社会舆论和道德不可能有效约束债权人和债务人的经济行为，必须建立健全法律体系，依靠法律力量，把一切信用活动纳入法制的轨道，经由法制途径遏制失信行为。只有这样，才能培育和维护良好的信用秩序，才能使正常的信用关系得以维系和保障。

6. 社会信用体系是改善和优化发展环境的条件

在现代市场经济条件下，技术，人才、资本都可以引进，唯有社会信用环境无法引进；一个地方的自然禀赋无法改变，但是信用环境可以改变。良好的信用是一个地方乃至整个国家的宝贵财富。建立良好的信用环境，有利于降低市场交易成本，推进公平交易，促进市场交易的活跃和繁荣；有利于改善金融生态环境，优化投资和贸易环境，营造和谐信任的社会环境；有利于加快经济增长方式转变，提高全民诚信意识和道德水平，促进国民经济持续健康发展和社会文明进步。

考察一个国家或地区的发展环境，有很多角度，从信用方面看：

其一，信用经济发展水平。一个国家或地区的信用活动总规模是否适度，信用结构与分布是否合理，经济信用化程度是否与国内经济发展阶段和发展目标相适应，信用非中介化程度是否与信用经济增长幅度相吻合，资本市场诚信状况是否与经济发展要求相匹配，微观经济主体信用活动水平与信用经济发展水平是否相一致，都是考察该国或该地区发展环境的重要因素。

其二，社会信用环境状况。一个国家或地区的信用管理水平高低、社会信用体系健全程度、信用制度的完善状况、信用秩序的规范程度、信用文化的导向性、信用意识与行为的价值取向以及失信程度等，都是反映社会整体信用环境的重要指标。由此可见，市场经济需要良好的发展环境，良好的发展环境需要健全的社会信用体系做保障，那么，社会信用体系建设必然成为优化发展环境、促进市场经济发展的前提条件和重要基础，足以引起世界的关注和重视。

7. 社会信用体系是应对风险、防范危机的防火墙

首先，市场经济不是完美无缺的，市场经济固有的不完全竞争、外部经济效应、公共物品、信息不对称特征，决定了市场自我调节的功能是有限的，市场失灵现象时有显现，周期性的经济危机、信用危机、国际金融风险时有爆发。接连爆发的东南亚金融危机和美国次贷危机，都是市场调节失灵、信用交易过度泛滥的典型表现。

其次，市场竞争加剧，发达国家资本对外扩张提速，市场经营由封闭走向开放，厂商经营规模越来越大，最终突破国家疆界，向全球范围蔓延。经济全球化的推进，带给我们

的不仅是经济的高速增长、技术的全面更新，还有经济危机、信用危机全球化传播的风险。一旦经济危机、信用危机突破国界，在全球蔓延，带来的损失和教训是不可磨灭的。

最后，资本的本性是追逐利益，要求高回报、高利润。众多厂商在获取资本的同时，背负沉重的利润包袱。只有获得高额的利润率，才能继续获得新一轮的资本支持。所以在市场经济体系中，自然而然诞生了很多垄断行业和垄断组织。这些垄断组织为了获得更高的利润，联合起来，以垄断优势在市场上占据有利的竞争地位，也在对外贸易中获得比较优势。

中国是快速发展的发展中国家，在经济全球化的过程中，日益融入世界经济发展的环境中，加之改革开放的不断深入，中国必然也会受到经济危机、信用危机全球传导的影响。社会信用体系既是市场经济的基石和冷却器，也是现代市场经济的重要制度安排和现代化发展环境的前提条件。社会信用体系的建设对于建立社会诚信文化基础、规范社会交往秩序、建立市场交易秩序，具有不可替代的作用。

首先，社会信用体系对内可以稳定秩序、拉动内需。市场秩序是市场经济发展的根本，稳定市场秩序就是稳定市场经济发展的根基，只有根基不动摇，社会才能稳定。

其次，社会信用体系对外可以加强融合、兼容并蓄。信用交易规则是世界通用的，建立社会信用体系，与国际市场及规则接轨，纳入国际通行的合理做法，摒弃国际上不合理的失败做法，可以在加快与国际融合的同时，提升我国信用体系建设的水平和应对风险的能力。

所以，市场经济本身有缺陷，市场竞争不断加剧，资本天然有逐利性，这些虽然都是引发经济危机、信用危机的因素，但是我们对此并非束手无策，只要建立完善的社会信用体系，还是可以形成一道应对风险、防范危机的防火墙，保护我们的经济发展，维护我们的社会稳定。

8. *社会信用体系建设是21世纪重要的强国战略*

从国内来看，建立社会信用体系既是经济发展战略调整、社会发展战略转变的需要，也是深化改革开放战略的需要。近几年，我国要增强综合国力，保持经济平稳较快增长，经济增长质量进一步改善；经济结构战略性调整继续推进，区域经济协调发展取得重要进展；就业和社会保障得到加强。这些战略性任务的实现，都离不开社会信用体系的保障。

从国外来看，中国在世界的大国地位需要有健全的社会信用体系作为基础，树立良好的国际形象，这也是一项战略性任务。在21世纪，我国进入改革发展的关键时期，工业化、城镇化、市场化、国际化加快推进，经济体制深刻变革，社会结构深刻变动，利益格局深刻调整，思想观念深刻变化。我们必须抓住机遇，尽快建立完善合理的社会信用体系，出台更多有利于强国富民的政策，满足进入世界强国之林的战略需要。

（三）建立社会信用体系的指导思想和基本原则

要以建立完善的社会主义市场经济体制和更具活力、更加开放的经济体系为目的，以发挥政府的示范带头作用、培育良好的企业信用和个人信用为重点，以培育市场化运作的现代信用服务企业为支撑，有重点、有步骤地推进社会信用体系建设。经过若干年的努力，建立我国社会信用体系基本框架和运行机制，形成以道德为支撑、产权为基础、法律为保障的市场经济条件下的现代社会信用制度。与现代信用体系相关的法律法规、信用服务企业主体、信用制度和诚实守信的社会环境基本形成，信用市场体系有较大发展。全社会的信用意识和信用道德水平显著提高，社会失信行为得到有效遏制，市场秩序明显好转。覆盖社会经济生活各个方面的社会信用体系初步建立。社会信用体系建设应当坚持以下基本原则：政府推动，市场运作；统筹协调，分工合作；分层推进，分步实施；诚信宣传教育与制度化规范管理并重；促进信用服务行业发展与加强信用监管相结合。坚持“政府推动、市场运作、统一规划、分步实施、重点带动、社会参与”的原则，按照“完善法规、特许经营、商业运作、专业服务”的方向，规范、有序地向前推进。①

建立社会信用体系，是指一个国家已经成为征信国家，建立了以完善的法律法规为前提，以信用信息开放为基础，以独立、公正且市场化运作的信用服务企业为主体，以健全的国家对信用市场的监管和有效的惩戒机制为保障，形成了市场经济条件下对失信者的约束机制和社会环境。

建立社会信用体系需要理顺“十大关系”，只有这样，政府才能编好下一个社会信用体系建设规划，才能完善体系的顶层设计。一是基础设施与运行软环境的关系。二是政府主导与市场完善的关系。三是物质与精神的关系，以新规则和失信惩戒案例为基础，设计新型的诚信教育工程，让诚信教育不再沦为无关痛痒的“说教”和“谴责”，而是成为所有人都习以为常的程序化行为准则，实现物质到精神的转变。四是国内推进与国外延伸的关系。现阶段，社会信用体系的信用信息基础设施及其发挥的功能均在国内，即服务于国内的社会和市场治理。但是，我国支持并融入全球化，包括“一带一路”在内的国家倡议的实施，中国的国家利益早已不局限于国内。出于维护国家在海外的利益和适应全球化的考虑，我国有必要获取外国的各类信用信息，在拥有和利用外国数据源方面赶上发达国家的水平。五是实体与网络空间的关系。六是党与政的关系。七是“块”与“条”的关系。社会信用体系建设工作被分成“块”和“条”两部分开展，分别指城市信用体系（含区域、省和园区）和行业信用体系（含大领域）。每个城市都有支柱产业，对于城市信用体系建设，解决好行业信用问题是至关重要的。八是行业监管松紧与行业发展的关系。九是征信与隐私权保护的关系。十是设施建设和信息应用的关系。

当然，与社会信用体系建设相关的关系还有一些，例如非显性关系中的信息所有权与信息共享合规性的关系，及质与量关系。另外，信用投放的方向、方式和效益目标要处理好与社会正义之间的关系，但因政府体制缘故，这是尚未纳入体系建设的领域。②

二、社会信用体系框架与构成

（一）社会信用体系基本框架

社会信用体系是三维的社会综合管理机制。剖析社会信用体系，可见其基本框架。社

① 吴晶妹．三维信用论．北京：清华大学出版社，2016：97－98．

② 林均跃．社会信用体系顶层设计该理顺的“十大关系”．发现（智库版），2018，(03)．

会信用体系覆盖的范围与领域，即三维体系：一维诚信体系，二维社会信用管理体系，三维信用交易体系。社会信用体系综合管理的核心内容，包括信用立法、信用交易、信用监管、信用服务、失信惩罚机制、信用文化与教育。[①] 社会信用体系的建设与实施，即管理体系与服务体系。该基本框架从三个层次全面剖析了社会信用体系，即信用涵盖的领域、社会信用体系的具体内容以及建设方式。三个层面相辅相成、环环相扣，其基本框架示意图如图 9－1 所示。

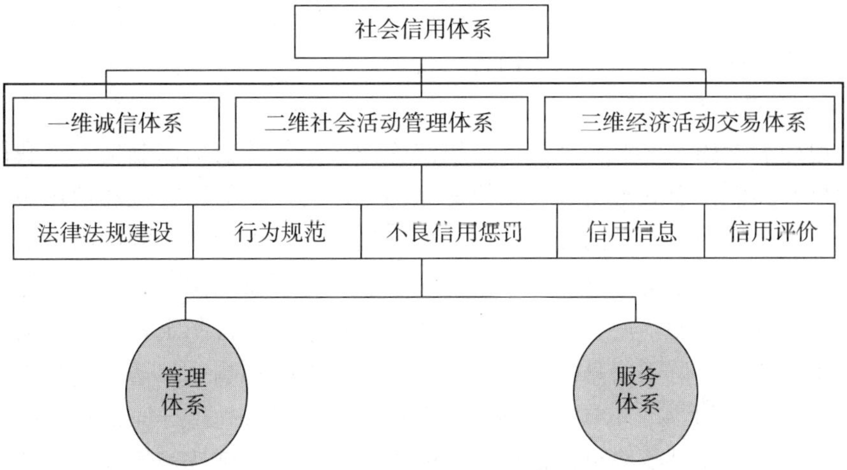

图 9－1　吴氏理论——社会信用体系框架示意图

社会信用体系由三维体系构成，每一维体系都有自己相应的管理体系和服务体系。管理体系主要涉及法律法规、行为规范、不良信用惩罚机制等内容。美国等发达国家或地区信用活动如此发达，能促进经济增长，形成良性循环，在很大程度上取决于它们长期以来重视信用交易制度与管理体系。

服务体系主要涉及信用信息搜集整理、报告、查询、评级与评价活动、信用保险、保理、担保等信用管理工具的应用等内容。完善的服务体系意味着高效透明的信用信息服务以及广泛的信用管理工具应用，它可以提高整个社会各个群体的信用管理水平，降低经营风险，使融资更有效率，间接促进了经济的发展。目前中国的信用服务水平处于初级阶段，信用信息披露机制不健全，相应的机构发展水平低下，信用管理工具也没有得到充分应用，与发达国家或地区相比还有很大的提升空间。

在市场经济条件下，在一个国家或地区范围内，社会信用体系是由一系列与信用有关的相互联系、相互促进又相互影响的信用道德文化、相关法律法规、制度规范、惩罚机制、信用信息、信用评价等构成的综合系统。社会信用体系是整个国民经济体系的重要组成部分。随着市场经济的发展和社会文明的进步，特别是现代金融的发展，信用体系的内容也在不断发展和延伸。

在信用经济的条件下，传统的信用制度得到了创新发展，主要表现就是建立健全并有

① 吴晶妹，韩家平. 信用管理学. 北京：高等教育出版社，2015：75－76.

效运行了社会信用体系，确立了信用法律体系与基础，形成并发展了信用管理行业，创造了社会信用环境，为市场经济健康、有序发展提供了制度保障与社会基础。

社会信用体系是一种社会机制，是由信用立法与执法、信用管理行业运行惯例与约定、社会信用行为与道德规范、不良信用惩罚机制、教育等多个子体系共同作用、交织形成的社会机制。

（二）社会信用体系的基本构成

下面将通过对我国和其他国家社会信用体系的架构与我国社会信用体系的系列子体系的研究，进一步阐述社会信用体系的内容与构成。[①]

1. 信用立法子体系

建立以道德为支撑、以产权为基础、以法律为保障的社会信用制度，是我国社会信用体系建设的核心。包括建立健全社会信用法律法规，为开展信用管理和信用服务提供法制保障；制定以产权保护为基础的社会信用发展政策，促进现代企业制度的发展和信用交易规模的合理扩大；建立健全政府、社会中介组织以及企事业单位以道德为支撑的信用自律制度和信用风险管理制度，使各个层面的信用管理有章可循；制定科学统一的信用行业标准化体系，支持全社会信用信息的开放共享。信用立法的影响会渗透到信用交易、信用服务、信用监管子体系的各个环节，是整个社会信用体系运行的指导原则和依据。

所谓信用立法，就是要将更多道德层面的失信行为上升到法律层面，用法律规制人们的行为。它一方面作为道德规制的辅助手段对人们的行为进行约束，一方面又刺激人们信用道德的提升。[②] 由于我国社会信用体系建设范围广、难度大、情况复杂，因此，信用立法需关注以下几个综合性问题：一是建议国家信用立法确定为“试行”稿。“试行”稿可以根据后续工作实践情况不断修改完善。二是建议立法范围确定为“社会信用”，名称为“社会信用条例”，强调其综合性、全面性。三是建议信用体系建设管理部门（牵头部门）的职能定位在立法时予以明确。四是建议在立法中考虑政务诚信、商务诚信、社会诚信、司法公信四个方面内容的表述。明确各领域的信用信息应用、信用联合奖惩、专项整治活动的法律依据。五是建议明确信用建设违法违规行为处罚主体及其处罚权限。既要明确信用体系建设管理部门、公共信用信息提供单位及其人员的法律责任，也要明确市场信用信息提供单位及其人员的法律责任，包括民事、行政、刑事三大法律责任。

2. 信用交易子体系

信用交易子体系是指由公共部门、金融部门、企业等信用交易主体进行的各种信用活动所构成的相互影响相互制约的有机整体。这种信用活动直接给信用主体带来生产或经营的变化，带来资金、销售等变化，直接改变了社会信用交易的总规模。这些变化与影响是通过市场来实现和传递的。交易体系运行的载体是市场，主要内容是信用交易，覆盖范围是经济领域的信用，形成的是经济上的债权债务关系。信用交易的基本原则是风险和利益的权衡和取舍，是众多微观利益主体经济决策的集合博弈。

---

① 吴晶妹，韩家平. 信用管理学. 北京：高等教育出版社，2015：86－88.

② 顾敏康. 中国信用法治的五个理论问题探讨. 中国经济导报，2019－01－09.

信用交易子体系在信用体系中处于基础性地位，是公共部门、金融部门、企业、个人等各类社会经济主体直接参与的体系，涉及面最广、与经济增长的关系最为密切。各类商业和金融信用的大规模且公平的投放都是在这个体系中进行的。社会信用体系建设的目标之一就是要解决各类信用的大规模投放问题和安全投放问题，以此扩大我国市场规模尤其是信用交易规模，促进经济持续增长。

可以说，信用体系其他子体系的建设都是直接或者间接地为交易体系服务的，信用体系的最终建设目标也是在这个体系中得以实现的。不仅如此，各类经济主体的绝大部分经济信用信息都是在交易体系中产生并且积累起来的。因此，信用交易子体系既是服务体系的直接服务对象，又是其生产原材料的重要来源地。

3. 信用服务子体系

除了信用交易子体系中的实体信用活动之外，在现代经济中，还产生了围绕这些实体信用活动的信用信息管理与服务行业。信用服务子体系是指以经济活动参与者的多方面信息为原材料，通过对其进行收集、整理、加工和管理，以此为基础为经济参与者本身或相关方提供服务的信用中介服务企业和机构及其活动在内的总称。整个信用信息管理与服务行业中有各种企业，基本可以分为三大类，即信用信息管理机构、专业化的信用评价机构和深层次的信用服务机构。它们以社会实体信用活动为基础，以公共部门、金融部门、企业为主要客户，以经营并销售信用信息与信用产品、提供专业化和社会化的信用服务为手段，立于社会，成为社会信用体系的有机组成部分。

信用管理服务行业是一国社会信用体系建设的中坚力量。信用管理服务行业的成熟程度体现了信用经济发展的程度，一个国家的信用状况和信用秩序，在一定程度上取决于其信用管理行业的发育状况和市场化程度。

世界上社会信用服务体系建设大致分为三种建设模式：政府主导型、市场主导型、政府与市场结合型。这三种模式各有利弊，互有短长。各国在建立信用服务体系时，必须结合本国所处的发展阶段和实际国情，不能盲目照搬照抄。

随着本国市场经济发育程度的不断提高，一些发展中国家，如印度、泰国，在信用服务体系建设上也积累了一些实践经验，有值得我国借鉴和参考的地方。这些发展中国家的信用服务体系主要包括资信评级公司和信用信息局两类。资信评级公司的建立主要是为了增强资本市场特别是债券市场的透明性，促进其健康发展。信用信息局的建立更多的是为了提高金融系统的效率，防范金融风险。

在发展中国家，信用服务中介机构一般由银行发起设立，主要股东包括商业银行、保险公司、证券公司等，业务主要包括信用评级、征信业务、咨询业务等。在信用中介机构建设过程中，发展中国家普遍同国际上的大公司进行各种合作，或者允许这些公司在国内设立分支机构，或者引进这些公司的管理和技术并进行战略合作或组建合资公司。

4. 信用监管子体系

信用监管子体系是对交易子体系和服务子体系的各种活动进行监督管理，督促各行为主体遵守规范、合理经营的体系。从广义上讲，信用体系中的监管体系包括政府部门监管、行业自律、社会监督和企业内控四大层次。从狭义上讲，监管体系主要是指政府部门监管。监管体系是社会信用制度和法律得到贯彻落实的重要保障。

一般而言，在各国启动信用体系建设的初期，政府都发挥了极大的作用。一方面，各国在国家社会信用体系建设初期的政策都是扶持信用管理行业的发展。对于传统的市场经济国家，其政府行业政策多在于保护个人隐私和维护金融安全。对于有信息保密传统的国家，政府会促进各类征信数据的开放，并在政策上保证征信机构能够以低成本采集征信数据。另一方面，如果政府采取促进征信行业发展的政策，政府也会在同时加强对该行业的监督管理，以避免从一个极端走向另一个极端。

5. 信用文化与教育子体系

市场经济是建立在一定规则基础之上的有限制和约束的自由经济，不是唯利是图、完全自由主义的经济。市场经济讲究道德、精神和规则。这一切的形成，既需要利益的平衡，也需要制度的安排，更不能忽视社会舆论的宣传、引导与监督。社会舆论是改善市场经济秩序、加快建设社会信用体系的重要支持力量。

信用管理理论与信用管理教育的发展为现代信用活动培养人才，是现代信用活动的有效组成部分，是社会信用体系的基础。信用管理学跨财务管理、市场营销、商法等学科，是一门典型的应用型交叉学科。随着经济体制改革深化，我国信用管理与服务行业迅速发展，特别是在加入 WTO 后，银行、企业信用管理越来越国际化、规范化，人才奇缺，应立即着手发展与加强信用教育。

2014 年 6 月 14 日国务院印发的《社会信用体系建设规划纲要（2014—2020 年）》提出，“加强信用管理学科专业建设。把信用管理列为国家经济体制改革与社会治理发展急需的新兴、重点学科，支持有条件的高校设置信用管理专业或开设相关课程，在研究生培养中开设信用管理研究方向。开展信用理论、信用管理、信用技术、信用标准、信用政策等方面研究。”“加强信用管理职业培训与专业考评。建立健全信用管理职业培训与专业考评制度。推广信用管理职业资格培训，培养信用管理专业化队伍。促进和加强信用从业人员、信用管理人员的交流与培训，为社会信用体系建设提供人力资源支撑。”

三、社会信用体系建设规划纲要与部际联席会议

（一）《社会信用体系建设规划纲要》

《社会信用体系建设规划纲要（2014—2020 年）》（简称《规划纲要》）是部署加快建设社会信用体系、构筑诚实守信的经济社会环境的指导性文件，由中华人民共和国国务院于 2014 年 6 月 14 日印发。

1.《规划纲要》的目标

社会信用体系建设的主要目标是：到 2020 年，社会信用基础性法律法规和标准体系基本建立，以信用信息资源共享为基础的覆盖全社会的征信系统基本建成，信用监管体制基本健全，信用服务市场体系比较完善，守信激励和失信惩戒机制全面发挥作用。政务诚信、商务诚信、社会诚信和司法公信建设取得明显进展，市场和社会满意度大幅提高。全

社会诚信意识普遍增强，经济社会发展信用环境明显改善，经济社会秩序显著好转。[①]

2.《规划纲要》的主要内容

第一，加快推进政务诚信建设。政务诚信是社会信用体系建设的关键，各类政务行为主体的诚信水平，对其他社会主体诚信建设发挥着重要的表率和导向作用。

第二，深入推进商务诚信建设。提高商务诚信水平是社会信用体系建设的重点，是商务关系有效维护、商务运行成本有效降低、营商环境有效改善的基本条件，是各类商务主体可持续发展的生存之本，也是各类经济活动高效开展的基础保障。商务诚信建设包括：生产领域信用建设、流通领域信用建设、金融领域信用建设、税务领域信用建设、价格领域信用建设、工程建设领域信用建设、政府采购领域信用建设、交通运输领域信用建设、电子商务领域信用建设、统计领域信用建设、中介服务业信用建设、企业诚信管理制度建设等。

第三，全面推进社会诚信建设。社会诚信是社会信用体系建设的基础，社会成员之间只有以诚相待、以信为本，才会形成和谐友爱的人际关系，才能促进社会文明进步，实现社会和谐稳定和长治久安。

第四，大力推进司法公信建设。司法公信是社会信用体系建设的重要内容，是树立司法权威的前提，是社会公平正义的底线。

第五，加强诚信教育与诚信文化建设。诚信教育与诚信文化建设是引领社会成员诚信自律、提升社会成员道德素养的重要途径，是社会主义核心价值体系建设的重要内容。一是普及诚信教育。以建设社会主义核心价值体系、培育和践行社会主义核心价值观为根本，将诚信教育贯穿公民道德建设和精神文明创建全过程。推进公民道德建设工程，加强社会公德、职业道德、家庭美德和个人品德教育，传承中华传统美德，弘扬时代新风，在全社会形成“以诚实守信为荣、以见利忘义为耻”的良好风尚。二是加强诚信文化建设。(1) 弘扬诚信文化。以社会成员为对象，以诚信宣传为手段，以诚信教育为载体，大力倡导诚信道德规范，弘扬中华民族积极向善、诚实守信的传统文化和现代市场经济的契约精神，形成崇尚诚信、践行诚信的社会风尚。(2) 树立诚信典型。充分发挥电视、广播、报纸、网络等媒体的宣传引导作用，结合道德模范评选和各行业诚信创建活动，树立社会诚信典范，使社会成员学有榜样、赶有目标，使诚实守信成为全社会的自觉追求。(3) 深入开展诚信主题活动。有步骤、有重点组织开展“诚信活动周”、“质量月”、“安全生产月”、“诚信兴商宣传月”、“3·5”学雷锋活动日、“3·15”国际消费者权益保护日、“6·14”信用记录关爱日、“12·4”全国法制宣传日等公益活动，突出诚信主题，营造诚信和谐的社会氛围。(4) 大力开展重点行业领域诚信问题专项治理。深入开展道德领域突出问题专项教育和治理活动，针对诚信缺失问题突出、诚信建设需求迫切的行业领域开展专项治理，坚决纠正以权谋私、造假欺诈、见利忘义、损人利己的歪风邪气，树立行业诚信风尚。三是加快信用专业人才培养。首先，加强信用管理学科专业建设。把信用管理列为国家经济体制改革与社会治理发展急需的新兴、重点学科，支持有条件的高校设置信用管理

① 《社会信用体系建设规划纲要（2014—2020年）》。

专业或开设相关课程，在研究生培养中开设信用管理研究方向。开展信用理论、信用管理、信用技术、信用标准、信用政策等方面研究。其次，加强信用管理职业培训与专业考评。建立健全信用管理职业培训与专业考评制度。推广信用管理职业资格培训，培养信用管理专业化队伍。促进和加强信用从业人员、信用管理人员的交流与培训，为社会信用体系建设提供人力资源支撑。

第六，加快推进信用信息系统建设和应用。健全社会成员信用记录是社会信用体系建设的基本要求。发挥行业、地方、市场的力量和作用，加快推进信用信息系统建设，完善信用信息的记录、整合和应用，是形成守信激励和失信惩戒机制的基础和前提。一是行业信用信息系统建设。加强重点领域信用记录建设。以工商、纳税、价格、进出口、安全生产、产品质量、环境保护、食品药品、医疗卫生、知识产权、流通服务、工程建设、电子商务、交通运输、合同履约、人力资源和社会保障、教育科研等领域为重点，完善行业信用记录和从业人员信用档案。建立行业信用信息数据库。各部门要以数据标准化和应用标准化为原则，依托国家各项重大信息化工程，整合行业内的信用信息资源，实现信用记录的电子化存储，加快建设信用信息系统，加快推进行业间信用信息互联互通。二是地方信用信息系统建设。加快推进政务信用信息整合。各地区要对本地区各部门、各单位履行公共管理职能过程中产生的信用信息进行记录、完善、整合，形成统一的信用信息共享平台，为企业、个人和社会征信机构等查询政务信用信息提供便利。加强地区内信用信息的应用。各地区要制定政务信用信息公开目录，形成信息公开的监督机制，大力推进本地区各部门、各单位政务信用信息的交换与共享，在公共管理中加强信用信息应用，提高履职效率。三是征信系统建设。加快征信系统建设，各地区、各行业要支持征信机构建立征信系统；对外提供专业化征信服务。四是金融业统一征信平台建设。完善金融信用信息基础数据库。继续推进金融信用信息基础数据库建设，提升数据质量，完善系统功能，加强系统安全运行管理，进一步扩大信用报告的覆盖范围，提升系统对外服务水平。推动金融业统一征信平台建设。继续推动银行、证券、保险、外汇等金融管理部门之间信用信息系统的链接，推动金融业统一征信平台建设，推进金融监管部门信用信息的交换与共享。五是推进信用信息的交换与共享。逐步推进政务信用信息的交换与共享；依法推进政务信用信息系统与征信系统间的信息交换与共享。发挥市场激励机制的作用，鼓励社会征信机构加强对已公开政务信用信息和非政务信用信息的整合，建立面向不同对象的征信服务产品体系，满足社会多层次、多样化和专业化的征信服务需求。

第七，完善以奖惩制度为重点的社会信用体系运行机制。运行机制是保障社会信用体系各系统协调运行的制度基础。其中，守信激励和失信惩戒机制直接作用于各个社会主体信用行为，是社会信用体系运行的核心机制。一是构建守信激励和失信惩戒机制。加强对守信主体的奖励和激励；加强对失信主体的约束和惩戒；建立失信行为有奖举报制度；建立多部门、跨地区信用联合奖惩机制。通过信用信息交换共享，实现多部门、跨地区信用奖惩联动，使守信者处处受益、失信者寸步难行。二是建立健全信用法律法规和标准体系。完善信用法律法规体系；推进行业、部门和地方信用制度建设；建立信用信息分类管理制度；加快信用信息标准体系建设，制定全国统一的信用信息采集和分类管理标准，统一信用指标目录和建设规范；建立统一社会信用代码制度，建立自然人、法人和其他组织统一社会信用代码制度，并完善相关制度标准，推动在经济社会活动中广泛使用统一社会信用代码。三是培育和规范信用服务市场。发展各类信用服务机构，逐步建立公共信用服务机构和社会信用服务机构互为补充、信用信息基础服务和增值服务相辅相成的多层次、全方位的信用服务组织体系；推进并规范信用评级行业发展；推动信用服务产品广泛运用；建立政务信用信息有序开放制度；完善信用服务市场监管体制；推动信用服务机构完善法人治理，强化信用服务机构内部控制，完善约束机制，提升信用服务质量；加强信用服务机构自身信用建设；加强信用服务行业自律，推动建立信用服务行业自律组织，在组织内建立信用服务机构和从业人员基本行为准则和业务规范，强化自律约束，全面提升信用服务机构诚信水平。四是保护信用信息主体权益。健全信用信息主体权益保护机制；建立自我纠错、主动自新的社会鼓励与关爱机制；建立信用信息侵权责任追究机制。制定信用信息异议处理、投诉办理、诉讼管理制度及操作细则。进一步加大执法力度，对信用服务机构泄露国家秘密、商业秘密和侵犯个人隐私等违法行为，依法予以严厉处罚。通过各类媒体披露各种侵害信息主体权益的行为，强化社会监督作用。五是强化信用信息安全管理。健全信用信息安全管理体制；加强信用服务机构信用信息安全内部管理。强化信用服务机构信息安全防护能力，加大安全保障、技术研发和资金投入，高起点、高标准建设信用信息安全保障系统。依法制定和实施信用信息采集、整理、加工、保存、使用等方面的规章制度。[①]

（二）社会信用体系建设部际联席会议制度

国务院成立社会信用体系建设部际联席会议制度，简称联席会议，主要任务是统筹推进社会信用体系建设各项工作。[②]

联席会议主要职责是统筹协调社会信用体系建设相关工作，综合推进政务诚信、商务诚信、社会诚信和司法公信建设；研究制定社会信用体系建设中长期规划；专题研究社会信用体系建设的重大问题；推动并参与制定与社会信用体系建设相关的法律法规，推进建立信用标准和联合征信技术规范；协调推进政府信用信息资源整合和交换，建立健全覆盖全社会的征信系统，推动信用信息的开放和应用工作；加强与地方人民政府的沟通协调，指导地方和行业信用体系建设，推进有条件的地区和重点领域试点先行；指导、督促、检查有关政策措施的落实；协调推进信用文化建设和诚信宣传工作；承办国务院交办的其他事项。

联席会议主要参与单位包括中央纪委、中央宣传部、中央政法委、中央文明办、发展改革委、教育部、工业和信息化部、公安部、监察部、民政部、司法部、财政部、人力资源和社会保障部、生态环境部、住房和城乡建设部、农业农村部、商务部、文化和旅游部、卫生健康委员会、人民银行、海关总署、税务总局、市场监管总局、知识产权局、预防腐败局、法制办、银保监会、证监会、公务员局、外汇局、高法院、高检院等部门和单

---

① 《社会信用体系建设规划纲要（2014—2020年）》。

② 《国务院关于同意调整社会信用体系建设部际联席会议职责和成员单位的批复》（国函〔2012〕88号）。

位组成，发展改革委、人民银行为牵头单位。

联席会议办公室设在发展改革委、人民银行，主要负责联席会议的组织、联络和协调工作；根据召集人的提议或成员单位的建议，研究提出联席会议议题；汇总并通报成员单位有关工作情况；协调、督促成员单位履行工作职责和落实联席会议决定事项；承办联席会议交办的其他事项。

延展阅读 9-1

建设现代信用体系是金融供给侧的重要抓手

2019 年两会期间，针对 2019 年政府工作报告中提出要健全社会信用体系的要求，全国政协经济委员会主任尚福林提出《关于加快建设我国现代信用体系的建议》。尚福林坦言，应把建设现代信用体系作为金融供给侧结构性改革的重要抓手之一，摆在更加重要的位置。

构建现代信用体系的重点是补齐商业信用短板。尚福林建议大力提倡契约精神，把商业信用作为品牌建设的重要内容，把诚信情况作为政府采购、商业招投标等的重要门槛，完善商业信用价值实现机制。同时，着力提高上市公司质量和信息披露质量，严厉打击虚假披露等行为，给投资者一个真实的公司，加强资本市场的基础性建设。

具体到金融领域，优化信用体系是促进金融高质量发展的必要条件之一。尚福林建议破除担保依赖，形成基于企业信用状况和发展前景的授信决策机制，优化基于信用的动态差别化利率定价机制，完善基于信用的市场化优胜劣汰机制。另外，还需要强化政府信用的示范作用，加大政府信用的考核和督察力度，加强基层诚信政府建设，防止新官不理旧账，影响政府公信力。

同时，需要强化失信惩戒。尚福林建议总结推广联合惩治“老赖”经验，显著加大失信成本。在完善信用监督长效机制方面，尚福林建议健全信用信息及时收集、全方位便捷共享、有效保密的系统和机制，构建起无死角的信用监测评估体系，形成覆盖全生命周期的信用监督机制，破除信用投机行为。

资料来源：尚福林．建设现代信用体系是金融供给侧的重要抓手．信用中国网站，2019-03-11.

延展阅读 9-2

中国的社会信用体系与公众舆论

本文是德国学者柯珍雅（Genia Kostka）新近发表的一篇研究报告，是外部世界对中国社会信用体系的研究。它基于 2 000 多个样本调查，非常严谨地分析了各种变量对社会信用体系认同的影响，呈现了中国人自己对社会信用体系的看法，研究结果迥异于外媒常见的加在中国社会信用体系上的偏见，有助于廓清英文世界因缺乏了解而产生的迷雾。

论文摘要：目前，中国正在实施各种企业主导和地方政府主导的社会信用体系建设，以规范和引导个人、企业、社会组织和政府机构的行为。之前的研究发现，这些社会信用体系被政府作为“监视设施”，用于社会管理。本文侧重于一个不同的视角：公众对社会信用体系的看法。根据一次跨区域调查研究发现，受访群体对社会信用体系表现出了令人惊讶的高度认同。有趣的是，具有更大社会优势的民众（富裕的、受过良好教育的和城市的居民）和老年人，表现出最高度的社会信用体系认同。虽然人们可能认为这些知识丰富的公民最关注社会信用体系对个人隐私的影响，但他们似乎拥护社会信用体系。因为他们不是用隐私侵犯的视角，而是用一种社会效益框架，即社会信用体系能够促进社会和经济中的诚信交易这一点，来解读社会信用体系。

资料来源：柯珍雅．中国的社会信用体系与公众舆论——解释公众对社会信用体系的高认同度．源点 credit 微信公众号，2018－07－30．

第二节　公共信用信息平台建设

与发达国家的征信体系相比，中国的公共信用体系承载着包括政府职能转型、新型市场监管、社会管理等多项制度职能。当前中国公共信用体系建设面临公共信用信息归集共享和标准化、全国统一信用信息平台的虚实选择、公共信用产品的开发和应用、公共信用信息的颗粒度和开放度等问题。构建中国特色公共信用体系的基本策略是：第一，在公共信用制度安排和信用信息共享系统中实现政务服务、市场监管等职能的统一；第二，政府的主要职责是提供具有公共产品属性的公共信用信息；第三，打破政府部门信息独占思维，实现公共信用信息的全面归集共享；第四，实现部门间的联动治理和社会服务，形成政府提供公共管理和服务的工作合力；第五，以公共信用信息的开放为契机，实现公共信用与市场中其他类型信用信息的交换共享。①

一、国家公共信用信息中心

国家公共信用信息中心是 2017 年 9 月经中央机构编制委员会办公室批准成立的国家发展改革委直属事业单位。

中心主要职责是：负责公共信用信息归集共享公开和跨地区跨部门守信联合激励与失信联合惩戒信息共享工作；推动公共信用信息依法向社会机构开放，为有关部门和社会提供信用信息服务；制定公共信用信息归集、共享、公开与服务标准规范，指导各地区、各部门信用信息共享平台与归集系统建设和应用服务；开展社会信用体系建设重大问题研究，承办社会信用体系建设部际联席会议和发展改革委交办的其他事项。

国家公共信用信息中心与企业等签署合作备忘录，双方将进一步加强信用信息共享共用，通过政企合作，共同推动联合奖惩措施在金融领域落地，激励守信典型，严厉惩戒严

① 章政，张丽丽．中国公共信用体系建设：特性、问题与对策．新视野，2017，(02)：59－65．

重失信主体，扩大联合奖惩实施效果。

二、信用中国

在社会信用体系建设的过程中，监管部门积极采取措施加强监管，主动公开在监管过程中获得的相关主体公共信用信息。为了方便社会公众“一站式”查询信用信息，全方位了解情况，2015 年 6 月，国家信息中心经国家网信办批准，在国家发改委、人民银行指导和社会信用体系建设部际联席会议成员单位的支持下，建成了“信用中国”网站。“信用中国”网站可以提供统一社会信用代码查询、行政许可和行政处罚信息查询、守信红名单查询、失信黑名单查询、重点关注名单等信用信息查询服务，日益成为社会信用体系建设领域沟通社情民意、推进信用信息公开的“总窗口”。

2015 年底，国家发改委依托国家电子政务外网初步建成并上线了“全国信用信息共享平台”，实现各部门和地方信用信息归集、共享、应用，为联合惩戒、联合激励提供有效支撑。截至 2017 年 11 月 17 日，全国信用信息共享平台累计收录信用信息共享目录 4 332 条，信用信息资源 3 122 个，入库信用信息总量达到 10.17 亿条。①

2018 年 5 月，国家公共信用信息中心发布了首期失信黑名单月度分析报告，报告中指出，截至 2018 年 5 月底，全国信用信息共享平台累计归集失信黑名单信息 1 295 万条，涉及 840 万失信主体，主要包括失信被执行人、重大税收违法案件当事人、违法失信上市公司、安全生产黑名单等。② 截至 2018 年 7 月底，各部门共签署 37 个联合奖惩合作备忘录。2018 年 5 月至 7 月，各部门向全国信用信息共享平台推送的失信黑名单，新增信用主体 1 382 260 个，其中自然人新增 536 622 个，法人及其他组织新增 845 638 个，退出失信黑名单主体 793 213 个，其中法人及其他组织 472 152 家，自然人 321 061 人。

三、信用信息共享

实现信用信息共享是搭建各种信用信息平台的前提，目前我国在信用信息共享方面还存在着一些问题亟待解决，可以考虑从以下五个方面进行改进：一是确立比较统一的信用信息归集目录（基本规范标准），对公共信用信息归集实施强制性目录清单，对市场信用信息归集实施推荐性目录清单。二是界定并规范“信息披露”的概念、范围、有效时期，增强各地信用信息共享的统一性、可比性。三是构建国家、省市信用信息平台建设一体化，重点实现标准一体化（信用信息归集、信用奖惩）、平台建设一体化（条条块块信用信息都能勾连相通）、信息共享一体化（包括目前各地推行的个人信用分、企业信用分，需实现跨地区互认）。四是将“信用承诺在行政审批、项目申报等方面的应用”写入未来国家和地方的信用相关法律法规中。五是建议在未来国家和地方的信用相关法律法规中明

① 信用中国官网.

② 国家公共信用信息中心发布首期失信黑名单月度分析报告. 信用中国网站，2018-06-10.

确“国家机关、法律法规授权具有管理公共事务职能的组织可以在法定权限范围内依据信用档案和有关规定、标准，采取信用积分、信用评级等方式对社会信用主体信用状况进行评价”，为对个人或对企业进行信用画像提供法律依据，助力信用信息和信用产品的应用。[①]

第三节 联合奖惩与信用承诺及修复

一、联合奖惩

（一）联合奖惩的目的和内容

联合奖惩由联合惩戒和激励机制组成。联合惩戒机制是社会信用体系的重要组成部分，是打击经济失信行为的社会机制。联合奖惩一方面让守信者享受到守信的好处，一方面加大失信者的代价，从而引导人们守信，营造社会诚信氛围。

1. 联合奖惩的目的

联合奖惩的主要目的是对所有失信的法人或自然人实施实质性打击，让不讲信用的法人和自然人不能方便地生活在社会中，使人们轻易不敢对各类经济类合同或书面允诺违约；同时，维护诚实守信者的利益，并在有条件的情况下对诚实守信者进行物质性奖励。一个国家只有具有了运转正常的失信惩戒机制，才能说具有了完整和健全的社会信用体系和信用制度，才能有效保障市场健康有序发展。

信用联合奖惩机制直接作用于各个社会主体信用行为，是社会信用体系建设的核心机制。《社会信用体系建设规划纲要（2014—2020 年）》明确提出，加强对守信者的激励和奖励、对失信者的惩戒和约束，建立失信行为有奖举报制度以及跨地区、跨部门的信用联合奖惩制度。

健全社会信用体系，加快构建以信用为核心的新型市场监管体制，有利于进一步推动简政放权和政府职能转变，营造公平诚信的市场环境。为建立完善守信联合激励和失信联合惩戒制度，加快推进社会诚信建设，2016 年国务院发布《关于建立完善守信联合激励和失信联合惩戒制度加快推进社会诚信建设的指导意见》，明确指出联合奖惩的主要原则如下：

（1）褒扬诚信，惩戒失信。充分运用信用激励和约束手段，加大对诚信主体激励和对严重失信主体惩戒力度，让守信者受益、失信者受限，形成褒扬诚信、惩戒失信的制度机制。

（2）部门联动，社会协同。通过信用信息公开和共享，建立跨地区、跨部门、跨领域的联合激励与惩戒机制，形成政府部门协同联动、行业组织自律管理、信用服务机构积极参与、社会舆论广泛监督的共同治理格局。

---

① 研究：关于国家社会信用立法的思考与建议. 搜狐网，2018-11-10.

（3）依法依规，保护权益。严格依照法律法规和政策规定，科学界定守信和失信行为，开展守信联合激励和失信联合惩戒。建立健全信用修复、异议申诉等机制，保护当事人合法权益。

（4）突出重点，统筹推进。坚持问题导向，着力解决当前危害公共利益和公共安全、人民群众反映强烈、对经济社会发展造成重大负面影响的重点领域失信问题。鼓励支持地方人民政府和有关部门创新示范，逐步将守信激励和失信惩戒机制推广到经济社会各领域。[①]

2. 联合奖惩的主要内容

2016 年国务院发布的《关于建立完善守信联合激励和失信联合惩戒制度加快推进社会诚信建设的指导意见》中指出，首先要建立健全褒扬和激励诚信行为机制，具体措施包括多渠道选树诚信典型、探索建立行政审批“绿色通道”、优先提供公共服务便利、优化诚信企业行政监管安排、降低市场交易成本以及大力推介诚信市场主体。

其次，还要建立健全约束和惩戒失信行为机制，具体措施包括对重点领域和严重失信行为实施联合惩戒、依法依规加强对失信行为的行政性约束和惩戒、加强对失信行为的市场性约束和惩戒、加强对失信行为的行业性约束和惩戒、加强对失信行为的社会性约束和惩戒以及完善个人信用记录，推动联合惩戒措施落实到人。

最后，还要构建守信联合激励和失信联合惩戒协同机制，具体措施包括建立触发反馈机制、实施部省协同和跨区域联动、建立健全信用信息公示机制、建立健全信用信息归集共享和使用机制、规范信用红黑名单制度、建立激励和惩戒措施清单制度、建立健全信用修复机制、建立健全信用主体权益保护机制以及建立跟踪问效机制。[②]

发改委副主任连维良曾指出，联合奖惩是信用建设的“牛鼻子”。要全面贯彻落实党中央国务院关于社会信用体系建设的指示精神和文件要求，充分认识联合奖惩已取得的效果，借鉴推广优秀经验，加快推进联合奖惩各项措施落地。要运用好红黑名单和重点关注名单制度，已签署和拟签署联合奖惩备忘录的发起部门都要制定配套的红黑名单管理办法，尽快形成动态的红黑名单，明确联合奖惩对象，同时加快推进重点领域失信专项治理工作。[③]

在联合激励方面，连维良强调，要着力拓展守信联合激励。在加大失信联合惩戒力度的同时，需要重点完善让守信者处处受益的体制机制，让守信有价，让守信有用。大力度地推广创新信用服务产品和服务，让诚信成为每一个企业和个人的可变现资产。同时将保护个人信息安全作为首要前提，使人们在享受信用服务的同时，更加放心，更加安心。

（1）着力构建市场化的奖惩制度，最大化地发挥市场作用。第一，鼓励市场主体在进行生产经营、交易谈判等经济活动中，广泛查询和使用来自政府及社会各界的信用信息和信用产品，对诚实守信的交易对象采取优惠便利、增加交易机会等奖励措施，对信用不良的交易对象采取降低优惠、提高保证金、取消交易等约束措施。第二，鼓励行业协会商会

---

①② 《关于建立完善守信联合激励和失信联合惩戒制度加快推进社会诚信建设的指导意见》。

③ 国家发展改革委副主任连维良：联合奖惩是信用建设的“牛鼻子”. 搜狐网，2017－10－10.

加强行业信用管理，进行会员信用等级评定和信用评价，对诚实守信的会员采取重点推荐、提升会员级别等激励措施，对信用不良的会员采取业内警告、通报批评、降低级别、取消资格等惩戒措施。第三，鼓励信用服务机构探索联合奖惩机制在商贸、金融、租赁、旅游、环保等领域的市场化应用。

(2) 着力构建以信用为核心的新型监管机制。加强信用信息共享平台和信用服务体系建设，强化公共信用评价和社会监督。通过对失信风险较高的市场主体加大抽查比例和频次，真正做到对违法失信者“利剑高悬”，对诚信守法者“无事不扰”。通过一系列措施，使全社会的诚信水平有一个大的提升。

(3) 着力推动“信易＋”建设。联合奖励机制是通过对守信者进行多行业多方位的激励与奖励，其中一个重要的措施是“信易＋”。“信”是守信的信，“易”是容易的易，“＋”后面是日常生活的方方面面，“信易＋”就是希望让守信的人能在生活的方方面面得到便利。“信易＋”主要包括五大项目，分别是：为缓解守信中小微企业融资难、融资贵问题的“信易贷”；为方便创新创业主体租赁办公设备和办公空间的“信易租”；为了让守信主体更舒适、更便利地享受出行服务的“信易行”；为让守信主体更便利地获得行政审批服务的“信易批”以及为让守信个人享受优质旅游服务的“信易游”。[①]

(二) 联合惩戒的分类

联合惩戒要基于信用记录的形式对失信者的失信行为予以准确的记录、保存和标识，并将其置于全社会的监督控制之下，通过市场、行政监管、法律、行业自律及社会道德等综合惩戒机制给予失信者及时、适当的惩戒，使失信者付出高昂的交易成本，把失信行为人的个别失信转化为对全社会的失信，使失信者一处失信，处处受制约。联合惩戒的分类如下：

1. 市场性惩戒机制

市场性惩戒是失信惩戒体系的主体，其实施者是信用服务行业、工商企业和金融机构。通过生产、销售、使用和购买信用产品和报告，市场主体自发做出拒绝与失信行为人进行交易的惩罚，市场性惩戒机制能对市场主体产生威慑作用，加大失信成本，使失信者对交易对方的一次性失信行为转化为对全社会的无限次失信。[②] 市场性惩戒机制依托信息甄别机制、传递机制和约束机制可以减少“匿名”社会信息不对称程度，降低信用风险，使失信者在社会中无法立足。[③]

对严重失信主体，有关部门和机构应以统一社会信用代码为索引，及时公开披露相关信息，便于市场识别失信行为，防范信用风险。督促有关企业和个人履行法定义务，对有履行能力但拒不履行的严重失信主体实施限制出境和限制购买不动产、乘坐飞机、乘坐高等级列车和席次、旅游度假、入住星级以上宾馆及其他高消费行为等措施。支持征信机构采集严重失信行为信息，纳入信用记录和信用报告。引导商业银行、证券期货经营机构、保险公司等金融机构按照风险定价原则，对严重失信主体提高贷款利率和财产保险费率，

① 范佳，李师胜，张阿凤，等. 连维良：拓展守信联合激励，让守信者处处受益. 齐鲁壹点，2019-03-06.

② 《国务院关于建立完善守信联合激励和失信联合惩戒制度加快推进社会诚信建设的指导意见》.

③ 陈玲. 透视中国——中国社会信用体系与文化报告. 北京：中国经济出版社，2016.

或者限制向其提供贷款、保荐、承销、保险等服务。[①]

2. 行政监管性惩戒机制

行政监管性惩戒机制的实施者是政府综合行政管理部门和专业的监管机构，它们以国家强制力量（以强大的法权体系和行政体系为依托）对失信行为人依法做出经济赔偿、罚款等经济惩戒、行政处罚、市场准入和退出等行政监管性惩戒，是失信惩戒机制的重要组成部分。[②]

对严重失信主体，各地区、各有关部门应将其列为重点监管对象，依法依规采取行政性约束和惩戒措施。从严审核行政许可审批项目，从严控制生产许可证发放，限制新增项目审批、核准，限制股票发行上市融资或发行债券，限制在全国股份转让系统挂牌、融资，限制发起设立或参股金融机构以及小额贷款公司、融资担保公司、创业投资公司、互联网融资平台等机构，限制从事互联网信息服务等。严格限制申请财政性资金项目，限制参与有关公共资源交易活动，限制参与基础设施和公用事业特许经营。对严重失信企业及其法定代表人、主要负责人和对失信行为负有直接责任的注册执业人员等实施市场和行业禁入措施。及时撤销严重失信企业及其法定代表人、负责人、高级管理人员和对失信行为负有直接责任的董事、股东等人员的荣誉称号，取消参加评先评优资格。[③]

3. 行业性惩戒机制

行业性惩戒机制的实施者是行业协会等社会中间体，主要是行业组织等社会中间体在法律或者政府授权范围内对违反行业惯例和规范的失信企业做出的市场准入和退出的限制，勒令严重违反行业规定的企业和个人退出某行业等惩罚，是失信惩戒机制的一种重要补充。[④]

建立健全行业自律公约和职业道德准则，推动行业信用建设。引导行业协会商会完善行业内部信用信息采集、共享机制，将严重失信行为记入会员信用档案。鼓励行业协会商会与有资质的第三方信用服务机构合作，开展会员企业信用等级评价。支持行业协会商会按照行业标准、行规、行约等，视情节轻重对失信会员实行警告、行业内通报批评、公开谴责、不予接纳、劝退等惩戒措施。[⑤]

4. 司法性惩戒机制

司法性惩戒机制的实施者是司法机构，它们依据法律规定对在社会生活中有重大影响且涉及违法、犯罪的失信行为，由政府有关部门相互协调移交人民法院和人民检察院做出司法处置等惩戒。司法性惩戒是失信惩戒机制的最后一道防线。当然，对于一些轻微的失信行为或未成年人的失信行为也可配合社区法院进行司法配合矫正，形成司法配合体系。[⑥]

5. 社会性惩戒机制

社会性惩戒机制的实施者是社会公众和媒体舆论，对社会生活中的各种失信行为，依

---

① 《国务院关于建立完善守信联合激励和失信联合惩戒制度加快推进社会诚信建设的指导意见》。

② 陈玲．透视中国——中国社会信用体系与文化报告．北京：中国经济出版社，2016.

③ 《国务院关于建立完善守信联合激励和失信联合惩戒制度加快推进社会诚信建设的指导意见》。

④ 陈玲．透视中国——中国社会信用体系与文化报告．北京：中国经济出版社，2016.

⑤ 《国务院关于建立完善守信联合激励和失信联合惩戒制度加快推进社会诚信建设的指导意见》。

⑥ 陈玲．透视中国——中国社会信用体系与文化报告．北京：中国经济出版社，2016.

据习俗惯例、文化传统，通过信息媒体的广泛传播，对失信行为及责任人进行道德和舆论谴责等。[①] 政府鼓励充分发挥各类社会组织作用，引导社会力量广泛参与失信联合惩戒。建立完善失信举报制度，鼓励公众举报企业严重失信行为，对举报人信息严格保密。支持有关社会组织依法对污染环境、侵害消费者或公众投资者合法权益等群体性侵权行为提起公益诉讼。鼓励公正、独立、有条件的社会机构开展失信行为大数据舆情监测，编制发布地区、行业信用分析报告。[②]

（三）联合惩戒的运行机制

失信惩戒机制是由所有授信单位共同参与的、以企业和个人征信数据库的记录为依据的、通过信用记录和信用信息的公开，来降低市场交易中的信息不对称程度、约束社会各经济主体信用行为的社会机制。[③]

失信惩戒机制有三个基本要素：企业和个人的信用信息对征信机构开放；专业征信机构通过联合征信形式采集征信数据，构筑征信数据库，并合法公开不同级别和类型的资信调查结果；由政府倡导，建立一个由所有授信单位参加的社会联防，使失信企业或个人及时被曝光并受到相应的处罚。

失信惩戒机制运行中最重要的环节是采集失信企业和个人的不良记录，并合法地将其公示给有需要的授信单位。至于授信单位是否会利用征信数据库的信用记录，以及是否拒绝与程度“严重”的失信者交易，只能依靠市场的规律行事，政府和征信机构的角色是倡导和教育。目前，最常被采用的“黑名单”方法，就是将企业或个人的失信记录正确地列入“黑名单”，向全社会乃至全世界进行“公示”，将矛盾激化为失信方对全社会的矛盾，最大限度地加大失信的成本。

失信惩戒机制涉及四大主体、三大数据库，包括三层循环。

四大主体主要包括：需求者，包括受信者、查询者、申请者等；供给者，包括授信单位、监管单位、社会组织、用人单位等；商业中介服务者，包括征信机构、评级机构、资信调查机构等；公共服务平台，主要指政府与公共部门信息中心。

四大主体出于不同目的进行信用申请或查询，这些目的主要可以分为：经济活动目的，如进行经济交易、经济合作、信用贷款等；社会活动目的，如进行招聘、寻找工作机会、工作调动、公益评奖等；监管活动目的，如提供政府扶持、招投标、进行资格审查等。

三大数据库主要包括：供给者管理的基础信用信息数据库、商业中介服务机构管理的商业信用信息数据库、政府与公共部门管理的公共信用信息数据库。这三大数据库都有自己的应用平台。三大数据库之间会进行信用信息数据交换与共享。

失信惩戒机制的三层循环主要包括（见图 9-2）：

第一层循环：（1）需求者向供给者申请或查询信用信息；（2）供给者在基础信用信息数据库查询相关信用信息；（3）基础信用信息数据库向供给者提供信用报告；（4）供给者对需求者做出回复是否同意其申请或查询，同意则守信激励，拒绝则失信惩戒；（5）供给

① 陈玲．透视中国——中国社会信用体系与文化报告．北京：中国经济出版社，2016.

② 《国务院关于建立完善守信联合激励和失信联合惩戒制度加快推进社会诚信建设的指导意见》。

③ 吴晶妹．三维信用论．北京：清华大学出版社，2016.

者将得到的信用信息反馈到基础信用信息数据库。

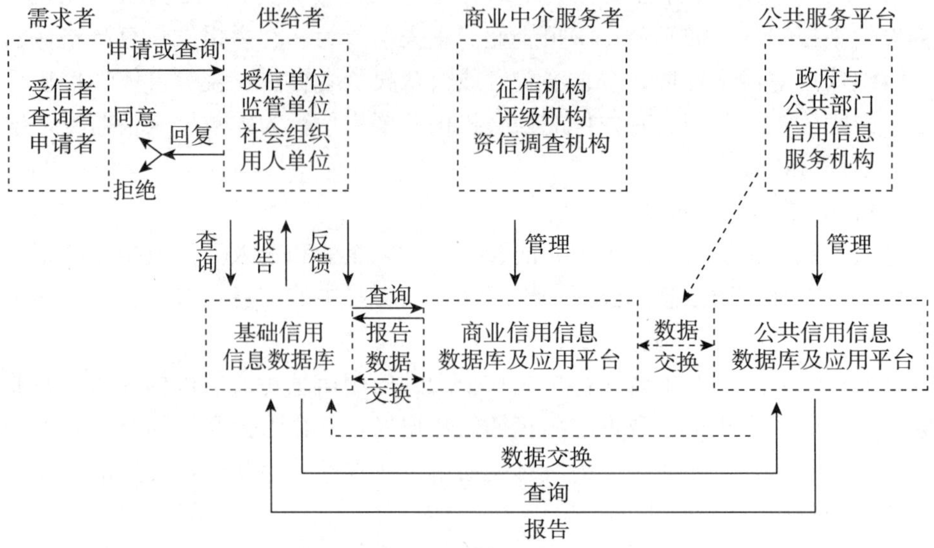

图 9-2　失信惩戒机制示意图

第二层循环：(1) 需求者向供给者申请或查询信用信息；(2) 供给者在基础信用信息数据库查询相关信用信息；(3) 基础信用信息数据库向公共信用信息数据库及应用平台查询信用信息；(4) 公共信用信息数据库及应用平台向基础信用信息数据库提供信用报告；(5) 基础信用信息数据库向供给者提供信用报告；(6) 供给者对需求者做出回复是否同意其申请或查询，同意则守信激励，拒绝则失信惩戒；(7) 供给者将得到的信用信息反馈到基础信用信息数据库。

第三层循环：(1) 需求者向供给者申请或查询信用信息；(2) 供给者在基础信用信息数据库查询相关信用信息；(3) 基础信用信息数据库向商业信用信息数据库及应用平台查询信用信息；(4) 商业信用信息数据库及应用平台向基础信用信息数据库提供信用报告；(5) 基础信用信息数据库向供给者提供信用报告；(6) 供给者对需求者做出回复是否同意其申请或查询，同意则守信激励，拒绝则失信惩戒；(7) 供给者将得到的信用信息反馈到基础信用信息数据库。

从国际经验看，社会信用体系建设的核心都是对失信行为进行惩戒，从而鼓励守信者及守信行为，维护社会的信用秩序，保护社会信用环境。

失信惩戒机制是打击经济上失信行为的社会机制，是社会信用体系的核心。

失信惩戒机制由所有授信单位共同参与，以企业和个人征信数据库的记录为依据，通过信用记录和信用信息的公开来降低市场交易中的信息不对称程度，并以此约束社会各经济主体的信用行为。

二、信用承诺

（一）信用承诺的界定

建立信用承诺制度是构建以信用为核心的新型市场监管机制的重要内容，是创新社会治理方式、加强事中事后监管的重要举措，是推动市场主体自我约束、诚信经营的重要手段，是深化“放管服”改革、优化营商环境的内在要求。全面建立信用承诺机制，进一步简化市场主体在申请市场准入时的手续，有效降低制度性交易成本，激发市场活力；进一步强化市场主体的责任意识，促进市场主体依法诚信经营，维护公平竞争的市场秩序；进一步创新监管方式，依托信息公示，提升市场准入的风险防控能力，加强事中事后监管，努力推动形成市场主体自治、行业自律、社会监督、政府监管的社会共治格局。信用承诺的适用对象是指向各级行政机关提出行政事项申请的各类市场主体，包括法人、个体工商户、其他各类组织和自然人。①

《国务院办公厅关于加快推进社会信用体系建设构建以信用为基础的新型监管机制的指导意见》（国办发〔2019〕35号）中在创新事前环节信用监管时提出要建立健全信用承诺制度。在办理适用信用承诺制的行政许可事项时，申请人承诺符合审批条件并提交有关材料的，应予即时办理。申请人信用状况较好、部分申报材料不齐备但书面承诺在规定期限内提供的，应先行受理，加快办理进度。书面承诺履约情况记入信用记录，作为事中、事后监管的重要依据，对不履约的申请人，视情节实施惩戒。要加快梳理可开展信用承诺的行政许可事项，制定格式规范的信用承诺书，并依托各级信用门户网站向社会公开。鼓励市场主体主动向社会作出信用承诺。支持行业协会商会建立健全行业内信用承诺制度，加强行业自律。②

信用承诺是一项重要的信用制度，也是信用建设的重要环节。在深化“放管服”改革、优化营商环境的背景下，市场主体信用承诺为简化事前监管、优化事中事后监管提供了可操作的途径。信用承诺监管就是要破除传统行政干预过多的藩篱，让市场主体能够充分发挥内在动力、自觉遵守市场秩序，开展公平竞争。③

具体来看，以湖北省为例，信用承诺制度的类型包括以下四种类型④：

第一，审批替代型信用承诺。由各级行政审批机关根据各自权限，研究制定告知承诺书格式文本，在公民、法人和其他组织提出行政审批申请时，行政审批机关一次性告知其审批条件和需要提交的材料，申请人按告知承诺书格式以书面形式承诺其符合审批条件，由行政审批机关作出行政审批决定。

第二，主动公示型信用承诺。引导企业在自建网站和“信用中国（湖北）”网站主动作出综合信用承诺、产品服务质量等专项承诺，公开声明产品服务标准、质量等，接受社

① 《湖北省信用办关于全面建立信用承诺制度的通知》（鄂信用办〔2018〕34号）。

② 《国务院办公厅关于加快推进社会信用体系建设构建以信用为基础的新型监管机制的指导意见》。

③ 陈兴华．市场主体信用承诺监管制度及其实施研究．中州学刊．2019，(05)．

④ 《湖北省信用办关于全面建立信用承诺制度的通知》（鄂信用办〔2018〕34号）。

会各界监督。

第三，行业自律型信用承诺。由行业协会商会根据行业特点，统一制定行业自律承诺格式文本，组织会员作出承诺，并在行业协会商会网站和“信用中国（湖北）”网站上公示。

第四，信用修复型信用承诺。各级行业主管部门在开展信用修复工作时，应要求失信主体承诺一定时间内不再产生新的失信行为，违反信用承诺的，将在一定时间内不被给予信用修复的机会。

（二）信用承诺的要求

信用承诺主要是要求各信用主体对以下事项做出承诺：

（1）承诺本单位（个人）严格遵守国家法律、法规和规章，全面履行应尽的责任和义务；

（2）提供给注册登记部门、行业管理部门、司法部门及行业组织的所有资料均合法、真实、有效，无任何伪造、修改、虚假成分，并对所提供资料的真实性负责；

（3）严格依法开展生产经营活动，主动接受行业监管，自愿接受依法开展的日常检查；

（4）违法失信经营后将自愿接受约束和惩戒，并依法承担相应责任；

（5）自觉接受行政管理部门、行业组织、社会公众、新闻舆论的监督；

（6）将按照《湖北省社会信用信息管理条例》要求，向社会公示信用信息；

（7）自我约束、自我管理，重合同、守信用，不制假售假、商标侵权、虚假宣传、违约毁约、恶意逃债、偷税漏税、价格欺诈、垄断和不正当竞争，维护经营者、消费者的合法权益；

（8）在信用中国网站中无违法违规、较重或严重失信记录；

（9）依法依规接受处罚、主动积极整改，不再触犯相关法律法规，今后全面做到履约守信等。

承诺单位（个人）若违背承诺约定，经查实，愿意接受行业主管部门和信用管理部门相应的规定处罚，承担违约责任，并依法承担相应的法律责任。自愿按照《湖北省社会信用信息管理条例》规定，违背承诺约定行为作为失信信息，记录到省社会信用信息服务平台，并予以公开。

各信用主体参与信用承诺的具体工作程序为：

（1）制定承诺工作细则及规范文本：各行业主管部门、各行业组织应根据本行业特点和工作实际自行制定本行业领域实施信用承诺制的工作细则及《信用承诺书》格式文本，并通过部门网站、政务大厅等有效方式向社会公布。《信用承诺书》至少应包括以下内容：市场主体名称、证件类型（统一社会信用代码或居民身份证）、证件号码、行政区划代码、主管部门、承诺内容、承诺日期等。

（2）作出信用承诺：各级行业主管部门、行业组织应告知行政相对人或服务对象以快捷高效的方式取得规范的《信用承诺书》，或在服务窗口提供纸质《信用承诺书》文本；有关部门和行业组织应指导行政相对人或服务对象在办理业务时按照《信用承诺书》进行承诺。

信用主体做出信用承诺后，监管部门可在以下几个方面应用信用承诺：

(1) 绿色通道。各级行政机关在办理行政事项过程中，对诚信典型和连续三年无不良信用记录的市场主体，可根据实际情况实施“绿色通道”和“容缺受理”等便民服务措施。对符合条件的市场主体，除法律法规要求提供的材料外，部分申报材料不齐备的，如其书面承诺在规定期限内提供，应先行受理，加快办理进度。

(2) 分类监管。各级行政机关或行业组织应将信用承诺纳入市场主体信用记录，作为对市场主体事中事后监管、实施行业信用分类监管的重要依据。

(3) 政策扶持。将市场主体是否进行信用承诺作为确定政策资金扶持对象的依据，把市场主体是否遵守信用承诺作为扶持政策延续或中止的重要依据。

(4) 考核评定。将市场主体是否遵守信用承诺作为表彰奖励、评先评优、资质评定的参考依据。

(5) 其他应用。各地各部门根据“放管服”改革的要求，依法依规开展的其他应用。

三、信用修复

(一) 信用修复的界定

信用修复是信用管理的重要组成部分，也是社会信用体系建设的重要环节，其实施途径和效果对社会管理和经济建设有着重要意义。

2016 年 5 月，《国务院关于建立完善守信联合激励和失信联合惩戒制度加快推进社会诚信建设的指导意见》中构建守信联合激励和失信联合惩戒协同机制的一项重要内容就是：建立信用修复机制。联合惩戒措施的发起部门和实施部门应按照法律法规和政策规定明确各类失信行为的联合惩戒期限。在规定期限内纠正失信行为、消除不良影响的，不再作为联合惩戒对象。建立有利于自我纠错、主动自新的社会鼓励与关爱机制，支持有失信行为的个人通过社会公益服务等方式修复个人信用。

江苏省制定的《江苏省社会法人信用基础数据库信用修复办法（试行）》将信用修复定义为“社会法人在一定期限内主动纠正其因非主观故意因素导致的失信行为，按照一定条件，经规定程序，获准停用或缩短失信行为记录使用期限，重建信用的过程”。《浙江省公共信用修复管理暂行办法》将信用修复界定为“不良信息主体为积极改善自身信用状况，按照规定的条件和程序，向作出不良信息认定的公共信用信息提供单位提出申请并被确认的”信用补救行为。①

2019 年 7 月，《国务院办公厅关于加快推进社会信用体系建设构建以信用为基础的新型监管机制的指导意见》（国办发〔2019〕35 号）在完善事后环节信用监管中提出探索建立信用修复机制。失信市场主体在规定期限内纠正失信行为、消除不良影响的，可通过作出信用承诺、完成信用整改、通过信用核查、接受专题培训、提交信用报告、参加公益慈善活动等方式开展信用修复。修复完成后，各地区各部门要按程序及时停止公示其失信记录，终止实施联合惩戒措施。加快建立完善协同联动、一网通办机制，为失信市场主体提

① 徐志明，熊光明. 对完善我国信用修复制度的思考. 征信，2019，(03).

供高效便捷的信用修复服务。鼓励符合条件的第三方信用服务机构向失信市场主体提供信用报告、信用管理咨询等服务。①

信用修复指的是失信主体在彻底纠正失信行为并承担相应法律责任的前提下，在接受诚信教育主动做出守信承诺并按规定履行相关社会责任的前提下，依法依规退出“黑名单”并相应解除失信联合惩戒，依法依规缩短或结束失信信息公示，依法依规规范保存信用记录的相关措施和过程。②

（二）信用修复的流程

根据“信用中国（湖北）”网中的信用修复办理流程③和《湖北省信用办关于做好失信主体信用修复工作的通知》④，信用修复的流程主要包括四个步骤，分别是修复申请、受理申请、修复决定和数据处理。

首先是修复申请。修复申请是指想要进行信用修复的信用主体填写并递交《信用修复申请表》。

其次是受理申请。受理申请是指作出失信认定的国家机关、法律法规授权的具有管理公共事务职能的组织以及群团组织根据申请人提交的纠正失信行为佐证材料齐备情况，在收到申请材料当日决定是否受理申请。

再次是做出修复决定。修复决定是指受理机关在受理信用修复申请后于 3 个工作日内完成审查，出具信用修复决定书，并告知申请人。同意修复的，受理机关应将《信用修复申请表》和《信用修复决定书》报送至省信用信息中心。

最后是数据处理。数据处理是指省信用信息中心收到信用修复申请表和决定书之日起 2 个工作日内，根据受理机关作出的处理决定，在湖北省社会信用信息服务平台对外公示界面上调整失信主体的信用等级或撤下相关信息不再对外公示。各地各部门在行政管理中应当采用信用主体信用修复后的等级标准；湖北省社会信用信息服务平台撤下不再对外公示的信息后，各地各部门也应及时撤下同一信息，不再作为失信联合惩戒依据。

在信用修复工作中鼓励第三方机构为失信主体提供信用修复咨询和帮助，为失信主体的修复提供良好的社会服务。

（三）信用修复的条件和要求

2019 年 7 月 18 日，在国务院政策例行吹风会上，发改委副主任连维良指出：“信用修复不是简单的‘洗白记录’，也不是简单的‘退出惩戒’，而是有前提、有程序、有限度的失信整改过程。”

一是有前提，信用修复是在失信主体彻底纠正失信行为并履行和承担相应法律责任的前提下，在接受诚信教育主动做出守信承诺按规定履行社会责任的前提下才能进行。

二是有程序，失信主体要依法依规向相关职能部门，也就是做出行政决定、做出失信惩戒决定的职能部门提请修复申请，通过做出守信承诺、完成失信整改、通过信用核查、

---

① 《国务院办公厅关于加快推进社会信用体系建设构建以信用为基础的新型监管机制的指导意见》。

② 我国探索建立信用修复机制. 新华网，2019－07－18.

③ 信用中国（湖北）网.

④ 《湖北省信用办关于做好失信主体信用修复工作的通知》（鄂信用办〔2017〕56 号）。

接受专题培训、提交信用报告等一系列方式来开展信用修复，相关部门严格按程序予以确认。

三是有限度，信用修复主要是针对无主观故意的轻微或一般失信行为，涉及特别严重的违法失信行为不能退出“黑名单”，不能解除失信联合惩戒，不能结束失信信息公示，失信记录会长期依法依规予以保留。对于轻微或一般失信行为，在彻底纠正失信行为并满足信用修复前提的条件下，才可以按程序申请退出“黑名单”，并解除失信联合惩戒。申请缩短或结束失信信息公示，依法依规保留信用记录。①

延展阅读 9-3

“信易+”系列在民生领域的创新应用

“信易贷”，着眼于让信用好的小微企业享受更优惠的贷款利率，享受更便捷的贷款审批通道等。具体做法是通过运用小微企业的公共信用信息和自主申报信息，对其进行公共诚信评价，供金融机构审批贷款时参考使用。上海张江高科技园区通过“信用张江”平台，已帮助逾600家企业从金融机构获得支持，累计融资额约50亿元。

“信易租”，着眼于让信用好的创业企业享受更优惠的租金折扣，享受更长久的租赁期限，享受更低的租赁押金或免押金，享受更便捷的租赁手续办理等。具体做法是通过与信用服务机构建立信用信息共享机制，运用大数据分析技术，共同对创业企业进行市场信用评级和公共诚信评价，形成全信用评价，供租赁企业为创业企业提供办公设备、办公场所等租赁服务时参考使用。河南郑州已实现为纳税信用良好的公司和个人信用良好的创业团队提供1～3年的办公空间免费入驻、无偿的科技咨询服务和免费的公共服务平台等。

“信易行”，着眼于让信用好的个人享受更优惠的出行服务价格，享受更低的押金或免押金，优先享受最新最优惠的出行服务等。具体做法是在保护个人信息安全的前提下，将可共享的信用信息或本地区的个人信用分，供交通出行企业为个人提供公共交通、网络打车、共享单车等出行服务时参考使用。山东荣成已实现诚信个人乘坐公交车享受5折优惠，公共自行车办卡免交诚信保证金150元。

“信易游”，着眼于让信用好的游客享受更优惠的旅游服务价格，享受更便利的购票、检票通道，享受免押金、免查房、免排队退房的住宿服务等。具体做法是在保护个人信息安全的前提下，将可共享的信用信息或本地区的个人信用分，供景区经营单位为游客提供购票、餐饮、住宿、导游、购物、娱乐等分类分级旅游服务时参考使用。浙江建德已有9个景区为优秀志愿者参观提供门票减免优惠，11家酒店、宾馆为优秀志愿者住宿提供政府和旅游主管部门协议价服务。

“信易批”，着眼于让信用好的办事群众享受“容缺受理”，享受绿色通道，优先享受更便捷的审批服务。具体做法是依托信用信息共享平台，在保护个人信息安全的前提下，

---

① 我国探索建立信用修复机制．新华网，2019-07-18.

将信用信息的查询嵌入各级政府部门的审批流程。江苏苏州高新区依托区信用信息平台，已实施投资建设项目承诺制预审批制度，审批时间压缩了60%。

资料来源：连维良："信易+"系列将在更多民生领域创新应用．信用中国网站，2018-06-11.

延展阅读 9-4

完善重整企业信用修复机制 对恶意逃废债加强社会约束

2018年12月4日，国家发改委网站发布《关于进一步做好"僵尸企业"及去产能企业债务处置工作的通知》（发改财金〔2018〕1756号），其中提及：

完善重整企业信用修复机制。重整计划执行过程中，企业可申请在全国信用信息共享平台、国家企业信用信息公示系统和金融信用信息基础数据库的大事记信息中添加相关信息，以及时反映企业最近生产经营状况。重整计划执行完毕后，企业可申请增设重组完成相关信息，以提示企业的重组情况。

加强社会信用约束。对"僵尸企业"及去产能企业债务处置过程中恶意逃废债、国有资产流失等违法违规行为责任人建立信用记录，纳入全国信用信息共享平台、国家企业信用信息公示系统和金融信用信息基础数据库。构建失信行为联合惩戒机制，依据相关法律法规严格追究恶意逃废债和国有资产流失等违法违规单位及相关人员责任。

资料来源：关于进一步做好"僵尸企业"及去产能企业债务处置工作的通知（发改财金〔2018〕1756号）.

延展阅读 9-5

扎实推进信用体系建设

为维护金融消费者的合法权益，提升金融业风险管理的科学性和有效性，促进银行业和保险业健康可持续发展及社会诚信体系的构建，银保监会积极落实党中央、国务院关于社会信用体系建设部署安排，加强组织领导，注重统筹协调，完善制度机制，扎实推进银行业和保险业信用体系建设。

银保监会表示，结合信用体系建设实际需要，银行业和保险业在新制定和修改完善相关监管制度时，推进信用联合奖惩。银保监会积极配合多家部委研究制定相关领域信用联合奖惩备忘录，截至目前，已签署40多个信用联合奖惩合作备忘录；联合国家发改委、人民银行等单位共同签署《关于对保险领域违法失信相关责任主体实施联合惩戒的合作备忘录》，对保险领域违法失信相关责任主体开展联合惩戒。组织开展涉及银行和保险领域失信企业的专项治理，按时完成涉银行和保险领域失信企业问题核查与整改工作。

针对各类违法违规失信行为，银保监会加大对违法违规失信行为检查力度，始终保持对各类违法违规失信行为的高压态势，坚持问题导向，对失信风险突出的重点业务、重点机构和重点领域，及时开展专项整治，严厉打击侵害消费者合法权益，扰乱市场经营秩序的失信行为；依法加大对违法违规失信行为处罚力度，严格执行机构与人员双罚制，对案件严肃追责，从严处罚；加大对失信行为信息披露力度，定期发布损害消费者合法权益的典型案例、保险公司服务评价结果、保险小额理赔服务监测情况、保险消费投诉情况通报和投诉考评结果等，提高消费者理性消费和自我保护能力。

银保监会表示，要完善信用联合奖惩机制，继续积极参与新制定的守信联合激励合作备忘录和失信联合惩戒合作备忘录的签署；抓好已签署相关备忘录落实，逐步形成常态化工作机制，深入推进信用联合奖惩工作开展。同时，进一步加大对失信行为查处力度。将违法违规失信行为作为各级监管部门查处的一项重要内容，采取日常监管和专项整治相结合的方式，加大查处力度。坚持问题导向，对各种违法违规失信行为，特别是违法违规失信行为比较突出的重点业务领域、重点机构和重点人群坚持严查重处，依法严肃追究相关单位和责任人的责任，积极稳妥防范和处置各种信用风险。

资料来源：温源．银保监会：扎实推进信用体系建设．光明日报，2018-12-04.

延展阅读 9-6

美国个人领域信用修复法案及实践

美国信用修复相关最新法案。目前未正式实施的综合消费者信用报告改革法案。该法案的改革包括：（1）解决纠纷程序，以便征信局和数据提供商而不是消费者承担证明信用信息的准确性和完整性的责任。（2）缩短大部分不良信用信息停留在 4 年内的时间，并迅速消除已支付和已结清的债务。（3）保护与歧视性贷款造成的止赎相关的对消费者信誉的损害，拖欠或拖欠参加欺骗性营利性大学的私人教育贷款，或因隐瞒护理人员、虐待家庭伴侣或家庭成员而造成的欺诈性信用项目。当困难的私立教育贷款借款人在一段时间内表现出一贯的还款时，为其恢复信用，这与联邦学生贷款借款人可获得的救济类似。（4）扩大获取免费消费者报告和信用评分的渠道，以便消费者更好地了解并提高其信誉。

美国个人信用修复的实践。第一，自我修复。包括改善付款记录、降低信用利用率（信用利用率是消费者所有循环债务的总和，例如，信用卡余额除以消费者可获得的总信用额或所有信用额度的总和）、减少信用账户数、考虑信用记录的时间长度、警惕新的信用查询、求助信用咨询师、建立积极的信用记录。第二，信用修复机构提供服务。信用修复机构的主要业务内容包括：（1）修正报告中的错误信息；（2）出具诚信证明信（Good Faith Letters）；（3）与债权人谈判重组借款人的债务；（4）信用修复与投诉和诉讼结合。

资料来源：宋哲泉，侯力冉．美国信用修复相关情况综述．现代管理科学，2019，(02).

延展阅读 9-7

信用修复小知识

一、哪些行政处罚不可修复？

（1）在最短公示期三个月内的行政处罚信息；

（2）属于严重失信行为的行政处罚信息；

（3）在信用修复后一年内再次被给予的行政处罚信息；

（4）失信主体因行政处罚而被列入失信受惩黑名单和重点关注名单的，按照相应名单管理要求公示和开展修复；

（5）经行政处罚决定部门认定的，或法律、法规、规章另有规定不可修复的行政处罚信息。

二、信用修复流程有几步？

行政相对人通过网站异议修复渠道正式提请修复申请。

行政相对人进行信用承诺并向网站提交以下材料：

（1）法定代表人有效身份证件复印件。主要包括身份证、居民户口簿、军官证、护照、港澳居民来往内地通行证、台湾居民来往大陆通行证、外国人居留证等。

（2）行政相对人主要登记证照复印件。主要包括工商营业执照、事业单位法人证书、社会团体法人登记证书、民办非企业单位登记证书、基金会法人登记证书等。

（3）已履行行政处罚相关材料。主要包括缴纳罚款收据等。

（4）信用修复承诺书。

行政相对人完成提交材料，并经网站主办单位审核后，行政处罚信息可由网站撤下公示。

三、若未履行信用修复承诺后果将怎样？

行政相对人在签署《信用修复承诺书》后，未履行承诺书相关内容，视情节严重情况给予失信惩戒措施：

所提供资料存在不合法、不真实、不准确、无效等情况的，不予信用修复，继续公示其行政处罚信息至公示期止。

未按照行政处罚决定机关规定和行政处罚决定书要求执行处罚决定的，不予信用修复，继续公示其行政处罚信息至公示期止，并将其未履行情况通报至行政处罚决定机关。情节严重的，将其纳入相关领域失信“黑名单”管理。

行政处罚信息经信用修复撤下一年内，行政相对人再次被给予行政处罚的新增行政处罚信息将不予信用修复，直至公示期止。若该行政相对人反复产生多条行政处罚信息，将视情节严重情况，将其纳入相关领域失信“黑名单”管理。

四、行政处罚信息公示多长时间？

行政处罚信息最短公示期限为三个月，涉及严重失信行为的行政处罚信息公示期限暂定为三年，其他行政处罚信息公示期限暂定为一年，法律、法规、规章和政策另有的从其规定。公示期的起始时间以作出行政处罚决定之日起计算。公示期限届满的，网站将撤下相关信息，不再对外公示。

五、哪些严重失信行为信息被纳入处罚范围？

(1) 因严重损害自然人身体健康和生命安全的行为；严重破坏市场公平竞争秩序和社会正常秩序的行为；在司法机关、行政机关作出裁判或者决定后，有履行能力但拒不履行、逃避执行，情节严重的行为；拒不履行国防义务，危害国防利益，破坏国防设施的行为等被行政处罚的信息。

(2) 食品药品、生态环境、工程质量、安全生产、消防安全强制性产品认证等领域作出的行政处罚，以及因贿赂、逃税骗税、恶意逃废债务、恶意拖欠货款或服务费、恶意欠薪、非法集资、合同欺诈、传销、无证照经营、制售假冒伪劣产品和故意侵犯知识产权、出借和借用资质投标、围标串标、虚假广告、侵害消费者或证券期货投资者合法权益、严重破坏网络空间传播秩序、聚众扰乱社会秩序等被行政处罚的信息。

(3) 经行政处罚决定部门认定的涉及严重失信行为的行政处罚信息。

(4) 法律、法规、规章另有规定的可列为涉及严重失信行为的行政处罚信息。

资料来源：“征信科普”信用修复小知识. 信用中国网站，2019-03-06.

第四节 城市信用建设

一、城市信用建设的必要性和作用

(一) 城市信用建设的必要性

城市信用建设既是国家方针政策的基本要求，也是整个社会信用体系建设的关键环节。一方面，信用建设对于提升城市治理水平具有重要意义；另一方面，选择以城市为基础推进信用建设，是因为信用体系要发挥作用，最终要体现在为企业、为每一位公民服务的各个环节。城市可以直接深入到社区、园区和企业开展信用建设。同时，政府市场监管、公共服务的职能，大多是通过城市一级政府来具体实施的。[①]

---

① 陈奥. 加强组织机制保障，持续推进城市信用建设. 中国城市信用建设高峰论坛. 2018，(06).

城市信用建设是经济与社会发展的需要。城市以其聚集的地理功能、统一的文化背景、一致的社会与经济发展氛围，成为信用建设的主要应用场景。以城市为单元，从城市出发，开展社会信用体系的建设工作，有利于城市与地区良好信用环境的建立；有利于降低该地区的市场交易成本，改善社会信用环境，促进经济增长。通过城市信用建设，可以有效发挥社会信用体系建设的主要功能与作用，可以更具体、更规范地促进一个地区的信用活动，促进地区扩大并创造市场信用需求。城市是一个地区政治经济与文化的承载体，城市是社会生活的依托体，是民众经济生活的活动中心。融合了市民、社会组织、政府等多种实体的社会与经济活动。①

城市信用建设是现代城市增强综合竞争力的必经途径，其主要内容是提升城市信用主体即政府、企业、个人的诚信度、合规度与践约度。通过增强政府政务诚信的示范和引导，并加强对企业失信联合惩戒和守信联合激励的一系列举措，不断加大失信行为成本，让全体社会成员都能意识到信用的重要性，营造出全社会诚实守信的良好氛围。

城市信用体系建设是政府社会管理创新的重要内容。长久以来，地方政府部门在城市管理的过程中积累了大量的信息，对这些信息进行归集、整理、分析、应用可以提升地方政府的行政效率和综合服务水平。政府通过搭建信用信息共享平台，归集散落在各个领域的信用信息，在行政管理中借助查询信用记录和信用应用报告等手段，提高管理水平。通过向社会提供信用信息查询服务，建立各类市场主体信用档案，并对其进行信用评价，再公示市场主体信用状况，通过信用红黑名单制度、信用承诺制度等创新公共服务管理模式，提升城市综合服务水平和效率。各地方政府对每个城市的管理是针对城市特色展开的，所以各个城市会有不同的文化和信息积累，以城市为单位率先进行信息归集是最有效率的方式。而且通过城市信用建设能充分发挥各个城市的主观能动性，结合各城市的不同特点探索信用建设路径，为全社会信用体系建设提供宝贵经验。

（二）城市信用建设的作用

（1）城市信用建设有助于扩大地方经济规模。城市信用建设能够通过改善当地营商环境、进一步规范市场秩序、增强当地企业的竞争力、扩大商机，同时通过归集应用信用信息、拓宽信用服务范围、建立发展信用交易机制进一步提高当地投资、消费水平，从而助力当地经济发展、扩大地方经济规模。

（2）城市信用建设能够改善地方经济结构。当前中国经济发展进入新常态，需要进一步深化改革、调整结构。过去粗放式发展的模式与实物资本占资源配置主导地位有关，而现在随着财富的积累，马太效应越来越显著，同时粗放式发展不再能满足人民日益增长的美好生活需要。城市信用建设是构建以信用资本为主导的资源配置方式，能够促进社会公平，推进经济发展模式转变。

（3）城市信用建设还能对周边地区经济发展和信用建设形成辐射影响。当前城市信用建设主要通过设立信用示范城市的方式进行，信用示范城市一般是一个区域内较为发达的城市，信用示范城市的信用建设能够通过商业往来、合作沟通等方式直接或间接地影响周

---

① 何雨格．现代管理的新亮点：城市信用建设．现代管理科学．2019，(02)．

边联系紧密的其他城市和农村地区的经济发展。信用示范城市的信用建设经验也可以比较容易在周边城市运用，带动整个区域提升信用建设水平。

（4）城市信用建设能够重塑当地诚信道德文化、强化诚信意识、提升公民素质。城市信用建设包含诚信度、合规度和践约度三个方面，诚信度主要就是社会诚信道德文化建设与诚信道德文化教育。除此之外，当每个企业、公民的信用资本真真实实地能用于交易，人们享受到遵守信用规则带来的舒适之后，其诚信意识会不断加强，公民素质自然而然会得到提高。

二、城市信用监测

2015 年 6 月，国家信息中心中经网受国家发展改革委委托建设"全国城市信用状况监测平台"，利用大数据技术，从政务诚信、商务诚信、社会诚信和司法公信四个方面，综合评价全国各城市的信用状况。①

城市信用监测评价的核心目的是帮助城市信用建设工作更上一个台阶，城市信用监测的结果是对各个城市信用建设成果进行对比评价的反馈，各城市根据城市信用监测结果能够及时了解自己的优势与不足，并能快速找到建设成果较为显著的对标城市进行学习提高。

城市信用状况监测评价的依据主要包括三个方面：一是党中央、国务院的重大决策部署和顶层设计；二是中央部委出台的规划和备忘录等文件；三是国家社会信用体系建设近期工作重点。目前，"全国城市信用状况监测平台"信用监测对象主要包括 659 个城市，其中省会和副省级以上城市 36 个、地级市 261 个、县级市 362 个。

现在实施的城市信用状况监测评价，在指标维度设计上，主要包括了信用制度完善程度、信用事件发生情况、信用信息透明度、信用工作绩效、信用市场发育状况、重大失信事件、重大失信事件的政府反馈、重大诚信事件、联合惩戒进展、信用创新实践 10 个方面。

城市信用状况监测所用信息主要通过四种渠道进行采集：一是城市政府官网、与信用相关的政府相关部门网站、全国主流媒体、各地方媒体以及各类门户网站等共 8 000 多个站点；二是国家信用信息共享平台；三是第三方信用机构；四是包括城市在内的政府发布的各类统计数据。"全国城市信用状况监测平台"还对城市信用状况进行大数据分析评估，主要是以其收集的城市政府对失信行为的反馈处理状况、权威媒体公开发布的诚信和失信典型案例为基础，结合了政府信用信息共享平台数据和第三方信用机构提供的信用信息。

目前，由国家信息中心中经网发布的城市信用状况监测综合指数，以 12 个月为周期，每月都对城市信用状况进行动态排名，对城市信用状况实施动态监测。该指数从 2016 年开始发布，每月在信用中国网站公布城市信用监测指数排名。②

截至 2017 年底，全国城市失信事件比率同比下降 12 个百分点。全国城市信用状况的监测评价结果得到广泛应用，监测评价结果已经纳入信用示范城市评选指标体系，并作为

---

① 尹亮．城市信用状况监测助推城市信用体系建设．中国金融信息网，2018 - 06 - 11.

② 何雨格．现代管理的新亮点：城市信用建设．现代管理科学，2019，(02).

全国文明城市等国家级城市评选的参考指标。

然而，城市信用监测目前还面临许多难题，比如信用信息的完善程度还制约着监测评价的准确性。由于社会信用体系建设仍处于初期阶段，信用行为记录不完善，信用数据的开放性不足，信用信息的共享不充分，所以城市信用监测评价目前尚难精准反映城市信用状况，只能在现有条件下力图做到最大程度的客观。

下一阶段，全国城市信用状况监测平台会持续跟踪研究社会信用体系建设的最新进展及重点工作，将适时调整监测指标，完善评价办法；同时，深化信用信息大数据分析加工，推动信用真正服务于城市治理；加强城市信用建设可视化展示，方便及时掌握情况；积极落实上级工作部署，完成更细颗粒度的信用监测。①

三、城市信用建设的主要内容

（一）“信易＋”应用场景拓展

国家发展改革委在2018年中国城市信用建设高峰论坛前夕启动“信易贷”“信易租”“信易行”“信易游”“信易批”等“信易＋”系列行动，并在30个城市开展试点创新工作，拓展社会化、市场化守信激励措施。“信易＋”系列能为守信者建立行政审批“绿色通道”，优先提供公共服务便利，优化行政监管安排，降低市场交易成本等。②

“信易＋”应用场景将对城市信用建设产生三方面影响，最终实现“三赢”：一是这种方式使城市信用建设更加接地气，让企业和老百姓更有积极性去建立和维护自己的信用，有利于改善信用环境，建立信用秩序。二是通过鼓励社会化、市场化的应用产品与服务，使信用服务业得到了发展，有利于经济结构调整。三是促进政府监管部门增加公共便民服务，有利于政府职能的转变。③

（二）信用示范城市创建

国家发展改革委办公厅、中国人民银行办公厅于2018年1月9日对外公布了《关于印发首批社会信用体系建设示范城市名单的通知》，明确了苏州市、厦门市等12个城市为首批信用示范城市。

社会信用体系建设示范城市在统一社会信用代码、信用信息归集、公共信用信息共享平台和信用门户网站建设、行政许可和行政处罚信息公示、异议处理和信用修复以及信用服务市场培育等方面承担了重点建设任务，在信用红黑名单、联合惩戒、守信激励、信用承诺机制等方面先行先试，在信用应用方面积极拓展场景。

信用示范城市创建有力地促进了社会信用体系建设在城市落地生根，对于探索如何改善社会信用环境，形成了很多很好的经验和做法。这些经验和做法既值得在全国各地推广

---

① 唐芳．我国城市信用监测基本实现全覆盖．科技日报，2018-07-13.

② 中国城市信用建设年报（2017—2018）.

③ 尹亮．以城市信用建设促进社会信用秩序良性循环——专访吴晶妹教授．2018年中国城市信用建设高峰论坛．2018，（08）.

复制，又为城市信用建设的理论研究提供了珍贵的实践资料。[①]

（三）构建个人信用分

随着社会信用体系建设的深入推进，中国部分城市开始在个人信用建设领域发力，与信用服务机构联合推出信用分，并在城市经济发展和社会治理中不断应用，如苏州“桂花分”、宿迁“西楚分”、厦门“白鹭分”、沈阳“玫瑰分”等。[②]构建个人信用分，一方面，更好地与“信易＋”相结合，可以便利居民的生活，为其提供更好的信用产品和服务；另一方面，可以促进社会信用体系的建设，构建良好的社会信用氛围和环境。

下一步，城市信用建设将探索开展重点职业人群个人信用信息采集，建立和完善重点职业个人信用记录形成机制，提高重点行业信用水平，促进职业信用发展，提升当地居民安全感。

（四）信用服务机构深度参与城市信用建设

《社会信用体系建设规划纲要（2014—2020年）》明确，“鼓励和调动社会力量，广泛参与，共同推进，形成社会信用体系建设合力。”“培育和规范信用服务市场。发展各类信用服务机构，逐步建立公共信用服务机构和社会信用服务机构互为补充、信用信息基础服务和增值服务相辅相成的多层次、全方位的信用服务组织体系。”作为第三方信用服务机构，要协助政府着力落实好名单归集、记录覆盖、监管协同、公示监督、监测预警、记录追溯、惩戒协同、社会告知8个方面的规定动作。

2018年2月，国家发展改革委明确提出，“信用服务机构是社会信用体系建设的重要力量。社会信用体系建设的大发展离不开信用服务机构和信用服务市场的大发展。”3月，国家发改委提出拟在重点领域和广泛区域积极开展发挥综合信用服务机构作用的试点探索，启动综合信用服务机构试点申报工作。

（五）推进城市信用立法和信用信息标准体系确立

近年来各地政府都十分重视社会信用法治建设，上海市、浙江省、湖北省、陕西省等地也相继出台了地方性信用法规，为国家信用立法积累了很多宝贵经验。一批国家基础、通用、急需的社会信用标准先后发布实施，为完成国务院颁布实施的《社会信用体系建设规划纲要（2014—2020年）》提出的“制定全国统一的信用信息采集和分类管理标准，统一信用指标目录和建设规范”要求奠定了一定的基础。2018年，随着社会信用体系建设的深入推进，包括信用服务标准、信用数据采集和服务标准、信用修复标准、城市信用标准、行业信用标准等在内的多层次标准体系亟待出台，社会信用标准体系有望快速推进。[③]

（六）信用信息互联互通推动城市信用合作

社会信用体系建设的核心是信息共享和联合奖惩。截至2018年5月，已累计签署37个联合奖惩备忘录，在法院执行、税收征管、安全生产等多领域持续发布更新“红黑名单”，推进联合奖惩措施落地见效。下一步，从应用端推动信用信息的互联互通将成为一种趋势，跨区域、跨城市的信用合作将成为常态，“一处失信、处处受限”的联合奖惩大

---

① 何雨格．现代管理的新亮点：城市信用建设．现代管理科学，2019，(02)．

②③ 中国城市信用建设年报（2017—2018）．

格局将加速形成。

（七）建立完善信用修复机制和志愿服务制度

党的十九大提出，推进诚信建设和志愿服务制度化，强化社会责任意识、规则意识、奉献意识。国家发改委要求，加强对失信联合惩戒名单和信用状况重点关注名单的市场主体、法定代表人及涉嫌严重失信个人开展教育培训，提升信用联合奖惩成效，鼓励和引导修复失信行为，提高全社会诚信意识。在这样的背景下，未来将会有越来越多的城市建立有利于自我纠错、主动自新的社会鼓励与关爱机制，支持有失信行为的个人通过志愿服务、社会公益服务等方式修复个人信用，从而助推城市信用环境改善。①

延展阅读 9-8

全国城市信用综合指数排名

国家信息中心中经网发布的全国城市信用状况监测数据显示，2016 年 7 月至 2017 年 6 月期间，全国 36 个省会直辖市副省级城市综合信用指数排名中，北京市以 89.97 的信用指数位居第一，重庆市和上海市分别以 89.69 和 89.42 位居第二、第三。苏州则以 86.48 荣登地级城市信用排名榜首。

本次排名是通过"全国城市信用状况监测平台"，对全国 36 个省会、直辖市和副省级城市在 2016 年 1 月 1 日至 2016 年 12 月 31 日的信用状况进行的排名。

"全国城市信用状况监测平台"，是由国家信息中心中经网受社会信用体系建设部级联席会议委托开发。全国城市信用状况监测，主要是运用互联网信息采集与数据挖掘技术，监测各城市的四类行为主体——政府部门、企业、社会组织、司法机关在政务诚信、商务诚信、社会诚信、司法公信四个方面的信用信息，据此分析城市信用状况。

本次监测分析数据来源包括本系统收集和监测的 5 000 多个互联网网站的公开信用信息，并纳入了国家信息中心提供的各省信用信息共享平台考核评分，以及各城市黑名单统计数据。通过对各城市在信用事件监测、信用制度完善程度、信用信息公开程度、信用任务落实情况、黑名单记录情况、重大失信事件及其政府反馈、重大诚信事件等八个方面情况的综合评价，形成城市的信用综合指数并排名。

资料来源：全国城市信用综合指数排名：北京第一. 信用中国网站，2017-09-22.

延展阅读 9-9

2017—2018年中国城市信用建设年度十大成就

成就一：30 个城市（区）率先开展守信激励创新工作

依托各级信用信息共享平台归集各类信用信息，并与政府部门、市场机构等共享共

① 中国城市信用建设年报（2017—2018）.

【思考题】

1. 什么是社会信用体系？为什么要进行社会信用体系建设？
2. 你知道我国有哪些主要的公共信用信息平台吗？请谈谈相关的建设与应用情况。
3. 什么是联合奖惩机制？举例说明，并谈谈其主要作用与影响。
4. 什么是信用承诺？实践中是怎么应用的？
5. 请谈谈你对信用修复的认识。
6. 为什么要进行城市信用建设？其主要内容有哪些？
7. 谈谈你家乡城市信用建设的情况，并提出推进家乡城市信用建设的一些可能措施。

【参考文献】

[1] 社会信用体系建设规划纲要（2014—2020年）.

[2] 吴晶妹，韩家平．信用管理学．北京：高等教育出版社，2015.

[3] 对法律意义上社会信用概念的认识．北京日报，2018-11-06.

[4] 吴晶妹．三维信用论．北京：清华大学出版社，2016.

[5] 林均跃．社会信用体系顶层设计该理顺的“十大关系”．发现（智库版），2018，(03).

[6] 顾敏康．中国信用法治的五个理论问题探讨．中国经济导报，2019-01-09.

[7] 柯珍雅．中国的社会信用体系与公众舆论——解释公众对社会信用体系的高认同度．源点 credit 微信公众号，2018-07-30.

[8] 国务院关于同意调整社会信用体系建设部际联席会议职责和成员单位的批复.

[9] 尚福林：建设现代信用体系是金融供给侧的重要抓手．信用中国网站，2019-03-11.

[10] 章政，张丽丽．中国公共信用体系建设：特性、问题与对策．新视野，2017，(02)：59-65.

[11] 关于进一步做好“僵尸企业”及去产能企业债务处置工作的通知（发改财金〔2018〕1756号).

[12] 信用中国官网.

[13] 国家公共信用信息中心发布首期失信黑名单月度分析报告．信用中国网站，2018-06-10.

[14] 研究：关于国家社会信用立法的思考与建议．搜狐网，2018-11-10.

[15] 国家发展改革委副主任连维良：联合奖惩是信用建设的“牛鼻子”．搜狐网，2017-10-10.

[16] 范佳，李师胜，张阿凤，等．连维良：拓展守信联合激励，让守信者处处受益．

齐鲁壹点，2019 - 03 - 06.

[17] 国务院关于建立完善守信联合激励和失信联合惩戒制度加快推进社会诚信建设的指导意见.

[18] 陈玲. 透视中国——中国社会信用体系与文化报告. 北京：中国经济出版社，2016.

[19] 湖北省信用办关于全面建立信用承诺制度的通知（鄂信用办〔2018〕34 号）.

[20] 国务院办公厅关于加快推进社会信用体系建设构建以信用为基础的新型监管机制的指导意见.

[21] 陈兴华. 市场主体信用承诺监管制度及其实施研究. 中州学刊，2019，(05).

[22] 徐志明，熊光明. 对完善我国信用修复制度的思考. 征信，2019，(03).

[23] 温源. 银保监会：扎实推进信用体系建设. 光明日报，2018 - 12 - 04.

[24] 我国探索建立信用修复机制. 新华网，2019 - 07 - 18.

[25] 信用中国（湖北）网.

[26] 湖北省信用办关于做好失信主体信用修复工作的通知（鄂信用办〔2017〕56 号）.

[27] 我国探索建立信用修复机制. 新华网，2019 - 07 - 18.

[28] 连维良："信易+"系列将在更多民生领域创新应用. 信用中国网站，2018 - 06 - 11.

[29] 宋哲泉，侯力冉. 美国信用修复相关情况综述. 现代管理科学，2019，(02).

[30] 陈奥. 加强组织机制保障，持续推进城市信用建设. 中国城市信用建设高峰论坛，2018，(06).

[31] 尹亮. 城市信用状况监测助推城市信用体系建设. 中国金融信息网，2018 - 06 - 11.

[32] 何雨格. 现代管理的新亮点：城市信用建设. 现代管理科学，2019，(02).

[33] 唐芳. 我国城市信用监测基本实现全覆盖. 科技日报，2018 - 07 - 13.

[34] 中国城市信用建设年报（2017—2018）.

[35] 尹亮. 以城市信用建设促进社会信用秩序良性循环——专访吴晶妹教授. 2018 年中国城市信用建设高峰论坛，2018，(08).

[36] 全国城市信用综合指数排名：北京第一. 信用中国网站，2017 - 09 - 22.

[37] 报告：中国城市信用建设年度十大成就. 中国金融信息网，2019 - 09 - 24.

[38]"征信科普"信用修复小知识. 信用中国网站，2019 - 03 - 06.

教学支持说明

1. 教辅资源获取方式

为秉承中国人民大学出版社对教材类产品一贯的教学支持，我们将向采纳本书作为教材的教师免费提供丰富的教辅资源。您可直接到中国人民大学出版社官网的教师服务中心注册下载——http://www.crup.com.cn/Teacher。

如遇到注册、搜索等技术问题，可咨询网页右下角在线 QQ 客服，周一到周五工作时间有专人负责处理。

注册成为我社教师会员后，您可长期根据您所属的课程类别申请纸质样书、电子样书和教辅资源，自行完成免费下载。您也可登录我社官网的“教师服务中心”，我们经常举办赠送纸质样书、赠送电子样书、线上直播、资源下载、全国各专业培训及会议信息共享等网上教材进校园活动，期待您的积极参与！

2. 赠送“经管之家”论坛币

经管之家（http://www.jg.com.cn）于 2003 年成立，致力于推动经济学科的进步，传播优秀教育资源，做最好的经管教育。目前已经发展成国内最大的经济、管理、金融、统计类在线教育平台，也是国内最活跃和最具影响力的经济类网站。

为了更好地服务于教学一线的任课教师，凡使用中国人民大学出版社经济分社教材的教师，注册成为我社教师会员后，可填写以下信息调查表，发送电子邮件或者邮寄或者传真给我们，我们将会向您赠送经管之家论坛币 200 个。

教师信息表
姓名：
学校：
论坛 ID：
教授课程：
使用教材：
论坛识别码：pinggu _ com _ 1501511 _ 8899768

3. 高校教师可加入下述学科教师 QQ 交流群，获取更多教学服务

经济类教师交流群：809471792

财政金融教师交流群：766895628

国际贸易教师交流群：162921240

税收教师交流群：119667851

4. 购书联系方式

网上书店咨询电话：010－82501766

邮购咨询电话：010－62515351

团购咨询电话：010－62513136

中国人民大学出版社经济分社

地址：北京市海淀区中关村大街甲 59 号文化大厦 1506 室　100872

电话：010－62513572　010－62515803

传真：010－62514775

E-mail：jjfs@crup.com.cn

图书在版编目（CIP）数据

信用管理概论/吴晶妹编著. --北京：中国人民大学出版社，2021.1
经济管理类课程教材. 金融系列
ISBN 978-7-300-28817-8

Ⅰ.①信… Ⅱ.①吴… Ⅲ.①信贷管理-高等学校-教材 Ⅳ.①F830.51

中国版本图书馆 CIP 数据核字（2020）第 240131 号

经济管理类课程教材·金融系列
信用管理概论
吴晶妹　编著
Xinyong Guanli Gailun

出版发行	中国人民大学出版社		
社　　址	北京中关村大街 31 号	**邮政编码**	100080
电　　话	010－62511242（总编室）		010－62511770（质管部）
	010－82501766（邮购部）		010－62514148（门市部）
	010－62515195（发行公司）		010－62515275（盗版举报）
网　　址	http://www.crup.com.cn		
经　　销	新华书店		
印　　刷	北京密兴印刷有限公司		
开　　本	787 mm×1092 mm　1/16	**版　　次**	2021 年 1 月第 1 版
印　　张	20.5	**印　　次**	2024 年 12 月第 4 次印刷
字　　数	468 000	**定　　价**	46.00 元

用，使信用状况良好主体更加容易获得优惠便利的各类服务，不断创新拓展“信易＋”守信激励场景。

成就二：首批社会信用体系建设示范城市名单公布

首批社会信用体系建设示范城市包括杭州市、南京市、厦门市、成都市、苏州市、宿迁市、惠州市、温州市、威海市、潍坊市、义乌市、荣成市。

成就三：城市信用状况监测预警平台和“双公示”第三方评估助推城市信用建设良性发展

通过城市信用状况监测预警平台和“双公示”第三方评估，城市信用建设得到良性发展。目前，全国100%的地级市已归集共享信用信息，超过96%的地级市建立起信用建设制度，90%的地级市推进行政许可和行政处罚信息公开，超过一半的地级市实施联合奖惩和信用惠民。

成就四：首部中国城市信用监测蓝皮书正式发布

2017年7月18日，国家信息中心正式发布《中国城市信用状况监测评价报告2017》蓝皮书，这也标志着中国城市信用监测体系初步建立。

成就五：南京等8城入围首届全国信用信息共享平台和信用门户网站建设观摩展示环节

展示内容包括信用信息分析与应用、联合奖惩子系统、信用服务、信用大数据可视化、信用风险预警等。

成就六：上海信用立法迈出坚实一步

《上海市社会信用条例》自2017年10月1日起施行，标志着城市信用立法迈出坚实一步，标志着上海以地方性法规为引领，规章、标准规范等为支撑的信用制度体系全面建立。

成就七：多城推出各具特色的“市民信用分”

2017年以来，全国多个城市推出了个人信用评价的“市民信用分”。苏州市与有关信用服务机构合作，首创“数据＋模型＋场景”的市民信用评价产品“桂花分”。福州市推出茉莉分，并在公共交通、看病就医、公园景区、行政服务、社区服务、图书借阅、超市服务、教育缴费和不动产服务九大公共服务领域进行应用。

成就八：深圳迎来中国首家市场化个人征信机构

2018年5月23日，百行征信有限公司落户深圳并举行揭牌仪式。百行征信是中国人民银行批准的全国唯一拥有个人征信业务牌照的市场化个人征信机构。

成就九：城市间探索跨区域信用联合奖惩模式

2017年，成都与杭州、宁波、无锡等8个城市就探索建立以联合奖惩为核心的跨区域信用体系签署《信用城市联盟合作框架协议》。2018年6月1日，2018年度长三角地区主要领导座谈会期间签订《长三角地区实施环保领域信用联合奖惩合作备忘录》。

成就十：首届“中国城市信用建设高峰论坛”在杭州成功举办

中国城市信用建设高峰论坛聚焦城市信用建设和市民信用生活，搭建城市信用建设对话平台，发布全国城市信用状况监测结果，探讨城市信用建设有效路径，交流城市信用建设优秀经验，以社会信用体系建设为重点，提升城市综合发展水平。

资料来源：报告：中国城市信用建设年度十大成就．中国金融信用网，2019－09－24.

延展阅读 9-10

2018版智慧城市评价指标新增社会信用

自2016年发改委、网信办联合印发《关于继续开展新型智慧城市建设评价工作深入推动新型智慧城市健康发展的通知》以来，很多城市都在积极开展新型智慧城市建设评价工作。相比于之前的评价指标，"2018版"评价指标中在一级指标"精准治理"下新增二级指标"社会信用"，权重为3%（见表1），用于评价城市社会信用统筹管理机制建设情况，由社会信用统筹管理机制和社会信用信息部门实时共享率等两个分项进行评价。

表1　2018版智慧城市评价指标体系

一级指标及权重	二级指标及权重	二级指标释义及评价方法	二级指标分项及计算方法	数据要求	数据来源
精准治理 L2（11%）	社会信用 L2P3（3%）	1. 本指标分项用于评价城市社会信用统筹管理机制建设情况。 2. 本指标由社会信用统筹管理机制和社会信用信息部门实时共享率等两个分项进行评价。 3. 本指标评价得分=3%×两个分项分数之和。	1. 社会信用统筹管理机制（L2P3-A1）。 计算方法：L2P3-A1分项分数=50%×（b1+b2）。b1：是否设立领导组织机构及领导体制，设立得50分，未设立得0分。b2：是否建立工作考核指标体系，建立得50分，未建立得0分。	数据取截至2018年底的数据，即2018年领导组织机构是否正常运转，社会信用体系建设考核工作是否开展，需提供相应红头文件等证明材料。	城市社会信用主管部门
			2. 社会信用信息部门实时共享率（L2P3-A2）。 计算方法：L2P3-A2分项分数=50%×（实现实时共享社会信用信息单位数/社会信用体系建设单位总数）×100%。	实现实时共享社会信用信息是指制定了部门权责范围内的信用信息资源目录，已经投入城市信用信息平台并共享给其他部门，需提供城市信用信息平台系统截图等证明材料，数据取截至2018年12月底的数据。	城市社会信用主管部门

所有指标的优化、调整，都是为了更好地推进新型智慧城市建设，促进新型智慧城市健康发展，进而更好地为人民服务。此次增加"社会信用"指标，也是希望以信用为抓手，支撑智慧社会建设。

资料来源：2018版智慧城市评价指标新增社会信用. 搜狐网，2019-03-18.